湖南大学中国语言文学学院 ◎ 组编

当代湘学

Contemporary Huxiang Studies

第
1
辑

谭桂林 ◎ 主编

湖南大学出版社
·长沙·

图书在版编目(CIP)数据

现代湘学.第1辑/谭桂林主编.—长沙:湖南大学出版社,2023.12
ISBN 978-7-5667-3228-6

Ⅰ.①现… Ⅱ.①谭… Ⅲ.①学术思想—思想史—湖南—文集 Ⅳ.①B2-53

中国国家版本馆 CIP 数据核字(2023)第 162490 号

现代湘学·第1辑
XIANDAI XIANGXUE·DI 1 JI

主　　编:谭桂林
责任编辑:谌鹏飞　刘雨晴
印　　装:湖南应点彩色印刷有限公司
开　　本:710 mm×1000 mm　1/16　印　　张:26　字　　数:410 千字
版　　次:2023 年 12 月第 1 版　印　　次:2023 年 12 月第 1 次印刷
书　　号:ISBN 978-7-5667-3228-6
定　　价:98.00 元

出 版 人:李文邦
出版发行:湖南大学出版社
社　　址:湖南·长沙·岳麓山　邮　　编:410082
电　　话:0731-88821006(营销部),88821691(编辑室),88821006(出版部)
传　　真:0731-88822264(总编室)
网　　址:http://press.hnu.edu.cn
电子邮箱:presschenpf@qq.com

《现代湘学》编委会

湖湘文化与文学研究

湖湘人物研究

湖湘方言研究

其他研究

博士论坛

Contents

Studies on the History of Books in Huxiang

Other Studies

Doctoral Students' Forum

Editor's Afterword

湖湘文化与
文学研究

CONTEMPORARY STUDIES HUXIANG

《楚辞》与先秦神性文化

周仁政

摘　要　千百年来，人们对《楚辞》的理解依托儒家思想体系及其经学传统，忽略了《楚辞》本身的神性文化特征及其独特的宗教文化属性。《楚辞》所代表的神性文化属于战国时代所特有的楚国巫觋文化。屈原作为楚国巫觋宗教传统的最后一个传人，在文化失势、政治争霸的时代被放逐民间，神我一体，与民同乐，以宗教情怀感时忧国，以文学方式成就理想，存续独特文化记忆。

关键词　《楚辞》；屈原；神性文化

一、《楚辞》误读与神性文化的失坠

在中国文学史上，《诗经》和《楚辞》分别代表了中国文学的民间性和个体化传统，《楚辞》的诞生造就了中国历史上第一个伟大的作家屈原。尽管历史上《楚辞》的文学性质及其文化代表性晦暗莫辨，但自西汉刘向辑录《楚辞》，王逸《楚辞章句》考订注释，《楚辞》之意义源流即已确凿可据，至宋代洪兴祖《楚辞补注》、朱熹《楚辞集注》等，《楚辞》之注解诠释完全归属

基金项目：国家社科基金一般项目"中国十四行诗与新诗格律化、现代化研究"（22BZW130）。
作者简介：周仁政，湖南津市人，文学博士，湖南师范大学文学院教授，主要从事中国现当代文学研究。

于儒家门派学说之下，其忠君爱国之旨，履忠得谤，忧愤愁思之情"大义灿然"。至于"后世雄俊，莫不瞻慕，舒肆妙虑，缵述其词"①。在这个意义上，《楚辞》即为儒家经典的另一种形式，"屈子之事，盖圣贤之变者，使遇孔子，当与三仁同称"②。至此，屈原的形象事迹盖不出儒家忧君许国之类。

从人类历史上看，文化的历史流脉盖存乎神学、人学两个基本的序列。中国文化的神学时代存于先秦，自夏商以至西周，见于文字者少，流于传说者多。一般看来，现存文、史两个系列的文化典籍，记载的多是"人学"性质的文化内容，表现了人文主义的文化传统。就此而言，中国历史上似乎并不存在神学性质的文化，即使存在，也早被历史湮灭，不足为凭。

应该说，所谓人文主义就其内涵而言并非一个近现代文化概念。从中国历史上看，摒弃了神学性质的历史文化，社会就进入了一个"人学"的时代。在儒家立场上看，一个道神相替、礼本德治的社会油然而生。神政进而为德政，神学时代的非理性主义文化为"人学"时代的道德理性主义文化所取代。此即胡适所谓"仁"的人文主义（《说儒》）。儒家"子不语怪力乱神"（《论语·述而》），"敬鬼神而远之"（《论语·雍也》），即标榜了一种初步的人文主义立场。这种道德人文主义尽管有别于启蒙时代个性主义的人文主义，但其共同的目标不是神而是人则是显而易见的。

因此，由于中国文化自先秦时代即已进入"人学"序列，神性文化仅存乎上古传说及甲骨文、金文的零星记述中。进而在文学系统中，不仅《诗经》由于被儒家经典化，其所附载的神性内容被湮灭割裂，本不属于这一文化传统的《楚辞》，也随着汉儒以后各时代儒家学者的尽情发挥和竭力阐说，也基本附属于儒家思想体系和儒学文化传统。以至于在现代学术史上，郭沫若等的《楚辞》研究还不能脱离这一传统而对屈原和《楚辞》予以新的理解和认识。郭沫若在其 1942 年所著《屈原研究》中认为，"屈原的思想很明显地是带有儒家的

---

① 王逸：《楚辞章句序》，汪瑗：《楚辞集解》，董洪利点校，北京古籍出版社 1994 年版，第 10 页。
② 洪兴祖：《楚辞补注》，白化文等点校，中华书局 1983 年版，第 51 页。"三仁"指《论语》所述微子、箕子、比干。

风貌"，并通过仅有的史事推论出屈原直接或间接地受到儒家学者的影响，说他"主张德政，主张选贤举能，主张大一统"都是儒家思想的体现。① 姑且不论其观点的确当与否，就其论说方式即可看出没有完全跳出历来儒家学者既定观念的拘囿。正是因为神学思维的缺失及对神性文化认识的隔膜，古往今来大多数的《楚辞》学者和屈原研究者，都不能真正脱离儒学道德文化体系审视《楚辞》的文学风貌，探讨其本真的文化史价值。

置之现代学术史上看，早在20世纪30年代，就有一些致力于历史学和民俗学的屈原和《楚辞》研究者，在对屈原生平事迹的考论中揭示了屈原与众不同的文化身份。如彭仲铎（20世纪40年代曾任教于西南联大师范学院国文学系）1935年在《学艺》第14卷第9号发表《屈原为巫考》一文，通过考证《离骚》"摄提贞于孟陬兮，惟庚寅吾以降"中之"降"字，认为这并非如王逸所说是屈原生辰，而是他为巫事神的起始时间。因为"降"在先秦文献中多指称神的降临，人之诞生皆曰"生"，由此推论"屈原之为巫，当在楚怀王之二十二年"。因此，"正则""灵均"并非屈原的俗名（俗名即如《史记·屈原贾生列传》所说"屈原者，名平"），"'正则'也，'灵均'也，乃屈原为巫时所改之名字，与《史记》本传所载者无关"。"皇览揆余初度兮，肇锡余以嘉名"中"皇览"二字实指天，"盖巫之名字，亦必托言为天所赐也"，故视之为"嘉名"。"灵均"与"灵修""灵氛"一样，都是"巫名"。"灵"或即巫专称。其中"灵修"者，盖为屈原所法之神巫先贤，故每曰"好修"，欲"如古之灵修，有见危授命之勇；'好修'二字，则谓服灵修之服，言灵修之言，行灵修之行也"。故《离骚》多言巫觋之事，如若花草祀神，"陆离""缤纷"为饮食服饰之用，借椒兰桂蕙以自况等皆源于此。但自王逸以下，屡遭臆解。彭仲铎认为，此乃"巫之所言，自春秋以来，人皆诋之为'诬'，而屈原独乐道之，且历历如数家珍，使非自身为巫，安能若是乎?"②

尽管上述彭仲铎的观点在历来《楚辞》研究中少为人知，亦并非主流，但

---

① 郭沫若：《屈原研究》，《郭沫若全集·历史编》（第4卷），人民出版社1982年版，第90、96页。
② 彭仲铎：《屈原为巫考》，《学艺》1935年第14卷第9号。

无疑揭示了一个很重要的文化史上的问题，就是中国远古及先秦神性文化的存否及其认识问题。中国传统学术以"道"为本，奉儒家思想学说为圭臬，"文以载道"，神学传统被遮蔽和割裂，神性文化在思想学术中失去了被发挥和阐说的土壤，屈原及其《楚辞》自汉以降即被儒家圣贤化和经典化，其真实存在的文化地位及价值几被人漠视和遗忘，这是不能不引起当今学术界重视的。

巫在上古及先秦社会的存在及其价值问题，关乎中国远古文化状况及传统文化流脉的梳理和认识。总体上看，人类文化必有一个从神到人的发生及转换的历史进程。在西方，启蒙运动以前可以总体上归于神性文化，其中宗教为主体，全民化的神的信仰为基础，神学是一切思想学术的中坚。神学到人学即是西方学术文化的现代转换。但在启蒙的旗帜下，西方的人学一开始就被认定是个体本位的，在近现代人学观念下，西方的人文主义本质上属于个人主义，宗教意义上的道德本位转向了理性主义意义上的价值本位和知识本位。但是，在中国，人文主义的传统则起于先秦时代即已确立的思辨理性主义，百家争鸣中的诸子学说，就是在这个意义上产生的不同的思辨理性。但在人文主义的意义上都倾向于社会本位或政治（道德）本位，即家国本位，淡乏个性主义思维，最后落实到儒家的思想一统，道德本位一以贯之。这或许可以称之为"文化早熟"，即过早的人神分离，神在文化中的统属性不复存在，天国的地位坍塌，人国取而代之。

证之历史，神性文化的过早泯灭是一种民族文化缺失宗教性的根本原因。现代学术史上，胡适最早致力于中国哲学史的系统研究，但他立论的基础在于探讨中国传统社会为什么没有走上科学之路？在现代文化体系中，科学为理性之属，神学则为非理性之属。坚定其科学信仰的胡适辈学者，当然不会认可神学在某种意义上亦是社会进步的推动力，而西方宗教化的神性文化亦并非在文艺复兴运动中荡然无存，如马克斯·韦伯《新教伦理与资本主义精神》所揭示的新教伦理观念，乃是催发欧美近代工业文明的内在力量。在其哲学及思想文化史的研究中，胡适的结论在于：宗教——佛学的渗透及其神秘主义和形而上学思想，是中国社会进步的最大阻力！因此，去宗教化，反对形而上学和神秘主义，成为"五四"以后中国学术文化的基本诉求。

从历史上看，信仰的问题本质上是宗教性问题，在宗教的意义上，抽象的神的信仰乃是最高的信仰。随着神学传统和神性文化在先秦历史中的主体性消失，这种足以在古代文明中统摄全体的信仰之源湮灭了，人必得从认同社会、认同时代、认同生活、认同自我中做出不同取舍——这正是"百家争鸣"产生的原因所在。而在一个远古的社会，信仰的多元化也就是失信仰化。一方面，在春秋战国时代，政治的失信仰化造成了无穷的兼并割据，周王室的精神权威由于失去了宗教势力的庇护荡然无存，各诸侯国竞相变法，返归丛林规则。儒家的道德重构无济于事，法家的横征暴敛大行其道。至秦统一，"其兴也勃焉，其亡也忽焉"的事实教训了一代代祈求长治久安的君主，自汉武帝"罢黜百家，独尊儒术"，霸道归于王道，德政从而登场。至明清两千余年，儒家思想学术造就了中国历史上新的信仰文化。

但儒家的信仰并非宗教化的神性信仰，道德是理性化的个人操守，视之为社会准则未免严苛。抽象的敬畏观念的消失使人们在观念上满足于现实利益的取舍，只有逃避现实者才能触摸自己的善念，成就个人的德行，这是不可能"普渡众生"的。儒者可在善念和善行中得救，众生却只能在生存的羊肠小道上饱受煎熬，永无救赎的希望。作为信仰文化，儒学在宋明时期借助于佛教的修身养性之道在学理与实践中达到了新的完善和提升，以理学的面目实现了自己的宗教化，但也只是有限的知识分子的宗教，不是大众的信仰。儒学普施于众的道德理性化策略必须通过教育的手段，但精英化的教育导向，圣贤化的教育方针，"学而优则仕"的大众期许，显然与宗教的神学教育相反，"致圣贤"的教育目的背离了世俗化的价值观念，灭欲的抽象信仰变成了纵欲的权力崇拜，在教育手段和目标上产生了严重悖离，从而在传统教育中造成了一种根深蒂固的儒学实用主义，这正是它在近现代文化变革中饱受诟病的原因所在。

因此，从某种意义上说，所谓中国文化的"早熟"主要表现在由于神学传统的消失和神性文化的过早泯灭，基于自身文化本体的宗教化过程未臻完成，儒学的道德化进程基于政治的改造和社会的教养，但本质上只能落实到个体的道德化修养，从上到下均有其力不能逮，造成理想与现实的错位。抽象信仰的缺位以及文化观念的过于理性化，社会充斥着对教育的依赖，但精英教育观念与大众的社会心理认同背道而驰，必不能如宗教式的化育社会。

二、《楚辞》与巫觋文化

使《楚辞》研究脱离儒学思想体系，从而借一斑以窥全豹，有利于我们认识先秦神性文化的或一面貌。中国上古的神性文化一般统称为巫文化或巫觋文化，这在历代《楚辞》研究中多有呈现，但较少有系统性的阐说。真正将其作为神性文化典籍来研究的是现代日本学者藤野岩友。20世纪五六十年代藤野岩友撰著并出版了《巫系文学论》一书，诚为其《楚辞》研究的集大成者。从探讨文学的起源出发，藤野岩友认为祭祀及其歌舞与中国上古文学的生成流变息息相关，以巫为中介的人对神和神对人之辞，即是《楚辞》之诵声。以诵为辞，是谓诵风。"诵风为巫所保存，屈原写《九歌》之诵声，并作《离骚》及其他《楚辞》。"[1] 巫者掌管的占卜、祝辞、神歌、神舞、神剧、招魂歌等，均可视为诵声之遗。《楚辞》中的大部分作品可以据此归类。巫俗不限于中国，也流行于东亚各民族，如日本的神道教等。关于巫，许慎《说文解字》释义为女能事无形，垂两袖而舞者。巫为女，无形者神也，舞以降神。在女为巫，在男为觋，称谓不同，职司抑或有殊。许慎释觋为"能齐肃事神明者也"。藤野岩友认为，巫、觋史盖有先后，女巫先于男巫。字形可见，因巫生觋，后则男女皆可称巫。《周礼·春官·家宗人》疏曰："男子阳，有两称，名巫名觋；女子阴，不变，直称巫，无觋。"除去阴阳之说有差，女无称觋属实（母权、父权社会的演化导致男女宗教身份的转换）。就巫而言，男作女装被视为一种古俗而流传，多少也证明了巫起于女性的事实。

巫之起源从文献资料上看，藤野岩友据《墨子·非乐篇》所述"汤之《官刑》"曰"其恒舞于宫，是谓巫风"认为，巫风始自殷初。但这或许只能

---

[1] ［日］藤野岩友：《巫系文学论》，韩基国编译，重庆出版社2005年版，第3页。

视为一种便宜的说法，因为巫始为女，则显然与母权社会的文化习俗有关，这是未能见之于文字和任何典章遗存的更荒远的历史内容。夏商以降，中国父权社会既已巩固壮大，作为巫术的原始宗教，如果继续执行其神政职能，必然带有日益鲜明的父权文化特征。若以《楚辞》为中心来考察，屈原及其所代表的巫楚文化，必然是真正的父权文化而非原始的女权巫文化，故在《楚语》中，巫被赋予了极高的道德身份和地位："民之精爽不携贰者，而又能齐肃衷正，其智能上下比义，其神能光远宣朗，其明能光照之，其聪能听彻之，如是则明神降之，在男曰觋，在女曰巫。"（《国语·楚语下》）这与纯粹女权社会的巫人形象是不同的，许慎谓"能齐肃事神明"者为觋，也可视为这主要是就男巫而言。

藤野岩友认为，殷王朝总体上可以视为一个神政国家，"殷人尊神，率民事神，先鬼后礼"（《礼记·表记》）。殷王既是行政首脑又是宗教领袖（巫师长），通过祭祀、占卜等活动以宗教权威统治国家。至殷商末期（帝乙、帝辛时代），殷王把占卜的事委托给专职的贞人执掌，逐渐从祭司长的位置退出，事实上成为统治王国的世俗君主，历史进入一个祭政分离的时代。神政时代，王巫一致，"接着巫觋丧失最高主权者的地位。居于王下宰相之位（殷之巫咸、巫贤类），再后降为大官、小官，最后降到定员以外的下吏地位"。[1] 神政时代在祭祀活动中巫、祝、史是三种不同职分的人物：巫是主宰，职以通神；祝是祷告者，祈祷福祥；史是记录人，左史记事，右史记言（《说文》段注云："动则左史书之，言则右史书之，不云记言者，以记事包之也"）。而所谓"宗"则指宗人（宗伯）：氏族、家国之主体，祭祀活动的担当者。殷是神政国家，周以后变更为以家族为宗主的宗主国家。楚在周代比较特殊，总体上还属于神政国。"有天地神民类物之官，谓之五官。各司其序，不相乱也。民是以能有忠信，神是以有明德，民神异业，敬而不渎。故神降之嘉生。民以物享，祸灾不至，求用不匮。"（《国语·楚语下》）与《周礼》所载周官比较，二者官制间尊卑之序几近相反——世俗官职在周朝及其他诸侯国家地位日益凸

---

① ［日］藤野岩友：《巫系文学论》，韩基国编译，重庆出版社 2005 年版，第 20 页。

显，巫觋之职渐次沦于卑贱地位。楚地自古巫习浓郁，"楚人信巫鬼，重淫祀"（《汉书·地理志》）。楚王中楚灵王即能巫术，役鬼神："昔楚灵王骄逸轻下，信巫祝之道，躬舞坛前。吴人来攻，其国人告急。而灵王鼓舞自若。"（《太平御览·桓子新论》卷735）灵者，巫也。楚地称巫为灵亦见于《楚辞》及屈原自称（灵均）。所谓"极知鬼事曰灵"，"好鬼事曰灵"（《汲冢周书·谥法解》）。楚有官职令尹，藤野岩友认为"令与灵音通，为巫意"。① 先秦时代，荆楚吴越，巫风盛行，楚国灭亡，神政失序。然"楚之衰也，作为巫音"（《吕氏春秋·侈乐篇》），《楚辞》故得以保存。尽管《楚辞》之为"巫音"的本来面貌已无可稽考，但其与楚地巫文化的深厚关系则不可否认。故王逸《楚辞·九歌章句》序云："昔楚国南郢之邑，沅、湘之间，其俗信鬼而好祠。其祠，必作歌乐鼓舞以乐诸神。屈原放逐，窜伏其域，怀忧苦毒，愁思沸郁。出见俗人祭祀之礼，歌舞之乐，其词鄙陋。因为作《九歌》之曲，上陈事神之敬，下见己之冤结，托之以风谏。故其文意不同，章句杂错，而广异义焉。"②

《楚辞》本是巫音，辑录保存，托庇汉字，这或许是屈原的功劳。从中国文化史上看，汉字创始于中原王朝，至春秋战国，文字普行于列国，但楚南鄙之邦，语言与中原地区殊异，文字之使用较晚，且仅限于少数王公贵族，加之言文错杂，掌握者盖寡。屈原放逐，赋《离骚》，辑《九歌》等，使《楚辞》得依汉字而存留。但汉以后《楚辞》始得流传，楚音既失，古语驳杂，故如王逸所言，"其文意不同，章句杂错，而广异义焉"。但王逸等并不解屈原司职身份，对楚地巫文化存有道德偏见，说到《九歌》等，只识其"托之以风谏"，似乎屈原只是辑录者和民间宗教活动的观瞻者，不能认可屈原正是这类宗教活动的当事人。《楚辞》所具有的主要不是儒家学说式的道德教化作用，而是代表着一种与中原正统文化异质的神政巫文化，这是历史上《楚辞》被重重误读以致以讹传讹的原因所在。

藤野岩友认为，《楚辞》是宗教文学，这是对《楚辞》的基本正名。由此

---

① ［日］藤野岩友：《巫系文学论》，韩基国编译，重庆出版社2005年版，第26页。

② 王逸：《九歌章句序》，洪兴祖：《楚辞补注》，白化文等点校，中华书局1983年版，第55页。

断定中国文学的源头在宗教，认同周作人所说中国文学"最先是混在宗教之内的"的观点。① 宗教文学首先都是口头文学，传授方式依其神圣职司亦以口头为主。必须虔敬，用语措辞无差池，"要正确无误地向人传达神意，正确无误地把有诚意的正人君子的话通报给神，这是一种以咒语之力为媒介的宗教活动"。从文学的角度来看，藤野岩友认为，"通神以诚意"即或演化为"言志派"文学，"传人以神意"或是"载道派"文学之肇始。"所谓'道'，不外乎是从伦理上规定神的东西。""言志"以通神作为"在神前严肃选择文辞的语言活动进一步生出了后世的修辞活动"②。因此并非如周作人所说"言志"和"载道"两种文学是在宗教失去效力之后产生的，而恰恰都源于宗教本身。就历史序列上看，人类文明的精神性质首先在于宗教的创设，原始时代的一切文化设施都围绕着宗教生活展开，文学艺术更不例外。由多神的拜物教到一神的宗教，神的形象由具体到抽象，多元的自然神变为凌驾于宇宙万物之上的唯一真神——上帝，人类文化的宗教历程始得完成。但在中国，就先秦历史而言，抽象的宇宙之神尚未产生，自然宗教即已趋于解体。在殷商末年和西周初年，随着祭政分离，祭祀性的宗教文化开始走向道德化的礼制文化。殷商时期大型的祭祀活动在周代已经消失，神政文化走向崩塌。周公制礼，政治制度伦理化，宗法国家替代了神权国家。祖先崇拜的庙宇代替了自然崇拜的神殿，大型占卜活动（龟卜）逐渐终止，钟鼎铭文逐渐转向宗族家国之政等历史叙事。巫、祝、史三者的地位渐次置换为祝、史、巫——巫逐渐消失，祝代之，史又代之，到最后唯史独存，不复有宗教性。

以此观之，中国政治的世俗化未免来得太快。政治的世俗化之外则是文化的"人化"，儒家的道德化诉求以外，更有法家的政治功利主义诉求，以及基于人之本位性和主体性的其他各类诉求。就诸子百家学说而言，基于人的主体性和本位性的文化思想多趋于消极性，基于家国理想的社会道德观和政治功利主义则趋于积极性。争霸和统一不是一个时代的必然特征，而是一种文化纷争

① 周作人：《周作人自编文集·中国新文学的源流》，河北教育出版社2002年版，第17页。
② ［日］藤野岩友：《巫系文学论》，韩基国编译，重庆出版社2005年版，第490页。

的结果。神性文化的抽象权威消失之后，政治化的霸权话语一统天下，由霸道而王道，儒家德政文化话语统合历史，则代表着某种政治理性化的趋势，但总体上无法掩饰政治败德与文化失范的历史景象。

三、《楚辞》 与巫系文学

《楚辞》作为神性文化记忆的文献内容，不仅开创了作为个人化创作的较早文学样式——骚体赋（《离骚》），以此与《诗经》之诗相区别——诗合乐而歌，赋不歌而诵。诵的文学是较早的自然拜物教性质的宗教文学的重要特征，它不是庙堂文学，而是真正的山野文学。按照藤野岩友的分类，《楚辞》作为神性文学可以归纳为五个系列："（1）问卜系文学（来源于问卜辞，采取设问形式）；（2）祝辞系文学（来源于祈祷辞，采取自序形式）；（3）占卜系文学（由并用的问卜辞和占断辞构成，为问答形式，也有不经占卜而由神人直接对话构成的形式）；（4）神舞剧文学（神前歌舞剧的歌曲）；（5）招魂文学（招生人魂之歌）。"① 因为《楚辞》并非全是屈原的创作，并不存在形式和内容的严整统一。例如《九歌》作为神舞剧文学首先具有鲜明的民间性，一般认为属屈原所辑录。形式上它有歌舞合一的特点。作为宗教文学，值得注意的是它的系统性，即它不仅把巫楚文化中祭祀自然神的完整序列很清晰地保留了下来，而且以歌配舞的方式再现了祭祀的场景与内容。但这种歌不是一般的歌谣，而是祭祀用的"舞曲"。更重要的是它在内容上所具有的原始性。朱熹认为，作为楚俗祭歌，"或以阴巫下阳神，或以阳主接阴鬼，则其辞之亵慢淫荒，当有不可道者"。② 实则其中所表现的内容和形式，充满了原始拜物教中生殖崇拜的内容。在祭祀对象上配置了很多对偶神，如《湘君》和《湘夫人》，《大司命》和《少司命》，《云中君》和《东君》，《河伯》和《山鬼》。虽然并不一定都是阴阳对偶，但由于主祭者既有男巫也有女巫，歌舞及所演绎的神剧中充满了男欢女爱的场面。作为一种民间祭祀仪式，综合起来看是一场很大型的

---

① ［日］藤野岩友：《巫系文学论》，韩基国编译，重庆出版社 2005 年版，第 491 页。
② 朱熹：《楚辞集注·楚辞辩证上·九歌》，黄灵庚点校，上海古籍出版社 2022 年版，第 245 页。

自娱娱神活动。这种活动场景即是人神同乐，从而可以直接调动参与者及观者的激情，青年男女便沉湎其中开展各种激情澎湃的情感交流活动，直至择偶婚配、私奔野合等。所以，或许可以认为《九歌》中的对唱和对舞与今天某些民族的男女对歌、对舞等有相似性，只不过前者属于最初的宗教仪式，后者则脱离了宗教的氛围，体现了艺术和生活的世俗化。可见，巫楚文化的自然拜物教不是禁欲主义的宗教，而是浪漫主义的自然拜物教。

关于屈原的形象，传统儒学刻意打造的圣者屈原其实并非他的本来面目，郭沫若笔下关注民生疾苦、反对卖国求荣的浪漫主义诗人也差以毫厘，失之千里。前述彭仲铎的观点认为屈原为巫，这要从楚国的历史文化，特别是宗教活动中做更细致的梳理。实际上从《史记》开始，屈原的身世及其真实身份就已经存疑。司马迁所作《屈原贾生列传》依据的确切史料不多，对其宗教身份毫无涉及也似乎并不难理解。盖秦以后中国政治文化已本质上脱离宗教传统，汉代复活儒家礼制文化，儒表法里，原始巫术信仰与民间鬼神文化一道下潜民间，为正统文人所摒弃。从此，屈原的宗教身份被剥离，儒家化的道德圣贤面貌被一代代文人学士所记取和颂扬。就《离骚》所见，屈原的为人并非后代文人式的谦逊恭敬，而是自尊自负。其形"瘦细美髯，丰神明秀，长九尺，好奇服，冠切云之冠。性洁，一日三濯缨"。其被放逐民间，神人共舞，与民同乐，"尝游沅湘，俗好祠，必作乐歌以乐神，辞甚俚。原因栖玉笥山，作《九歌》"（沈亚之《屈原外传》）。由于屈原时代楚社会本身的神政特征，加之屈原与楚王室同姓，宗教身份所造成的自负意志和自尊心态并未让他对当政的楚怀王怀有畏惧心理，反而产生了鄙夷和愤懑的情绪。在屈原心目中，宗教化的神灵和始祖才是真正的主宰，《离骚》中所表达的正是其愤慨鄙薄的内心世界。实则屈原和楚怀王的矛盾反映了战国时期楚国宗教社会走向解体，适应争霸政治要求的王政时代已经来临，屈原的被逐是文化失势和宗教退位的结果；而也多少是由于其民族的宗教文化羁绊，楚怀王终于被张仪所戏弄，囚秦三载，身亡楚灭，这正是屈原的悲愤所在。作为宗教领袖，屈原在楚国有其独特而崇高的文化地位，这是楚怀王等无法真正剥夺的，所以流放民间，无疑如鱼得水，但家仇国恨俱在，满心的牢愁屈辱终于将他引向了追随神灵踪迹（"从彭咸之所居"）的文化殉国之路。可以说，屈原是中国历史上第一个文化殉道者。

藤野岩友认为《离骚》形式上是祝辞系的"自序文学"，"上陈远祖，下述皇考，次及生年月日，夸耀自己的才能"，"诗中引用对话并附有'乱辞'"①。这种形式包罗万象，但以叙事的形式抒情，呈现的正是神人对话，情绪奔放的浩大气势。所以，闻一多断言："我不相信《离骚》是什么绝命书，我每逢读到这篇奇文，总仿佛看见一个粉墨登场的神采奕奕、潇洒出尘的美男子，扮演着一个什么名正则，字灵均的'神仙中人'说话（毋宁是唱歌），但说着说着，优伶丢掉了他剧中人的身份，说出自己的心事来，于是个人的身世，国家的命运，变成哀怨和愤怒，火浆似的喷向听众，炙灼着，燃烧着千百人的心。"② 藤野岩友指出："《离骚》中没有《招魂》那样的奇怪意味，也没有在《天问》中感到的那种沉重郁闷心情，在天路历程中展开的只是浪漫主义的性爱神话世界。哀叹高丘上无女人，向神女宓妃求婚，与帝喾争简狄，要抢先于少康娶有虞之二姚。"③ 这样的内容与《九歌》所表现的神人之恋的情爱场景及心理活动十分契合，充满了原始宗教文学的浪漫思想。《离骚》中的宇宙观、神仙观、历史观等都是独特的，不能被后世儒家价值观念所规约，但也往往被遮蔽。

《楚辞》中，《天问》《卜居》是卜筮类文学，但已明显地和商周时代只问吉凶的实用性占卜活动不同，而是在这种占卜活动日渐消失以后屈原借助这一形式排闷心中块垒的表现。《天问》凡三百七十四句，一百七十二问，连续发问之后在末尾转变为质疑和断言，显示出不是从人的角度咨询神者，而是从神的角度质疑人事。藤野岩友认为，"《天问》的文学形式是来自问卜之辞（命辞）的连缀形式。《天问》只有命辞是独立的形式，而《卜居》则自始至终是

---

① ［日］藤野岩友：《巫系文学论》，韩基国编译，重庆出版社 2005 年版，第 60、64 页。
② 闻一多：《屈原问题——敬质孙次舟先生》，《闻一多全集》第 5 卷，湖北人民出版社 1993 年版，第25 页。
③ ［日］藤野岩友：《巫系文学论》，韩基国编译，重庆出版社 2005 年版，第 67 页。

问卜的记述形式"①。《天问》是自抒胸臆，《卜居》是屈原与民间卜者的对话，其共同点则在于借宗教形式以自解。宇宙洪荒，历史沉疴，个人命运，家国兴亡尽收眼底，表现出一种天地同心、神我一体的巨大胸襟与透彻情怀，这是后世一切文学所无与伦比的。诚如王逸所言："屈原放逐，忧心愁悴，彷徨山泽，经历陵陆。嗟号昊旻，仰天叹息。见楚有先王之庙及公卿祠堂，图画天地山川神灵，琦玮僪佹，及古贤圣怪物行事。周流罢（疲）倦，休息其下，仰见图画，因书其壁，何（呵）而问之，以渫愤懑，舒泻愁思。"② 这是一种个体命运与文化沉浮、家国情怀与宗教情感、天地恒运与道德禀赋高度统一的抒情风格与文学精神。先秦神性文化及其宗教形态的历史终结借助屈原及其《楚辞》，留给后世以无穷的缅想，暨用文学的形式发出了自己的绝唱。

---

① ［日］藤野岩友：《巫系文学论》，韩基国编译，重庆出版社 2005 年版，第 50 页。
② 王逸：《天问章句序》，洪兴祖：《楚辞补注》，白化文等点校，中华书局 1983 年版，第 85 页。

"诗魔"洛夫与超现实主义

董正宇

摘　要　"诗魔"洛夫深受西方现代主义流派之一——超现实主义的影响，被视为我国台湾超现实主义的掌门人。超现实主义崇尚梦幻和无意识，主张"自动写作"和语言革命，对现代文艺发展有广泛影响。20世纪70年代，洛夫受台湾现代思潮影响和自身经历决定，认同并接受了超现实主义。进入80年代，基于对中国古典诗学传统的"回眸"，洛夫找寻到了超现实主义与中国诗学的结合点，实现了对超现实主义的"修正"。洛夫"接受——修正——超越（融合）"超现实主义的过程，是中国现代诗现代化进程的典型个案，体现出洛夫高度的理论自觉和创新意识，也是洛夫对中国现代诗的历史性贡献。

关键词　洛夫；超现实主义；认同；回眸；修正

超现实主义源于达达主义，是20世纪20年代产生于法国的一个重要的文艺流派。从1919年安德烈·布勒东和菲利普·苏波合著第一部"下意识"书写的作品《磁场》，到1969年让·许斯特正式宣布超现实主义团体的解散，在半个世纪的时间里，超现实主义从只有十几个成员的巴黎小组，发展成为影响

基金项目：国家社科基金一般项目"'诗魔'洛夫年谱长编"（21BZW138）；湖南省社科基金重点项目"'诗魔'洛夫文献收集、整理与研究"（20ZDB023）。

作者简介：董正宇，湖南衡东人，文学博士，怀化学院文学与新闻传播学院教授，主要从事中国现当代文学研究。

欧、美、亚、非四大洲几十个国家的国际性运动。由于中国最初的译介者、传播者对超现实主义缺乏全面公正的评介，相比西方现代主义的其他一些流派，譬如象征主义、表现主义、意识流文学等广泛的影响，超现实主义对中国现当代文学的影响总体有限。① 而在海峡的另一边，"处在20世纪五六十年代历史场域中的台湾现代诗人，因为政治因素的制约被动地疏离了中国新文学传统，在'别求新声于异邦'的探索中与'超现实主义'相遇，……他们通过汲取世界文化中的优秀质素而使自己获得了世界性意识。"② 其中，"诗魔"洛夫"受超现实主义影响最深、对超现实主义艺术最热衷"③，被视为台湾超现实主义的掌门人，甚至"诗魔"的名头也源于超现实主义的影响。④

一、超现实主义： 梦幻与现实相连的中间地带

虽然超现实主义不仅仅作为一种文艺思潮在历史上存在，而且不少超现实主义者充满勇气和热情，在某些问题上还颇有远见，但他们在经济、社会和政治领域的影响却微乎其微。然而在第二条道路上，即在文学艺术领域，他们却获得了显见的成功。事实上，超现实主义在雕塑、建筑、电影、绘画等领域均有重大影响，在文学领域，对小说、诗歌、戏剧等方面也有广泛影响，从而在现代文艺发展史上占据着不可忽视的特殊地位。这些无疑都与超现实主义的理论主张、诗学理论以及创作实践密不可分。洛夫曾把超现实主义的特质归纳为三点：其一，它反抗传统中社会、道德、文学等旧有规范，透过潜意识的真诚，以表现现代人思想与经验的新艺术思想。其二，它是一种人类存在的形而上的态度，以文学艺术为手段，使我们的精神达到超越的境地，所以它也可说

---

① 陈秋红：《超现实主义在中国》，《东方论坛》2006年第4期。
② 白杨：《背离与回归："先锋"探索的一体两面——20世纪70年代后〈创世纪〉的诗论建构及其思想意义》，《文艺争鸣》2014年第9期。
③ 宋学智：《法国超现实主义在我国的影响举要》，《扬州大学学报》（人文社会科学版）2007年第4期。
④ 洛夫在《我的诗观与诗法——〈魔歌〉自序》中坦言："颜元叔教授尝谓我因受超现实主义影响而'走火入魔'，……古有诗圣、诗仙、诗鬼，独缺诗魔，如果……弄笔如舞魔棒，达到呼风唤雨、点铁成金的效果，纵然身列魔榜，难修正果，也足以自豪了。"

是一种新的哲学思想。其三,在表现方法上采用自动主义。① 具体来看,超现实主义的理论与实践突出表现在如下三个方面。

(一)崇尚梦幻和无意识

超现实主义的兴起无疑与第一次世界大战给青年知识分子带来的幻灭感、对现状的不满、对传统价值体系的反叛,以及随之而来的非理性主义思潮等有关。1916—1923 年的达达主义运动是超现实主义的前身,其参与者大部分都参加过大战。达达主义者反对一切体系,号称要摧毁一切偶像,乃至艺术本身。他们以笛卡尔的名言"我甚至不想知道我在我之前是否有过人"为座右铭。许多超现实主义者都曾参与过这一运动,包括诗人布勒东、阿拉贡、艾吕雅和画家达利等。

超现实主义者认为现实的世界束缚了他们想象的空间。所以,他们转而寻求人的内心世界,他们在理论上信奉法国哲学家柏克森的生命哲学和奥地利精神分析学家弗洛伊德的潜意识理论,以弗洛伊德的潜意识理论为主。布勒东和阿拉贡等早年是学医学的,接触过弗洛伊德的精神分析学,布勒东 1922 年还去维也纳访问过弗洛伊德本人。1924 年的宣言中,布勒东大力推崇弗洛伊德的释梦理论,后以《连接的容器》一书题赠弗洛伊德。正是因为奉承弗洛伊德的潜意识理论,因而超现实主义者们大力推崇梦幻,认为只有在梦境中,才能实现人的真正的"自由",才能从根本上实现"本我",可用来"解决人生的主要问题"。超现实主义者强调描写梦幻世界、想象世界、内心活动的重要性,他们努力探索无意识,进行催眠术的试验和对梦幻的研究,提倡神奇性和偶然性。比如布勒东特别重视癫狂症,把癫狂看作一种纯粹的"精神锻炼",有助于把想象和实际综合起来,成为"超现实"。布勒东在《第一次超现实主义宣言》中讲,超现实主义完全是一种精神世界的活动,不应对其施加任何的理性因素,所以这也直接决定了它必然是无意识集合的果实。

当然,超现实主义之所以能比达达主义存留得更久,产生更大的社会影

---

① 洛夫:《超现实主义与现代诗》,《洛夫自选集》,台北黎明文化事业股份有限公司 1975 年版,第 269 页。

响，其关键原因就在于超现实主义并不像达达主义那样脱离实际。他们力图通过肯定唯物主义观点肯定现实的存在，来达到回到现实世界、解决人生问题的目的。布勒东作为其代表人物在其著作中曾写道，他不认为世界是由自我创造出来的，相反地，他一直认为世界存在于自我之外且一直对其抱有信心，因而他主张诗人在想象的世界徜徉过后，还是要回到实际中来，为更好地发展自己而努力。另一位代表人物阿拉贡也曾说过类似的话："我的创作生涯的开始就是表现在于我身外的事物，表现在我之前存在于这个世界之上以及当我离开人世之后依然存在于这个世界之上的事物。"甚至于他们还接受了马克思主义哲学的部分理论，将知识与操作合为一体。从这些我们可以看出，超现实主义还是带有部分现实色彩因素。

（二）主张"自动写作"

为了进行文学领域的革命，超现实主义者认为有必要采取新的特殊的表现手法，而"自动写作"则是他们极力提倡的法宝。"自动写作"又被称为"下意识写作"，超现实主义者认为，真正的诗就是表现真实的思想活动，就是表现"灵魂的抒情运动"，"像手术台上一把雨伞和一架缝纫机碰在一起那样的美"，因此，超现实主义者在写作中，主张将头脑中无意识闪现出来的东西，快速地、不加思索地记录下来，然后将这些意象随意地堆砌、组合到一起。它是一种自发的、完全不依赖人的理性的创作，它的目的不再是转达某种预先给定的意义，而是通过丰富的想象和联想，通过词语本身的强大的组合力，创造出无法预见、令人惊讶的意义。比如布勒东创作的一首诗：

> 一个将熄灭的火盆
> 在她的胸怀里有一件浪漫的外衣与匕首
> 他来了，他是缺着玻璃牙齿的狼
> 在小圆盒中吃着时间

创作形式上，"自动写作"可以由一个人创作，当然也可以由几个人进行集体创作。其中一个最典型的例子就是由几个人集体进行创作，他们之间互不告诉对方，然后各自将头脑里闪现的词语写下来，拼凑成一个句子，最著名的一个句子就是由"尸体""精美""喝""新的"五个词构成，经过排列，写成"精美的——尸体——将喝——新酒"这一超现实韵味十足的句子。

当然，布勒东很快便承认，"自动写作"方法仍是不够完美的，因为即使在最不受支配的情况下，总还有最低限度的理性活动在引导写作。尽管这种写作方法很快就销声匿迹了，但它对超现实主义文学的艺术特征起了重大作用。

（三）推崇语言革命

超现实主义者们发现，无论是追梦释梦，还是自动写作，都不能完全摆脱理性的控制，所以短暂的试验之后，以偶发性和非理性为主要原则，语言革命成为他们的新目标。

在法国，在象征主义之后第一次向语言发起大规模攻击的是达达主义者们。雨果·鲍尔认为："我们应当缩回词的内部来炼金，甚至放弃词，用这种方法为诗歌保存住它最神圣的领地。"作为"从达达运动的左耳朵里跳出来的"超现实主义，布勒东们感到实行语言革命的任务历史性地落到了他们的肩上。他们认为，语言革命不仅会带来文学的复兴，而且经过阿拉贡所谓"语言的审判"后，会对文字所代表的客体产生新的理解，实现韩波用语言来"改变生活"的理想，从而使他们思想革命的成果具体化。

超现实主义的语言革命路径有两条：其一，意象自由联想；其二，文字自由联想。归纳起来就是要打破现有理性和逻辑的藩篱，要敢于突破常规，突破现实世界中对于语言文字的种种束缚和限制，力求"语不惊人死不休"的效果。因此，发掘语词的多种意义和挖空心思使用多种手段遣词造句，就成了超现实主义者的日常功课。据布勒东说，他曾花六个月的时间来写《黑森林》一诗。他自称将诗歌中的三十个字煮软了，以确定它们之间到底有多大的空间。他们宣称，只有透彻地了解语词的全部历史，发现语词之间的"高压电"（实际就是非逻辑的关系），才可能产生最伟大的诗歌。比如定义游戏法成为他们集体诗歌创作的一种方法。A 问"美是什么？"，B 答"空中的叫喊"；A 问

"女人是什么"，B答"水里的星星"；A问"什么是回忆?"，B答"安乐椅上面的一条薄裙"；等等。

应该说，超现实主义语言革命的努力，还是成效明显的，比如："歌中的复句像光赤的脚　在碧波似的寂静中搅拌"（阿拉贡《自由区》）、"这是瞎了眼睛的沉静，是黯淡无色墙上乱碰的幻梦的沉静"（艾吕雅《杀》）、"太阳生气勃勃，把脚伸到地球上"（艾吕雅《寡妇们和母亲们的祷告》）。这些诗句中的意象组合令人耳目一新，充满魅力。这些构成了超现实主义广为诗人接受和效仿的基础。

二、"横的移植"：　洛夫对超现实主义的接受

虽然洛夫多次强调自己对超现实主义只是有限度、有条件地接受，但超现实主义的印痕却深深地勒进了他整个诗歌创作生涯，无论早期还是后期。洛夫曾坦言："1959年我写长诗《石室之死亡》时，曾采用过超现实主义的表现手法。"[1] 洛夫还说："我后期诗中之所以能突破时空的局限，突破后设语言的藩篱，而'创造出虚实相生的诗境，直探生命和宇宙万物的本貌'，除了师法古典之外，无不拜超现实表现手法所赐。"[2]

洛夫并不是一开始就是超现实主义的拥趸。在《创世纪》的"试验期"，即《创世纪》第11—29期，洛夫和张默、痖弦们最早提倡的是"新民族诗型"。洛夫后来回忆："那也是对那一段时期过于倾斜的'横的移植'的一种反应，是对绝对西方化的批评，主要强调中国传统美学及东方美感的重要性。"[3] 1969年，《创世纪》改版之后，该刊对超现实主义诗潮的倡导俨然成为台湾超现实主义诗潮的重镇。在存在主义等西方现代浪潮纷纷进入台湾的背景

---

① 洛夫：《答〈诗探索〉编辑部问》，《洛夫谈诗：有关诗美学暨人文哲思之访谈》，江苏文艺出版社2015年版，第12页。

② 洛夫：《〈石室之死亡〉再探索——〈石室之死亡及相关评论〉跋》，《诗而有序：我的诗观与诗法》，海天出版社2014年版，第36页。

③ 洛夫：《关于中国现代诗的对话与潜对话》，《洛夫谈诗：有关诗美学暨人文哲思之访谈》，江苏文艺出版社2015年版，第67页。

下，洛夫们的改变"好像是自然而然的"，又是必然的。洛夫后来解释道："文学与绘画不同，绘画可以超越国界，但写作不一样，你用中文写作，这本身就带有强烈的民族性，所以不必特别强调民族性。"但是，洛夫之所以偏爱西方现代主义流派众多支流之中的超现实主义，还是有其主客观因素的。

（一）客观因素：台湾文坛的现代主义思潮

台湾文坛对于西方现代主义的接受是有一定的历史基础的。在 20 世纪 50 到 80 年代的台湾，曾出现过一场中国诗歌现代化运动，它与台湾现代主义浪潮的涌入相伴产生，并随之发展而发展。

早在 19 世纪 30 年代初期，对超现实主义理论文献的翻译和介绍，就由以杨炽昌为代表的风车诗社作家推行过。但是一方面由于当时台湾的政治情况混乱尚且不具备适应超现实主义发展的环境，另一方面由于当时的超现实主义本身还存在很多的漏洞，以至于以提倡"超现实主义"为主要任务的风车诗社早早地夭折了，使得超现实主义未能在台湾文坛上绽放华光。尽管如此，风车诗社的作家还是将超现实主义的种子带到了台湾文坛，以至于恢复后，它们迅速成长起来，例如"现代派"序言中列举的首条原则便包括了"达达"与"超现实主义"。从那以后，阿拉贡、许拜维艾尔、米修等超现实主义诗人便被大量译介到台湾。此后，以纪弦为代表的《现代诗》社曾提出过"新诗再革命""新诗现代化"的口号；以覃子豪为代表的蓝星诗社具有"象征性""综合性"和"均衡性"的特征。从这里可以看到台湾文坛对于西方现代主义理论广泛的接受。

1969 年的元旦，创世纪诗社的诗人们做了大胆的改革，他们由试验期的倡导民族性诗歌，进而转变为倡导诗的"广泛性""纯正性"，他们以时尚前卫的姿态站立在台湾文学之林上，开始全盘接受超现实主义，理论与创作均呈现较为鲜明的对感性、直觉、梦幻的追求和强调的倾向。创世纪诗社的诗人洛夫、痖弦、张默等人，既能在理论上对它进行翻译介绍，又能在创作运用上最大限度地靠近超现实主义理论，超现实主义也便在这时在台湾文坛上得以广泛传播和发展。洛夫作为创世纪诗社的主将，也正是在这一时代性浪潮中积极拥抱超现实主义并成为"掌旗官"。①

（二）主观因素：流放、战争经历

就洛夫而言，接受超现实主义还有其主观原因。1949 年，洛夫来到台湾。远离亲人，远赴他乡，独自面对陌生的环境，不可避免地会在内心深处产生被遗弃的"放逐感"。早年的洛夫亲历战争，目睹生死瞬息变幻的无常和虚无，亲身体会了战争所带来的毁灭和无尽的黑暗，使洛夫"对生命有了深刻体悟，对人性、神性、兽性及生与死等重大问题做了广泛思考"②。这一时期洛夫的诗歌创作都刻上了现代战争的深深的影子。洛夫回忆："我写《我的兽》时，金门正发生激烈炮战，《石室之死亡》是在金门战地坑道中的一间石室里写下的第一首诗。"③ 其中一节：

偶然昂首向邻居的甬道，我便怔住

在清晨，那人以裸体去背叛死

任一条黑色支流咆哮横过他的脉管

我便怔住，我以目光扫过那座石壁

上面却凿成两道血槽

我的面容展开如一株树，树在火中成长

一切静止，唯眸在眼睑后面移动

移向许多人都怕谈及的方向

而我确是那株被锯断的苦梨

在年轮上，你仍可以听清楚风声、蝉声

① 洛夫：《关于中国现代诗的对话与潜对话》，《洛夫谈诗：有关诗美学暨人文哲思之访谈》，江苏文艺出版社 2015 年版，第 67 页。

② 洛夫：《关于中国现代诗的对话与潜对话》，《洛夫谈诗：有关诗美学暨人文哲思之访谈》，江苏文艺出版社 2015 年版，第 67 页。

③ 洛夫：《关于中国现代诗的对话与潜对话》，《洛夫谈诗：有关诗美学暨人文哲思之访谈》，江苏文艺出版社 2015 年版，第 67 页。

诗人苦心经营的意象就是要表现在一片虚无的境地中内心生与死的挣扎、血与火的焦灼，以及了无头绪的惊异、迷茫、苦涩与孤绝。诗人在寻找、探索，希望从最隐秘的一角感受丝丝生命的信息。"我是被锯断了，但是你仍然可以听清那凝结在年轮上的是历史的风声与蝉声。"这种情感体验不仅仅是现实的简单的投射，更应该被视为一种基于历史反思和生命体验的"孤绝"情绪的诗的传达。这首长诗在诗言和意象的营造上，可谓繁芜密集，晦涩难懂，在创作方法上明显带着超现实主义深刻的烙印。

在这种独特的历史背景和生命体验情形之下，向更深的精神层面掘进，从而对以主观性、扭曲性、神秘性为特征的西方现代主义产生狂热的兴趣，成为洛夫这批"流放"文人的共同选择。只是，洛夫在其中体现出更鲜明的理论自觉。洛夫有意识地阅读、学习了尼采、萨特、贝克特、瓦莱里等人的许多诗学理论以及超现实主义诗人一些零星的诗作，从而建立了一定的现代主义诗学的理论基础。1969 年，洛夫在《创世纪》第 21 期上发表《诗人之镜》一文，首次对超现实主义与达达派的承继关系、超现实主义的文学观、超现实主义的发展现状和发展前景都做了较为严整的论述。在洛夫的认知中，"超现实"是被当成一种宽泛的概念加以认同和接受的。洛夫认为"实际上超现实主义之影响方兴未艾，而且我们认为它的精神统摄了古典、浪漫、象征等现代诸流派"①。这种超现实主义精神的界定显示了对西方现代主义文学观念的开放性的接受姿态。洛夫将超现实主义的概念泛化体现了一种具自觉意识的开放性的诗学诉求。正是依据这一宽泛的超现实主义诗观，使超现实主义更具有包容性，以超现实精神来界定超现实主义的特征，但不被主义所羁绊。于是，几乎其他现代主义流派的长处和优势，只要合乎超现实主义精神的价值取向或者能被泛超现实主义的价值形态所统纳，就都可以成为超现实主义兼并融通的对象。② 这种对超现实主义诗学进行创造性本土转化和再铸的接受态度，表现了洛夫文学观念现代化的自觉性。

---

① 洛夫：《诗人之镜》，《创世纪》，第 21 期。
② 赵小琪：《台湾现代诗与西方现代主义》，长江文艺出版社 2004 年版，第 185 页。

所以，虽然洛夫多次强调自己对超现实主义并不是全然赞同，但洛夫显然还是受到超现实主义的深刻影响，洛夫对超现实主义的接受成为必然。

（三）超现实主义与洛夫创作理念的共通

就深层次而言，洛夫接受超现实主义，关键在于超现实主义的某些理论与洛夫此时的诗歌创作理念在某种程度上不谋而合。《洛夫评传》作者、著名诗评家龙彼德指出，超现实主义对洛夫《石室之死亡》最突出的影响有两个方面：一是"在技巧上，肯定潜意识之富饶与真实"，二是"在语言上，尽量摆脱逻辑与理性的反抗"。可以看出，超现实主义从观念到方法对洛夫的诗歌创作都有较大影响。具体来说，有以下三个方面。

第一，开拓潜意识，张扬对现实的反抗。超现实主义从对梦与潜意识的探索来把握人的内在真实，以形而上的姿态追求精神的超越。超现实主义理论强调，现实的表面不足以反映现实本身，只有超于现实存在的"某种组合形式"才能达到事物的本质。这一"某种组合形式"其一就是潜意识。洛夫认为，"超现实主义主张开拓的潜意识是一个丰富的宝藏，从那里多开了一扇通向'真我'的窗口，值得好好挖掘"，"对诗而言，超现实使意象变得奇异浓缩，令暗喻、象征、余弦、歧义等表现技巧有了较大发挥空间。对探索人性的复杂与深度当然有一定作用"①。在洛夫的诗中，过去一直被我国传统审美标准所不容的人的性意识，随着对弗洛伊德学说和超现实主义文学的接受，而成为"洛夫们"所捕捉的现代性的"痉挛性的美"而得到肯定。比如诗句"暴躁亦如十字架上那些铁钉/他顿脚，逼我招供我就是那玩蛇者/逼我把遗言刻在别人的脊梁骨上/主喔，难道你未曾听见/园子里一棵树的凄厉呼喊"。诗人通过铁钉、逼供等词将一位身陷囹圄的犯人形象刻画得淋漓尽致，最后通过一种近乎祈祷的呼喊，反映出了对于现实的不满和渴望得到救赎的心愿。而开掘潜意识，其目的是张扬对现实的反动与对抗。洛夫说："揽镜自照，我们所见到的不是现

① 洛夫：《关于中国现代诗的对话与潜对话》，《洛夫谈诗：有关诗美学暨人文哲思之访谈》，江苏文艺出版社2015年版，第67-68页。

代人的影像，而是现代人残酷的命运，写诗即是对付残酷命运的一种报复手段。"① 这是洛夫对于自己早期代表作《石室之死亡》的诠释。再比如洛夫在《我的兽》中写到"我的兽/我美好的新郎"。"兽"原是恶的代名词，神的反面，在这里却变成了作者所喜欢、所爱慕的对象，甚至于将其比作"美好的新郎"，得到了作者由衷的赞叹，其目的就是破坏现实社会原有的道德观念，实现"生命的裸裎"。

第二，对生与死的全新思考。经历过战乱、漂泊和流徙，感受过死亡对生存的剧烈威胁，这种人生经历和体验使洛夫很容易对超现实主义文学中的死亡问题产生共鸣。洛夫的诗一直在扩充死亡的主题，将对死亡的觉醒重重染印在他的诗作中。在《石室之死亡》中，有许多类似超现实场景的刻画，体现了洛夫对生命、死亡等有重新的思考。比如可以听到"果壳爆裂时喊出的一声痛"，听到"成吨的钢铁假我们的骨肉咆哮"，还可以听到飞蛾"将我们血里的钟声撞响"，听到"一颗麦子在磐石中哭泣"；看到"蝙蝠将路灯吃了一层又一层"，看到"我的面容展开如一株树，树在火中成长"，甚至还可以看到一个"常试图从盲童的眼眶中/挣扎而出的太阳"，还有"美丽的死者，与你携行正是应那一声的熟识的呼唤，蓦然回首，远处站着一个望坟而笑的婴儿"等。生死同构的生命主题在诗歌中借助超现实这一现代性质素达到了和谐的呈现。洛夫还接触到了超现实主义诗人里尔克的《时间之书》，感受到了其中所蕴含的玄思和宗教情怀，因而洛夫对其也进行了借鉴。如"暴躁亦如十字架上那些铁钉/他顿脚，逼我招供我就是那玩蛇者/逼我把遗言刻在别人的脊梁骨上/主喔，难道你未曾听见/园子里一棵树的凄厉呼喊"（《石室之死亡》第10首）。诗人首先通过"十字架"这一意象将神蕴于其间，营造了一种严肃的宗教气氛，其次通过"他"的近乎祈祷的呼喊，给人一种悲悯与圣洁的感觉。正如洛夫自陈："生命、死亡是诗人无法绕开的主题，战争、情欲与生命、死亡的冷酷交

---

① 洛夫：《诗人之镜》，《创世纪》第 21 期。

织逼迫人去叩问、去冥想，最后指向一种宗教性情怀。"①

第三，对诗歌语言创新的追求。洛夫诗歌力求新变，与超现实主义诗人力求语言创新不谋而合。洛夫曾说："我一向喜欢在句构和语言形式上做一些别人不愿、不敢，或不屑于做的实验，……且认为诗的创作大多与语言上的破坏和重建有关。"② 并且他也有过"不做语言的奴隶"的言论。比如"筑一切坟墓于耳间，只想听清楚/你们出征以后的靴声/所有的玫瑰在一夜萎落"（《石室之死亡》第49首），"坟墓"意味着死亡，它的色调是冷的，黑的，无形之中给人强烈的压迫感，而"玫瑰"象征着生命力的旺盛，它的色调是暖的，红的，给人热情而又充满活力之感，将这二者放在一起，使人有焕然一新之感，同时也给人一种强烈的视觉冲击。坟墓筑在耳间写出了生存的困境，生命时刻被死亡要挟，玫瑰在一夜之间萎落比喻为在战争中逝去的生命，将人的生存困境真实地表达了出来，也表现了诗人对死亡的真切感受。又比如"余烬中便有千颗太阳弹出"（《石室之死亡》第34首），"余烬"即死亡，"太阳"即生命之光，在余烬也就是死亡之中，居然会有太阳从中弹出，这里将太阳与余烬两种生死意象矛盾并存，形成了强大的诗歌张力。洛夫不少诗歌的意象看似不合常理，没有任何逻辑关系，但是细细想来，却又让人觉得在情理之中，可以看出洛夫对于语言力求创新观念的认同与实践。

三、"纵的继承"： 洛夫对超现实主义的修正

洛夫"终其一生都在追求中国诗学与西方诗学的彼此参照与相互融合"，从而建立一种全新的中国现代诗。正是在这条艰难的现代诗探索路上，早期的洛夫坚信"现代诗是横的移植，而非纵的继承"，虽然有些矫枉过正，但在当时的文化语境下，"反传统"就是真正的继承与发扬传统，要表现现代人复杂

---

① 洛夫：《关于中国现代诗的对话与潜对话》，《洛夫谈诗：有关诗美学暨人文哲思之访谈》，江苏文艺出版社2015年版，第68页。

② 洛夫：《〈隐题诗形构的探索〉自序》，《诗而有序：我的诗观与诗法》，海天出版社2014年版，第12页。

情感和多元的生活节奏，只能乞灵于西方的现代主义，洛夫《石室之死亡》等实验性作品就是"横的移植"的结晶。① 进入 20 世纪 70 年代，洛夫等台湾现代诗人"一头栽进西方现代主义的迷宫"，正面的意义是"为诗歌创作的想象与灵感开了一扇窗口"，负面的效果是"某些实验性很强的作品十分晦涩，日渐拉开了诗人与读者的距离"。② 预期的反省和回归成为必然。

（一）对超现实主义"自动语言"的反思

事实上，洛夫在对超现实主义的接受之处，就始终持谨慎态度，尤其是对超现实主义诗人所倡导的"自动语言"创作方法充满疑虑。1924 年，布勒东在《第一次超现实主义宣言》中单独设了一节，介绍"超现实主义魔术的秘密"，也揭示了所谓"自动写作"创作的过程：

超现实主义的书面文章，或曰初稿，亦即定稿。找一个尽可能有利于集中注意力的静僻处所，然后把写作所需要的东西弄来，尽你自己之所能，进入被动的、或曰接受性的状态。忘掉你的天才、才干以及所有其他人的才干。牢记文学是最可悲的蹊径之一，它所通往的处所无奇不有。落笔要迅疾而不必有先入为主的题材；要迅疾到记不住前文的程度，并使你自己不致产生重读前文的念头。第一个句子会自动地到来，这是千真万确的，以至于每秒钟都会有一个迥然不同于我们有意识的思想的句子，它唯一的要求便是脱颖而出。很难预断下一个句子将会如何；它似乎既从属于我们有意识的活动，也从属于无意识的活动，如果我们承认写下第一句所产生的感受只达到了最低的限度。何况这也无甚紧要；超现实主义试验的意义，大抵也就在于此。还有一点，就是标点符号似乎有碍于这股热流酣畅地奔泻，尽管那是必要的，就像要在一根颤动不已的绳子上打结一样。只要你愿意，就一直往下写。请相信：细声柔语是绵绵不断、不可穷竭的。你一不小心（可以说，这是由于疏忽造成的），就有可能产

---

① 洛夫：《答〈诗探索〉编辑部问》，《洛夫谈诗：有关诗美学暨人文哲思之访谈》，江苏文艺出版社 2015 年版，第 13 页。

② 洛夫：《答〈诗探索〉编辑部问》，《洛夫谈诗：有关诗美学暨人文哲思之访谈》，江苏文艺出版社 2015 年版，第 13 页。

生沉默的间歇；果如此，则应当机立断，中止那过于鲜明的句子。如果写出了一个你觉得来源不甚清楚的字，那么就随便加上一个字母，例如 I 就是 I 吧，即以它作为下一个字的头一个字母，这样你就恢复了随心所欲的状态。[1]

虽然每个人都有下意识（包括潜意识）的语言活动，但完全忠实于这一过程并记录下来，就成为诗歌创作的全部，无疑是荒谬而不可理解的。洛夫一方面肯定超现实主义发掘潜意识对于诗歌的发生的意义。"超现实主义能调动人的潜意识写诗，特别注重梦境与幻觉的探索，主张诗人要从理性的控制下解放出来。"[2] 他认为，个体的解放与自由是离不开潜意识的释放的，因为人的潜意识是一切行为的主宰。对潜意识的发掘的作用则在于使诗人能潜入一个隐秘世界去寻找另一附托，另一较物质世界更真实的依靠，以挽救人类无法超脱时的悲哀。另一方面，在肯定唯有于潜意识中方能发掘生命的最本真最纯粹的品质的同时，他也站在理性的高度辩证地指出，超现实主义者犯了一个严重的错误，即过于依赖潜意识，过于依赖（自我的绝对性）致形成有我无物的乖谬。

洛夫结合自己诗歌创作的实践，清醒意识到"语言最大的特性就是它本身是一件非常理性的东西，所以它必须合乎文法，这样的东西才能够进入你的诗里去。如果完全是'自动语言'的话，那只是小孩的语言、无意义的语言"[3]。1975 年，洛夫撰文《超现实主义与中国现代诗》，更明确得出结论："对以语言为唯一表现媒介的诗而言，如采用'自动语言'而使语意完全不能传达，甚至无法感悟，是一件难以想象的事。我不认为诗人纯然是一个梦呓者，诗人在创作时可能具有做梦的心理状态，但接触的诗最终仍是在清醒的状态下完成的。"由此，洛夫借助对"自动语言"诗歌创作方法的清理和检讨，完成了对超现实主义的审慎反省。

---

[1] 柳九鸣主编：《未来主义 超现实主义 魔幻现实主义》，中国社会科学出版社 1987 年版，第 262-263 页。

[2] 洛夫：《答〈诗探索〉编辑部问》，《洛夫谈诗：有关诗美学暨人文哲思之访谈》，江苏文艺出版社 2015 年版，第 12 页。

[3] 洛夫：《因为"雨"的缘故》，《洛夫谈诗：有关诗美学暨人文哲思之访谈》江苏文艺出版社 2015 年版，第 31 页。

（二）对中国传统诗歌美学的再认识

在现代中国诗人中，洛夫不仅是"在现代诗探索方面走得最远的那个"，对中国传统诗歌美学的体认和再认识也是"做得最彻底、最具体的一个"[①]。进入20世纪80年代，洛夫在对超现实主义检讨的同时，开始"回眸"传统，重估中国传统文化、古典诗学的价值。从《唐诗三百首》、司空图的《二十四诗品》、严羽的《沧浪诗话》中，还有杜甫、苏东坡等人的诗论以及诗歌创作中，洛夫找寻到了一把开启诗歌迷宫的钥匙。这把钥匙，体现在对中国传统诗歌美学的再认识上，洛夫从此找到了中西诗学交融的契合点。对于这一点，洛夫有自觉的认识，并且在多次访谈中有讨论。归结起来，有如下三个方面。

第一，"以有限暗示无限，以小我暗示大我"。所谓"一花一世界，一木一浮生""一滴水中看世界，半瓣花上品人生"。这是中国诗学的一个根本精神。比如诗人写一个茶杯，并不仅仅是写茶杯的表象，同时具有象征的含义，反映整个现实乃至整个社会。洛夫对这一诗观非常认同，还进行了进一步阐释。他接受访谈时说："诗人心灵中通常有两块板图，一块是表现独特性的小我，一块是表现普遍性的大我，它包括社会、民族、全人类，但诗人使用的手法，通常是'以小见大'，以我的说法是：'以有限暗示无限，以小我暗示大我。'"[②]洛夫在他的长诗《血的再版——悼念亡母诗》的后记中说："三十多年来，亲人团聚；而我丧母的哀恸是千万中国人的哀恸，我为丧母流的泪也是千万斛泪水中的一小滴；以小喻大，我个人的悲剧实际上已成为一种象征。"[③]

第二，"无理而妙，反常合道"。严羽《沧浪诗话》："大抵禅道惟在妙悟，诗道亦在妙悟。"洛夫指出：妙悟即是一种诉诸直觉的心灵感应。诗和禅的妙悟主要在不涉理路，不落言筌。人们只有透过妙悟这种微妙的感应，才能掌握到诗的本质及其创作规律。中国古代不少诗句表面上看起来不合理，超越了知

① 洛夫：《答〈诗探索〉编辑部问》，《洛夫谈诗：有关诗美学暨人文哲思之访谈》，江苏文艺出版社2015年版，第21页。

② 洛夫：《仍在路上行走的诗人》，《洛夫谈诗：有关诗美学暨人文哲思之访谈》，江苏文艺出版社2015年版，第163–164页。

③ 洛夫：《葬我于雪》，中国友谊出版公司1992年版，第149页。

性的逻辑，但"无理而妙"，诗歌之美由此产生。比如柳宗元《渔翁》诗句：烟消日出不见人，欸乃一声山水绿。这是一首山水小诗，寓有作者政治失意的孤愤。苏轼评此诗说："诗以奇趣为宗，反常合道为趣。"句中的"人"指渔翁。读者知道拂晓前他明明在打水生火，而烟消日出时反而不见了，使人感到"反常"。但"欸乃"一声，传来了橹桨之声，原来渔翁已游弋在山水中了，这又"合道"。上句的"反常"，使人产生一种觉得人在却又突然不见的惊异感；下句的"合道"，又使人感到橹桨之声怡情悦耳，青山绿水更加可爱。这种"反常合道"的写法，产生了一种特别的趣味，也写出了一种带有几分神秘色彩的清静寥廓的境界。洛夫认为，诗歌的语言跟我们的日常生活、日常经验是相反的，往往违背事情的常理，对现实的扭曲，可是却产生一种奇趣，造成一种惊奇的审美效果。当然，反常还必须要合道，合道就是要符合我们内心的感受，虽然出乎我们的意料之外，却在情理之中。很多好的诗都是这样的，虽然出乎意料，但却在我们的情理之中。

第三，"物我同一，天人合一"。中国哲学的最高境界是"天人合一"，表现在中国古典文学中，人与外物（自然）的高度融合成为文学家、诗人们的不懈追求。洛夫认为，要抵达这种境界，"诗人首先必须把自身割成碎片，而后揉入一切事物之中，使个人的生命与天地的生命融为一体。""作为一个诗人，我必须意识到：太阳的温热也就是我血液的温热，冰雪的寒冷也就是我肌肤的寒冷，我随云絮而遨游八荒，海洋因我的激动而咆哮，我一挥手，群山奔走，我一歌唱，一株果树在风中受孕，叶落花坠，我的肢体也随之碎裂成片；我可以看到'山鸟通过一幅画而融入自然的本身'，我可以听到树中年轮旋转的声音。"[1] 在洛夫看来，诗不应完全源于自我的内在，而应产生于诗人的内心与外在现实的统摄、叠合，是物我交融的结果。洛夫用了较具体的实例来进一步阐述："当我想写一首《河》的诗，首先在意念上必须使自己变成一条河，我的整个身心都要随它而滔滔，而汹涌，而静静地流淌，抛一颗石子在河心，我的

---

[1] 洛夫：《我的诗观与诗法——〈魔歌〉自序》，《诗而有序：我的诗观与诗法》，海天出版社2014年版，第4页。

躯体就随一圈的波浪而向外逐渐的扩散、荡漾。这种'与物同一'的观念，在我近几年的作品中愈来愈明显，例如《不被承认的秩序》《死亡的修辞学》《大地之血》《诗人的墓志铭》，以及最近完成的《裸奔》《巨石之变》等，俱是如此。"①

洛夫发现，"以有限暗示无限，以小我暗示大我""无理而妙，反常合道""物我同一，天人合一"等中国传统文化精神与超现实主义诗学在诸多方面款曲相通，有许多不谋而合之处。比如，洛夫发现，中国传统诗歌和艺术中，除了具有飞翔、飘逸、超脱的显性素质之外，还具有一种宁静、安详、沉默无言，所谓羚羊挂角、无迹可求的隐性素质，后者就体现出禅的本质与诗的本质，也是超现实主义的本质。因此，洛夫认为"现代诗人应该重视对古典诗的学习与探索，古典诗在表现人与自然的和谐美学方面，在意象化以及超现实性方面都有许多值得借鉴之处，需要我们下许多工夫"②。洛夫又注意到，"现代诗看似西方的舶来品，但它的许多观念都暗合中国诗歌的古意古法。我相信，诗歌艺术发展到某一高度，当会消除一些后设的界限而得以彼此相通"③。

（三）实现中西诗学精神的融合

正是在对超现实主义进行审慎反省和对中国传统诗歌美学精神的再认识中，结合自己大量现代诗创作实践，洛夫提出"修正"超现实主义的主张，力图实现中西诗学的融通汇合。如果说，早期《石室之死亡》的创作，受超现实主义的影响深刻，可以视为洛夫"在生与死，爱与恨，获得与失落之间的游移不安中挤迫出来的一声孤绝的呐喊"。而后期的洛夫，自《魔歌》开始，开始有意识地融合中西诗学，洛夫的创作心态明显平复下来。他说："我却像一股奔驰的激湍，泻到平原而渐趋宁静，又如一株绚烂的桃树，缤纷了一阵子，一俟花叶落尽，剩下的也许只是一些在风雨中颤抖的枝干，但真实的生命也就含

① 洛夫：《诗魔之歌》，花城出版社 1990 年版，第 155 页。
② 洛夫：《大河的对话：洛夫访谈录》，台北兰台出版社 2010 年版，第 106-107 页。
③ 洛夫：《答〈诗探索〉编辑部问》，《洛夫谈诗：有关诗美学暨人文哲思之访谈》，江苏文艺出版社 2015 年版，第 18 页。

蕴其中。"①

"回眸"传统，希望实现中西诗学的融汇，洛夫找到了一个最佳的结合点，那就是中国传统的禅诗。洛夫发现，"中国禅家主张觉性圆融，须直观自得，方成妙理。以现代心理学的观点来看，这种觉性与直观乃至出于潜意识的真实。中国的禅更强调平常心，因此禅可以说是一种大众化的形而上学，如果透过诗的形式来表达，禅亦如超现实主义，同样可以使诗人的精神达到超越的境界。禅宗主张'不立文字'，因文字受到理性的控制，无法回归人的自性，这与超现实主义反对逻辑语法，采用自动语言以表现潜意识的真实，二者的立场是一致的。"在此基础上，洛夫提出："我对超现实主义的反思与修正，目的在探索一种可能性——超现实主义精神内涵与技巧的中国化。我的灵感是来自禅与诗结合的中国古典诗歌，譬如盛唐时期的诗，同样具有飘逸而又暧昧的超现实特质，同样不受理性的宰制，欲能产生'无理而妙'的美学效果，例如'七星在北户，河汉声西流'（杜甫），'沧海月明珠有泪，蓝田日暖玉生烟'（李商隐），这些诗句的趣味就在可感而不可解，或可解而不可尽解。"② 洛夫有一首题为《死亡的修辞学》的诗，其中一节是这样的：

> 我的头颅炸裂在树中
>
> 即结成石榴
>
> 在海中
>
> 即结成盐
>
> 唯有血的方程式不变
>
> 在最红的时候
>
> 洒落

---

① 洛夫：《我的诗观与诗法——〈魔歌〉自序》，《诗而有序：我的诗观与诗法》，海天出版社 2014 年版，第 3 页。

② 洛夫：《超现实主义的诗与禅》，《江西社会科学》1993 年第 10 期。

洛夫自己有解读："这首诗最大的暗示就在，我的消除就是为了要融入自然，参与到宇宙万物的秩序和运行之中，这时的我才是'真我'，而'真我'就像血的构成方程式，是永远不变的。在诗中，潜意识中的'我'已升华为禅悟的'我'。金刚经说：'应无所住，而生其心。'这颗心就是万物之心，一个活泼而无所不在的生命。于是，由于我对这个世界完全开放，我也就完全不受这个世界的限制。"①

可见，洛夫希望借助中西诗学视野的融合，诗人能找到他们一直以来孜孜以求的生命自由和失落已久的"真我"，并使他们的诗真正达到是意识的也是潜意识的，是感性的也是知性的，是现实的也是超现实的。他坦陈自己的后期创作就是"沿着与传统接轨而自铸新声"的方向在努力②。从洛夫后期创作的《魔歌》《背向大海》等诗集与他破纪录的三千行长诗《漂木》以及隐题诗、禅诗、唐诗解构等一系列新的作品中，读者不难看到，诗人在艺术上努力寻求突破的步履。比如诗《雨中独行》：

> 风风雨雨
> 适于独行
> 而且手中无伞
> 不打伞自有不打伞的妙处
> 湿是我的湿
> 冷是我的冷
> 即使把自己缩成雨点那么小
> 小
> 也是我的小

通过这种全新的诗歌实践，洛夫"试着透过可解与不可解的语言形式经

---

① 洛夫：《超现实主义的诗与禅》，《江西社会科学》1993年第10期。
② 洛夫：《大河的对话：洛夫访谈录》，台北兰台出版社2010年版，第15页。

营，虚与实的表现手法的搭配，知性与感性（近乎非理性）的有机调和，以期在艺术上获至'无理而妙'的惊喜效果"①。在独抒性灵中，塑造独立的人格，展现崭新的精神世界，诗人的主体形象"真我"也得以呈现。

当然，洛夫对于自由的寻求，他既不认同超现实主义者们利用梦境的过度放纵，也不像中国禅学所主张的"禁欲"，而是认为生命的自由应是身心一体的满足。比如，他在诗《烟之外》中写道："在涛声中唤你的名字，而你的名字/已在千帆之外……你依然凝视/那人眼中展示的一片纯白/他跪向你，向昨日那朵美了整个下午的云/海呦，为何在众灯之中/独点亮那一盏茫然……"这里追求的是平等关系的爱恋。两者在平等的关系下相爱，又在平等的关系之下分开，分开之时是平静的而不是视对方为仇敌的憎恨。再比如，他在诗《月问》中写道："你便以四岸抱我/抱我如抱一片浩瀚/你是笛/我穿九孔而鸣/我们是同一音阶的双键……"这里"你与我"相互交融，没有所谓的主次之分，你中有我，我中有你，二者合二为一，达到了完美的结合，因而共同开创出了一种超越自由的美的享受和美的境界。

对于"真我"的追求，洛夫向往中国传统哲学"物我同一，天人合一"的境界，试图通过将主体生命融入外在事物中去，让"知性"与"超现实"这两个看似矛盾的对立体在他的诗歌中形成统一，从而对超现实主义过度依赖"自动语言"的弊端进行修正。比如诗《石榴树》："假若把你的诺言刻在石榴树上/枝桠上悬垂着的就显得更沉重了/我仰卧在树下，星子仰卧在叶丛中/每一株树属于我，我在每一株树中/它们存在，爱便不会把我遗弃……"你、我、树在这里交融在一起，把诺言刻在石榴树上，枝桠上悬垂着的便不再是石榴，而是我对你的爱恋，石榴成熟之际便是我对你的爱恋成熟之时。再比如诗《金龙禅寺》："晚钟/是游客下山的小路/羊齿植物/沿着白色的台阶/一路嚼了下去/如果此处降雪/而只见/一只惊起的灰蝉/把山中的灯火/一盏盏地/点燃"。游客在夜晚寺庙鼓钟的敲响声中沿着小路往下走，羊齿一样的植物也沿着小路一直蔓延开去，自然万物与人相依相融；而就在此时，一只"灰蝉"飞起，悄然

---

① 洛夫：《大河的对话：洛夫访谈录》，台北兰台出版社 2010 年版，第 291 页。

"点亮"山中芸芸众生和万家灯火。禅诗的"妙悟"与超现实主义"诗语"在此诗中完美融合而同一。

总之，纵观洛夫对超现实主义理论的认同与修正，无论是前期的热衷模仿，还是后期的融合与超越，无论是对它们语言力求创新和反抗思想的认同，或是借助中国古典诗学融合超现实主义实现"真我"的回归，都体现出洛夫作为一个现代诗人高度的理论自觉和创新意识。一部 20 世纪以来中国现代诗歌发展史，就是在"古今中外"这一特定的历史文化语境中，中国诗歌凤凰涅槃实现由古典到现代历史性转型的过程。从这种意义上来说，洛夫 60 余年的诗歌理论探索和诗歌实践，特别是"接受—修正—超越（融合）"超现实主义的过程，正是中国现代诗现代化进程的典型个案，也是必由之路。这是"诗魔"洛夫对中国现代诗学理论发展和现代诗探索所做出的历史性贡献。

落花诗传统的再造：王夫之《落花诗》诗境新探

朱泽宝

摘　要　王夫之一生创作了九十九首《落花诗》。其数目之巨，在历代落花诗中当属翘楚；其艺术构思，亦多有前人未至之境。王夫之于落花寄托深广，既沿袭传统，赋予其忠贞人格，亦用落花指称失节小人，更以落花寄托故国想象。王夫之《落花诗》大量用典，打破了前人多以红颜飘零比拟落花的窠臼，往往以历代战伐之事或《庄子》故事来描摹落花情态。对前代诗文成句的灵活改造，更拓展了王夫之《落花诗》的情感内蕴与历史深度。王夫之秉持物我无间的抒情立场，以落花视角写落花，一改前人落花诗中的旁观者角度，故而诗中万物呈现出紧张的对立关系，更适宜诗人激越的情感。王夫之《落花诗》从诸多方面重塑了前代落花诗的创作传统，其诗歌史地位亦值得重加探讨。

关键词　王夫之；《落花诗》；落花意象；抒情视角；传统重塑

落花是传统诗词的重要意象，吟咏者代不乏人。以整篇诗来咏落花者，当始自南朝萧子范的《落花诗》，其后宋代邵雍、宋祁等文坛文人都以落花诗名世。迄至明代，落花诗蔚然大盛，沈周、唐寅、申时行等纷纷创作长篇七律咏

作者简介：朱泽宝，河南固始人，文学博士，湖南大学中国语言文学学院副教授，主要从事明清文学研究。

落花组诗，"穷态极致，竞美争奇"①。或富理趣，或寄感慨。明清易代之际，士大夫抱亡国惨痛，在落花诗中寄寓着深沉的家国忧思，拓开落花诗发展史上的新篇章。在清初，以王夫之所作落花诗最为引人注目。王夫之先后作《落花诗》九十九首，含《正落花诗》十首、《续落花诗》三十首、《广落花诗》三十首、《寄咏落花》十首、《落花诨体》十首、《补落花诗》九首。其数目之巨，属历代落花诗之翘楚。就艺术境界论，王夫之的落花诗"大抵寄兴哀深，托物言怀，均属缠绵悱恻"②。学界对其深挚的寄托与精密的表达，都无甚异辞。但是，由于王夫之学问广博，思致杳渺，作诗喜用僻典，敷文每多迂曲，其《落花诗》真实的创作脉络与构思意图往往不易厘清。因此，至今学界相关论述常流于宏观立论，多有肤廓而不着要领之弊，对《落花诗》的言意关系等关键话语缺乏明晰的认识。这可能会影响到对王夫之《落花诗》复杂意味的如实呈现，并导致其诗歌史地位的模糊不清。正缘于此，本文不揣谫陋，试图通过对王夫之《落花诗》意象呈现、典故运用、观察视角等文本内部质素的考察，解读王夫之在落花诗发展史上的特殊地位，以加深对王夫之诗歌创作的理解。

一、飘零无意反《离骚》： 王夫之《落花诗》 的落花意象解读

落花作为诗歌意象，最早当出现在《离骚》中。屈原数次以落花而串连其高洁的操守。比如"朝饮木兰之坠露兮，夕餐秋菊之落英""擘木根以结茝兮，贯薜荔之落蕊" 等句，都是此种心声的表现。经过东汉王逸《楚辞章句》对《离骚》意象的经典化阐释，落花所适用的人格化抒情模式已大体奠定。如其所说："《离骚》之文，依诗取兴，引类譬喻。故善鸟香草以配忠贞，恶禽臭物以比谗佞。"③ 王逸虽以"香草"来譬"忠贞"，但香花亦含于其中，如芙蓉、杜衡、留夷、菊花等都可毋庸置疑地视作花。香花自可比配高洁忠贞之臣，而落花若用于寄托，便极易被赋予志士飘零、志愿不遂的悲壮意味。像归庄自述

① 归庄：《落花诗序》，《归庄集》，上海古籍出版社 2010 年版，第 119 页。
② 严迪昌：《清诗史》，人民文学出版社 2011 年版，第 294 页。
③ 王逸：《楚辞章句》，黄灵庚点校，上海古籍出版社 2017 年版，第 2 页。

其作《落花诗》的背景是"我生不辰"的山河破碎，目睹"风木痛绝，华萼悲深；阶下芝兰，亦无遗种"，其"情感所寄"，自非承平诸公所比，有"一片初飞，有时溅泪；千林如扫，无限伤怀"① 之感，即悲悼故国之思。《离骚》开创的这套象喻范式"一经出现，便与其深厚广博的思想内容相结合，形成极大的吸附性与典范性"②。从某种意义上而言，王夫之《落花诗》的成就首先就体现在对这套行之久远的象喻范式的突破上。

王夫之九十九首《落花诗》中，落花的含义至为复杂，远远轶出前人常见的若干使用习惯。首先，其《寄咏落花》十首基于"物皆载花形""事皆含落意"③ 的理念，将落花的意涵无限放大，以落花为形来咏叹玄理、禅宗、书品、绘事、坐隐、筹政、剑技、货殖八事。大致而言，此类属于以物譬物的范畴，因与落花诗常见的以物咏怀的创作模式不类，本文将置而不论，但也足以反映王夫之对落花意蕴的拓展。其次，即便以王夫之落花咏怀的诗歌而言，也非以香花喻忠贞那样简单划一。落花在其笔下被寄寓着多样化的情感内涵，随事而变，不拘一端，不乏对传统寄托模式的突破，很有探讨的意义。

需要指出的是，以花喻忠贞的传统寄托模式依然在王夫之的《落花诗》中多有呈现。王夫之与屈原有着共同的遭际，二人同样身逢故国危亡之际，有着同等的家国认同感，其"自以先世明臣，存亡与共"④，故而其诗文多能祖述屈骚。且王夫之对楚辞亦深有研究，著有《楚辞通释》一书，是以王夫之的诗歌创作绝无可能完全不受《离骚》传统的影响。在具有开篇明义性质的《正落花诗》第一首中，王夫之就明显地表现出对于将香花喻作忠贞之士的写作模式的认同。其诗曰："弱羽殷勤亢谷风，息肩迟暮委墙东。销魂万里生前果，化血三年死后功。香老但邀南国颂，青留长伴小山丛。堂堂背我随馀子，微许知音一叶桐。"⑤ 这里的"香老但邀南国颂"，即是对屈原《橘颂》"后皇嘉树，

---

① 归庄：《归庄集》，上海古籍出版社 2010 年版，第 120 页。
② 尚永亮：《〈离骚〉的象喻范式及文化内蕴》，《文学评论》2014 年第 2 期。
③ 王夫之：《寄咏落花》，《王船山诗文集》，中华书局 1962 年版，第 414 页。
④ 王之春：《王夫之年谱》，汪茂和点校，中华书局 1989 年版，第 177 页。
⑤ 王夫之：《王船山诗文集》，中华书局 1962 年版，第 405 页。

橘徕服兮。受命不迁，生南国兮"① 等忠忱之志的摹写。全诗以花为喻，传神地写出作为明王朝孤臣遗民的抗争、倔强、愤恨、不甘与寂寞。类似的创作思维在王夫之的《落花诗》中随处可见。有时，王夫之《落花诗》与屈骚的契合之处，并不限于简单譬喻模式的因袭而已。比如《正落花诗》（其四）有句云："游魂化密故饶甘，怕扇蜂潮闹不堪。忧寄上天埋下地，云迷泽北梦江南。"② 这里将落花的香气视作游魂，其可化作甘果，而又饱尝闹蜂的骚扰。只有将忧愤之心付之于九天与九地，彼处可能还有知音，唯难以告之于亲近之人。这就颇有《离骚》升空驭气、四方求女之概。王夫之《楚辞通释》如此评述屈原"求女"之举："念贤人之见嫉于浊世，故于流俗毁誉之外，高视远望，冀遇卓然超逸之士，与相匹合，同心效国。"③ 这与《落花诗》不堪蝶扰而忧寄上天的想法又何其相似。

王夫之以花所喻之忠臣，在具体的内涵指向上也有所突破。其笔下的落花不仅有屈原所赋予的忠贞不移的品质，更闪耀着刚健果敢的斗争精神。这一点是《离骚》表达不够充分的。在王夫之的《落花诗》中，落花并不是被动地默默承受凄风苦雨的摧残。面对风雨，落花亦能时时表达自己果敢倔强的态度。比如"作色瞋风凭血勇，消心经雨梦形残"④ 句，就将落花抗争风暴的精神表现得极为显露。树枝上的花朵在凄厉的风雨面前似乎是不堪一击，但亦有一腔血勇、满面怒火足以传达誓死抗争的立场。这不啻为船山先生个人精神的写照。他虽为一介书生，但面对强横残酷的政教罗网，依然能始终保持强烈的蔑视与拒斥之意。《正落花诗》（其七）将这层意思展现得更为透彻。"赌命奔尘掷一绯，千秋何有大椿围。争天晴雨邯郸帜，死地合离玉帐机。周易系盟凶不吝，春秋谳战义无讥。朱殷十步秦台血，耻向青阳赋式微。"⑤ 王夫之在这里传达出将生死置之度外的抗争精神，从不追求大椿之龄，不愿苟活于世。"争

① 屈原：《屈原赋校注》，金开诚、董洪利、高路明校注，中华书局 1996 年版，第 606 页。
② 王夫之：《王船山诗文集》，中华书局 1962 年版，第 405 页。
③ 王夫之：《楚辞通释》，《船山全书》（第 14 册），岳麓书社 2011 年版，第 230 页。
④ 王夫之：《王船山诗文集》，中华书局 1962 年版，第 406 页。
⑤ 王夫之：《王船山诗文集》，中华书局 1962 年版，第 406 页。

天晴雨邯郸帜"，借北魏孝文帝迁都洛阳与韩信决死一战的典故来表达誓死抗争的意念。最后两句又将全诗的意境升华，把落红比喻作鲜血，以蔺相如斥秦王之典来寄托与敌人斗争到底的信念，宁愿死于战斗之中，而耻于在平淡中暗自凋零。

一般来说，古典诗歌传统中提到落花、香花、异花等都赋予其较正面的意蕴，诗人在情感上也普遍倾向于爱花、惜花、护花。而在王夫之《落花诗》中，花时常被赋予负面的意义。与上文提到的以花喻忠贞相反，王夫之笔下亦不乏以花来譬喻反复无常、毫无节操的小人的例证，这种现象主要出现在《续落花诗》与《补落花诗》中。如《补落花诗》（其五）曰："记得开时事已非，迷香逞艳炫春肥。尽情扑翅欺蝴蝶，塞耳当头叫姊归。桃李畦争分咫尺，松杉云冷避芳菲。留春不稳销尘土，今日空沾客子衣。"① 这首诗中就蕴含着强烈的政治批判意识。花开花落本是自然规律，王夫之则在其中寄寓着爱憎分明的深切情感。花开自有时节，王夫之却指责其所开非时；花开自饶艳姿，王夫之却反感其太过"逞"与"艳"，则此"花"必不能承载文人忠贞自守的想象。王夫之在这首诗里可能以花来比喻南明朝廷中的小人，尽管国势危殆，而他们尚党同伐异、滥作威福，令人心痛。"桃李畦争"隐喻朝中小人的结党营私，党争不休，而"松杉云冷避芳菲"句的意图再明显不过，将"芳菲"视作须"避"之物，则其与恶禽臭物亦无甚区别了。

当花被剥离美好人格的想象后，王夫之就有着空对万花而知音难觅的感慨了。《补落花诗》（其七）就写道："莫将旧价问千金，下砌萧萧败叶侵。万紫向来空识面，寸丹何地觅知音。梅魂不分春霪苦，荷怨难平晓露深。脉脉菱花别有意，青铜留照阅来今。"② 纵然此地称盛开过万紫千红，与诗人亦曾照面过往，但殊不可称作知音。这样的写法明显远离了屈原佩香草以寓高洁，托香花以寄节操的传统。在这首诗里，我们还能看出王夫之对作为植物的花的极度失望，而将希望寄托于菱花镜上。如此一来，那些花就徒有虚名，与历来传颂的

---

① 王夫之：《王船山诗文集》，中华书局1962年版，第418页。
② 王夫之：《王船山诗文集》，中华书局1962年版，第419页。

美誉化身已全不相关。王夫之对落花的负面想象还体现在将其看作投清降敌的叛臣的象征。相关例证已不止一处，姑举《续落花诗》（其二十三）为例。其诗曰："漫天撒地莫相嘲，谁向春风得系匏。入幕髡留依画烛，同尘颐指听吟鞘。梅交隙末损三友，果簏离群剥上爻。和露倚云争早晚，芳兰何事把琼茅。"① 在诗人看来，这些漫天落花并不是要回归尘土，系匏隐居，而是要改换门庭，"和露倚云"。这与南明覆亡之际纷纷降清的叛臣嘴脸又何其相像。另外，诗中提到的"入幕髡留"已暗合着剃发这一在清初极具政治含义的文化符号，诗人的意图已不言而喻。

王夫之迥出常格，颠覆历代对于花朵惯有的情感寄托，应有着较为惨痛的现实背景。王夫之曾入南明桂王朝廷任行人司行人。彼时，南明虽风雨飘摇，但依然党争不断，且斗争手段愈趋残酷。王夫之本人亦在党争中深受其害，"王化澄因攸县狂人作百梅诗冒先生名为序，借为衅端，将构大狱，挤之死地"②。如果将明朝视作春天，③ 明朝群臣则为春季百花，那么百花中当然不可能株株皆为香花而可喻为纯臣。当春天将尽，百花各寻出路，自然会出现反复无常之人。将花比作小人叛臣，正是对那段荒唐岁月的如实纪录。

在将落花人格化的同时，王夫之还在其身上寄寓了故国的想象。王夫之《落花诗》对花落的具体样貌描写不多，在寻花、忆花上却颇费工夫。在这些篇章中，逝去的落花往往都隐喻着消亡的王朝。《广落花诗》（其六）"新绿可知霜刃在，尽情还与逼残红"④ 句即以残红落花比作已危在旦夕的南明王朝，而新绿、霜刃亦各有所指，分别喻指南明叛臣与清朝，讥讽变节之辈亦难逃异族政权的清洗。《广落花诗》（其九）写道："并门闭目奈愁生，幔卷帘垂两不平。百岁回头三月雨，万端到耳一声莺。贯休死爱香风吹，和靖难忘疏影横。删抹艳根须有此，荷丝虽铩也相萦。"⑤ 这首诗较为深切传达出思念故国的情

① 王夫之《王船山诗文集》，中华书局1962年版，第409页。
② 刘毓崧：《王船山先生年谱》，《船山全书》（第16册），岳麓书社2011年版，第185页。
③ 在王夫之的落花诗中，春、秋是有着明显的政治隐喻的。春喻明而秋喻清。像"三春卷土终无计""等是殉春已待勘""新绿可知霜刃在，尽情还与逼残红"等即为例证。
④ 王夫之：《王船山诗文集》，中华书局1962年版，第411页。
⑤ 王夫之：《王船山诗文集》，中华书局1962年版，第412页。

绪，但表达方式较为深婉曲折。此诗的抒情主体即是诗人本人，而不是作为喻体的花。其人在愁苦之中，饱看万花飘零后的初夏景致。三月风雨摧残的是万紫千红的春天，更是曾经寄寓过无限希望的南明政权。颈联以贯休、林逋之典来形容爱花之人对飘散之花的刻骨想念，隐含着对故国的眷恋。"贯休"句出自贯休《春游灵泉寺》"因寻古迹空惆怅，满袖香风白日斜"①，将日暮飘零、抚今追昔而无限惆怅的心境表达得委婉入神。再如《广落花诗》（其十六），通篇以寻花的踪迹来建构全诗："棘胃苔缄蟢网封，还披密篠问遗踪。三山空在云千里，九处堪疑翠几重。菡萏魂留霜粉腻，蔷薇髓滴露香浓。楚宫梦已无寻处，只对巫阳暮雨峰。"② 全篇充溢惆怅哀伤的氛围，即是以寻花隐喻着故国不存的怅惘之感。

概而言之，王夫之赋予落花以浓厚的政治意味，如此语含褒贬、笔挟风霜的情感寄托在前人的诗句中是非常罕见的。前代文人多半将花开花落视作自然规律，即便怅惘哀愁，但不至于在其中蕴含强烈的爱憎与现实化想象。像邵雍的《落花吟》一诗写道："万紫千红处处飞，满川桃李漫成蹊。狂风猛雨日将暮，舞榭歌台人乍稀。水上漂浮安有定，径边狼籍更无依。流莺不用多言语，到了一番春已归。"③ 尽管对落花有不舍与哀怜，但在诗篇结束的时候，诗人已经在理智上说服自己接受现实。沈周虽也从落花联想到兴亡，但身处盛世的他对此番景象淡然处之，"瞥眼兴亡供一笑，竟因何落因何开"④。两相对比之下，足见王夫之《落花诗》是饱蘸血泪而成的。这也拓展了落花诗的感情深度与文化品格。

二、旧典新境：王夫之《落花诗》的用典艺术与意境生成

清代以前的落花诗在长期的实践积累中已经形成一套较稳定的写作范式，关于落花样态的书写、对花情绪的表达、意象的筛选与安排、辞章的凝练与措

---

① 贯休：《禅月集校注》，陆永峰校注，巴蜀书社 2006 年版，第 416 页。
② 王夫之：《王船山诗文集》，中华书局 1962 年版，第 412 页。
③ 邵雍：《落花吟》，《邵雍集》，中华书局 2010 年版，第 504 页。
④ 沈周：《落花五十首》，《沈周集》，上海古籍出版社 2013 年版，第 600 页。

置等，都有章可循。就古典诗歌经常使用的典故而言，历代落花诗整体上呈现出两种样貌。其一是基本上不使典故，直接摹写落花，书写情绪。这以邵雍的《落花吟》《落花短吟》《落花长吟》《对花吟》《愁花吟》等为代表。此外，沈周五十首落花诗亦用典甚少，只有杜牧叹"绿叶成阴子满枝"、杜秋娘"花开堪折直须折"等寥寥数典。其二，一些落花诗虽偶也用典，但所用典故范围狭窄，渐成陈陈相因之态。由于落花易使人联想到红颜飘零，所以落花诗的常用典故也多与女子悲惨身世有关。北宋的落花诗在某种程度上划定了后世落花诗的用典范围。宋祁《落花》使用巫山云雨、分香卖履、南浦送别、长门阿娇、汉武帝宫人回风舞、章台女、徐妃半面妆等典故。宋庠《落花》诗中则有汉皋遗佩、金谷坠楼等典，亦不出红粉往事。与二宋同时稍晚的邵雍的落花诗用典极少，偶尔用典亦偏于阴柔的一面。如其《落花长吟》："马嵬方恋恋，金谷正匆匆。曹植辞休切，襄王梦已终。谬称寻洛浦，浪说数巫峰。"① 提到的亦是马嵬坡杨妃殒命、金谷园绿珠坠楼、曹子建洛水遇仙、楚襄王巫山云雨这样的红颜旧事。王夫之《落花诗》相对前代的一大创格即是其对典故的广泛而密集的使用，无论是典故使用频次，还是典故题材范围，或是典故的冷僻程度，都远远超过前人，能挣脱前人的影响而自开新篇。这构成了王夫之《落花诗》重要的艺术特征，也是其往往被人评为生涩难懂的一大原因。

首先，用典是王夫之《落花诗》最常使用的艺术手法。就整组九十九首落花诗而言，几乎首首有用典。就单首诗歌而论，用典现象亦是非常密集，通篇逐句用典的现象亦不罕见，如上文提到的《正落花诗》（其七）便是典型的例证。再看《续落花诗》（其二十五）："煽艳三风如此膴，濡轮曳尾胡为乎？三英岂留朝菌，十里山聊远螟蛄。天已丧文悲凤凤，人皆集菀忍乌乌。浮湘特吊蓉裳客，鹝鹕先鸣鹛止隅。"② 至于一首之中有四五句诗含有典故的情况，就更不胜枚举了。在落花诗中大面积、深密度地嵌入典故，当自王夫之始。在王夫之以前，落花诗中用典最突出的当属唐寅《和沈石田落花诗》第一首。此诗

---

① 邵雍：《落花长吟》，《邵雍集》，中华书局 2010 年版，第 263 页。
② 王夫之：《王船山诗文集》，中华书局 1962 年版，第 409–410 页。

"北阮翻成南阮贫""借问牧童应没酒""六如偈送钱塘妾，八斗才逢洛水神"① 等句都化自前代故实或成句，但也只有四句而已。并且，唐寅三十首落花诗中，使用典故的情况总体还是比较少见的。

其次，王夫之《落花诗》的典故使用时见巧思。他并没有生硬地以历史事件或人物遭际来摹拟落花情状，而是使用同音比附、同义借假等修辞手法，将历史典故、落花情貌、个人感怀巧妙地融合在一处，备见匠心。如《续落花诗》（其十二）"嫩蝶攀援疑借蔻，狂蜂轻薄诇安榴"② 句，从表面上看，描绘出一副嫩蝶攀豆蔻、狂蜂戏榴花的生机盎然的画面，但"借蔻"与"安榴"暗用典故，颇具玄机。"借蔻"二字巧妙借用"借寇"之典。据《后汉书·寇恂传》载，建武七年，光武帝南征隗嚣，寇恂从行至颍川，百姓遮道，谓光武曰："愿从陛下复借寇君一年。"③ "安榴"则与"安刘"同音，用西汉初年商山四皓安定刘盈储君之位的故事。王夫之在这里巧妙地以花名来寓人名，进一步借典故而感慨南明朝中人才匮乏而小人实多。《落花诨体》（其四）"丁香豆蔻总琼崖"④ 句以丁谓、寇准先后贬谪琼崖的故事而比拟落花漂泊天涯，同样是使用同音比附而不露痕迹。此外，王夫之《落花诗》还有将典故本事与落花形态巧妙糅合一处的现象。如《续落花诗》（其二）"梅知解绶宜名福，华不挥金旧是歆"⑤ 句，从梅福、华歆二人的姓名做文章，将姓与名拆开，中间嵌入二人的标志性经历，同时又以"梅""华"隐喻花，将作者孤高自许、不慕荣利的心态刻画得耐人寻味。

其三，王夫之摆脱前人落花诗的用典窠臼，虽也偶用红颜飘零之典来形容落花样貌，但此类情况较为罕见。王夫之《落花诗》用典多样，不执一隅，但从整体上来看，大致集中于以下两类。这也是其落花诗用典最有开创性的方面。

---

① 唐寅：《和沈石田落花诗》，《唐寅集》，上海古籍出版社 2013 年版，第 65 页。
② 王夫之：《王船山诗文集》，中华书局 1962 年版，第 408 页。
③ 范晔：《后汉书》，中华书局 1965 年版，第 625 页。
④ 王夫之：《王船山诗文集》，中华书局 1962 年版，第 417 页。
⑤ 王夫之：《王船山诗文集》，中华书局 1962 年版，第 407 页

第一，王夫之《落花诗》喜用政治军事类典故，诗中因此充溢着杀伐之气，大异于前人。如《正落花诗》（其二）中间两联"烧残梁殿缃千帙，击碎鸿门玉一双。十里荷香消汴梦，三山芳草送吴降"①，接连涉及江陵城破焚书、鸿门宴、北宋沦亡、东吴投降等兴亡大事。而"争天晴雨邯郸帜，死地合离玉帐机。《周易》击蒙凶不吝，《春秋》雠战义无讥"② 四句，虽不都与具体兴亡事迹相关，但都牵扯到紧张激烈的斗争形势。即便是表达彷徨无定的情绪，王夫之也倾向借助与军政大事相关的典故。比如"人分南北朕焉往，目异关河我始愁"两句实际上就在表达前途渺茫的愁绪，但典故的使用，使其情感深度与历史品格陡然提升。前句出自《宋史·秦桧传》："帝曰：'桧言南人归南，北人归北。朕北人，将安归？'"③ 后句则出自《世说新语·言语》："周侯中坐而叹曰：'风景不殊，正自有山河之异！'"④ 这两则典故都出自山河破碎的特殊时刻，王夫之将其糅进落花诗中，大有古今同愁之概。

第二，王夫之《落花诗》的典故大量出自《庄子》。王夫之对《庄子》别有心得，《庄子解》一书是公认的解庄名著。"庄注传统中，王夫之解庄戛戛独造。"⑤ 钱穆亦评曰："可谓得庄之深微。"⑥《庄子》本多玄言远思，罕有与落花直接相关的典故，王夫之在创作落花诗时，对《庄子》原文遗貌取神，取其玄理融化于咏叹中。如"风御泠然踪迹远，但凭罔象试追寻"⑦ 句，用列子御风而行比拟落花飘逝，用"罔象"来形容寻花之灵心，颇极巧妙。"狂歌唯哭支离叟，酹酒相邀冥漠君"⑧ 句则用《庄子》中的人物形象来比拟自身，形象突出，降低了读者的接受障碍。"隙影早知同塞马，锦衣何用慕文牺"⑨ 句以老庄祸福相倚的哲理来传达落花未必可悲的达观理念，令人耳目一新。"零红

① 王夫之：《王船山诗文集》，中华书局1962年版，第405页。
② 王夫之：《王船山诗文集》，中华书局1962年版，第406页。
③ 脱脱等：《宋史》，中华书局1985年版，第13751页。
④ 刘义庆：《世说新语笺疏》，余嘉锡笺疏，中华书局1983年版，第109页。
⑤ 杨儒宾：《儒门内的庄子》，上海古籍出版社2020年版，第28页。
⑥ 钱穆：《庄子纂笺》，生活·读书·新知三联书店2014年版，第5页。
⑦ 王夫之：《王船山诗文集》，中华书局1962年版，第407页。
⑧ 王夫之：《王船山诗文集》，中华书局1962年版，第412页。
⑨ 王夫之：《王船山诗文集》，中华书局1962年版，第411页。

堆绣双寂寞，张单何为各守株"① 句更用《庄子》中张毅、单豹的故事来说明行事不可偏执一端的道理，要以通达的理念看待万物，王夫之对落花的看法由此亦变得耐人寻味。比起株守枯枝的残红，在风中经历一场悲壮的陨落可能更是其真实的心境。其他如"朝菌""蟪蛄""大椿"等《庄子》中词汇的频频出现，都说明《庄子》一书对王夫之的深刻影响，这里不再一一举例说明。对《庄子》典故的大规模采用，也从侧面说明王夫之《落花诗》更偏重于个人感怀的抒发，而不是对落花情貌的描写。这是对历代落花诗"体物"传统的一次超越。

王夫之《落花诗》用典偏向于军政大事及《庄子》意象，固然是与激荡的时代风云与通彻的哲学思悟有关，亦赖于王夫之深湛的学术修养。王夫之史部、子部学问都臻上乘，《读通鉴论》《宋论》等书的成就已说明其对历代典故烂熟于心，《庄子解》等书亦昭示着王夫之对《庄子》的熟彻。毕竟，并不是每一个身逢易代之际的遗民咏落花都能如王夫之那般将历代兴亡大事与哲理沉思信手拈来，如盐入水般地融入诗歌之中。归庄就是一个突出的例子，尽管其亡国之恨可能都不逊于王夫之，但其落花诗在用典方面一袭前人窠臼，并不能如王夫之一般开辟新境。

王夫之《落花诗》大量使用典故，不仅限于事典的应用，类型多样的语典也是诗中的突出现象。王夫之《落花诗》博采汉、唐、宋、明等朝的诗歌、古文，甚至小说主句入诗，所涉内容题材极为多元，却罕有直接从前人落花诗中取源的。目前所见"白也魂归关塞黑，虞兮雅泣固陵红"② 句似源自沈周的"悲歌夜帐虞兮泪，醉倚烟江白也魂"③，而沈周的这两句诗亦是出自前人成句。王夫之是否的确受过沈周的影响，也难以遽定。从这个层面来看，前人落花诗对王夫之的影响，可以忽略不计。就王夫之《落花诗》化用前人成句的样式而论，有以下类型。

---

① 王夫之：《王船山诗文集》，中华书局1962年版，第412页。
② 王夫之：《王船山诗文集》，中华书局1962年版，第412页。
③ 沈周：《沈周集》，浙江人民美术出版社2013年版，第604页。

　　其一，直接袭用。王夫之并不简单地挪用、照搬前人成句，而是改易前人诗句中的部分字词，以为己用。如"青山一静似太古"句化用自唐庚《醉眠》"山静似太古，日长如小年"①，"草间活者白头翁"句则出自李白《见野草中有曰白头翁者》诗的题目。王夫之此类诗句与原诗在句意上区别不大。但更多情况是，通过些许字句的改换，倍收点铁成金之妙。比如"偷眼蜻蜓今远害"句取自杜甫《风雨看舟前落花，戏为新句》诗的"蜜蜂蝴蝶生情性，偷眼蜻蜓避百劳"②，转换原诗的情感内涵，诗句虽袭自前人，但意旨已发生了变化。"谁与虫尸忙万蚁"句出自徐渭《春兴》（其三）"一股虫尸忙万蚁，百须花粉乱千蜂"③，丰富诗意层次。"见月开笼放白鹇"句则是对雍陶《和孙明府怀旧山》"秋来见月多归思，自起开笼放白鹇"④ 句的概括，更显凝练有神。

　　其二，对前人的诗句进行较明显的改造，但保留原诗的核心意象与情感内涵，可视作师其意而仿其词。最明显的如"挥弦送目随归雁"句，化用自嵇康《赠秀才入军》"目送归鸿，手挥五弦"句，两者无甚区别，只是将两个四字句调整为一个七字句而已。而"飞光煎寿簸英雄"句则出自李贺《苦昼短》的前几句，"飞光飞光，劝尔一杯酒。吾不识青天高，黄地厚。唯见月寒日暖，来煎人寿"⑤，与前例的化用同一策略。有的则是提炼出恰当词语来概括前人诗句中的故事。比如"三五阿婆曾莽撞"句则源自《唐摭言》"阿婆三五少年时，也曾东涂西抹来"⑥ 诗句，"莽撞"二字即可指代"也曾东涂西抹来"的行为。

　　其三，将前人的文章融入诗中，化文为诗。比如"棘矢桃弧争荜路"句就是对《左传》中楚国开国史的概括。《左传》载子革对楚灵王语："昔我先王熊绎，辟在荆山，筚路蓝缕，以处草莽，跋涉山林，以事天子，唯是桃弧、棘

① 唐庚：《醉眠》，《唐庚诗集校注》，唐玲校注，中华书局 2014 年版，第 218 页。
② 杜甫：《风雨看舟前落花，戏为新句》，《杜诗详注》，仇兆鳌注，中华书局 1979 年版，第 2051 页。
③ 徐渭：《春兴》（其三），《徐渭集》，中华书局 1983 年版，第 262 页。
④ 雍陶：《和孙明府怀旧山》，彭定求等编：《全唐诗》，中华书局 1960 年版，第 5910 页。
⑤ 李贺：《李贺歌诗笺注》，吴正子笺注，中华书局 2021 年版，第 153 页。
⑥ 王定保：《唐摭言》，上海古籍出版社 2012 年版，第 27 页。

矢，以共御王事。"① 王夫之此句诗就是对这段话核心意思的概括，又能如实反映南明小朝廷开基时的艰危境况。再如"黄冠紫陌千株菜，赵女南山一顷其"一联，前后两句分别来自不同典籍。前句出自刘禹锡《元和十年自朗州至京戏赠看花诸君子》"紫陌红尘拂面来，无人不道看花回。玄都观里桃千树，尽是刘郎去后栽"②，及《再游玄都观自序》"重游玄都，荡然无复一树，唯兔葵燕麦动摇于春风耳"③。后句出自杨恽《报孙会宗书》，"家本秦也，能为秦声。妇赵女也，雅善鼓瑟。奴婢歌者数人，酒后耳热，仰天抚缶而呼乌乌。其诗曰：'田彼南山，芜秽不治。种一顷豆，落而为其。'"④ 如此大规模地将前人诗文引入落花诗中，檃栝前人语句以成己文，于两种截然不同的文体间穿梭挥洒，王夫之可谓难以忽视的先行者。

其四，依循前人的句式，袭用前人的意象，但核心意旨已发生了根本的改变。这是王夫之《落花诗》学习前人最有开创性的地方，亦是其脱化前人痕迹最为彻底之处。比如"三分国破楝心苦，六尺孤存梅豆酸"⑤ 句，直接受陆游《初夏》诗"梅子生仁已带酸，楝花坠地尚微寒"⑥ 的影响。陆游诗中"梅子""楝花"的对举应是给了王夫之的灵感，而将楝花落地与国破、梅子含酸与遗孤可悲联系起来，则是王夫之的独创之举。如此改动，增加了诗中的情感密度，更拓深了抒情内涵，将淡淡的写情诗转化为慷慨的忧国诗。诗思之妙，令人击节。

三、物我无间：王夫之《落花诗》的观物之道

明代是落花诗的大盛时期，沈周、申时行、唐寅等人的落花诗是其中的翘楚，虽然个人创作心境间或有别，但大体都遵循着相似的抒情模式，对情景关

---

① 左丘明：《左传》，上海古籍出版社 2015 年版，第 789 页。

② 刘禹锡：《刘禹锡集笺证》，瞿蜕园笺证，上海古籍出版社 1989 年版，第 702 页。

③ 刘禹锡：《刘禹锡集笺证》，瞿蜕园笺证，上海古籍出版社 1989 年版，第 704 页。

④ 杨恽：《报孙会宗书》，曾国藩编：《经史百家杂钞》，岳麓书社 2015 年版，第 541 页。

⑤ 王夫之：《王船山诗文集》，中华书局 1962 年版，第 406 页。

⑥ 陆游：《初夏》（其二），《陆游全集》，中国文史出版社 1999 年版，第 1068 页。

系、主客关系等方面的书写也大致趋同。这套模式之稳定，连遭逢易代之悲的有怪才之称的归庄的落花诗也难以避免其影响。归庄落花诗与明代诸家的不同更多的是体现在感情特质上，至于抒情方式也与前人大同小异。不得不承认的是，明代落花诗背离早期特别是唐人落花诗的传统，破旧立新，自成范式。如学者指出的那样："无论是在沈周还是唐寅的《落花》中我们都看不到'芳心向春尽，所得是沾衣''落时犹自舞，扫后更闻香''已落犹成半面妆'这样深远、隽永的立意。他们很少着力营造雅丽的审美氛围，同时也无意去从落花意象中提炼高洁的人格精神。"① 质言之，明人落花诗更多地在"体物"上下工夫，在"理趣"上做文章，他们更习惯描写作为风景的落花景观，借以探讨天地理趣，个人的品格寄托在自然之理的映照下似乎显得较为渺小，故而大多匆匆略过，甚至根本不提。当我们将王夫之的落花诗置于落花诗的整个发展脉络中，就可以发现，其在情感的表达上偏离明人的新传统，而更倾向于李商隐、宋祁等人"落花"模式。在具体的观物之道与抒情策略上，王夫之又开辟出前人未至之境界，将落花诗的内容推到了一个新的高度。

王夫之以前的落花诗中，作为抒情主体的诗人与作为抒情客体的落花间的关系往往为人所忽略，因为二者的界限泾渭分明，不须特意提及。一般来说，"落花世界"作为诗人"心"或"理"的表征，往往被看作是一个浑然的整体。王夫之《落花诗》则打破了这一约定俗成的思维，走进"落花世界"内部，将其理解为一个斗争激烈、恩怨交缠的世界。在王夫之的《落花诗》中，这个世界中的每一种元素都被视作单独的存在，都与其他元素存在着竞争或者对立的关系。春去秋来、落花辞树、新绿残红等都是自然界的正常现象，前人以一种通观的眼光加以审视，从中感悟宇宙人生的真理。王夫之则不同，他从这些正常的自然现象中发现了激烈的生死相搏。或者说，他将自己在残酷斗争中的生命体验赋予落花世界的万物之中，花、树、春、夏、风、霜、草、莺、红、绿等一一被赋予不同的角色，相互之间呈现出紧张的对立关系。

就是在对待落花的基本态度上，王夫之与前人的观点构成了巨大的分歧。

① 徐楠：《试论沈周、唐寅的〈落花〉组诗》，《文艺研究》2007 年第 8 期。

沈周创作落花诗时，闭门闲居，诗里诗外都充溢着淡然的理趣之思，他始终将落花当作正常的自然现象。如"春如不谢春无度，天使长开天亦私""昨日不知今日异，开时便有落时催"① 等句都昭示着其对待落花超脱通达的态度。落花飘零，固然凄美，但也并不值得留恋与哀挽。至于流连空枝的姿态，更为沈周所不取，"留边空树浑无赖，牵惹闲愁却悔来"②。就连性格颇为狷介的唐寅，在书写落花时，也没有太多的情感激荡，同样选择淡然接受的态度。"花开花落总属春，开时休羡落休嗔。"③ 如是，很轻松地实现自我劝慰。邵雍甚至还在《落花长吟》中奚落因落花而悲叹的人："开谢形相庆，兴衰理一同。天机之浅者，未始免忡忡。"④ 在王夫之《落花诗》中，"忡忡"之心从未消逝，愤慨哀怨之情贯穿始终。面对落花，王夫之从未"超脱"，他愤怒地将花朵飘零归为苍天的摧残、四季轮回的逼迫。如诗中所说："狓猰苍天可谥荒，抛红日掷万钱忙。"⑤ 那么苍天之于红花，就无疑为昏庸糊涂而又操持生杀大权的暴君。相形之下，同为遗民的归庄的"花到春残不自持，无知岂解怨天时"⑥，这种看似通达之语，在特殊的时代环境中倒显得战斗力不足，感发力亦极欠缺。

如果说苍天摧残落花还显得空泛，那么狂风卷落花就是具体可感的景观了。在古人看来，落花飘零，多半是由于风的缘故，所以落花诗中少不了有关风吹落花的议论。只是这些议论大都秉持着温柔敦厚的诗教，强行将这场再明显不过的风与花的对立弥缝过去。沈周就说得很明确，"万物死生宁离土，一场恩怨本同风"⑦，花落固然是缘于风，那么花开亦是风的功劳，两相斟酌，落花与狂风就不必再刻意强调恩怨。这浸润着沈周对生命缘法的追思，颇具理

---

① 沈周：《沈周集》，浙江人民美术出版社 2013 年版，第 603、604 页。
② 沈周：《沈周集》，浙江人民美术出版社 2013 年版，第 603 页。
③ 唐寅：《唐寅集》，上海古籍出版社 2013 年版，第 70 页。
④ 邵雍：《邵雍集》，中华书局 2010 年版，第 264 页。
⑤ 王夫之：《王船山诗文集》，中华书局 1962 年版，第 409 页。
⑥ 归庄：《归庄集》，上海古籍出版社 2010 年版，第 120 页。
⑦ 沈周：《沈周集》，浙江人民美术出版社 2013 年版，第 603 页。

趣。申时行的观点与沈周大致相同，他说"荣悴由来凭造化，飘零不敢怨东风"①，但是缺少了沈周的通达与淡然，略显矫饰，但亦透露出理智取胜的倾向。唐寅亦是如此，他甚至认为风吹与花落之间不存在因果关系，"自是节临三月暮，何须人恨五更风"②。在王夫之的笔下，落花则对风有着刻骨的仇恨。王夫之《落花诗》的第一首第一句即"弱羽殷勤亢谷风"，生动地说明了两者的对立，这种对立隐现于全组诗中。"东君别铸铁为肝""作色瞋风凭血勇"等句赋予二者对立至极、愤恨至深的关系。其他如"雨替风凌""暵日终风""风末雨余""风狂矮李""酸风铅泪"等语都是狂风摧残落花的写照，俱可看作王夫之对现实政治的隐喻。

在落花诗的一贯修辞中，"红""绿"对举亦是非常突出的现象，这是对春末夏初特有自然景观的描摹。彼时，红花消退与新绿渐生，两者本是前后相接而生的自然现象，前人对二者亦无褒贬之论。如邵雍《洛阳春吟》写道："春归花谢日初长，燕语莺啼各自忙。何故游人断来往，绿阴殊不减红芳。""十日好花都去尽，可怜青帝用功深。游人莫便无凭据，未必红芳胜绿阴。"③ 反复述说绿阴与红芳具有同等的观赏价值，都足以令游人赏心悦目。这是对世人常见的惜花心理的反拨。在沈周看来，红退绿生是自然规律，"人散酒阑春亦去，红销绿长物无私"④。如果红花长存，才不是正常现象。而且两者各得其所，其《落花五十首》第一首即说："红芳既蜕仙成道，绿叶初阴子养仁。"⑤ 王夫之的《落花诗》则将落红辞树视作正义事业的消亡，而新绿横生则被其看作小人得志的写照。此种心态在九十九中落花诗中并不罕见，尤以"新绿可知霜刃在，尽情还与逼残红"最为典型。⑥ "残红"消散是"新绿"所"逼"，其斗争之激烈已不言而喻。至少在王夫之看来，红花凋谢是令人无比惋

---

① 申时行：《落花诗》，《赐闲堂集》，《四库存目丛书》集134，齐鲁书社1997年版，第100页。
② 唐寅：《唐寅集》，上海古籍出版社2013年版，第71页。
③ 邵雍：《邵雍集》，中华书局2010年版，第504页。
④ 沈周：《沈周集》，浙江人民美术出版社2013年版，第603页。
⑤ 沈周：《沈周集》，浙江人民美术出版社2013年版，第600页。
⑥ 王夫之：《王船山诗文集》，中华书局1962年版，第411页。

伤的悲剧事件，故而感叹"人间有恨皆摇落"①。新绿的价值远远比不上落花，王夫之《落花诗》曾提起诗人寻花不得后的挽救措施："归迟怕被游人笑，摘得青条带叶还。"② 其背后是难以免俗、与世浮沉的自嘲，以绿指清朝的喻指也就可见一斑。红与绿的对立与斗争可以说是王夫之《落花诗》中一组贯穿始终、居于主流的矛盾。

在落花诗的创作传统里，诗人相对于落花，其身份多是旁观者与玩味者。无论其创作时的具体心境如何，其终究不可能忘我地进入落花情境中，以花的视角去看待周遭的世界，故而大多数落花诗的感情浓度并不高，淡然超脱成为主流的情感色调。邵雍甚至还声称落花作为草木并不能左右其感情。"身心自有安存地，草木焉能媚惑人。此日荣为他日瘁，今年陈是去年新。"③ 邵雍理学家的身份或许禁锢、节制了其感情的萌发奔流。但行事激越的唐寅作落花诗的感情基调也与邵雍区别不大，他对落花甚至还有几分羡慕。"衰老形骸无昔日，凋零草木有荣时。"④ 在这里，唐寅的局外人身份倍加明显，虽借花伤怀，但对花并无发自内心的怜惜。就连与王夫之同为遗民的归庄，同样以落花来写亡国之悲，但由于与花的主客之分，其感情抒发的深度与烈度亦不甚鲜明。面对落花，他唯有"无可奈何白日卧，任他飘飏自西东"⑤ 式的颓唐。"卧"的是诗人，"飘飏"的是落花，二者界限分明。王夫之的多首落花诗都将抒情主体与客体浑融为一。诗人走入落花世界，去揣摩落花的身份、心态，以落花的角色去看待狂风丽日、新绿流水等周遭事物。一个最明显的特征即是诗中出现了大量的"我"字、"吾"字，如"堂堂背我随馀子""我醉欲眠栩栩酣""我自非卿卿自卿""半枕留仙我欲杭""目异关河我始愁""乞我逍遥名亦辱""顾我嫣然笑上头""我所思兮在桂林""寂寂仲华应笑我""吾何随尔累累子"等这些"我"字、"吾"字俱可指称落花。由于王夫之的诗人角色与落花身份时时

① 王夫之：《王船山诗文集》，中华书局 1962 年版，第 414 页。
② 王夫之：《王船山诗文集》，中华书局 1962 年版，第 412 页。
③ 邵雍：《邵雍集》，中华书局 2010 年版，第 325 页。
④ 唐寅：《唐寅集》，上海古籍出版社 2013 年版，第 69 页。
⑤ 归庄：《归庄集》，上海古籍出版社 2010 年版，第 121 页。

融为一体，故而其落花诗就呈现出不同以往的激越之情，由落花不甘陨落而衍生出的誓死抗争绝不屈服的斗志、对敌人的诅咒与痛斥、对知音的渴求与寻觅。这都是前人落花诗中不曾出现的情感类型。"陌桑曲柳空相识，我自非卿卿自卿"表达的与变节小人泾渭分明的决心，"朱殷十步秦台血，耻向青阳赋式微"式战斗不息的意志，"忧寄上天埋下地，云迷泽北梦江南"中无法化解的愁绪与彷徨，都可看作是王夫之在落花诗中注入的崭新的情感内涵。

余论

综合考察落花诗史，王夫之落花诗可谓集前代之大成。其在形制上，采用明代盛行的大型七律组诗，便于充分地抒情体物；在情感的呈现上，又近绍唐宋，远续楚骚，在落花中寄括着丰富的人格化想象，通过咏落花完成了自我抒情形象的建构与自我道德人格的营造。王夫之将抒情主体投射入落花形象，其充沛的抗敌意识、高洁的人格境界与丰赡的学问见识，促成了其落花诗成为横绝古今的超然存在。王夫之《落花诗》特色的形成固然与其时代环境、遗民身份等环境有着一定的关系，但并不能以此类空泛的外部环境来解释，其内涵更不能为其所左右。同样具有鲜明遗民意识的归庄的落花诗远逊王夫之就是明证。归庄虽有意识地要借落花传达其失国之悲，但遣词造句的平庸、感情书写的老套，以及自我角色的不彰，都使其在固有模式中徘徊而难出新意。两相对比之下，或许可以看出，王夫之那些遗民色彩浓厚的诗歌虽然在抒发的情感类型方面并不具备独特性，这也导致当前王夫之诗歌研究所受关注的不足，但当我们超越王夫之诗歌表面的情感类型，而深入其表情达意的语言方式，在深广的中国文化演进史的传统中，结合王夫之的学养，也许可以更清楚地认识到王夫之诗歌的时代意义，给其诗歌史的定位做出新的诠释。从某种意义上来说，王夫之深湛的学养与高洁的品行，在一定程度上遮蔽了其极富开创性的文学技法，而我们今天从文本内部切入，也正是重新理解王夫之一个不可缺少且势在必行的角度。

《离骚》在美国的首次"改写"

冯 俊

摘 要 美国学者约翰逊 1959 年出版的专著《离骚:一首减轻痛苦的诗歌》,是《离骚》在美国英译之滥觞,国内外学界止步于对约翰逊《离骚》译本的梗概性介绍。本文从"翻译即改写"的视角出发,将译文细读、副文本心理学诠释路径和跨文化语境勾连起来,以期建构一个文本、理论和历史的译本改写研究谱系。《离骚》在美国首次"改写"的译介研究,不仅有助于我们从历时角度认识首个美国译者译本在西方《离骚》英语译介的历史地位,理清西方《离骚》英译演变的时间轴,而且有助于我们了解西方汉学发展的规律和成因,为《离骚》的世界文学经典性和中西文明互动提供学术支撑。

关键词 《离骚》;改写;可读性;荣格心理学;中西文明互动

《离骚》是中国古代诗歌浪漫主义源头《楚辞》的翘首,其高远的思想境

基金项目:教育部人文社科研究一般项目"西方《离骚》英译研究"(17YJC751007),湖南省教育厅科学研究重点项目"西方英语世界的屈原形象研究"(21A0537)。
作者简介:冯俊,湖南长沙人,外国语言文学博士,长沙学院外国语学院副教授,主要从事比较文学研究。

界和奇幻的艺术手法，百余年（1879—2017）来吸引了诸多西方学者翻译和研究。① 首部由美国学者翻译的《离骚》英译本是 1959 年美国奥尔良大学教授约翰逊（Jerah Johnson）的专著《离骚：一首减轻痛苦的诗歌》（*A poem on Relieving Sorrows by Chu'u Yuan*）。此专著不仅有前言和全译本，而且颇具匠心地在每四句译文后展开了诗歌内涵阐释。约翰逊的《离骚》英译本体现出强烈的译者主体性和时代意识。正如勒菲弗尔（André Lefevere）所认为的："翻译即改写。所有的改写，无论目的如何，反映了一种特定的意识形态和诗学，并在特定的社会用特定的方式操纵文学。"② 本文尝试从译文的改写、副文本的改写和改写成因这三个维度来探究《离骚》在美国的首次改写体系。之前的《离骚》英译本大多晦涩或存在误读，约翰逊的"可读性"译本增进了《离骚》这一典籍在他者文化语境的受众度。同时，约翰逊对译本的心理学阐释路径，开辟了《离骚》在英语世界多元化视域的探讨。这种以当时盛行的学术思潮为阐释导向的《离骚》研究，标志着西方文化和学界完全摆脱了对《离骚》文学和思想价值优劣的探讨，也走出了西方汉学人类学视域的传统，在更加高远广阔

---

① 冯俊：《百年来〈离骚〉英译的屈原形象误读、调适和趋同》，《南京社会科学》2020 年第 12 期。西方最早的两个《离骚》英译本如庄延龄（Parker）译本皆于 19 世纪见载于汉学杂志，是西方《离骚》英译的误读、误译阶段。20 世纪上半叶的三部英译本如霍克斯（David Hawkes）译本集中在"二战"后十余年出版，初步完成了《离骚》在英语世界的经典化建构。20 世纪下半叶的三个译本如宇文所安（Stephen Owen）译本，全部出自美国权威学术出版社出版的中国古代文学选集，体现出世界性和民族性的动态平衡。21 世纪的四个《离骚》英译本，前期是文学诗歌选集中的节译本形式，后期则是两本《离骚》翻译研究专著，其中三个译本如苏古柏（Gopal Sukhu）译本将学理探究和翻译相结合，各有侧重地吸纳中西学术传统，整合和拓展了中西《楚辞》研究新成果，皆是不同程度的深度翻译。

② André Lefevere, *Translation, Rewriting, and the Manipulation of Literary Fame*, London and New York: Routledge, 1992, p. 41.

的世界文学场域中寻找人文精神滋养。①

一、译文的改写

约翰逊同时代诗人斯奈德（Gary Snyder）评价约翰逊译本语言简明直白，是三大可读性的《离骚》英译本之一。② 译者在前言中也强调前人译本大多晦涩难懂，可读准确是他翻译的准则。③

从诗歌形式来看，译者认为《离骚》"灵活多变而易于伸展，能表达特殊的情感和意义。这种不规则形式，又具有节奏的表达形式被称为'赋'。"④ 赋体多源、多变、多体、多貌，并且常与骚、辞混称。然而，《离骚》的诗歌形式并非如约翰逊所言是"不规则形式"，而是以"兮"字句式为特征的特定文体。⑤《离骚》的兮字被置于单句之末，每行中间位置还嵌入一个"之、其、而、于、以、夫"之类的虚词，这类虚词被刘熙载称为"句腰"（《艺概·赋概》）。这样也就构成《离骚》特有的句型"○○○＋句腰＋○○兮，○○○＋句腰＋○○"，如"乘骐骥以驰骋兮，来吾导夫先路"。由十个实字和三个虚字组成的流畅长句，足以承担一种叙事风格。⑥ 译文诗歌形式并没有再现"兮"

---

① 1961 年，美国著名诗人斯奈德 Gary Snyder 评论约翰逊译本不具备一流文学性，也没有好的学术性。这种评价缺乏历史纵深度。一则译者的翻译目标一开始就很清晰，不是文学性翻译，旨在"准确明晰"。二则在 Gary 看来，缺乏学术性是没有从历史和人类学的角度来解读，这是有偏颇和局限的。在约翰逊译文前言中是有涉及《离骚》的政治寓意和历史思潮的论述，就是一种历史角度。而且译者旨在挖掘心理视域的内涵。这是一种现代性的延伸，也是东西文明互动和互补。Gary 是从学术传统来定义学术性，没有反思自身文化，更没有从一个跨语境的比较视域下来思考。诚然，约翰逊的心理视角路径有诸多强制性阐释，而且心理视角有一定时效性，但亦是对时代的呼应，更是一种创新的论证。

② Gary Snyder, Review on A poem on Relieving Sorrows by Chu'u Yuan. *The Journal of American Folklore*, Jan. -Mar., 1961（74），p. 82.

③ Jerah Johnson, *A poem on Relieving Sorrows by Chu'u Yuan. A Prose Translation with an Introduction and Notes*, Miami: Olivant Press, 1959, p. iii.

④ Jerah Johnson, *A poem on Relieving Sorrows by Chu'u Yuan. A Prose Translation with an Introduction and Notes*, Miami: Olivant Press, 1959, p. 17.

⑤ 郭建勋：《汉魏六朝骚体文学研究》，湖南教育出版社 1997 年版，第 58 页。

⑥ 孙康宜、宇文所安：《剑桥中国文学史（上卷：1375 之前）》，刘倩等译，读书·生活·新知三联书店 2013 年版，第 108 页。

字句型。整体而言，原诗歌古典的"兮"字句被现代英语的简单重复句式替代。全篇诗歌中有大量以第一人称"我"作为主语的重复性句式：或者诗节译文单数句，或者诗节前三句，或者整个诗节四句，皆以"我"为句首。与此同时，部分句式的结构也有重复属性，如时间状语从句顺接被动语主语句式（"When A …B，he was made……"）的重复。简单重复的句式能减缓读者认知难度，有助于西方读者进行无障碍理解和阅读。而且，约翰逊认为："在翻译过程中韵律的缺失不甚重要，因为《离骚》的语言是古老的楚方言，而这种方言的发音不复当年，或者说已经不完全一致。"① 言下之意是译本的形式不会以忠实还原为唯一准则。如个别诗节译文单句压头韵"wh"和"i"，双句压头韵"n"和"wh"，② 为西方读者营造靠拢译入语文化语境的可读性阅读体验。

从诗歌内容看，《离骚》的中国南方本土文化特色、奇幻多姿的意象，凌乱无序的情节对于西方读者来说都是陌生的，理解起来缺乏源语言文化语境的铺垫。约翰逊译文内容一方面在全篇运用"概况性意译结合叙事性注释"的策略，将晦涩典故和厚重的传统文化沉积明晰化。如"说操筑于傅岩兮"的翻译，有注释将傅岩生平事迹进行了以下详尽描绘："傅岩是一位圣人，他不幸生在败坏时代，所以不得不当建筑工谋生。殷朝皇帝武丁在梦中看到一位贤能的臣子。当他描绘梦中臣子的面相时，认为傅岩就是其人。接着傅岩被带到宫廷，武丁发现了他的才能，并立他为相。"③ 而且，意译的译文对傅岩"简单内敛的"品质特征进行，高度归纳和提炼。与此同时，约翰逊译文选词通俗易懂，英文表达的现代化程度较高。如原诗歌中描绘"天际遨游"最为鬼魅而灵动的场景，"纷总总其离合兮，斑陆离其上下"，约翰逊翻译为，空气中的元素凌乱，分成上下部分和多种色彩。(The elements of the atmosphere are in

① Jerah Johnson, *A poem on Relieving Sorrows by Chu'u Yuan. A Prose Translation with an Introduction and Notes*, Miami: Olivant Press, 1959, p. i.
② Jerah Johnson, *A poem on Relieving Sorrows by Chu'u Yuan. A Prose Translation with an Introduction and Notes*, Miami: Olivant Press, 1959, p. 12-14.
③ Jerah Johnson, *A poem on Relieving Sorrows by Chu'u Yuan. A Prose Translation with an Introduction and Notes*, Miami: Olivant Press, 1959, p. 63.

confusion.They divide into upper and lower parts and many colors.)① 两句译文由主系表和主谓宾两种简单基本句型构成，选词文学性不强，明了易懂。

二、副文本的改写

约翰逊认为将《离骚》理解成政治、爱情寓言或者历史思潮史料，都没有触及《离骚》最本质的意义。他旨在推陈出新，把当时盛行的心理学理论运用到《离骚》细读中。② 荣格（Carl Gustav Jung）的心理学理论在 20 世纪 20 年代逐步确立，并形成体系，不仅在临床心理学中得到运用，而且在艺术、文学、美学领域中得到广泛的实践。译者运用荣格心理学理论中的个性化理论和人格原型等心理学方法论，在译本的副文本部分（即前言和译文解析）解读《离骚》诗歌的象征意义。这种心理路径的改写大部分不违本真，而且不拘旧义，对文本的阐释是积极拓展和延伸。但是某些过度阐释的文本分析，却"用理论裁剪实践"③，有削足适履之嫌。

（一）"原型理论"中的人物象征

原型是一种集体无意识的表现形式，是人类在长期的心理积累和情绪体验中凝结成的一种模式或形象。在荣格的原型理论视域下，《离骚》诗篇中的"美人""灵修""女媭""古代圣贤"这些人物，有着不同意义的心理内涵象征。这种阐释是源语文本和荣格原型理论的视域融合，亦是译者对《离骚》阐释的一种合理化创新。

---

① Jerah Johnson，*A poem on Relieving Sorrows by Chu'u Yuan. A Prose Translation with an Introduction and Notes*，Miami：Olivant Press，1959，p. 23.

② Jerah Johnson，*A poem on Relieving Sorrows by Chu'u Yuan. A Prose Translation with an Introduction and Notes*，Miami：Olivant Press，1959，p. 10. "不能把《离骚》仅仅看成是一种政治寓言：怀王是'爱人'的象征，在诗歌的字里行间隐藏着屈原对怀王软弱和摇摆的批判；也不能把《离骚》当成一位从未找到真爱的年轻人一时的失意哀愁；更不能把《离骚》的内涵价值局限为史料，只是给现代历史家提供反映当时的哲学和思想潮流。虽然以上解析都很重要，但只能代表作品的表面意义。在美丽的语言和爱情、政治寓言下隐藏着文学世界中最深刻的人性分析。"

③ 张江：《关于场外征用的概念解释——致王宁、周宪、朱立元先生》，《清华大学学报（哲学社会科学版）》2015 年第 2 期。

约翰逊首先把"美人"当成爱欲的象征。从某种程度上，"美人"是屈原以及所有年青男士的爱人，她的爱能满足男士对身体激情的需求。[①] 同时，在译文分析中，约翰逊指出"美人"是一种政治归属感，此为"美人"的第二层象征意义。最后，"美人"也代表对这位绝望诗人的理解。她是诗人信任的伴侣，能认识到他的优点和他求索的意义，而且不会背叛他。因此，"美人"从广义程度上看是人类一种被同类肯定和认同的需求。[②] 那么，"美人"的第三层意义是一种心理认同需求，是对"自我"的完善。约翰逊在解释"灵修"的内涵时，也是用这三个层次（爱欲、政治归属感、完整的自我）进行象征意义的建构。不管是"美人"，还是"灵修"，都是约翰逊对人性心理诉求的一种原型分析。[③]

约翰逊认为女嬃是诗人的"阿尼玛"，是诗人个性中的女性化补充因子。荣格原型理论中的阿尼玛、阿尼姆斯，是人类历史长河中的两性形象在异性头脑中集体无意识的投射。他认为，人本质上是两性共存的，阿尼玛和阿尼姆斯的原型是人的心理配对。[④] 这样，诗人的心理层面有反抗不妥协的男性力量，也有屈从妥协的女性因子，"女嬃组成了诗人反抗和积极行为的一种对峙力量"[⑤]。因此，诗人的人格力量才能构成一个统一、对立平衡的有机整体。"古代圣贤汤禹"在约翰逊译文解释中不仅是有美德之人，而且是"完整之人"[⑥]，也是"智慧老人"的原型。因为荣格认为智慧老人是"知识、思考、洞察、智

---

① Jerah Johnson, *A poem on Relieving Sorrows by Chu'u Yuan. A Prose Translation with an Introduction and Notes*, Miami：Olivant Press, 1959, p. 11.

② Jerah Johnson, *A poem on Relieving Sorrows by Chu'u Yuan. A Prose Translation with an Introduction and Notes*, Miami：Olivant Press, 1959, p. 10.

③ Jerah Johnson, *A poem on Relieving Sorrows by Chu'u Yuan. A Prose Translation with an Introduction and Notes*, Miami：Olivant Press, 1959, p. 12. "实际上，荣格曾把阿尼玛描述为一种灵魂形象，往往在男人的心情、反应、冲动以及任何自发的心理生活中扮演着特殊的角色，发挥某种既定的作用。男人总是倾向于在某个现实的女性对象那里，看到自己内在的阿尼玛和心灵的投影。"

④ 金敬姬：《艺术——无意识的象征产物》，中国美术学院博士学位论文，2008 年，第 75 页。

⑤ Jerah Johnson, *A poem on Relieving Sorrows by Chu'u Yuan. A Prose Translation with an Introduction and Notes*, Miami：Olivant Press, 1959, p. 39.

⑥ Jerah Johnson, *A poem on Relieving Sorrows by Chu'u Yuan. A Prose Translation with an Introduction and Notes*, Miami：Olivant Press, 1959, p. 44.

慧、聪颖和直觉；此外还代表道德品质……不仅如此，他甚至还检验别人的道德品质，并根据这一检验来奉献他的才智。每当主人公陷入无望和绝望的境地……，智慧老人总会出现"①。

（二）个性化分析

"个性化"是荣格理论中最核心的概念。荣格曾说："个性化是我们生命的目标，它是那种我们称为个性的命中注定的组合的最完整的表现。"② 约翰逊对荣格的个性化过程，有深入和全面的阐释："个性化是一种把各种心理活动调节整合成一种整体的过程，也是各种潜意识的整合。是原生意识的残留和理性力量控制下的意识调和。现实和真理都不能满足人类，人只能对自身的充分理解来得到内心的平静安宁。"③ 荣格"个性化"也就是统一、组织和次序的原型，其主要作用是协调人格的各个组成部分，使之达到整合统一，使人具有和谐感和稳定感。《离骚》的标题被翻译为"关于减轻痛苦的诗歌"，寓意着《离骚》整个诗篇展示了诗人"个性化"的过程。因为在人类的个性化过程中，自我完整的内心斗争就是从"陷入痛苦"开始和在"减轻痛苦"的调整中结束。在荣格的个性化过程中，终极目的就是"完整、和谐"。在心理层面来看，写作的过程也是一种自我疗愈、整合调整的过程。《离骚》是因悲愤而著、强烈抒发个人情绪的诗歌。文本中求女、天际遨游、占卜等情节在心理学上的确是减轻痛苦的途径。下文根据"个性化"心理发展过程与文本分析结合的契合程度，分三个层面进行详细论述。

其一，在原诗歌理解基础上融合了荣格的心理个性化解析，是一种对《离骚》积极地创新式诠释。例如"忽奔走以先后兮"在原文中展示的是为政治理想不辞奔波的贤臣形象，而在约翰逊看来则是作者个性化的一个心理过程，是

---

① ［美］威尔弗雷德·L. 古尔灵，厄尔·雷伯尔，李·莫根，约翰·R. 威灵厄姆：《文学批评方法手册》，姚锦清等译，春风文艺出版社1988年版，第221页。

② 冯川：《荣格的精神》，海南出版社2006年版，第76页。

③ Jerah Johnson, *A poem on Relieving Sorrows by Chu'u Yuan. A Prose Translation with an Introduction and Notes*, Miami: Olivant Press, 1959, p. 11-12.

自我调节、自我斗争中彷徨的轨迹。有时能引导他人，有时只能受本能驱使。约翰逊认为诗人"忽驰骛以追逐兮"的并非名利，而是心理学上"个性化"过程中的终极目标，即两种对抗性势力的对峙，以达到平衡、统一的整合。①

其二，译者认为诗歌中有很多对立统一的二元体，体现了中国文化中的阴阳两极概念。而且，他认为这种阴阳两极寓意着心理"个性化"的矛盾统一过程。② 中国文化中朴素的阴阳辩证观，是中国人对世界的一个基本态度和认识方式。在古代先哲眼中，万事万物皆可一分为二，都存在着两种相互对立又相互补充的极端力量。这种中西互佐的诠释视角拓展了《离骚》的内涵。

约翰逊认为"跪敷衽以陈辞兮，耿吾既得此中正。驷玉虬以桀鹥兮，溘埃风余上征"这四句诗歌里有象征着阴阳极致的"龙"和"凤"，代表着心理个性化过程中不同部位的融合，是意识和潜意识、理性和非理性的融合过程。同时，这节诗节处于整首诗歌的中间位置，是"欲望和行动"的最高点。而且，接下来的诗句是以"被动和意识缺乏"为主导，是"阴盛阳衰"的开始。③ 这种解读给读者耳目一新的感觉，虽然有简单化之嫌，但是也有其解释的合理性。在译者的诠释视角中，传统的阴阳观成为印证"个性化"心理过程的一种方法和桥梁。这是一种勾连古今、横跨中西的融通之法，亦是中国阴阳观在西方心理视角中的变异和拓展。

其三，有六处诗句解析逻辑论证有失严谨，与原文理解偏差太大。这部分分析"有机械搬用理论概念的倾向，其逻辑起点就是：理论第一，文本第二"，④ 体现出强制阐释的趋向。例如"何方圆之能周兮"，在原文中是诗人在

① Jerah Johnson, *A poem on Relieving Sorrows by Chu'u Yuan. A Prose Translation with an Introduction and Notes*, Miami：Olivant Press, 1959, p. 56.
② Jerah Johnson, *A poem on Relieving Sorrows by Chu'u Yuan. A Prose Translation with an Introduction and Notes*, Miami：Olivant Press, 1959, p. 66.
③ Jerah Johnson, *A poem on Relieving Sorrows by Chu'u Yuan. A Prose Translation with an Introduction and Notes*, Miami：Olivant Press, 1959, p. 46-47.
④ 张江：《关于场外征用的概念解释——致王宁、周宪、朱立元先生》，《清华大学学报（哲学社会科学版）》2015年第2期。

强烈地控诉浑浊的俗世。约翰逊却认为："这是来自原始意识的一个问题，那就是无限的、无法测量的圆是怎样转化成有限的、可测的方形？怎样回答这个真理性问题？"① 译者在解析中列举一系列荣格的代表作，他认为读者只有阅读荣格这些书籍中有关"个性化"的知识，才能得出答案。此处解析已经完全抛弃了对原诗歌语义和源语言文化的忠实，预设性地将诗句的阐释置于"个性化"概念之中。

三、改写的成因

约翰逊译文呈现出现代英语范式的可读性"改写"，这反映出美国学界"去欧洲中心化"的一种急迫需求。"二战"后，整个西方世界的政治、经济以及文化都开始建立新的次序和中心。美国整体国力已经远远超过了被战火消磨殆尽的欧洲大陆，因此成为西方霸主的美国开启了全球战略性质的对外战略和安全战略。与此同时，美国学术研究对"世界性"和"中心化"的渴求提上议程。"从世界文学批评空间来看，50 年代后，世界文学批评的中心已渐由欧洲移往美国，但其时的美国文学批评还只是国族文学批评，并非"世界"文学批评，并未配享"世界"文学批评经典身份。"② 美国学界为了成为世界文学批评中心的"多数"文论，尽可能吸纳和接受更广阔的非欧洲文学新材料。

美国文学研究在四五十年代后逐渐强化"世界文学"的价值身份。"通过引借异质文学与文化来抵御和摧毁那些所有被英法等欧洲文学中心钦定为'经典'的文本形式、文学修辞与作品意义，为树立差异、断裂、多元、解构的文学观念——后者作为分歧、缺位、无意义向来在西方经典文学批评中缄默无语——铺平道路，以此谋求自身的经典与中心地位。"③ 在这种"去欧洲中心

---

① Jerah Johnson, *A poem on Relieving Sorrows by Chu'u Yuan. A Prose Translation with an Introduction and Notes*, Miami: Olivant Press, 1959, p. 35.

② ［美］萨克文 · 伯科维奇主编：《剑桥美国文学史》，中央编译出版社 2008 年版，第 374 页。

③ 谷鹏飞：《阐释的记忆与技艺——〈文心雕龙〉在美国汉学界的"中国性"与"世界性"问题》，《文学评论》2020 年第 1 期，第 46 页。

化"的学术诉求下，很多非欧洲的东方文本，成为美国学界的研究新材料。并且，越是边缘的东方材料，越能够引起对"欧洲中心"的对抗力，越能受到美国学界的青睐和推崇。就受众度和关注力而言，《离骚》诗篇显然不是以往欧洲学界的热点。然而，正因为《离骚》在欧洲学界的边缘性和"非中心"地位，激发了美国学者约翰逊进行了可读性强的译文改写。这不仅是为美国的"世界文学"的体系提供佐料，也是为"去欧洲中心主义"做好准备。纵观整个《离骚》西方英译史，1959 年是西方《离骚》英译的一个分水岭。这一年，英国汉学家霍克斯和美国学者约翰逊都出版了《离骚》英译。霍克斯译本是英国《离骚》译介的高峰，亦是终点。反观美国的汉学界，则开始传承英国学界的学术使命，开启了对《离骚》的英译研究事业。

副文本的心理化阐释亦是时代之需和《离骚》原诗篇特质的契合。20 世纪上半叶西方社会最棘手的现实问题之一，是两次世界大战后的整个社会心理的创伤修复。由于战争给西方社会带来种种巨大动荡和不安，诸多西方学者开始反思自身文明的弊端。[1] 约翰逊在译本前言中就敏锐地指出："西方世界在 20 世纪中期经历了基本生命价值观的转变。本质上，我们的文化把关注点从外在的物质主义转向到个人内在兴趣、精神意识和心灵状态。这个转变对整个西方的文化影响深远。"[2] 而且，约翰逊提到"二战"后西方文学研究对人类内心活动的兴趣和重视，在屈原《离骚》诗篇中得到了遥远的回响。这种回响一则源于《离骚》作为中国传统经典名篇的多义性特质。《离骚》是中国第一首抒情长诗，诗歌的抒情本质属性为心理活动路径提供广袤的阐释空间。二则时

---

[1] 乐黛云、钱林森、金丝燕主编：《迎接新的文化转型时期：跨文化对话丛刊》，上海文化出版社 2006 年版，第 202 页。法国著名思想家、高等社会科学院研究员爱德加莫兰反观西方文明后指出："西方文明的福祉正好包藏了它的祸根：它的个人主义包含了自我中心的闭锁与孤独；它的盲目的经济发展给人类带来了道德和心理的迟钝，造成了各领域的隔绝，限制了人们的智慧能力，使人们在复杂问题面前束手无策，对根本的和全局的问题视而不见；科学技术促进了社会进步，同时也带来了对环境、文化的破坏，造成了新的不平等，以新式奴役取代老式奴役，特别是城市的污染和科学的盲目，给人们带来了紧张与危害。"

[2] Jerah Johnson, *A poem on Relieving Sorrows by Chu'u Yuan. A Prose Translation with an Introduction and Notes*, Miami：Olivant Press, 1959, p. 1.

代之需亦是经典作品之所以能"愈久弥新"的原发力。西方社会对心理阐释的关注和诉求,促使约翰逊对《离骚》诗篇心理镜像化路径的探索。他认为《离骚》不仅是先秦时期纷乱时代的心灵写照,而且是一部直接与心灵对话的杰作。《离骚》也不仅仅是一首抒发个人感情的诗歌,而是能对人的个体心理和人类整个命运有睿智和深刻揭露的预言。[①] 屈原已经被约翰逊赋予了反映人类整体心灵的镜像化形象:"在所有的文化,所有的时代中总是有些个体被了解、被理解、被关注。他们或许是诗人或许是预言家,从他们的个人命运中,我们被告知了人类共同的命运。"[②]

　　约翰逊对《离骚》的阐释完全超越了《离骚》创作时期的政治纠纷,上升到具有生命意义的哲学高度,旨在讨论人类在面对悲剧性命运时应该如何选择。"诗人本身就象征着对整个人类以及整个生命和宇宙意义的终极追索。"[③] 约翰逊从原型人物理论和"个性化"理论入手来分析《离骚》诗篇的人物、情节和意象,概括出《离骚》整个诗歌中的情节推进,就是一个不断尝试、不断失败的过程。[④] 这种悲剧色彩的历程,"虽然是 2200 年前在亚洲的心脏(即:中国)创作出来的,但是它却很有高度地把个人思想清晰、直接、深

---

① Jerah Johnson, *A poem on Relieving Sorrows by Chu'u Yuan. A Prose Translation with an Introduction and Notes*, Miami:Olivant Press, 1959, p. 15.

② Jerah Johnson, *A poem on Relieving Sorrows by Chu'u Yuan. A Prose Translation with an Introduction and Notes*, Miami:Olivant Press, 1959, p. 1.

③ Jerah Johnson, *A poem on Relieving Sorrows by Chu'u Yuan. A Prose Translation with an Introduction and Notes*, Miami:Olivant Press, 1959, p. 11.

④ Jerah Johnson, *A poem on Relieving Sorrows by Chu'u Yuan. A Prose Translation with an Introduction and Notes*, Miami:Olivant Press, 1959, p. 12-14. "诗人在追求自我的道路上经历了不同的曲折,其历程颇有意思。诗歌的第一诗节是对诗人和其生涯的介绍。然后他对人生的不完整的认识,并意识到古代圣贤拥有他一直苦苦追寻的品德,并下定决心上下求索。他本来想自我修身来实现理想,结果此路不通。接着他和自我斗争:是否选择积极或消极的道路(他姐姐建议的生活方式),最后他决定在舜的墓前沉思,在此他引用了历史上几段正义战胜邪恶的相似的例子。但是对自己的问题的解决很绝望。突然,他自己腾云驾雾,坐上天上的马车,在天宇中遨游,却在天堂之门被拦。所以,他去接近"精灵",但是以失败告终。他回到人间,寻找爱人,也是无果而终。接着他回到天际寻求帮助。他和两位亚师交流,他们都建议他去别处追寻。诗人坚持他们的建议,当他发现他珍惜的真理被污浊的人间腐蚀,阻碍他追寻的力量好像重新得力。他再次开启追索,但是最后一分钟,他返回,被他的命运或意识束缚,他再一次受阻。屈原,在诗歌的最后一段,决定清除人间的阻碍,通过死亡到达终极目标。"

刻地传递到现代西方人的头脑中。这位古代贤人已经描绘了我们现代人绝大部分正在感受到的。"① 这种感受是当时西方人普遍的悲观情绪和心灵破碎感，更是人类对遭遇命运悲剧时持有何种态度的思考。

约翰逊对屈原形象和《离骚》内涵的心理路径定位，迎合了西方世界的切实之需。翻译是为社会注入新水，是时代发展的需要，亦是文化渴求的需要。作为一个受西方世界瞩目的"他者"，中国被很多大理论家关注。② 20 世纪 20年代即一战时期的心理学家荣格，面对西方社会心灵和信仰危机时，在东方智慧中得到诸多启发。他极大吸收了中国传统文化的核心元素，特别是整体思维和辩证观帮助他构建了完整和统一的心理学理论。③ 几十年后，西方学者约翰逊通过荣格理论来解析中国典籍《离骚》，展示了如何在面临困境的情况下，进行心理整合、调整的过程。这是中国文化对西方世界精神危机救赎的历史，也是中西文化一个交流互补、互证、互鉴的过程。

结语

约翰逊的《离骚》英译文没有保留原诗歌的形式特点，句式简单重复，易于阅读。译文内容整体上是意译和注释的结合，没有颠覆性背离原诗歌的表意。但是，用词现代度高，可读性强，缺失了原诗歌的厚重和古典。这种通俗化、易读化的译文是美国学界对去"欧洲中心化"的一种文学研究实践，旨在消解欧洲学界定义下的经典，建构美国学界视域下的世界文学体系。同时，副文本从人性心理视域下对《离骚》内涵进行现代性意义的延伸。这种延伸是对20 世纪上半叶的西方社会心理危机的呼应，而根本上是源于翻译的哲学基础即

---

① Jerah Johnson, *A poem on Relieving Sorrows by Chu'u Yuan. A Prose Translation with an Introduction and Notes*, Miami: Olivant Press, 1959, p. 15.

② 乐黛云：《多元文化中的中国思想21世纪跨文化流通十六讲》，中华书局 2015 年版，第 113 页。

③ ［德］卫礼贤，［瑞士］荣格：《金华养生秘旨与分析心理学》，通山译，东方出版社 1993 年版，第76 页。他从道教书籍《太乙金华宗旨》中发现了他在西方古籍中苦苦寻觅了几十年而不可得的超级智慧！荣格将这本书讲述的道教内丹功法奉为"高等文明"的结晶，用它来反观西方的理智主义，则成了"未开化"状。

人类的"普遍所思"。① 具体对于约翰逊译本心理路径的阐释而言，这种"普遍所思"不仅承载了西方对中国传统文化的吸纳，记录了中西文明互鉴的轨迹，更是寄予了人类对人性光辉的一种极致期待，即在悲剧命运的必然中，整合矛盾、调适痛苦，达到圆满和完整。

---

① 金岳霖：《知识论》，商务印书馆 2017 年版，第 845 页。

湖湘人物研究

CONTEMPORARY HUXIANG STUDIES

三起三落

——晚清时局与郭嵩焘的困局①

孟 泽

摘 要 郭嵩焘是晚清中国最重要的启蒙思想者,生前身后广受非议,仕途三起三落。他的挫折与他的先知先觉、他对中外关系的清明见识有关。他最早提出学习西方的政教和学术,他对商业与商人有着宽容的理解和高明的认知,他的思想抵达了一个士大夫所能抵达的极限。他心性清澈,为官认真,立身处事充满理想主义,他遭遇的困局正是传统社会制度积弊与文化惰性的必然结果。

关键词 郭嵩焘;洋务运动;理想主义

晚清名臣郭嵩焘(1818—1891),是曾国藩的结拜兄弟,身历五朝——嘉庆、道光、咸丰、同治、光绪。道光二十七年(1847)中进士,咸丰年间供职翰林院、南书房。同治年间,巡抚广东。直到晚年,光绪年间,作为钦差大臣出使英、法,仕途三起三落。

每一次出仕,开始时大体上都有不错的兴致,也表达了一些特殊的洞见,

作者简介:孟泽,湖南双峰人,文学博士,中南大学外国语学院教授,主要从事比较诗学、近代思想史及湖湘人文研究。

① 本文为作者在长沙图书馆"橘洲讲坛"所作演讲。

做了一些他想做的事情，但最终都是黯然离任，既主动（以回乡调养身体为由，反复请辞），又被动（朝廷最终准其所请）。后两次，更有"一之谓甚""义无再辱"之慨，完全置朝廷诏命于不顾，不再就任新的任命——两淮盐运使，不再赴京述职。

是什么样的因素让郭嵩焘三起三落？仕途不顺，是郭嵩焘为官缺少智慧，还是晚清政教流极败坏、多所不堪、无可挽回？是偶然的人事舛错，还是必然的制度积弊与文化惰性，让郭嵩焘不可能有更大的作为，不能不在失望和骄傲中郁郁而终？同样读《庄子》（郭嵩焘作有《庄子评注》），为什么郭嵩焘没有从中获得士大夫普遍认同的潇洒和自由，对于国计民生，尤其有关国计民生的是非曲直，对于"西力东来""西学东渐"已经和将要引发的新变，反而更加念兹在兹？

一种流行的说法认为，郭嵩焘的性格气质不适宜于官场，用曾国藩的话说，郭嵩焘"芬芳悱恻，然著述之才，非繁剧之才"。

确凿的事实是，晚清时局波谲云诡，遭逢"三千年未有之大变局"，而政坛上、官场上充斥着的，却是因循、保守、错乱和迷狂，在此种因循、保守、错乱和迷狂中，郭嵩焘有关时政，尤其是关于"洋务"的言论和作为，总不免让人感到恐慌和不安，总是不期然而然地沦为"异端"。一旦成为"异端"，一旦人们以屈、贾视之，则难免被主流社会抛弃，为主流舆论所不容，以至忧患绵绵、谤毁丛生。活着的时候，朝野就多有指郭嵩焘为"汉奸"者，让他不能不常常兴起"悠悠苍天，此何人哉"的忧伤与愤激。

一、第一次出仕，南书房的才俊

咸丰七年（1857）末，郭嵩焘赴京就任翰林院编修，不到一年，入值南书房，成为皇帝近臣。两个月后，又受命和僧格林沁一起督师天津塘沽。咸丰九年（1859）九月，作为钦差，赴山东稽查沿海厘税。不到三年，从"中央"到"地方"的经历，让郭嵩焘开始体会到自己的想法与做法，如何与他所处的环境相对立，尤其尖锐的对立面，是官场上年深日久、习焉不察、行之不疑的潜规则，是上上下下密不透风的人际关系与利益把持，是士大夫阶层心口不一的虚骄、伪善与颠顶。

在《玉池老人自叙》中，郭嵩焘回忆："一日诣尚书（陈孚恩），适有客数人在坐谈洋务，一意主战。嵩焘笑曰：'洋务一办便了，必与言战，终无了期。'闻者默然。顷之，客散，尚书引予就僻处，告曰：'适言洋务，不战易了，一战便不能了，其言至有理，我能会其意，然不可公言之，以招人指摘。'予不能用其言，而心感之。"①

僧格林沁就询"东豫捻匪、天津海防，二者办理孰宜。郭嵩焘答曰：'捻匪腹心之患，办理一日，即有一日之功，洋人以通商为义，当讲求应付之方，不当与称兵，海防无功可言，无效可纪，不宜任。'僧邸默然。其后至天津，有所匡益，必蒙驳斥，至于上说帖一十有七次"，而终不能用。②

郭嵩焘日记里还记载，咸丰九年（1859），怡亲王载垣到塘沽视察，告知与洋人在上海举行的谈判已经结束，答应允许洋人进京换约。但怡亲王说，假使夷人入口不依规矩，仍可悄悄击之，只说是乡勇所为。郭嵩焘听了不以为然，说"凡事需要名正言顺"，必须"循理而行"。亲王"愤愤可笑"。

稽查山东沿海厘税的钦差之役，郭嵩焘打破常规，不住公馆，不接受礼品和招待，此举不仅不被地方当局认同，令他自己身边的随从也翻白眼。

在烟台开办厘局，归口管理沿海贸易，废除各项陋规，统一征收税费，破坏了地方当局者的利益，事实上也不可能减少商贾小民的负担，以至于有发生在福山的群体事件，任命为厘局办事的同年萧铭卣，被殴致死。这是郭嵩焘遭僧格林沁参劾，被朝廷处分的直接原因。

僧格林沁指派同赴山东的会办李湘棻，与其说是随行副手，不如说是监视，郭嵩焘明知李某"不肯偕行，深知其心不可测，必为害，自恃此心可以对诸天地神人，求有裨国计而已，亦不一顾畏之"③。

———————————

① 郭嵩焘撰，梁小进主编：《郭嵩焘全集》卷十五，岳麓书社2012年版，第761页。

② 郭嵩焘撰，梁小进主编：《郭嵩焘全集》卷十五，岳麓书社2012年版，第760页。

③ 郭嵩焘撰，梁小进主编：《郭嵩焘全集》卷十五，岳麓书社2012年版，第761页。

因为是僧格林沁指派，李湘棻自然事事向僧格林沁汇报，而僧格林沁"深恶异己"，天津共事，对郭嵩焘并无好感，得到李某的有关指控后，便向朝廷参劾。因为是炙手可热的僧王的参劾，山东巡抚文煜不仅不替郭嵩焘澄清事情真相，反而见风使舵。郭嵩焘深感"事之曲直，理之是非，未易明也"。他最痛惜的不是自己受处分，而是花两个月时间，忍苦耐寒，风尘仆仆，收集见闻，拟定章程，资料汇集达七巨册，利弊情伪均在其中，钩稽二百余年的积习，可为国家课税二百万两，结果"尽成一梦"。

回到北京，新年元旦朝会时，许滇生师劳曰："国家二百余年充钦差者，才得君一人。"嵩焘惶恐，言："本不足当钦差之名。"滇生师曰："奉命查办，谓非钦差得乎？吾弟方宰掖县，能言其详，知君不住公馆，不受饮食，历来钦差所未闻也。"[1]

谈到接下来他因为主动请辞返乡而侥幸逃过的"辛酉政变"（和郭嵩焘相好的肃顺，在此次政变中殒命，同样相好的陈孚恩，举家发配新疆，后来无一人生还），郭嵩焘感慨陈孚恩尚书"机警能测洋务之必有变，而不能测及圣躬，白香山诗云：'祸福茫茫未可期，大都早退似先知。'嵩焘之不与党祸，早退之力也"[2]。郭嵩焘有点庆幸，自己也算是肃顺看得起的人，是陈孚恩的好朋友，在僚属眼里他们无非同党，只是因为自己在别人看来不可理喻的请辞回乡，无意中竟然就这样逃过一劫，是好是坏，谁说得清呢。

二、第二次出仕， 巡抚任上的黯淡

同治元年（1862），郭嵩焘应李鸿章疏请，就任苏松粮储道，转任两淮盐运使。不久，又得到朝廷钦命，巡抚广东。在广东两年多，郭嵩焘智取太平天国森王侯玉田（管胜），摆平潮州洋人入城事，有不少他自己晚年回忆起来还觉得骄傲的行政作为。但是，因为"认真"，因为固执己见，他与骆秉章陌路，被左宗棠奏参"迂琐"。

---

① 郭嵩焘撰，梁小进主编：《郭嵩焘全集》卷十五，岳麓书社2012年版，第761页。

② 郭嵩焘撰，梁小进主编：《郭嵩焘全集》卷十五，岳麓书社2012年版，第762页。

按照李超平在《郭嵩焘与骆秉章关系考》一文中的叙述，咸丰三年（1853）三月，湖北巡抚骆秉章任湖南巡抚。五月，郭嵩焘建议骆秉章开办湖南全省厘捐，这是两人交集的开始。六月，因江忠源告急，郭嵩焘奉命与夏廷樾、罗泽南、朱孙诒等率湘勇1400人驰援江西南昌。这个"奉命"，显然是奉巡抚骆秉章、督办团练大臣曾国藩等之命。咸丰八年（1858）十二月初二日，咸丰帝召见，郭嵩焘以"讲求吏治为本"回答皇帝的提问时，曾提及骆秉章、胡林翼等"办事认真之人"，说明他对骆秉章并不陌生，且有好感。

咸丰十年（1860）三月，郭嵩焘辞任南书房，返回湘阴老家，十月初四日，接骆秉章托刘蓉转来之信，论英法联军入都事，郭嵩焘在当天的日记中留存了他复信的内容，其中有云："夷人之变，其祸成于僧格林沁，而实士大夫议论迫之。"

咸丰十一年（1861）三月十五日，郭嵩焘在致左宗棠信中评论骆秉章获任四川总督时云："此老德威所积，非人所易几也。"说明两人关系良好。同治二年（1863）六月二十九日，郭嵩焘获擢署理广东巡抚，九月九日接篆就任。不久，因为一桩坟地纠纷，他与骆秉章的关系变得微妙。

这个发生于同治二年的葬坟官司，起因是花县（今广州市花都区）生员邓辅廷在骆氏祖坟不远处葬骨坛三穴，被骆氏族人指控为"盗葬"。县衙并没有对骆氏宗族所控给予支持，骆氏族人不服，遂告知骆秉章。骆秉章请广东督抚进行核实，郭嵩焘支持了花县官方的意见，骆秉章而后直接咨请礼部和刑部。

礼部和刑部的咨复支持骆氏宗族的诉求：定例庶人茔地九步，穿心一十八步，凡发步皆从茔心数至边。邓辅廷盗葬该督祖茔之处，系在例文禁步之内，应照例科罪。郭嵩焘所称该省现行章程，系与礼部定例不符。坟茔禁步，自应恪守定例办理。若概用本省章程，以前后左右各得一丈为准，恐倚势侵占者得所借口，盗葬之风益炽，流弊伊于胡底？着瑞麟、郭嵩焘申明旧例，通饬各属。嗣后审断坟山案件，无论官民，均照例定禁步为限，毋得率以本省定章定谳，以致争端难息，流弊滋多。

郭嵩焘再次上奏，重申遵循广东省章程的合理性，请求嗣后仍可援引，理由是：当时详定省例，稍济例文之穷，而杜豪强侵占之计，以平百姓之争。盖以省章为断，丈尺多少，出价承受，绅民犹可通融办理；以例定禁步为断，则直授豪强以兼并之资，使启争端。所以遵行数十百年，据以断案，犹能使百姓相安者此也。

简言之，广东省章所定坟山禁步尺寸比国家定例所定尺寸要小，因此对于盗葬的认定也更加宽松，这种宽松或者说通融的规定，在郭嵩焘看来符合广东省的实际情况，如果都按国家定例禁步标准，则一坟的占地面积太大，很快会面临无地可葬的局面。而且，有钱有势的人显然会更有能力多占面积。因此，郭嵩焘认为省章更加合理，既可提高土地葬棺数，又可以减少坟葬纠纷，并有利于平民百姓。

远在四川的骆秉章并不认可郭嵩焘的这番苦心计较，再次上疏，逐条批驳郭嵩焘的奏议，请求坟茔禁步应该严格遵守定制，而不应援引省章。

骆秉章的奏请得到了朝廷的认可，同治五年（1866）十二月上谕：四川总督骆秉章奏，前署广东巡抚郭嵩焘陈奏粤省坟山禁步各情，舍向来通行之定例，而用未经奏定之省章，涉于回护矫强。应请令无力升科者仍遵定例，庶人茔地九步，穿心一十八步为限，以昭公允而息争端。这也就是说，广东方面以后不能再援引省章判案，须一律以国家定规为准。

在这场隔空较量中，最终骆秉章占据了上风。

郭嵩焘日记中没有提及在广东巡抚任上处理的这个案子及与骆秉章书信磋商的情况，似乎刻意回避此事。骆秉章于同治六年（1867）十一月十七日病逝于成都，郭嵩焘也没有在其日记中提及。显然，他因为没有照顾骆秉章的家族利益，与骆疏远了。从骆秉章致朱学勤的信札中，可以窥见骆秉章后来对郭嵩焘的观感和态度。

朱学勤（1823—1875），字修伯，浙江仁和人，官至大理寺卿，曾国藩曾赞其"学足论古，才足干时"。朱学勤的特殊之处是曾入值军机处，这是一个非常关键的中枢位置，许多地方督抚争相结交，骆秉章在四川总督任上写给他的信札，多有涉及郭嵩焘的内容。从这些信来看，郭曾入骆幕，骆秉章对郭嵩焘的反感，主要就是因为祖坟的事而生："此端一开，民间盗葬之风日炽，凡有祖坟无不被人挖掘，所关非细，此弟所以不能不请部示也。正月初五日已将部文移咨广东督抚，但恐细侯（指郭嵩焘）负气，又以应照省章入告，斯时不得不再费笔墨。来谕谓伊外虽负气，中情实怯，断不敢奏。弟思细侯因香山富民悭吝不捐，即奏请严拿治罪，其任性糊涂，焉知何者为是，何者为非耶？""郭筠翁在湘与弟相好，在幕数月，觉其人甚正派，今观其抚粤，竟是糊涂任性，勒捐之虐，京中已饫闻之，不待弟言……粤人传为笑柄者甚多，不特逐妻一事。此翁如此举动，岂朋友之言所能规劝者乎？"

骆秉章信中所说的勒捐事，就是郭嵩焘做的一件得罪大户的事。郭嵩焘到任广东巡抚后，开始整顿厘捐，下令劝捐，以至富绅大贾，纷纷逃匿，恨之切齿，有官员背景的人家就弹劾，朝廷乃密谕"广东将军瑞麟等访查"。

《孟子·离娄上》曰："为政不难，不得罪于巨室。巨室之所慕，一国慕之；一国之所慕，天下慕之。故沛然德教溢乎四海。"读圣贤书出身的郭嵩焘，难道不知道骆秉章家族就是粤中大户？难道不懂得"不得罪于巨室"的道理？如果他懂得而仍然这样做，证明他一定是过于认真，过于理想主义，以至让人觉得"别有用心"，或者糊涂任性，不可理喻。

事情的真相也正是如此。在同治六年（1867）六月初十《复李瀚章》信中，郭嵩焘透露了自己对于骆秉章的观感："粤俗以强凌弱，以众暴寡，吁公（骆秉章）贤矣，而气习未除。弟在粤见其屡陈粤事，横生议论，颇不谓然。昨麓溪诵其疏争坟山一案，援引例文，力求一遂其私。此后官地一惟有势者侵据，小民侧足而立矣。苟可负强以便一日之私，则遂毅然为之而不顾天下之利病，此所谓小人。粤中君子乃安行之，风俗之颓敝可想。"①

看来，仍然是"天下之利病"左右了郭嵩焘的选择，也让他看到连骆秉章这种被人称为君子的人，也难免为了私利而有"小人"的作为。看到这一点，对于怀抱天下的郭嵩焘来说，不知有多么寒心，多么失望。而此事在旁人眼里的观感，也最能证明郭嵩焘举措的"不合时宜"，郭嵩焘本人的短于世故、不

---

① 郭嵩焘撰，梁小进主编：《郭嵩焘全集》卷十三，岳麓书社 2012 年版，第 209 页。

通"情理"。左宗棠在同治五年（1866）致蒋益澧信中说："筠仙于骆吁公先茔一事，处置殊欠允协。以公义论，曲直固不可淆，以情理论，一品大员先墓，尚不能保守，亦非朝廷尊礼大臣、体恤耆旧之意。况骆公八年湘抚，清操卓然，有功德于民者乎！筠仙以势豪例之，悖矣！"① 左宗棠显然比郭嵩焘"通达""灵泛"得多。

郭嵩焘最终离任广东巡抚，与作为"发小"的左宗棠有关。

与左宗棠的心结，郭嵩焘一直不能释怀。郭嵩焘在给时任湖南巡抚李翰章信中曾说："左帅至粤，横绝一世，得其咨函十余，惟闻诟詈之声。其居粤境两月，于各州县无稍苛扰，并犒军银二万亦却之；而以兵米之余，放嘉应州赈一千石，镇坪八百五十石，一切磊落出之，其所谓豪杰，吾且怨且感且敬之，而尤愧之。"这是一段不带偏见的平实之论，证明郭嵩焘对于左宗棠的行政办事能力，并非不认同，他曾经在咸丰皇帝面前把左宗棠说成是湖南乃至国家的支柱。他的"怨"在于左的凌轹不留面子，还有就是未通报而上四折弹劾，致使郭嵩焘一辈子都觉得受伤。

光绪十一年（1885），左宗棠去世，郭嵩焘作有两副挽联，再次袒露了自己的心结和对于左宗棠的理性评价：世须才，才亦须世；公负我，我不负公。平生自许武乡侯，比绩量功，拓地为多，扫荡廓清一万里；交谊宁忘孤愤子，乘车戴笠，相逢如旧，契阔死生五十年。

三、第三次出仕，出使遭遇的横逆

还在广东任上，郭嵩焘就意识到，"开谕洋人易，开谕百姓难，以洋人能循理路，士民之狂逞者，无理路之可循也"②，"洋人之利在通商，无觊觎中国土地之心，而其蓄谋在求日进而有功，故每得一荒岛，则急进而开垦之，每得一口岸，则急进而经营之"③。

① 左宗棠：《左宗棠全集》卷十，刘泱泱等点校，岳麓书社2009年版，第661页。
② 郭嵩焘撰，梁小进主编：《郭嵩焘全集》卷十五，岳麓书社2012年版，第766页。
③ 郭嵩焘：《兼顾水陆之防》，《郭嵩焘全集》卷十五，岳麓书社2012年版，第736页。

在郭嵩焘看来，"夷人之变，为旷古所未有，其祸成于僧邸，而实士大夫议论迫之然也"，"夷人者，中国百年之患，而顾攘之以成今日之祸，此所无如何者矣"。真正的问题还在于"彼固无意于中国土地民人"①，"中国之于夷人，可以明目张胆与之划定章程，而中国一味怕。夷人断不可欺，而中国一味诈。中国尽多事，夷人尽强，一切以理自处，杜其横逆之萌，而不可稍撄其怒，而中国一味蛮。彼有情可以揣度，有理可以制伏，而中国一味蠢。莫乃无可如何。夷患至今已成，无论中国所以处之何如，总之为患而已"②。

为此，他在 1860 年前后，开列洋务四凶：琦善、耆英、叶名琛、僧格林沁。即使林则徐，他认为同样贻误事机，为害不浅，但以其心术尚正直，故不目之为凶。

就在郭嵩焘退居长沙八年，准备就此终老时，同治十三年（1874），因为外患交迫，朝廷诏命郭嵩焘进京，先让他出任福建按察使，很快又把谁也不愿意出使英国"谢罪"的事情交给了郭嵩焘。于是，郭嵩焘奉命在总理衙门行走，准备使英，一副当时广为流传的对联讥嘲出使者曰："出乎其类，拔乎其萃，不容于尧舜之世；未能事人，焉能事鬼，何必去父母之邦。"证明郭嵩焘还没有出使时，就几乎是举国为敌了。

面对列强，举朝的斗争心态与郭嵩焘的循理调和主张，全然对立。"刘锡鸿使德意志，则昏狂谬戾，乖忤百端"，"所以然者，为仰承枢府意旨，动与洋人相持，以自明使臣之气骨"，"中土儒生虚骄之气，无可言者，然尽此存心，以求裨益国家，固不可得矣"。③

与副使刘锡鸿交恶，郭嵩焘开始并不以为意，看到刘的怨怒，郭曾自省曰："刘公使经年以来，一意凌轹，构衅无已，自问实无开罪之条，然人情只见自己是处，诚恐语言行事，或有冒渎，为所不及知，如有触犯或过疑之处，当一与辨明。出洋数万里，旦夕分离，相距又数千里，今生能否见面，尚未可

---

① 郭嵩焘：《郭嵩焘日记》第一册，湖南人民出版社 1980 年版，第 403 页。

② 郭嵩焘：《郭嵩焘日记》第一册，湖南人民出版社 1980 年版，第 469 页。

③ 郭嵩焘撰，梁小进主编：《郭嵩焘全集》卷十五，岳麓书社 2012 年版，第 773 页。

知，何必留此嫌隙？欲径自陈说，恐彼此负气，反致参差，故须先请一往问明。"参赞等往问，刘锡鸿说："我生平不记人过，即有触犯，我亦忘却，惟此京师所同指目为汉奸之人，我必不能容。"

刘锡鸿给"汉奸"郭嵩焘开列的"三大罪"是：游甲敦炮台，披洋人衣；见巴西国王，擅自起立；白金汉宫听音乐，仿效洋人取乐单。

后来又直接向朝廷开列郭嵩焘"十大罪"：

查郭嵩焘自奉命使英后，悖谬之罪种种，如臣子忧国，或私居窃叹，或以艰危之状为君上言之，岂可普告敌人牖启其觊觎之志？而郭嵩焘向英人诋毁时政，谓中国将作印度，将被吞并于英、俄，臣耳所亲闻凡经数次。其罪一也。

云南之案，郭嵩焘以不杀巡抚岑毓英为恨。与威妥玛本夤缘结识，于召用入都，寓居南城地藏庵后，遂成至交，既到伦敦，尤相亲昵，乃上年正月十五日与臣及翻译官德明、洋人马格里皆到威妥玛寓所，忽相愤争如仇敌，郭嵩焘竟至厉声说"中国非无人才，非无兵力，不怕构兵"之语。其罪二也。

尚左尚右。出洋伊始，船抵新加坡，接见新加坡"大酋"，郭尚右，臣劝阻之，伊以古礼如此为答。臣谓圣人云当遵时王之制，郭曰我这便是时王之制。未审郭嵩焘所谓时王系指洋人，抑系自指。其罪三也。

镶黄正黄，皆御用旗色，而郭嵩焘谓是草木黄落，其色不佳，要将船上黄龙旗改用五色。其罪四也。

副使之派，出自廷旨，郭嵩焘自谓是其所派，至于奏折列入副使名则将钦差二字抹去，而于其奏调之参赞，则称为参赞大臣，予夺任情。其罪五也。

外洋相见之礼，以尊卑为等杀，而郭嵩焘之见同舟兵丁亦必起而垂手站立，其在伦敦，虽微末商伙，亦必与握手以为恭。上年五月，巴西国王夫妇游于英，相遇于跳舞会，洋人皆止起立，郭嵩焘独趋至阶前，若站班然，国王仅一顾盼询问为谁，郭嵩焘又朝参其妇于正座，此妇仅端坐一点头而已。过示卑恭以求悦，不复顾念国体。其罪六也。

伦敦为各国会集之地，衣冠举动各从其俗，英人绝不强以相同。乃洋人多持伞，郭则急于索伞，洋人不持扇，郭则急于去扇，洋人听唱皆捧戏单，郭嵩焘不识洋字，亦捧戏单，洋人闻可喜之词，皆以指击案，郭嵩焘不译洋语，亦效击案。甚至中国茗饮本为洋人所最好，郭嵩焘且改用银盘银罐盛糖酪以奉客。摩形肖色，务欲穷工，不以忘本为耻。上年七月初九日与臣同观于甲敦炮台，披服洋衣，顾盼自得。其罪七也。

初抵伦敦，郭嵩焘即锐意学声洋语，苦于不能，乃令其小妾效之，以四出应酬，并令入戏园，首先请客以开往来之端。中国闺教如此森严，不知郭嵩焘何所图利，乃汲汲然驱之以败坏。其罪八也。

公事本当公言，况在外国，而郭嵩焘与威妥玛接晤，始则副使不得与闻，继则华洋翻译官皆不令在侧，往往闭门密语，不知何所商谍。其罪九也。

以运使而署巡抚，以臬使而擢侍郎，国家所以待郭嵩焘者可谓逾格，乃犹心怀快快，动辄怨望，上年四月初一日来臣寓室，谓各国遣使皆仅编修部曹为之，独伊以侍郎充当，又谓凡劾伊者皆立见升擢，言之切齿深恨。其罪十也。

对于郭嵩焘各"罪"的劾奏，在今天看来，基本都是胡闹，让人哭笑不得，由此可以想见郭嵩焘的尴尬与痛心。

对于洋务，他自己的看法是："方今天下，能推究夷情，知其所长以施控御之宜，独有区区一人。"这与曾国荃对他的看法是一致的，曾国荃说："居今日而图治安，舍洋务无可讲者。仅得一贾生，又不能用，此真可以为太息流涕者也。"

这样的评价和自我评价，也许很难让人置信，很难不让人觉得郭嵩焘骄傲。但是，一个例子就可以证明其所言不虚。曾纪泽是郭嵩焘的晚辈，后来接替郭嵩焘出使英国，据说懂英语，还有史册上所载从俄国人手中收回伊犁的成功交涉，在晚清也是以懂洋务著称，谭嗣同把他与郭嵩焘并列。但是，我们从他的日记中可以读到这样的文字，他说："或者谓火轮舟车奇巧，机械为亘古所无，不知机器之巧者，视财货之赢绌以为盛衰；财货不足，则器皆苦窳，窳则巧不如拙，中国上古殆亦有无数机器，财货渐绌则人多偷惰而机器失传。观今日之泰西，可以知上古之中华；观今日之中国，亦可以知后世之泰西。"

郭嵩焘在参观英国学校考察学制时虽然也曾有"此实中国三代学校遗制，

汉魏以后士大夫知此义者鲜矣"的说法，但是他的取向，与曾纪泽们正好相反，所谓"三代"重现，他以此印证的是自己心中之所向往，是黄金时代的良法美意。而曾纪泽的判断以及骄傲——观今日之泰西，可以知上古之中华；观今日之中国，亦可以知后世之泰西——则与举朝士大夫相仿，不管他是否是迫于主流社会的压力而不得不词出"委婉"。

四、三起三落的缘由

过于"清澈"。

郭嵩焘第三次出仕，应诏赴京时，湘阴县令冒小山临别曾对他说："大人心地开爽无城府，然世路崎岖，人心叵测，一切愿求慎重。"郭嵩焘很感谢冒小山的赠言，他对于自己的性格其实心知肚明。但是，他自有主张："吾自通籍后，连丁父母忧，又值粤匪之乱，遂不复以仕宦为意，而于经营国计、保卫地方，无敢稍释于心。始终未一任事，而在湖南筹兵筹饷，一皆发端自鄙人。"[1]"吾与刘霞仙中丞在文正公幕，文正公酌定各员薪水，专谕内银钱所陈季牧云，郭、刘与己身同，惟所支用不为限制。而吾与霞老数年中未尝支用一钱，亦与文正公约，奔走效力，皆所不辞，惟不乐仕宦，不专任事，不求保。文正公如其言，始终不一论荐。"[2]"自粤寇起，不敢复存利禄之志。自山东之役，即办事之心亦隳。""通籍仕宦，本非高尚者。初因寇乱，不敢求仕，涉历稍深，外度之世，内度之身，自谓可以有为，而功令之习为虚诬，人心之积为险陂，迂直之性所必不堪，亦遂不能不以道自重。奉旨召用，必不敢辞，稍有抵牾，即时辞归，亦不敢有系恋。所仕数年，自觉耿耿此心，明可以对君父，幽可以质鬼神，而于地方百姓，常觉悲悯之意多，而不敢怀愤嫉之心。"[3]

无功利心，气质清澈，不耐仕宦繁剧，不能婉转官场，却有为生民立命的冲动：或许，这与他中进士后在湘阴数次治水救灾的经历有关。曾经，不止一

① 郭嵩焘撰，梁小进主编：《郭嵩焘全集》卷十五，岳麓书社 2012 年版，第 757 页。
② 郭嵩焘撰，梁小进主编：《郭嵩焘全集》卷十五，岳麓书社 2012 年版，第 759 页。
③ 郭嵩焘撰，梁小进主编：《郭嵩焘全集》卷十五，岳麓书社 2012 年版，第 772 页。

次，他被无数无以为生的哀号的饥民包围着，那种惨状，让人无法不动容，也无法不令人刻骨铭心，于是知苍生困苦，于是有扶弱济贫的热肠，所谓"视民如伤"，看到无告的百姓，就像望着自己的伤口一样。

因为清澈，他在财务上绝对廉洁，三次出仕都如此表白，完全不能忍受别人认为他不习惯南书房的清苦而希望外派的说法，这是他第一次请辞的重要原因。同样因为清澈，他以及有着和他类似性情的人，往往被指目为"狂易"，或以"屈、贾"视之，此所谓"狂易"，不正参照出他们身边的时代、社会，人们的保守、颟顸和虚假吗？郭嵩焘曾说，西洋与中国之别，就在于"一诚一伪"。他的这一说法，很多年后，在晚辈严复的《救亡决论》中有另一种表述："华风之弊，八字尽之，始于作伪，终于无耻。"当人们习惯于虚伪，习惯于戴着面具做人，习惯于不求真而人云亦云的时候，皇帝的新衣的戏剧自然就在中国的政坛上天天上演，而郭嵩焘们就成了那个犯忌讳的天真孩子。

传统中国，政由贿成，所谓"水至清则无鱼"，这是官场上"浑水摸鱼"的逻辑引申出来的哲学，典型的中国式智慧，其实就是为个人行为突破底线提供说辞，是所谓"世故"和"达练"，是自我妥协与自我迁就。郭嵩焘那种完全不计个人得失的率真和清澈心性，正是他不能为官场所接纳的直接原因，而他本人为了自白这种清澈带来的清洁，往往用不着朝廷安排，自己就会主动请辞。事实上，他三次离任也正是如此。他说"吾道之必不可行也，而遂浩然以归"，"得志则以实心实政求裨益毫末，不得志则卷怀以退，无所顾计"，"君子之仕也，行其道也，道足以济世，摩顶为之而不为过"。

郭嵩焘并不是不想入仕做官，他的原则是：要做官，就要能做事，不能做事，就不必做官。这与他人格中的另一个要素有关：认真。

过于"认真"。

郭嵩焘在第一次出仕受到咸丰召见时，对咸丰的进言就是"认真"，只有"认真"才会有吏治的改革，只有改变了吏治的不堪，才能改变天下的不堪。郭嵩焘毕生做人做事认真，认真到左宗棠骂他"迂琐"（就是不够灵活嘛），认真到面对"横逆"他常常自己不能自持，譬如长子之逝，譬如左宗棠的倾轧。

好友丁日昌（禹生）在粤，曾抄录郭嵩焘在广东巡抚任上的文札及告示条规至两巨册，告言："在上海任内，遇粤人至者问曰：'新中丞政绩何如?'曰：'不相宜。'曰：'贪乎?'曰：'否。'问曰：'酷乎?'曰：'否。'曰：'然则何以不宜?'曰：'操切。'比年以来问之，曰：'是一好抚台。'问：'何故?'曰：'认真。'吾以为操切，认真，本同一心，大率坐求治太急耳。及见所行之政与其文告，直坐求治太缓，事事从根底上疏剔，人人所隐蔽，一不使其自匿，未有不怨者。然却出之和平，无有大惩创，故亦怨而不怒。既久，吏治民心日有转移，昭然知其用心，唯有相与感激，而遽去位，吾粤之不幸，抑亦公之不幸也。诚令在粤能及十年之久，可以贻数十百年之安，即暂留四五年，亦数十年之利也。似此苦心经营而不获其成效，是以深相太息于公之去也。"①

对于他所认同的有关经国济世的思想与主义，郭嵩焘则生死以之，这不但体现在他不避嫌疑地在任何场合谈论他对西方的认识以及关于洋务的主张，而且体现在他对王夫之的理解与推崇上。

郭嵩焘最初读船山（至少咸丰壬子，即 1852 年，"避乱山中，有终焉之志"时，就在读王夫之的《礼记章句》），读的是湘潭王氏守遗经屋 1842 年刊刻的《船山遗书》，主要是经学著作，其中有《读通鉴论》。衡阳学署于道光二十八年，即 1848 年，刊刻的《船山遗书子集五种》，其中有《老子衍》《俟解》。金陵本《船山遗书》出版（1866）后，郭嵩焘得到曾氏兄弟赠书，又于同治七年（1868）自费加刷二部。

同治九年（1870），郭嵩焘掌教城南书院，征得巡抚刘崐支持，在书院南轩祠旁立船山祠，为此作《船山先生祠安位告示文》《船山祠碑记》《船山祠祭文》，对于社会上的反对之声，完全无所瞻顾，谓王夫之"悟关、闽之微言，寻坠绪之渺茫，当明季之厄运，隐船山以徜徉，校诸子之得失，补群经之散亡。其立身大节，燿然不滓，与河汾、叠山以颉颃；而其斟酌道要，讨论典礼，兼有汉、宋诸儒之长。至于析理之渊微，论事之广大，千载一室，抵掌谈

---

① 郭嵩焘撰，梁小进主编：《郭嵩焘全集》卷十五，岳麓书社 2012 年版，第 772-773 页。

论，惟吾朱子庶几仿佛，而固不逮其精详。盖濂溪周子与吾夫子，相去七百载，屹立相望，揽道学之终始，亘湖湘而有光。其遗书五百卷，历二百余年而始出，嗟既远而弥芳。咸以谓两庑之祀，当在宋五子之列，而至今不获祀于其乡。如嵩焘之薄德，何敢仰希夫子而为之表章！意庶以乡贤之遗业，佑启后进，辟吾楚之榛荒。"

光绪二年（1876）八月，郭嵩焘署礼部左侍郎，上《请以王夫之从祀文庙疏》。次年在伦敦，风闻礼部议驳，遂于十二月上奏，重申己意，希望"饬部存案"，暂时搁置，以待嗣后论定。在奏折中，郭嵩焘直言"署礼部左侍郎徐桐以臣出使西洋，为清议所不容，所请应从驳斥，昌言于众，远据曾国藩序文内'醇驳互见'之言议驳"。除此之外，郭嵩焘还"分咨礼部及湖督（湖广总督）及南抚（湖南巡抚）"，极力挽回。但得到的结果是上谕的批评："从祀典礼关系綦重，部臣议准议驳，自有公论。郭嵩焘因廷臣议驳明儒王夫之从祀文庙，辄以私意揣测，疑为故意驳斥，并请饬部存案，语多失当，殊属非是。原折着掷还。"

光绪六年（1880）四月十三日，当他听友人说宋儒广辅已经在一年前经浙江巡抚梅小岩之奏入祀文庙时，郭嵩焘说："船山之学，胜于广辅奚止百倍……而吾楚人不务表章先达，竟无一能主其事者。闻浙抚此奏，为之垂涕竟日。"

同治十二年（1873），郭嵩焘在曾国藩祠堂旁边，创立思贤讲舍（使英归来后，郭嵩焘重振思贤讲舍，试图改革其他书院的陋习，专以读书立身为义，意在整顿人心风俗，培养实学人才），专祀船山，岁凡四集，以屈子、周子、船山、曾文正生日为期，还将从衡阳船山祠摩拓来的船山像悬挂在思贤讲舍，拟联曰："笺注训诂，六经于易尤尊，阐羲文周孔之道，汉宋诸儒俱退听；节义词章，终身以道为准，继濂洛关闽而起，元明两代一先生。"并作《船山先生像赞》："濂溪浑然，其道莫窥，幸于先生，望见端崖，约礼明性，达变持危，阐明正学，是曰先知，二百余年，星月昭垂，私心之契，旷世之师。"

郭嵩焘曾经自述："生平学问文章，勉强可以自效，而皆不甚属意，惟思以吾所学匡时正俗，利济生民，力不能逮也，而志气不为少衰。王少鹤通政归粤西，小驻长沙，见语云：'吾辈已近暮年，急需料检生平志业，内愧之心，求所以信今而传后。而观君心志所属，仍在用世、兴事、立功，与希荣计利之心发用不同，而为心之累同也。'吾悚然有惧于其言，而终不能一自克治。见闻所及，稍关利病得失，必反复推求其实，下至民间奸巧利弊，挟私求逞，引以为世道人心之忧。常至拊膺感愤，结塞于心，皆此用世之一念，生于其心，发于其事，自然感触而莫能自喻者也。追思老友王少鹤之言，深惭二十年无所长进，负此忠告，是以君子之学，首重治心也。"①

虽然意识到要治心，却并不能放下对世事的关怀，他在晚年日记中说："身非隐士，亦不乐以此为名。"② 这也是他不能获得庄子"逍遥"境界的原因所在。晚辈陈宝箴曾劝他"借蒙庄达观之说以养太和，本孔孟救时之心以持正论，并行不悖为宜"，显然是试图对郭嵩焘的为人处世之道，有所匡正。

郭嵩焘的择善固执，他的用心在于以先知觉后知、以先觉觉后觉，这是孟子的教诲。他确实认为，如果不能懂得世界大势，国将不国，"所以谈者，欲使人稍知其节要，以保国有余，苟坐听其昏顽而已，不动兵则日削，一旦用兵，必折而为印度，此何等关系，而可以不谈乎？""以先知觉后知，以先觉觉后觉，予于此亦所不敢辞，于区区世俗之毁誉奚较哉？""谤毁遍天下，而吾心泰然，自谓考诸三王而不疑，俟诸百世圣人而不惑，于悠悠之毁誉何有哉？"③ 自信"流传百代千龄后，定识人间有此人"。

当然，"认真"也不免有闹笑话的时候。解职巡抚，乡居八年，他掌教城南书院，为诸生解说孟子"万物皆备于我"，讲说"反身而诚，乐莫大焉"，诸生淘气，戏撰一联曰："万物皆备孟夫子，一窍不通郭先生。"郭嵩焘知道后，不依不饶，认为楚人好谣善谤，其端实自士大夫开之，书院风气败坏，于是"是日乃专课住斋各生，而停止在城应课者，必以破此案为期，并以谕贴传

① 郭嵩焘撰，梁小进主编：《郭嵩焘全集》卷十五，岳麓书社2012年版，第778页。
② 郭嵩焘：《郭嵩焘日记》第三册，湖南人民出版社1980年版，第933页。
③ 郭嵩焘撰，梁小进主编：《郭嵩焘全集》卷十一，岳麓书社2012年版，第106页。

示肄业各生"。此种认真，或许是缺少一点幽默感，而深究起来，郭嵩焘的认真，更体现着他在末世颓堕涣散中逆流而上的理想主义情怀。

出使英国时，上海《申报》曾在光绪四年六月二十刊载过一则笑话，说中国星使在英国画像时，与画师古德曼对话，要画师画出自己的两只耳朵，不能只画一只，还要画师画出花翎顶戴，画师说画不出，因为花翎在脑后，星使于是俯首至膝，问画师："今见之否?"画师笑曰："大人之翎顶自见，大人之面目何存?"郭嵩焘知道后，认为这是《申报》有意"讪侮"，让画师和翻译出具证词，证明此笑话之空穴来风，不惜亲自主稿。《申报》以为，此乃游戏之词，不足深论。回到上海后，郭嵩焘第一件事就是追诉《申报》，直到《申报》承认"误听谣言"，愿意登报正误，并致歉意，郭嵩焘才罢休。此事也可见出郭嵩焘的"认真"和不能忍辱的性格。

过于"理想主义"。

与曾国藩、刘蓉聚会时，"及见曾刘岁丙申，笑谈都与圣贤邻"。就在他不到二十岁中举人时，结交了江忠源、罗泽南等豪杰之士，"已晓然知有名节之说，薄视人世功名富贵，而求所以自立"。

咸丰八年（1858），在京城作翰林院编修，郭嵩焘的观感很明确，"京师气象凋耗，而相与掩饰为欢，酒食宴会，转胜往时"，"京师浮言最甚，然浮言之起，由士大夫之无识"（日记）。所以他三次梦见康熙，自谓"思慕所结，通之梦寐"。他要的是当局者的"神武英断"，"美恶是非，鉴别分明"，而不是模棱含混，朋比结党。此种"梦寐"，在他晚年的日记中，还有记载，让人想起孔子梦见周公。

在广东任上，他发现，上下官僚"以办事为大忌，而又各怀私见，多所瞻顾，唯恐一有举措而不得保其私利"①。而郭嵩焘律身行己，自有分说，自有讲究，他懂得："三代礼乐学校之遗，荡废无存，盖已起自战国时。于是，根本之教不行于朝廷，而一切苟且之政行焉，施之一家与所以被之天下，皆是也。国家盛时，家给人足，人重犯法，则风俗常厚而人心之诡变浇漓莫能革也。至

---

① 郭嵩焘：《郭嵩焘日记》第二册，湖南人民出版社 1980 年版，第 174 页。

于末流之世，相与为嗜利无耻，奇幻百出，士大夫公行之而莫有知其非者。道敝民顽，所谓邪正是非，亦人人能言之，及其行之，一皆违反，无复戒惧恐惧之生于其心，于此而求有以自立，难矣。下至声色之惑人，游荡之引人入胜，则凡世家子弟与其家业稍足自给，尤易于煽惑，无他，燕朋昵友交引于前，其党类繁，其语言工，一与为缘而遂不胜其害也。是以学者有三闲之法，自誓此身不与匪人为比，闻声而远避之，是谓先几之闲；临事设法毅然引去，是谓当事之闲；终日兢兢引以为大辱，是谓终身之闲。然而君子立身行己固有本矣，本立而所行自轨于法，此不可以伪为也。未能及此，则常以二念自励，曰知耻，曰有忌惮。"①

从表面看来，郭嵩焘学习和践行的是旧道德、旧规矩，但在实际生活中，郭嵩焘却往往"任性而为"，并不左顾右盼。他和钱鼎铭妹妹的婚姻，他与如夫人邹氏的关系，他在英国使馆操办的派对，他带侍妾见女王，他回国后"打洋拳"，看西医方面的书，都不是一般人能够做得出的事情，或者连想象都不成，而时人笑话指责郭嵩焘之处，正是我们今天所认为的文明之处。

他出于传统并且敬重传统，在他身上却似乎没有传统遗留的包袱。因此，他的"理想"常常与板结的"现实"相冲突。譬如，以"生民"为本位，平等看待士与商，认为西洋富强在于"以通商为治国之本""泰西富强之业，资之民商"。表面看，儒家政治似乎也强调"民惟邦本"，肯定"士农工商"四民构成社会，实际上的行政却是一切以统治者的利益为依归，四民的等级秩序也丝毫不可动摇，尤其警惕商贾与商业对于帝国权力架构的平衡稳定的破坏性。

郭嵩焘高看商民，而不是继续"重农抑商""重土抑商"的传统思路，不以商贾之所为是不事生产。他说："方今之急，无时无地不宜自强，而行之必有其本，施之必有其方……求富强之所在而导民以从之，因民之利而为之制，斯利国之方也。""造船制器，当师洋人之所利以利民，其法在令沿海商人广开机器局。"

---

① 郭嵩焘撰，梁小进主编：《郭嵩焘全集》卷十五，岳麓书社2012年版，第779页。

在作为广东巡抚时，郭嵩焘就主张废除商船出海的禁例，仿元制设立市舶司，统一管理出海的商船，尤其必须让商民造船用船，与洋人争利争胜于海上，仅靠官办轮船将无济于事，他曾与英国领事会商，倡导中国绅商与洋人合作制备轮船，从造小型船开始，每船花四万即可，但由于去官，此议亦寝。后来左宗棠在闽督任上设立船政大臣，以沈葆桢任之，三年后始成一船，已费银百余万两。他认为，商务应由民办，若官办，则官愈大而于事理愈隔，正愈可被洋人舞弄，他感叹"吾言不用，而左君之策行，亦国家气运使然也"。

按照刘锡鸿的认知，也是一般士大夫的认知，"商贾者，假他人所生之物而簸弄之，以诱致人财者也"，"一商贾之衣食用度，十人或百数十人之衣食用度也，衣之、食之、用之，则财之聚而归诸彼者，彼即散而付诸无何有矣，而人之见而效尤者，又以其华侈之习新染乎乡里闾巷，于是，农、圃、池、樵、蚕桑、织、牧百工技艺之辈，亦皆懈驰生物之力，而滋长其耗物之心"。最重要的是，"重农抑商，所以教勤朴而广生财之源。重土抑商，所以劝德行而立制治之本，其实抑商贾之利权，即以伸朝廷爵位之权"。

表面上看，重农还是重商（抑商），仅仅是政策不同，实际上，却意味着权力的转移与重新分配，所谓"商贾之利权"与"朝廷爵位之权"。所以，市场社会，一定意味着权力的下移，意味着政治垄断的打破，否则就不可能是市场经济。

郭嵩焘的理想主义是与政教风俗有关的，在他的手眼中，政教风俗才是国家的根本。他曾经一度认为，李鸿章、沈葆桢、丁日昌是懂得洋务的人，但后来随着自己见识的增长而不再这样认为，他说，西洋政教风俗乃本源之所在，而李、沈、丁诸公"专意考求富强之术，于本源处尚未讨论，是治末而忘其本，穷委而昧其源也。纵令所求之艺术能与洋人并驾齐驱，犹未也，况相去尚不可以道里计乎"。

由此可以看出，郭嵩焘所认识、所理解的洋务，其实已经大大超越了一般士大夫对于洋务的见识，而上升到器物与制度、工具与本源、政教与学术、国有与民有、官办与民办、君主与民主等一系列根本性的问题，这些问题甚至延伸到了今天。这正是今人谈及郭嵩焘时仍不免激动的重要原因。

五、自省与启示

郭嵩焘属虎，十八岁中秀才，二十岁中举，加上出身富家大户，难免恃才傲物，做事做人，心直口快，不太会看人脸色，有时基于道义和抱负，甚至无所瞻顾，不计利害。赵烈文《能静居日记》提到，郭嵩焘曾在他人面前说："曾涤生保人甚多，惟错保一毛季云（毛鸿宾）。"曾国藩闻知则针锋相对道："毛季云保人亦不少，而惟错保一郭筠仙。"作为兄长的曾国藩，当年对郭嵩焘离开南书房的抉择就持保留态度。同治元年（1862）三月，曾国藩派李鸿章率淮军至上海，李鸿章写信给曾国藩，商请郭嵩焘出山，曾国藩复信中有一段意味深长的话："筠公芬芳悱恻，然著述之才，非繁巨之才也。"同治元年八月，郭嵩焘应李鸿章之邀赴上海任职，途经安庆，与曾国藩朝夕相处多日，临别时曾国藩赠联（"筠仙仁弟亲家性近急遽，撰联奉赠"），郭嵩焘将其存记在初六日的日记里："好人半自苦中来，莫图便益；世事多因忙里错，且更从容。"几乎同时，曾国藩在复李鸿章的信中写道："筠仙今日坐轮舟以行。渠与仆儿女姻亲，若必令其履任，须由尊处奏明请旨，或言沪中急需得人，暂不回避。渠性情笃挚，不患其不任事，患其过于任事，急于求效。若爱其人而善处之，宜其专任粮道，不署他缺，并不管军务、饷务，使其权轻而不遭疑忌，事简而可精谋虑，至要至要！切不可使权位兼隆，耳目众属，急于功效，反多损失。"很难说，曾国藩对于郭嵩焘的认识是一种偏见，以曾国藩的沉稳和历练，他看到的郭嵩焘确实"性近急遽"，不适宜于辗转在到处潜规则、暮气沉沉的晚清官场。

但是，我们也未尝不可以从郭嵩焘的角度来看看曾国藩。郭嵩焘当然是拥戴曾国藩的，说他虽然也有处事未必当行的时候，但因为"光明正大，情理兼到"，所以办事不至于离题万里，错得过于离谱。郭嵩焘曾直截了当地说曾国藩于洋务素非通晓，说他"恩重心逾小，功深虑转微"，晚年"精意消失"，完全没有了进取心，遗折更是"冗弱不伦"。由此可以想见，郭嵩焘对于任事者、当局者的期待和要求，他自己当然是以这样的要求来任事做人的。同治元年六月二十日，曾国藩致沅弟信说："至阿兄忝窃高位，又窃虚名，时时有颠坠之虞，吾通阅古今人物，似此名位权势，能保全善终者极少。"类似智者的思索在曾氏家书和日记中满纸满版，不一而足。如果说，曾国藩不论成功成名以前还是以后，时时处处都不忘为自己打算，时时都在自我经营，以期成就作为"完人""圣人"的自己，而郭嵩焘却似乎总是不管不顾，以至常常忘记了自己的处境、身份和前程，以期对于世事有所匡弼，有所补益，对于难堪的时局有所作为，有所改善。

从技术上讲，郭嵩焘的性情，也许确实不适宜带兵，也不适宜过于具体琐碎的行政事务，他有见识，有洞察力、想象力，绝假纯真，他应该处在一个直接面对皇帝，可以为皇帝建言献策，以"清议""词臣"为职责的位置上。

但是，咸丰想把他历练成另一个曾国藩，李鸿章倚重他理财，慈禧希望他可以应付列强，他自己也不觉得自己不能经理天下、字养生民，尽管他懂得："夫圣贤汲汲天下之利病，非自侈其知之能谋，力之能任也，其心有不得已者焉。"①

郭嵩焘深知"持身涉世之难"，多少意识到自己性格上无法适应于官场、妥协于现实的特征，《玉池老人自叙》中自我反思曰："生平与人共事，动辄抵牾，而为属员，必蒙优注，正以无争名见好揽权之心，人亦不甚忌之。共事则权势相敌，遇事据理言之，反见以为求胜也。"他举了自己在李鸿章手下得到信任和作为福建按察使所得到巡抚王补帆优容的例子。

而早在李鸿章推荐他出山时，他就对自己的性格与世事的扞格有充分的认知："嫉恶太深，立言太快。""任事太深，则同官侧目；立言太峻，则群小惊疑。"1878年因为与刘锡鸿杯葛，在给沈桂芬的申诉信中（他明明知道沈跟自己不是一路人，甚至可能直接就是刘锡鸿的后台），同样毫不讳言自己的"愚直"与"狂直"。

很显然，郭嵩焘的自我检讨，并不是要自我收敛，有所改变，更不足以成

---

① 郭嵩焘撰，梁小进主编：《郭嵩焘全集》卷十五，岳麓书社2012年版，第449页。

为我们今天把郭嵩焘的仕途挫折视为其性格使然的依据。何况，一个人的所谓性格，其实与一个人的思想有着密切的关系，甚至可以说，一个人的思想常常左右着甚至决定着他的性格。说到底，郭嵩焘为官的困局，根本上就是那个停滞、僵硬而慌乱的时代的必然，是颟顸而因循的政教体制的逻辑结果，是保守而痼弊的士大夫文化的自然延伸。在此种时代和制度文化条件下，类似郭嵩焘这样的人，很容易沦为它的对立面，甚至敌人。

清澈、认真、理想主义，是末世国人，尤其是士大夫们稀缺的品质。依照今天的理解，清澈就是清洁，就是干净，而认真加上理想主义，则是求真务实、择善固执的体现。那么，容我做一个未必政治正确的结论，依然处在三千年未有之变局的现代化过程中的中国，多一分清澈，多一分认真，多一分理想主义，就会多一分光明而不是灰暗，多一分开朗而不是幽闭，多一分宽阔的而不是狭隘的政治与生活，对于个人如此，对于民族国家尤其如此。

置身于此种文化的每一个中国人，必须成长出更加开放的胸怀，更加人道的视界和价值观，更加自如自然的心态，而不是让施虐的快意和受创的悲情，无所节制地泛滥，而不是把个人身外与民族之外的世界文化妖魔化、敌人化，自我鼓噪，主题先行，以势不两立、玉碎瓦全看待不同观念、不同利益立场的人与人之间的关系，并以此处置国际关系和国家之间的利益关系。这也是郭嵩焘三起三落带给我们的启示。

关于向培良重要生平事迹的
考证与勘误

景李斌

摘　要　向培良是 20 世纪前半叶极为活跃的文艺家，然而由于特定的历史原因，向培良这颗曾经光闪闪的文艺之星，长期被摒弃在中国现代进步文学史的叙述视野之外，未得到足够的重视，常出现错误的说法，甚至以讹传讹。本文在史料发掘的基础上对向培良的这些重要生平事迹进行爬梳、考证与勘误。

关键词　向培良；生平事迹；考证

向培良是 20 世纪前半叶极为活跃且取得杰出成就的文艺家，在小说与戏剧创作、散文创作、导演、剧运、文艺批评、文艺理论研究、翻译、创办社团及编辑报刊等方面成就卓著。向培良参与了《莽原》半月刊的筹办，是莽原社的重要成员；是狂飙社的重要成员，狂飙社演剧部负责人；是紫歌剧队的创办者和负责人；是青春文艺社的创办者和主持人，主编过《青春月刊》《青春周刊》等。向培良曾任怒潮剧社戏剧组股长，教育部第一巡回戏剧教育队队长，编辑过《狂飙周刊》、《豫报》副刊、《革命军日报》副刊、《衡阳日报》等。

基金项目： 国家社科基金项目"史料发掘与整合视野下向培良的重新研究与年谱编撰"（17BZW188）。
作者简介： 景李斌，本名李斌，山东嘉祥人，文学博士，汕头大学文学院教授，主要从事中国现代文学文献研究。

然而，由于特定的历史原因，向培良杰出的文艺成就未得到足够的重视，关于向培良的资料搜集比较困难，经常出现一些以讹传讹的现象。因而，对有关问题进行辨别与勘误是很有必要的。

一、向培良杰出的文艺成就

后人多认为向培良当时在文坛的影响以戏剧方面为最大。洪深编辑的《中国新文学大系·戏剧集》（1917—1927）收录了18个剧本，其中便有向培良的《暗嫩》；在《导言》中，洪深对向培良的剧作与剧论都给予了充分的肯定。赵景深在编《中国文学小史》时参考过向培良所著的《中国戏剧概评》，他评价道："向培良是狂飙社的干部，与高长虹齐名……《中国戏剧概评》一书我曾经仔细地读过，因为当时我正编着《中国文学小史》，而当时系统地论述中国新文学的书极少，所以这一本书特别使我注意并且喜欢。"[①] 宋宝珍认为向培良是"现代戏剧批评中不可忽视的人物"，"他是一位被中国现代戏剧史有意和无意忽略的剧作家和戏剧理论家。……说是'无意'，是因为后人对他在戏剧上的贡献毫无了解，从而怠慢了他。他是不应被忽略的"。[②] 田本相对向培良的戏剧理论研究给予过高度评价："20世纪30年代，就我们所看到的，还没有一个人像向培良这样如此专注于戏剧理论的介绍和研究，发表如此多的具有自己的思考且具有一定学术水准的戏剧理论著作。"[③]

其实，向培良不仅在戏剧方面成就斐然，他的小说也很为人称道。

向培良的第一本小说集《飘渺的梦及其他》，由14个短篇小说构成，为鲁迅所赏识，1926年6月北新书局初版，1927年10月再版，1928年8月三版，是鲁迅最初编辑的四种"乌合丛书"之一（此外有鲁迅的《呐喊》、许钦文的《故乡》、高长虹的《心的探险》）。鲁迅编辑的《中国新文学大系·小说二集》曾收录向培良的小说三篇，数量仅次于鲁迅本人的四篇。在《导言》中，

① 赵景深：《记向培良》，《申报》1946年10月14日。
② 宋宝珍：《残缺的戏剧翅膀：中国现代戏剧理论批评史稿》，北京广播学院出版社2002年版，第96页。
③ 田本相：《砚田无晚岁：田本相戏剧论集》，中国戏剧出版社2019年版，第190页。

鲁迅高度肯定了向培良的小说创作。尽管当时向培良和鲁迅发生过不愉快的笔战，但是鲁迅不因人废文，不因两人间的交恶而影响编选的作品和评论——这一方面说明鲁迅的人格正直，另一方面也说明向培良在小说方面的确有不俗的成就。

向培良著述颇丰，生前出版过的作品单行本或作品集有 22 种。小说集 4 本：《飘渺的梦及其他》《英雄与人》《我离开十字街头》《十五年代》。剧本集 7 本：《沉闷的戏剧》、《光明的戏剧》（又名《黑暗中的红光》）、《不忠实的爱》、《继母》、《大时代的插曲》、《民族战》、《齐式之》（一名《国殇》）。剧论、导演理论、艺术理论等 7 本：《剧本论》《戏剧导演术》《舞台服装》《导演论》《舞台色彩学》《艺术通论》《人类的艺术》。翻译作品集 2 本：《逃亡》《死城》。编著 2 本：《紫歌剧集》、《电影导演论》（与乌衣合编）。

在做剧教一队队长的时候，向培良领导剧队编过《戏剧长征集》等作品。更值得一说的是，1936 年 9 月，向培良与徐公美编了一套非常有影响力的"戏剧小丛书"，由商务印书馆出版，计有 20 种：《剧本论》（向培良著）、《舞台色彩学》（向培良著）、《舞台服装》（向培良著）、《导演论》（向培良著）、《小剧场经营法》（徐公美编）、《农民剧》（徐公美编）、《演剧概论》（徐公美著）、《中国戏剧史略》（周贻白著）、《中国剧场史》（周贻白著）、《戏剧与教育》（陈明中著）、《戏剧概论》（张庚著）、《表演术》（陈大悲著）、《学校剧》（阎哲吾著）、《剧团组织及舞台管理》（谷剑尘著）、《喜剧论》（章泯著）、《悲剧论》（章泯著）、《歌剧概论》（胡葵荪著）、《舞台化装》（朱人鹤著）、《舞台装置》（朱人鹤著）、《舞台照明》（贺孟斧著）。对于这套"戏剧小丛书"，陈白尘、董健主编的《中国现代戏剧史稿：1899—1949》给予了中肯的评价："一九三六年商务印书馆出版'戏剧小丛书'二十种，第一次全面系统地介绍戏剧创作与表演导演等方面的知识和理论。"[①] 张泽贤评价说："这套小丛书几乎包罗了戏剧的所有门类，极具理论指导性和实用性，据戏剧行家称，

---

① 陈白尘、董健主编：《中国现代戏剧史稿：1899—1949》，中国戏剧出版社 2008 年版，第 189 页。

到目前为止其中不少著作仍是戏剧教育的定本。"①

向培良有大量作品散见于《扫荡报》（桂林版）、《武汉日报》、《广西日报》、《湖南国民日报》、《晨报》（上海）、《时事新报》、《辛报》、《豫报副刊》、《青春月刊》、《青春周刊》、《流露月刊》等数十种报刊上，包括小说、戏剧、散文、文艺批评、文艺理论研究等，创作水准很高，理论见识颇为深刻；1949 年后还写作了很多没有发表的戏剧等作品。

二、湮没无闻的尴尬状态

然而，由于后来与鲁迅交恶，为国民党的剧社服务过，曾任怒潮剧社戏剧股股长，教育部第一巡回戏剧教育队队长，站在错误的政治立场上写过剧作《彪炳千秋》，向培良于 1957 年被划为"右派"，1959 年被判定为"历史反革命"。虽然在 1979 年黔阳县人民法院撤销了对其做出的判决，但是向培良这颗曾经光闪闪的文艺之星，仍长期被摒弃在中国现代进步文学史的叙述视野之外，未得到足够的重视。张泽贤认为学术界对这位"奇才"缺少研究："在笔者心目中，向培良仍是一位奇才。""一位很有造诣的戏剧家，在很长时间内未被关注，对他的研究几近空白。"② 廖久明长期研究狂飙社，他在《不应被忽略的向培良和〈飘渺的梦〉》一文中表达了对向培良湮没无闻的遗憾："遗憾的是，新中国成立以来，除一些鲁迅研究者将其作为批判对象偶尔提及外，很长一段时间人们已将他遗忘。"③

直到 20 世纪 90 年代，向培良的著作引起了一些学者的关注。如田本相、焦尚志、宋宝珍、王列耀、郭富民、吕双燕等学者在他们的著作中都注意到了向培良的戏剧创作和戏剧理论。关于向培良的相关研究文章并不多，主要有郭景华的《论向培良抗战剧及"戡乱"剧的叙事伦理》《论向培良人类艺术理论建构中的西方理论渊源》《论向培良的短篇小说创作及其新文学史意义》，廖久

---

① 张泽贤：《民国版本收藏断想及其他》，上海远东出版社 2016 年版，第 337 页。
② 张泽贤：《民国版本收藏断想及其他》，上海远东出版社 2016 年版，第 338—339 页。
③ 廖久明：《不应被忽略的向培良和〈飘渺的梦〉》，《中华读书报》2015 年 3 月 25 日。

明的《向培良与于是剧社》《向培良与狂飙演剧运动》，洪宏的《论向培良的戏剧理论》《唯美而激越的"情绪表现"——论向培良的戏剧创作》，寄小文的《向培良在桂林从事抗战宣传史实钩辑》等，这些文章主要关注向培良的戏剧与小说创作、戏剧理论、戏剧活动等方面。目前仅有两篇研究向培良的硕士学位论文：陈由登的《向培良的戏剧理论与艺术实践及其外来影响》（福建师范大学，2007）和王云霈的《唯美而不颓废——向培良综论》（河南大学，2014）。尚无任何一本研究向培良的专著。由此可见，与向培良一生的著述及曾经在文坛上的影响相比，无论是在广度上还是在深度上，向培良研究都还有很大空间。

由于向培良长期被冷落，其作品在1949年后鲜有再版，其资料搜集比较困难，经常出现一些以讹传讹的现象。学术界甚至对于向培良的重要生平事迹都没有细致考证，如关于他的生卒日期、求学经历、家室问题、参加与离开怒潮剧社、主持上海剧院、任教于无锡国学专修馆等问题，常出现错误的说法。下文将就这些问题进行爬梳与考订。

三、关于向培良的生卒时间问题

关于向培良的生年，常见者有1901年和1905年两种说法；而关于向培良去世的时间，则有1959年和1961年两种说法。

关于向培良出生于1901年的说法，较早可见顾凤城编的《中外文学家辞典》中有关向培良的条目："1901—，现年三十一岁，湖南黔阳人，当代中国戏剧家及文艺批评家。"① 该辞典有众多"文学家底署名"，如鲁迅、茅盾、老舍、巴金、周作人、穆木天、闻一多、俞平伯、张资平、汪静之、柳亚子、赵景深、陈大悲等，甚至还有向培良本人。那么，既然有向培良的签名，这本辞典关于向培良的记录是否可靠呢？沈文冲曾评价该辞典："美中不足的是许多现代作家的出生年月未予著录，经历亦失之过于简略，只能作为一般文学爱好

---

① 顾凤城编：《中外文学家辞典》，上海乐华图书公司1932年版，第278页。

者的参考，未能成为一部严格意义上的人物辞典。"① 其实，即便是严格意义上的人物辞典，有时候也难免出错。

田达武说，向培良"一九〇五年四月七日出生于黔阳县寨头，一九五九年病故"。② 董大中整理的《向培良文学年表》，认定向培良的出生日期为一九〇五年四月七日。廖久明在重新出版的向培良的小说集《飘渺的梦》的"出版说明"中说："向培良一九〇五年五月十日出生于湖南省黔阳县。"③（此处的五月十日是指阳历）大概系沿用田达武之说。《湖南名人志（第2卷）》载："1905 年（光绪三十一年）—1959 年。""1957 年被划为右派，判刑 10 年。1959 年逝世于溆浦劳改农场。"④《湖南省志》也是持这种观点："1905 年（清光绪三十一年）生于黔阳县。""1957 年被划为右派，并定为历史反革命，判刑 10 年。1959 年逝世于溆浦劳改农场"。⑤ 2005 年版《鲁迅全集》第 17 卷"旧记"（人物书刊注释）："向培良（1905—1959），湖南黔阳人，狂飙社主要成员。"李新宇、周海婴主编的《鲁迅大全集（创作编 1925—1926）》的注释也是如此："向培良（1905—1959）：湖南黔阳人。"⑥ 陈玉堂指出关于向培良的出生年份有两种说法："1905，一作 1901—1961。"⑦

郭景华"根据向培良解放后写的《向培良自传》（未刊稿）及湖南老家黔阳一中教书所填的一份（干部履历书）（1958 年填写）"，认定向培良出生于1905 年；通过"走访向培良家乡人"认定向培良于 1961 年去世。⑧

族谱是比较可靠的材料。向培良族谱（向培良的后人寄小文提供）记载，向培良是"光绪三十一年四月初七日戌时生"，即 1905 年农历四月初七（阳历

① 沈文冲：《民国书刊鉴藏录续集》，上海远东出版社 2010 年版，第 273 页。
② 田达武：《向培良与戏剧》，《黔阳文史资料第 3 辑》，1989 年版，第 110 页。
③ 向培良：《飘渺的梦》，廖久明、王春燕编，海豚出版社 2014 年版，第 1 页。
④ 湖南省地方志编纂委员会编：《湖南名人志第 2 卷》，中国档案出版社 1999 年版，第 186 页。
⑤ 湖南省地方志编纂委员会编：《湖南省志第 30 卷 人物志》（下），湖南出版社 1995 年版，第 887 页。
⑥ 李新宇、周海婴主编：《鲁迅大全集第 3 卷创作编 1925—1926》，长江文艺出版社 2011 年版，第 111 页。
⑦ 陈玉堂编著：《中国近现代人物名号大辞典》，浙江古籍出版社 1993 年版，第 173 页。
⑧ 郭景华：《向培良与鲁迅关系考论》，《新文学史料》2013 年第 4 期。

通常不说"初×"），也就是阳历 1905 年 5 月 10 日。而且族谱有确定的出生时辰，是可信的。族谱同时记载了向培良的主要著作，是后人整理的。

向培良出生于 1905 年的说法是有可靠依据的——族谱、自传、干部履历书，都是可信的；只是具体的出生日期还有矛盾的材料需要澄清。向培良在《征途杂记一页》中，明确说"今天是我三十三岁的生日"，文末署"二十七年五月七日记"，[①] 向培良在其文章中所署的日期都是阳历。然而 1938 年 5 月 7 日对应的农历日期是四月初八。原因大概是 1938 年 5 月 7 日向培良写《征途杂记一页》时，误以为阳历 5 月 7 日是农历四月初七；也可能是向培良的写作是在深夜——虽然过了深夜零点时间，人们习惯往往还说"今天""今夜"，其实已经是"第二天"了。这样猜测似乎不能令人信服，故需要其他关于出生日期的证据——这样的证据也是有的。1928 年 6 月 6 日的《湖南国民日报》副刊《葡萄文报》第 4 期，载有向培良的一首诗歌《挽歌——挽培良过去了的二十三年并以自挽》（署名培良）。"过去的二十三年"那就是 1905 年。诗歌正文第一节提到生辰："有如天上的浮云/谁人啊！能记着他底生辰？/你从远地流浪过来/在这冷落的长沙流顿？"《挽歌》注明是"一九二八年五月二十五号写于长沙"。显然这首诗歌是 1928 年向培良生日时所作。1928 年 5 月 25 日对应的农历日期是 1928 年四月初七。

综上所述，向培良出生于"光绪三十一年四月初七日戌时"，即阳历 1905 年 5 月 10 日，农历 1905 年四月初七。至于其逝世年份，还没有更充足的证据，存在 1959 年和 1961 年的争议。

四、 关于向培良的求学经历

（一）向培良何时考入大学

不少关于向培良的研究资料认为，向培良 1923 年考入北京私立中国大学，如《黔阳县文化志》记载："1923 年考入北京私立中国大学。"[②]《湖南省志》

---

① 向培良：《征途杂记一页》，《戏剧长征集》，教育部第一巡回戏剧教育队两周年纪念刊，第 120 页。
② 彭仲夏主编：《黔阳县文化志》，1991 年版，第 176 页。

记载："1923 年（民国 12 年）考取北京中国大学，后转入北京世界语专门学校。"① 《湖南历代人名辞典》说："向培良（1905—1959）黔阳人，1923 年入北京中国大学，后转入北京世界语专门学校。"②

一些学者的著作也是如此，邓宏顺说："向培良于 1923 年从长沙一中考入北京私立中国大学，后转入北京世界语专门学校。"③ 郭景华对向培良有持续的研究，他在 2013 年发表的《向培良与鲁迅关系考论》一文中说："1922 年秋，向培良考入北京私立中国大学预科学习，可能是经济原因，他只在该校读了半年多，第二年秋便转到了其他学校。"④ 然而，他在 2014 年底发表的另一篇文章《论向培良人类艺术学理论建构中的西方理论渊源》中，观点又变了："1923 年，18 岁的向培良只身北上求学，初在中国大学预科学习，不久后转入北京世界语专门学校。"⑤ 这或许是他的疏忽，但是涉及向培良考入大学的时间是不同的。

（二）向培良中学没有毕业就去做北大旁听生

天行在《记向培良》一文中说，向培良"出身很刻苦，中学没有毕业就去北大作旁听生"。⑥ 受到天行这种说法的影响，丁明拥与马宝民合作的《作为戏剧活动家的向培良》一文，也持这种观点："1923 年，深受'五四运动'和《新青年》杂志影响的向培良，在长沙一中还未毕业即跑到北大去做旁听生。"⑦ 那么，天行等人的说法是否可靠呢？

（三）向培良本人的作品给出的有关信息

在自传中，向培良说："一九二一冬，在长沙省立第一中学毕业，是旧制

① 湖南省地方志编纂委员会编：《湖南省志 第 30 卷 人物志》（下），湖南出版社 1995 年版，第 887 页。
② 杨慎之主编：《湖南历代人名辞典》，湖南出版社 1993 年版，第 536 页。
③ 邓宏顺：《向培良与鲁迅的恩恩怨怨》，《湘声报》2009 年 5 月 9 日。
④ 郭景华：《向培良与鲁迅关系考论》，《新文学史料》2013 年第 4 期。
⑤ 郭景华：《论向培良人类艺术学理论建构中的西方理论渊源》，朱志荣主编：《中国美学研究 第 4 辑》，商务印书馆 2014 年版，第 178 页。
⑥ 天行：《记向培良》，《茶话》1947 年第 9 期。
⑦ 丁明拥、马宝民：《作为戏剧活动家的向培良》，《艺海》2011 年第 12 期。

四年中学。……一九二二到北京，入中国大学预科，随即对那个学校不满。一九二三转入北京世界语专门学校，那个学校只办了两年光景即散，我后来也没有读下去。"① 这段文字交代得很清楚：1921 年冬中学毕业，并非像天行所说中学没有毕业就到北大做旁听生；1922 年入中国大学预科，并非 1923 年；向培良在中国大学读书不到一年，于 1923 年转入北京世界语专门学校；没有提及在北大做旁听生之事。

如果仅以这段文字作证据，似乎还不够令人信服。好在向培良在其他作品中也提及过自己的求学经历。

在《万里演剧序录》中，向培良说："民国九年，先父的家境稍好一点，我才能继续学业，重入湖南省立第一中学。……十年冬毕业……十一年到北平……当时我家境很穷，先父已不能再供给学费，十二年遂由中国大学转入世界语专门学校。"②

在《我的大学》中，向培良说："民国十年冬季我算是从中学毕业了，其实我只读了两年半，那时还是四年制的中学。第二年在一个补习学校住了半年。"然后向培良去看望父亲，"住了差不多一个月"，筹到六十元后返回长沙，然而约好的同学都已经先走了，向培良只好独自一人赴北京。到北京后，他一个人都不认识，一直到考场中才找到同学。向培良住在沙滩，整整有半个月没有和他人谈话，每天躲在公寓里预备书。向培良考过北京大学、高等工业、高等师范、人艺戏剧专门学校，（当年冬天）都没有被录取，还考了法政专校、朝阳大学等别的几个学校，一半是游戏，一半为帮助别人，当时考场纪律很坏；然而向培良每次为自己考总是落第。八月底，向培良考入中国大学预科："到了八月底了，几个重要的学校差不多都已考过，才进了中国大学。"向培良说自己的考运异常坏，考北京大学没有考上："我的考运异常之坏。考北京大学，同学五人取了四个，只我落第。"③《我的大学》中的这段文字也表明：向培良是 1921 年冬毕业，1922 年八月底考入中国大学预科。

① 向培良：《向培良自传》（郭景华整理），《新文学史料》2013 年第 4 期。
② 向培良：《万里演剧序录》，《扫荡报》1940 年 5 月 1 日。
③ 向培良：《我的大学》，《中国学生》1936 年 9 月 25 日第 3 卷第 5 期。

在《致青年》（第七函）中，向培良说："我中学刚毕业，对于升学极其热烈，简直把这个当作自己生死关头一样看。……我进的是北京一所颇负盛名的私立大学，而那个大学所给我的是极度的空虚，极度的失望。课程之浅薄，教员之敷衍，设备之简陋，都无以复加。我没有读到一年就走了。转一个学校，又复如是。我想到北京大学旁听（据当时友人告诉我说比旁的学校好），因为我的资格只能考预科，而预科课程早已非我所需，又限于章程，我没有到二十五岁！此后我除了自己看书之外再没有别的办法了。"[①] 向培良在这里提及的"私立大学"就是中国大学，转入的学校就是北京世界语专门学校。他提到自己想到北京大学旁听，但是受限于资格和学校的章程，向培良没有做北大的旁听生，所做的是"自己看书"。

五、关于向培良有无家室问题

有必要对向培良的家室问题进行考订，原因有三：一是有学者提及此问题时说法错误，如徐续红教授在《戏剧家的悲剧——向培良与鲁迅》中说："据说他既无家室又无后人……"[②]；二是向培良在著作中常常提及与妻子、子女的浓厚情感，如读者对此不了解，就难以深刻地理解向培良的一些作品；三是家庭的生计问题对向培良影响较大，甚至影响到向培良的创作。

向培良在自传中对自己的家室有明确的说明：妻萧传英、大儿向阳、二儿向开仁、大女向舒华、幼女向明华。这份自传由郭景华整理，发表于《新文学史料》2013 年第 4 期。徐续红在写作和发表《戏剧家的悲剧——向培良与鲁迅》时，该自传尚未发表。然而，除了自传材料外，向培良曾多次在其作品中提及婚姻、家庭。

比如，向培良在 1928 年 12 月所写的《英雄与人》后记中说："我现在已经结婚，刚结婚不久又跑到上海，工作着。自己的心情，改变了，但有许久也还是同从前一样，所以这样的文字，也值得留下的。"在 1929 年 4 月，孩子两

①　向培良：《致青年》（第七函），《青春月刊》1931 年 6 月 20 日第 1 卷第 2 期。
②　徐续红：《戏剧家的悲剧——向培良与鲁迅》，《鲁迅研究月刊》2013 年第 4 期。

个多月时，向培良所写的《黄昏之归家》散文中，抒发了漂泊中家庭成员间浓浓的爱：

他投到这个世界才六十几天，已经跟着我迁徒转移过好几次了，到现在还没有找到一处可以安静地停下来的地方。望着前行的妻的背影，暗地里有点惭愧。我是长久时期过着流浪生活的，她却不会飘流惯。她无论什么时候都希望有一个安静的家庭，安静的环境，使她和她的孩子有温暖宁谧的一角地，但是我呢，环境和心情都不让我在一处地方长久停留下来。要能够如她的心愿，还不知道要等到什么时候呢。……

车荡得很厉害，孩子有时候一惊，我立刻更紧地抱着他，茫无头绪的思潮便被打断了。把孩子紧紧地压在怀里，似乎怕他会在不意中从我手间失掉，真是一种无意识的心情；但就是无意识的心情罢，谁又能够毅然断绝呢？……

第二天早上刚起来，正写着一点东西，妻走上楼把孩子放到我的床上做事去了。孩子已经醒来，躺在床上。又笑又闹，不住动着，我一面望着他，一面回头写几个字。

这种家庭漂泊的情景，向培良在小说中也有描写。在小说《南行》中，向培良就写出了与妻子、孩子漂泊的经历，抒发了浓厚的惆怅感：

失业既久，生活逐渐艰难，常为一两元钱到处奔走。妻近来非常寂寞，常是好久好久默默不作一声。每每孩子睡后，我两人对坐着，房子里静寂到只有钢笔落纸的声音。我有时候抬头望她一下，看见她眼睛里有一种睡梦的神情，正在驰情遐想。……

记得我初结婚的时候，有一个朋友颇为隐讽地写信给我说："你找到了新的女人没有？"我回答："我没有找到新女人，但是和旧的女人结婚了。新女人是好的，可以增加我们的力量，旧女人也是好的，可以消耗我们的力量。"此后，这个朋友再没有和我谈到婚姻的问题。人生又几曾找到多少可以消耗力量的地方呢，因为爱？如今我昏夜独行，在严冬风雨之中，颠簸拥挤，不能自脱，手里抱着孩子，妻倚在我臂上，这是力量之消耗呢，还是力量之增加？……

至少，在那地方可以使我的妻子休息一下，忘掉她年来的漂泊罢。至于我，生命开展在我的前头，我还没有疲倦，也不应该疲倦。那么，又谁知我这以后要向什么地方奔走呢。①

上述引用的这几段文字，都是向培良现实家庭生活的映射。

向培良还两次写过同题抒情散文《寄给妻》。在 1929 年 10 月发表的《寄给妻》一文中，向培良写道：

几天来又时时想起妻，想到她在三千里外，陌生人的家里，带着半岁的孩子寄食。尤其是夜里，孩子睡了以后，自己收拾一下，或者做点什么针线，应该是寂寞的时光罢。然而据说这也不过是怜惜、同情或者是自惭之类的感情。恋爱是很新很新的东西。和一个旧式的女子，又何从有什么恋爱呢？②

两年后，向培良再次以"寄给妻"为题写道：

有好久了没有接到你的书信。唉，你的一个字迹将于我是一颗明星。

勇敢一点吧，亲爱的，把你那笨拙的字迹放到纸上。在孩子睡了以后，勇敢地写吧（这时候我也在写，写一些不相干的东西），这时候没有人来打岔，娇憨的妹子也不会再来偷窥；静静地写吧，你的每一落笔会是我心之一跳动。

亲爱的，啊，愿你静静安睡。

你临睡时，到窗前凝望，会有月光，或者星星，或者微风，这时候你就会知道我已来守护你的睡眠。唉，我的梦。

夜已深，一杯浓冽的清茶在我的面前，白色蒸气在织着我的幻想。

---

① 向培良：《南行》，《创造月刊》1931 年 5 月 20 日第 1 卷第 1 期。
② 漱英：《寄给妻》，《青春月刊》1929 年 10 月 1 日第 1 卷第 1 期。

　　明星在天，凉露既降，天上人间，交织着我的思念，我的爱情。①

　　在《〈巧格力姑娘〉公演后记》中，向培良认为《巧格力姑娘》的上演与他的理想相去甚远，而他忙于应付人事、筹钱、搜求道具、训练演员等诸多问题，"最后还得忙于糊我自己和妻子、儿女的口"。② 在《金秀小志》中，向培良写一家避难行走的艰辛："从中良到金秀设治局约九十里，我和妻和两个孩子，一共走了五天！这一路的艰苦真无从细说，我用一条两广通行的搭带负着三岁的女儿，撑着拐杖，在无边无际的山里走着，常是一整天遇不到人。"③ 此外，在《泉语》（桂林《扫荡报》1940 年 6 月 5 日）、《妻的悲哀》（1929 年 12 月 1 日《青春月刊》第 3 期，署名漱英）、《商县之秋》（《扫荡报》1940 年 9 月 24 日）、《五年的罪言》（《扫荡报》1943 年 7 月 18 日）等作品中，向培良也写到了自己的家庭。

六、向培良与怒潮剧社

　　关于向培良加入怒潮剧社的时间，向培良本人在自传中的说法有误，学术界也以讹传讹。而对于向培良离开怒潮剧社的时间，学术界因缺少资料鲜有提及。

　　关于加入怒潮剧社的时间，向培良在自传中说："一九三二年春，我到武昌，入武昌艺术专科学校教书，开始教艺术理论的课程。这年秋，到南京接手'怒潮剧社'，改组好，带到南昌……到南昌后四五个月就辞掉，于这一年最后的几天离南昌。"田达武说："一九三二年经张道藩推荐，任国民政府政训处'怒潮剧社'副社长。"④《湖南名人志（第 2 卷）》也认为是 1932 年："民国二十一年去南昌任省政府政训总处怒潮剧社副社长。"⑤ 董大中在《向培良文

---

① 漱英：《寄给妻》，《青春月刊》1931 年 6 月 20 日（南京）第 1 卷第 2 期。
② 向培良：《〈巧格力姑娘〉公演后记》，《时代》1936 年 2 月 20 日第 9 卷第 5 期。
③ 向培良：《金秀小志》，《旅行杂志》1947 年 1 月 1 日第 21 卷第 1 期。
④ 田达武：《向培良与戏剧》，《黔阳文史资料》（第 3 辑），1989 年 10 月。
⑤ 湖南省地方志编纂委员会编：《湖南名人志 第 2 卷》，中国档案出版社 1999 年版，第 186 页。

学年表》中，直接引用向培良自传的说法。然而董大中又说，1933年向培良"在南昌成立怒潮剧社，担任副社长"，这显然也与1932年秋"到南京接手'怒潮剧社'，改组好，带到南昌"的说法矛盾。

事过多年，向培良在写自传时的记忆有误，"这年秋，到南京接手'怒潮剧社'"实则是1933年8月，非1932年秋；"到南昌"则是在1933年9月初。向培良在《万里演剧序录》中的说法是正确的："二十二年，原来承印《青春月刊》的拔提书店负责人邵云冰先生约我到南昌，经营怒潮剧社。"怒潮剧社以宣传为目的，向培良负责戏剧部门，是戏剧股的股长："怒潮剧社是一种以宣传为目的的剧社。共计四个部门，电影、文学、音乐、戏剧，我负责戏剧部门，曾到临川、南城等处演剧，作巡回宣传。"①

1933年8月28日的《中央日报》报道，怒潮剧社是组织较为完善的戏剧团体，对于舞台技术工作，有新的设计与实验，与普通剧团相比，演出方法也多有所不同。职员多系戏剧名家，演员也都有四个月的训练，《生路》等十二个剧本已排练纯熟，近日奉令离开南京赴江西，进行大规模的游行公演。剧社由副社长罗海沙领队，随行职员、演员六十余人。② 1933年9月6日，《民国日报》（江西版）载有"江西社"的报道，怒潮剧社已于"日前"抵达江西。③ 9月6日下午2时，青年与战争社在南昌嘉宾楼大礼堂，邀请南昌文艺界各报馆、各通讯社、各团体代表，举行文化联欢茶会，欢迎怒潮剧社来赣。④ 9月7日下午2时，怒潮剧社假座嘉宾楼举行茶会，招待新闻界及文艺界。⑤ 9月9日下午，国民党江西省党部及各文化团体，开会欢迎怒潮剧社来赣。⑥ 9月22日至29日，怒潮剧社在新兴舞台进行戏剧公演。原定公演一周（至28日止），后因各界来函要求续演，于是续演一天，公演了八晚的戏。演出的节目有《民族之光》《志士沙场死》《蠢货》《屏风后》《车夫之家》《可怜的斐迦》等十

---

① 向培良：《万里演剧序录》，《扫荡报》1940年5月1日。
② 《怒潮剧社赴赣游行公演》，《中央日报》1933年8月28日。
③ 《怒潮剧社将作大规模公演》，《民国日报》（江西版）1933年9月6日。
④ 《欢迎怒潮剧社及举行文化联欢茶会》，《民国日报》（江西版）1933年9月7日。
⑤ 《怒潮剧社昨假座嘉宾楼 招待新闻界及文艺界》，《民国日报》（江西版）1933年9月8日。
⑥ 《怒潮剧社到赣》，《民报》1933年9月11日。

个剧本。① 当时，国民党反动派对共产党部队进行围剿。11月4日，为配合国民党的围剿，怒潮剧社出动到前线、农村去演出。左明、邵惟、卜少夫、程勉予、罗海沙、丁伯仁等对怒潮剧社这次出动到前线演出发表意见，其中向培良说："希望同人都抱着谦虚求益的心情走上前去，进这一个伟大的学校，读这一本伟大的书。"② 向培良与怒潮剧社的其他人员到了临川、崇仁、南城等县。向培良曾说："近几年我有机会演过三届野台戏，第一届是二十二年在江西，到过临川、崇仁、南城等县。"③

那么，向培良是什么时候离开怒潮剧社、离开南昌的呢？

向培良辞去怒潮剧社职务，时间应当是1934年1月。

1934年2月13日至16日，怒潮剧社在福州公演，"戏剧股长常健"致辞；④ 而之前则是向培良任戏剧股长，⑤ 可见，其时向培良已经离开怒潮剧社，没有参加福州的公演。这与向培良本人的说法是相符合的："在怒潮剧社共只半年，剧社到福建时我已离开，去汉口教书。"⑥

据《南昌琐屑》一文，怒潮剧社在江西好久了，主持者有左明、向培良等，除去年到前线进行公演外，1934年元旦又在南昌连演了四天。⑦ 演出的效果不好，因为怒潮剧社的主持者采取的剧本不精彩，以至于卜少夫严厉批评，出了五期的批评，"骂得一佛出世"，"弄得主持人无颜再干，相应下台，另请高明在案"。⑧《南昌琐屑》一文连载于1934年2月1日、3日的《锡报》，寄自赣江，可见，向培良作为剧社的主持者之一，是1934年元旦在南昌公演之后离开剧社的。

向培良在1933年8月底随怒潮剧社赴江西演出，到1934年1月，有5个

① 勉予：《怒潮剧社南昌公演记》，《青年与战争》1933年11月3日第19—20期合刊。
② 《对于此次怒潮剧社出动之意见》，《青年与战争》，1933年11月3日第19—20期合刊。
③ 向培良：《野台戏》，桂林《扫荡报》1939年8月22日。
④ 程勉予：《怒潮剧社来闽公演记》（上），《中央日报》1934年3月8日。
⑤ 《青年与战争》1933年11月3日第19—20期合刊中，对于向培良的介绍是"戏剧股主任"。
⑥ 向培良：《万里演剧序录》，桂林《扫荡报》1940年5月1日。
⑦ 江：《南昌琐屑》（八），《锡报》1934年2月1日。
⑧ 江：《南昌琐屑》（九），《锡报》1934年2月3日。

月，"我加入上海剧院，是今年一月间的事，而离开则在六月中旬，恰好五个月。这和我在江西加入怒潮剧社的时间刚刚一样。"① 由此也可见，向培良离开怒潮剧社是 1934 年 1 月。

1934 年 2 月 13 日，向培良离开南昌回汉口。当年暑期（大概 7 月份），向培良在回复吴惠风的信中说："忆二月十三日离南昌时，戏剧训练班全体同学及顾曼侠先生均到站相送。车行以后，攀窗眺望，望人影渐远，不觉潸然。"② 向培良在信中回忆了离开南昌时的情形，从"不觉潸然"中可看出他对此事记忆深刻；再加上回信与离开南昌的时间不到半年，记忆完全可靠。对于离开南昌的时间，向培良在自传中曾说："到南昌后四五个月就辞掉，于这一年最后的几天离南昌。""这一年"当指旧历新年，2 月 13 日是除夕，这和"于这一年最后的几天离南昌"相符合。

向培良为什么要离开怒潮剧社？他在回复吴惠风的信中有说明："到南昌初，原挟有无限之希望。但一则以我之计划，不合于当时之需要，再则以一二人之不相谅解，故终至于消散灭绝，夫复何言？此种情形，我到南昌后不久即已明了。迨十二月间训练班计划不能实行之时，即已存去志，但事势不可尔。此后于前方巡演一月，返南昌之后，十二月间，辞呈五上，又迁延月余，始得成行。计在怒潮剧社正式负责，裁四阅月。为戏剧而来，为戏剧之失败而去，拙于应世，其间不无冒昧唐突之行，然心迹久后或可自明也。"怒潮剧社在江西的演出，是为了协助国民党反动派对共产党部队的围剿，这与向培良对戏剧的期望、计划不相符，"不合于当时之需要"；"以一二人之不相谅解"当是指上文所述之卜少夫。

七、向培良与上海剧院

向培良是什么时候主持上海剧院，又是什么时候离开的？学术界对这个问题的说法或者有误，或者笼统模糊地说是 1936 年，避开具体的时间。田达武

---

① 向培良：《我与上海剧院》，《辛报》1936 年 6 月 23 日。
② 向培良：《复吴惠风先生》，《武汉日报》1934 年 7 月 24 日。

在《向培良与戏剧》中说："一九三五年应潘公展邀，赴上海主办'上海大剧院'。"①《湖南名人志（第 2 卷）》也认为是 1935 年："民国二十四年赴上海主办上海大剧院。"②

甚至向培良自己的说法也有矛盾之处，在《〈巧格力姑娘〉公演后记》中，向培良说："上海剧院的责任，既然交给我，我是无论如何要负起来的，而且要负下去。这是十二月十二日的事，离《巧格力姑娘》公演刚好二十天。"③ 而向培良在《我与上海剧院》中说："我加入上海剧院，是今年一月间的事，而离开则在六月中旬，恰好五个月。"④

那么，事实到底如何呢？结合当时的报刊资料可以判定，1936 年 1 月中上旬，向培良接管上海剧院。1936 年 1 月 7 日《时代日报》报道，向培良对于接收上海剧院显得踌躇，原因是经济问题：经费只有五百元，跟以前相差七百元之多，向培良说，房租若不包括在内就不成问题，而房租包括在内恐怕以后会成为经济问题。⑤ 1936 年 1 月 7 日的《社会日报》报道，"据说"，向培良表示要干就让他一手来干，不可与道不同志不合者合作；不干变相的化妆苏滩的所谓"乐剧"，干脆只干话剧；另外聘请教师，对旧的学员得甄别一下，再招收若干新生。⑥ 1936 年 1 月 14 日的《社会日报》报道，潘公展已表示继续干上海剧院，把一切院务都委托了向培良，原负责人陈大悲大致将调任为排戏指导；向培良"接印"不久，已决定在最短期内上演《巧格力姑娘》。1936 年 1 月 20 日，向培良所撰写的《我与〈巧格力姑娘〉》载于《晨报》（上海）之《戏剧艺术》周刊第 12 期。1 月 31 日，向培良的《上海剧院的过去与未来》载于《时代日报》（署名培良）。《巧格力姑娘》的公演是在 2 月 2 日，⑦ 向培良所说的"这是十二月十二日的事"，要么是排版有误，要么是向培良的笔误

① 田达武：《向培良与戏剧》，《黔阳文史资料》（第 3 辑），1989 年 10 月。
② 湖南省地方志编纂委员会编：《湖南名人志 第 2 卷》，中国档案出版社 1999 年版，第 186 页。
③ 向培良：《〈巧格力姑娘〉公演后记》，1936 年 2 月 20 日《时代》第 9 卷第 5 期。
④ 向培良：《我与上海剧院》，《辛报》1936 年 6 月 23 日。
⑤ 妮：《上海剧院复活向培良尚踌躇》，《时代日报》1936 年 1 月 7 日。
⑥ 虹儿：《上海剧院再生有问题向培良不愿合作！潘公展尚无表示》，《社会日报》1936 年 1 月 7 日。
⑦ 《〈巧格力姑娘〉昨日公演》，《时事新报》1936 年 2 月 3 日。

或记忆有误,"十二月"应当是"一月",因为 1 月 12 日"离《巧格力姑娘》公演刚好二十天"。这也与向培良所说的"我加入上海剧院,是今年一月间的事"相吻合。

1936 年 6 月中旬,上海剧院关门,向培良离开上海剧院。1936 年 6 月 17 日,《戏世界》尚在报道《流民三千万》不日将在上海剧院演出。① 而 1936 年 6 月 21 日,《世界晨报》报道,上海剧院关门了——据该报报道,向培良决定上演"前进"作品《黑暗中的红光》和《流民三千万》,徐公美曾致信向培良,说这两个戏"太凶",通不过;向培良终将这二剧送到南京,未通过。而潘公展不愿意再拿钱出来,上海剧院便只好关门。② 1936 年 6 月 23 日、24 日,向培良写的《我与上海剧院》连载于《辛报》,表达了一种理想破灭的悲哀,但是对将来仍有所期待,"也许终于有那么一天,能够让人们专心去做一点戏剧的工作","我们且期待着将来的梦"。

八、关于任教于无锡国学专修馆问题

向培良曾任教育部第一巡回戏剧教育队队长。那他是什么时候辞职再到桂林的无锡国学专修馆教书的呢?

萧海涵在《我的老师向培良》一文中说:"1941 年他到桂林,又继续在前无锡国学专修馆教了几年书。"③ 而向培良在自传中说,1943 年夏,剧教队合并为两个,仍派他充第一队队长;而他深感国民党政府之软弱无能,不真心抗战,便辞掉了职务,到桂林入无锡专修学校当了三年教授。萧海涵与向培良的说法,在时间上显然是不一致的,故需要考证剧教队合并以及向培良辞去队长职务的时间。

1943 年 3 月 8 日,教育部下达剧教队合并命令,3 月 22 日向培良提交辞呈,坚决辞去新队队长一职。4 月 13 日,向培良在写给陈立夫的信中,"再次

① 《〈流民三千万〉不日将在上海剧院演出》,《戏世界》1936 年 6 月 17 日。
② 《上海剧院关门》,《世界晨报》1936 年 6 月 21 日。
③ 萧海涵:《我的老师向培良》,《抗战文艺研究》1985 年第 3 期。

表示不愿担任新队队长"。① 向培良在 1943 年 6 月 20 日发表的《初夏行》一文中，记录了自己赴华中高级艺术职业学校（原华中美术学校，向培良十余年前曾在该校教学一学期）讲课的经过。向培良之前受到邀请，只是因为忙于剧教队的工作不能成行，而这次赴约讲学是因为辞去了剧教队的队长职务，不过尚处于等待交卸之中："今年教育部剧教一、二队合并，我力辞得卸职。今后行踪，殊未能定，故趁等待交卸的时期中，到华中一行，作七次讲演。五月十八日到，二十六日离开。"②

向培良到桂林的无锡国学专修学校教书，时间大概在 1943 年 9 月。在《广西行》中，向培良说："三十二年我辞去剧教一职务，到无锡国学专修学校教书……重留桂林，只度了九个月安静的教书生活，便遭逢湘桂大撤退的变局。"③ 1944 年 6 月，桂林城开始第一次疏散；那么，九个月之前大概是 1943 年 9 月（新的学期开学）。

从以上方面看，一些学者在资料有限的情况下，对向培良进行研究，努力精神值得肯定。但是对于一些错误的说法，有必要改正过来。学术研究就是要一丝不苟、精益求精，这样才能进一步开展深入的研究。

---

① 黄爱华：《向培良关于剧教一队的六封信》，《新文学史料》2021 年第 2 期。
② 向培良：《初夏行》，《扫荡报》1943 年 6 月 20 日。
③ 向培良：《广西行》，《旅行杂志》1949 年 1 月第 23 卷第 1 期。

湖湘方言研究

CONTEMPORARY HUXIANG STUDIES

湘南土话效摄和流摄的语音
格局及相关音变

彭建国   韩可心

摘　要　湘南土话内部一致性不强，其效、流两摄的今读类型复杂多样，大致可分为四种类型。流摄格局简单，一等侯和三等尤幽的格局只有分流和合流两种。效摄的格局复杂，总体上三等和四等已完全合流。侯韵带［-i］韵尾反映了早期南方汉语方言的区域特征。各方言大多数演变均可从链变三原则中得到解释。

关键词　湘南土话；效摄；流摄；格局；音变

一、引言

　　湘南土话只是一种权宜的称呼，系属尚未明确，内部的一致性也不像其他已经明确系属的汉语方言那样强。中古效摄和流摄的共同点是都带有［-u］韵尾，效摄的主元音偏前偏低一些，而流摄的主元音偏后偏高一些。不过在湘南土话中，这两个摄的格局已经完全变了样，韵尾不局限于［-u］，还有［-i］韵尾和零韵尾两种形式（主要是指一等韵）。主元音也突破了彼此的界限，前

基金项目：国家社科基金项目"湖南通道汉语和侗语的深度接触与演变研究"（21BYY184）。
作者简介：彭建国，湖南衡山人，文学博士，湖南大学中国语言文学学院教授，主要从事汉语言方言学、实验语音学研究；韩可心，山东梁山人，湖南大学中国语言文学学院硕士研究生。

后高低都有。有时不同的方言点两摄的读音正好相反，以东安_{花桥}和桂阳_{散泉}两点为例，东安的效开一和流开一分别是［ei］和［au］，而桂阳的效开一和流开一分别是［au］和［ei］，正好掉了个个儿。

但是在纷繁芜杂的表象下面却依然有规律可循。湘南土话效、流两摄的格局可分为四种基本类型，各方言点的具体读音均可从这四种基本类型推导出来。本文主要讨论以下三个问题：1. 湘南土话效、流两摄的基本格局类型；2. 两韵摄的分合关系；3. 几条特殊的演变路线。

本文共使用了 28 个点的湘南土话材料，材料的来源如下。

《湘南土话论丛》8 个点：道县_{寿雁}（贺凯林）、冷水滩_{岚角山}（李星辉）、新田_{南乡}（谢奇勇）、蓝山_{太平}（罗昕如）、临武_{麦市}（陈晖）、宜章_{大地岭}（彭泽润）、桂阳_{流峰}（李星辉）、桂阳_{洋市}（邓永红）。

硕士学位论文 10 个点：资兴_{南乡}（毛建高）、双牌_{江村}（谢元春）、江华_{粟米塘}（凌云国）、临武_{土地}（唐亚琴）、新田_{北乡}（乐虹）、道县_{仙子脚}（王淑一）、东安_{高峰}（曾芳）、冷水滩_{杉木桥}（宋艳旭）、临武_{楚江}（吴燕）、东安_{石期}（陈琼）。

专著 8 个点：东安_{花桥}（鲍厚星）、江永_{桃川}（鲍厚星）、江永_{城关}（黄雪贞）、宁远（张晓勤）、嘉禾_{广发}（卢小群）、江华_{寨山}（曾毓美）、宜章_{赤石}（沈若云）、绥宁_{关峡}（胡萍）。

期刊论文 2 个点：桂阳_{散泉}（范峻军）、道县_{小甲}（周先义）。

由于湘南土话效、流摄的读音异常复杂，难以把所有的读音讨论清楚，所以本文只取主体层次。如果有文白异读，则通常只取白读音。

二、效摄和流摄的读音类型

从共时层面的读音来看，湘南土话效摄和流摄的格局可以分为以下五种基本类型。

（一）桂阳型

这一类型在湘南土话中分布区域最广。属于这一类型的方言点有桂阳_{洋市}、桂阳_{散泉}、宜章_{大地岭}、宜章_{赤石}、冷水滩_{岚角山}、资兴_{南乡}、临武_{土地}、临武_{楚江}和桂阳_{流峰}。这一类型效摄的读音较简单，其特点是各等的韵基相同（通常为 ［au］），只有介音的差别。例如冷水滩_{岚角山}：报［pau¹³］、考［kʰau⁵³］、找 ［tsau⁵³］、小［ɕiau³⁵］、腰［iau³³］、鸟［ȵiau³⁵］、刁［tiau³³］。① 只有桂阳_{流峰} 的读音相差较远，为单元音［ə］，如：桃［tʰə¹³］、草［tsʰə⁴²］、饱［pə⁴²］、 涑［sə⁴⁵］、表［piə⁴²］、桥［tʃʰiə¹³］、跳［tʰiə⁴⁵］、料［liə⁴⁵］。②

此类型流摄的读音颇有特色，一等侯韵与三等尤幽韵韵基不同，侯韵一般 带有［-i］韵尾，与蟹摄关系密切，尤幽韵则带有［-u］韵尾。但是尤韵庄组 的韵基却与侯韵相同，而与尤韵其他声母后的不同，如桂阳_{洋市}：偷［tʰei³⁵］、 走［tsei⁵⁵］、狗［kei⁵⁵］、来［lei¹¹］、杯［pei³⁵］、皱［tsei²⁴］、愁［tsʰei¹¹］、 酒［tsiru⁵⁵］、秋［tsʰiru³⁵］、油［iru¹¹］、周［tʃiru³⁵］、九［tʃiru⁵⁵］。③ 宜 章_{赤石}：透［tʰai²¹］、楼［lai⁴⁴］、凑［tsʰai²¹］、狗［kai⁵³］、来［lai⁴⁴］、愁 ［tsʰai⁴⁴］、馊［sai¹³］、秋［tɕʰiəu¹³］、周［tsəɯ¹³］、九［tɕiəu⁵³］。④

桂阳_{流峰}虽然没有［-i］韵尾，但在音值上与其他点接近，也可归入此类。 如：偷［tʰɛ³³］、楼［lɛ¹³］、走［tsɛ⁴²］、狗［kɛ⁴²］、胎［tʰa³³］、来［lɛ¹³］、 堆［tuɛ³³］、回［huɛ¹³］、皱［tsɛ⁴⁵］、愁［tsʰə¹³］、馊［sɛ³³］、酒［tʃiəu⁴²］、 秋［tʃʰiəu³³］、油［iəu¹³］、周［tʃiəu³³］、九［tʃiəu⁴²］。⑤

（二）临武型

临武_{麦市}土话效摄特点是一、三、四等韵基相同，效摄二等有别，二等为 ［ɑu］，其他各等无［-i-］介音时为［ər］，有［-i-］介音时通常为［io］ （个别字为［iər］），例如：包［pau⁵⁵］、找［tsau³¹］、交［kɑu⁵⁵］、保 ［pər³¹］、刀［tər⁵⁵］、九［tʃər³¹］、桥［tʃʰər¹³］、腰［iər⁵⁵］、表［pio³¹］、条 ［tʰio¹³］。⑥

---

① 鲍厚星等：《湘南土话论丛》，湖南师范大学出版社 2004 年版，第 105-123 页。
② 鲍厚星等：《湘南土话论丛》，湖南师范大学出版社 2004 年版，第 195-211 页。
③ 鲍厚星等：《湘南土话论丛》，湖南师范大学出版社 2004 年版，第 212-233 页。
④ 沈若云：《宜章土话研究》，湖南教育出版社 1999 年版。
⑤ 鲍厚星等：《湘南土话论丛》，湖南师范大学出版社 2004 年版，第 195-211 页。
⑥ 鲍厚星等：《湘南土话论丛》，湖南师范大学出版社 2004 年版，第 157-175 页。

流摄读音主要有三类，一等读［e］，三等读［io］，三等尤韵庄组则为［ɑu］，例如：兜［te⁵⁵］、头［tʰe¹³］、篓［le³¹］、走［tse³¹］、狗［ke³¹］、流［lio⁵⁵］、酒［ʧio³¹］、袖［ʧʰio⁵¹］、搜［sɑu⁵⁵］。①

（三）道县型

此类型特点是效摄一等独立，二、三、四等依声母不同而有分有合，流摄一、三等的韵基相同。又可下分为四小类。

1. 类型一

属于这一类型的有道县_{寿雁}、道县_{小甲}、道县_{仙子脚}和江华_{粟米塘}。道县型土话的读音较为复杂。效摄最大的特点是一等独立，二、三、四等依声母不同而有分合现象。效摄一等四个点都读为前低元音［a］。道县_{寿雁}二等和三等唇音字读［i］，舌齿音庄组读［ao］，二等的舌根音和三、四等其他字读［iɯ］。道县_{小甲}二等唇音和舌根音字读［i］，舌齿音庄组字读［ə］，三、四等则全部读作［i］。道县_{仙子脚}二、三等唇音和二等舌根音读［iɯ］，二等庄组读［ao］，二、三、四等其他的则读为［iə］。江华_{粟米塘}效摄二等唇音字读［iəu］，舌齿音庄组字读［ə］或［əu］，舌根音读［iə］，三、四等则读［iə］。如道县_{寿雁}：报［pa³¹］、讨［tʰa³³］、脑［na³¹］、早［ta³³］、高［ka⁴³］、薅［xa⁴³］、胞［pi⁴³］、刨［pi¹¹］、苗［mi¹¹］、吵［tʰao³³］、赵［tɕiɯ³¹］、烧［ɕiɯ⁴³］、窑［iɯ¹¹］、条［tʰiɯ¹¹］、交［kiɯ⁴³］、孝［ɕiɯ³¹］。② 道县_{仙子脚}：袍［pa¹³］、帽［ma⁴¹］、掏［ta¹³］、劳［la¹³］、嫂［sa⁵⁵］、高［ka⁵⁵］、烤［kʰa³³］、包［piɯ⁵⁵］、交［kiɯ⁵⁵］、校［ɕiɯ⁴¹］、票［pʰiɯ³³］、苗［miɯ¹³］、抄［tʰao⁵⁵］、炒［tʰao⁵¹］、潲［sao³³］、表［piə⁵¹］、笑［siə³³］、招［tɕiə⁵⁵］、桥［tɕiə¹³］、摇［iə¹³］、鸟［liə⁵¹］、萧［siə⁵⁵］、浇［tɕiə⁵⁵］。③

此类型流摄的读音相对简单，一等和三等的韵基相同，并不像桂阳型那样有别。其中道县_{寿雁}和道县_{小甲}为［ɯ］，江华_{粟米塘}为［əu］。不过道县_{小甲}侯韵端

---

① 鲍厚星等：《湘南土话论丛》，湖南师范大学出版社 2004 年版，第 157-175 页。
② 鲍厚星等：《湘南土话论丛》，湖南师范大学出版社 2004 年版，第 88-104 页。
③ 王淑一：《湖南道县仙子脚土话语音研究》，湖南师范大学硕士学位论文，2007 年。

泥组发生了裂化，变为［əɯ］，而且三等精泥组均读为［i］。如江华_{粟米塘}：豆［təu¹³］、楼［ləu⁴²］、沟［kəu³⁵］、皱［tsəu³³］、酒［tɕiəu³¹］、秋［tɕʰiəu³⁵］、周［tɕiəu³⁵］、九［tɕiəu³¹］。① 道县_{小甲}：头［təɯ⁴⁵］、漏［ləɯ³³］、沟［kɯ²⁴］、瘦［ɕiɯ⁵³］、酒［tɕi⁴⁴］、流［li²⁴］、手［ɕiɯ⁴⁴］、九［tɕiɯ⁴⁴］。②

2. 类型二

宁远和江华_{寨山}总体情形与上面的类型一相似，只是效摄一等读音差别较大，宁远一等读［(i) e］，二等庄组读［ə］，二、三等唇音读［iəu］，三、四等读［i］；江华_{寨山}一等读［o］，二等读［iau］，三、四等读［iu］。以宁远为例：刀［tie⁴³⁵］、高［ke⁴³⁵］、包［piəu⁴³⁵］、炒［tsʰə³³］、交［tɕiəu⁴³⁵］、笑［ɕi⁵³］、腰［i⁴³⁵］、条［tʰi²¹³］。③

此类型流摄格局也与上面的类型一一样，一、三等韵基相同。宁远读作［(i) əu］，江华_{寨山}读作［(i) au］。以宁远为例：斗［təu³³］、豆［tʰəu²¹］、楼［ləu²¹³］、钩［kəu⁵¹］、皱［tsəu⁵³］、周［tsəu⁴³⁵］、瘦［səu⁵³］、交［tɕiəu⁴³⁵］、九［tɕiəu³³］。④

3. 类型三

双牌_{江村}效摄一等主元音也为［a］，但是带有［-i-］介音。二等庄组为［au］，二等其他字以及三、四等字均读为［iə］，例如：保［piə⁴⁵］、岛［tiə⁴⁵］、草［tɕʰiə⁴⁵］、炒［tsʰau⁴⁵］、豹［piə³³］、笑［ɕiə⁵⁵］、雕［tiə⁴²］、缴［kiə⁴⁵］。⑤

双牌_{江村}流摄的读音也有不同，一等及三等庄组读［əu］，三等非庄组读［iə］，例如：偷［tʰəu⁴²］、篓［ləu⁴⁵］、走［tsəu³³］、狗［kəu⁴⁵］、愁［tsʰəu²¹⁴］、馊［səu⁴²］、柳［liə¹³］、秋［tɕʰiə⁴²］、洲［tɕiə⁴²］、九［tɕiə⁴⁵］。⑥

---

① 凌云国：《江华粟米塘七都话音韵研究》，湖南师范大学硕士学位论文，2003 年。
② 周先义：《湖南道县（小甲）土话同音字汇》，《方言》1994 年第 3 期，第 201-207 页。
③ 张晓勤：《宁远平话研究》，湖南教育出版社 1999 年版。
④ 曾毓美：《湖南江华寨山话研究》，湖南师范大学出版社 2005 年版。
⑤ 谢元春：《双牌江村镇土话音韵研究》，湖南师范大学硕士学位论文，2003。
⑥ 谢元春：《双牌江村镇土话音韵研究》，湖南师范大学硕士学位论文，2003。

4. 类型四

属于此类型的有江永_{城关}、江永_{桃川}。此类型效摄的特点同样是一、二和三、四等分立。江永_{城关}一等豪韵读［au］，二等肴韵非庄组读［iou］，庄组读［əɯ］，三四等宵萧韵读［iu］；江永_{桃川}一等读［aɯ］，二等读［əɯ］，三、四等读［iəɯ］。以江永_{城关}为例：刀［lau⁴⁴］、高［kau⁴⁴］、包［piou⁴⁴］、炒［tsʰəɯ³⁵］、交［tɕiou⁴⁴］、笑［siu²¹］、腰［iu⁴⁴］、条［tsiu⁴²］、跳［tsʰiu²¹］。①

流摄格局相同，一三等韵基相同。江永_{城关}读作［（i）ou］，江永_{桃川}读作［（i）əu］。以江永_{桃川}为例：豆［təu²¹］、楼［ləu²¹］、钩［kəu³³］、皱［tsəu²⁴］、瘦［səu²⁴］、酒［tɕiəu³⁵］、秋［tɕʰiəu³³］、周［tɕiəu³³］、九［tɕiəu³⁵］。②

（四）东安型

属于东安型的有东安_{花桥}、东安_{高峰}、东安_{石期}和绥宁_{关峡}。东安型效摄的格局是一、二等分立，三、四等合流。效摄一等豪韵均读作［ei］，东安_{花桥}二等肴韵读［u］，东安_{高峰}为［ɔ］，绥宁_{关峡}则读作［ou］，三、四等宵萧两韵东安_{花桥}、东安_{石期}读作［ie］，绥宁_{关峡}读作［iɛ］，读音接近。东安_{高峰}则白读为［i］，如鸟［ti⁴⁵］、焦［tɕi⁵³］、要［i²⁴］。③以东安_{花桥}为例：刀［tei³³］、高［kei³³］、包［pu³³］、炒［tsʰu⁵⁵］、窖［ku³⁵］、笑［ɕie³⁵］、要［ie³⁵］、条［die¹³］、跳［tʰie³⁵］。④

此类型流摄的格局是：一等侯韵与三等尤韵庄组字韵母相同，为［au（ao）］，三等非庄组字为另一类，读作［iəu］（东安_{花桥}、东安_{石期}、东安_{高峰}）或［iou］（绥宁_{关峡}）。如东安_{花桥}：豆［dau²⁴］、楼［lau¹³］、沟［kau³³］、皱［tsau³⁵］、瘦［sau³⁵］、酒［tɕiəu⁵⁵］、秋［tɕʰiəu³³］、周［tɕiəu³³］、九［tɕiəu⁵⁵］。⑤

---

① 黄雪贞：《江永方言研究》，社会科学文献出版社1993年版。
② 鲍厚星：《湘方言概要》，湖南师范大学出版社2006年版。
③ 曾芳：《湖南东安高峰土话语音研究》，湖南师范大学硕士学位论文，2007年。
④ 鲍厚星：《东安土话研究》，湖南教育出版社1998年版。
⑤ 鲍厚星：《东安土话研究》，湖南教育出版社1998年版。

（五）新田型

1. 类型一

属于新田型的有新田_{南乡}、新田_{北乡}、嘉禾_{广发}和蓝山_{太平}。新田型效摄的读音特点是一、三、四等合流，读作［（i）əu］，二等独立，读作［（i）au］。如新田_{南乡}：刀［təu¹³］、高［kəu¹³］、包［piau³⁵］、炒［tsʰau⁵⁵］、窖［tɕiau³³］、笑［ɕiəu³³］、要［iəu³³］、条［tiəu³⁵］、跳［tʰiəu³³］。①

此类型流摄的特点是一、三等韵母不同，一等为［au］，三等为［（i）əu］。三等庄组同于一等而不同于三等非庄组。如嘉禾_{广发}：偷［tʰau²⁴］、楼［lau³³］、勾［kau²⁴］、皱［tsau⁵⁵］、瘦［sau⁵⁵］、酒［tɕiəu³⁵］、秋［tɕʰiəu²⁴］、手［səu³⁵］、九［tɕiəu³⁵］。②

2. 类型二

冷水滩_{杉木桥}的类型比较特殊，其效摄读音跟桂阳型一样，即韵基相同，只有介音的差别，如：草［tsʰao³⁵］、刀［tao⁴⁴］、高［kao⁴⁴］、饱［pao³⁵］、稍［sao³⁵］、交［tɕiao⁴⁴］、笑［ɕiao³²］、腰［iao⁴⁴］、条［diao¹³］、跳［tʰiao³²］。③

流摄读音与上面的类型一相同，一等及三等庄组为［ao］，其他三等字为［iəu］，例如：头［dao¹³］、狗［kao³⁵］、斗［tao³²］、漏［lao²¹³］、牛［ŋao¹³］、搜［sao⁴⁴］、愁［dzao¹³］、酒［tɕiəu³⁵］、寿［ʑiəu²¹³］、优［iəu⁴⁴］、流［liəu¹³］、周［tɕiəu⁴⁴］、休［ɕiəu⁴⁴］④。

三、相关演变

《切韵》同一个韵目下的韵类，主元音和韵尾相同。两个韵类如果分置不同韵目，要么主元音不同，要么韵尾有别。效摄诸家拟音均带［-u］尾，但豪肴宵萧四韵既是不同韵类，说明主元音有别。现代汉语方言中效摄各等合流的

---

① 鲍厚星等：《湘南土话论丛》，湖南师范大学出版社 2005 年版，第 124-138 页。
② 卢小群：《嘉禾土话研究》，中南大学出版社 2002 年版。
③ 宋艳旭：《湖南冷水滩杉木桥土话语音研究》，湖南师范大学硕士学位论文，2008 年。
④ 宋艳旭：《湖南冷水滩杉木桥土话语音研究》，湖南师范大学硕士学位论文，2008 年。

多，分立的少（如温州、厦门）。而且，从历史演变来看，效摄各等一旦合流，再分流则不是以等为条件了。因此，可以这样假设：效摄各等分立越多，则反映的格局越古老。

（一）桂阳型流摄的演变

桂阳型湘南土话流摄的读音比较特殊，一等侯韵与三等尤幽韵韵基不同，侯韵一般带有［-i］韵尾，与蟹摄关系亲密，尤幽韵则带［-u］韵尾。但是尤韵庄组却与侯韵相同而与尤韵其他声母后的不同。我们可以先梳理一下各点相关韵摄的情况：桂阳_{洋市}读［ei］的还有灰韵（背［pei²⁴］），蟹摄开口一、二等读［ɛ］（代［tɛ²²］），该音系中没有［ai］，流摄三等非庄组读［iru］，音系中没有对应的［ru］韵；桂阳_{敖泉}读［ei］的还有蟹摄灰韵（杯［pei³³］），蟹摄开口一、二等读［ai］（才［tsʰai¹²］），流摄三等非庄组读［iou］，［ou］韵也在流摄三等（九［ʨou⁵³］）；宜章_{大地岭}读［ai］的还有蟹摄开口一、二等，但属于官话音层次，土话蟹摄开口一、二等读作［a］，流摄三等非庄组读［iou］，［ou］主要在果摄，如"波"［pou³³］；宜章_{赤石}读［ai］的还有蟹摄开口一、二等，但属于官话层次，土话蟹摄开口一、二等读作［a］，流摄三等非庄组读［iəu］，［əu］主要在通摄（冬［təu¹³］，熟［səu⁴⁴］）；冷水滩_{岚角山}读［ei］的还有遇摄模韵（布［pei¹³］）及蟹摄灰韵，蟹摄开口一、二等读［ai］，音系中没有［ou］；资兴_{南乡}［ɛi］只有侯韵，蟹摄灰韵读作［ei］，开口一、二等读作［ai］，［ou］也在流摄三等；临武_{土地}读［ai］的还有蟹摄开口一二等，桂阳_{流峰}读作［ɛ］的还有灰韵，蟹摄开口一、二等读作［a］，音系中没有［ai］，音系中也没有与［iəu］对应的［əu］韵。可见桂阳型流开一有的是与蟹摄一等合流（有的是与官话层音合流，如宜章_{大地岭}和宜章_{赤石}），有的则独立成类，不与蟹摄相混，如资兴_{南乡}。

侯韵为什么会产生［-i］韵尾？这一类型中侯韵的前元音读法是否是受推链的影响？至少从桂阳_{洋市}、桂阳_{敖泉}、冷水滩_{岚角山}、资兴_{南乡}和桂阳_{流峰}等地的读音情况来看，它们的音系中并没有［ou］一类的音，因此后面的推动力也就无从谈起。事实上，流摄的这种格局不仅仅在湘南土话中存在，同时也广泛地分布于湘语中的城步、武冈、湘乡、双峰、衡山、邵阳_{长乐}、株洲、泸溪、溆浦、绥宁和辰溪等地。① 其来源是古代长江流域一带的方言，侯韵的读音可以拟为［*eu］。陶寰曾以丰富的材料证明侯韵读作前元音甚至带有［-i-］介音的现象广泛分布在客赣方言、徽语、北部吴语和毗邻的江淮官话里。其演变模式可以表示为*eu>ɯ>ei>ɛi>ɐi>ai>ɛ>e。其中吴语的常州、安吉、杭州、孝丰、诸暨、高淳、昌化、定海、无锡、长兴、富阳侯韵读［ei］（定海为［ɛi］）；龙泉、泰顺为［ɛu］；嘉兴、桐庐、丹阳、海盐、松阳、常熟为［e］。② 而据孙宜志的最新研究成果，赣语区以读［eu/ieu］或［ɛu/iɛu］的为多，但也有读［ei］的现象，如宁冈：豆［tʰei］、楼［lei］、钩［kei］、厚［hei］。③ 此外，这一类型也大量出现在与湘南毗邻的粤北的土话中，如乌迳、畈塘的［ɛ］，白沙的［Ai］，梅村的［ei］，黄圃的［æi］、北乡的［ɛi］。④ 因此，这一类型的读音绝非一种偶然的、零散分布在各地的音变现象，而是历史上南方汉语方言的一种地域性特征。

（二）效摄与流摄的分合

在湘南土话的大部分点中，效摄与流摄的读音是分得很清楚的，并不合流。我们可以简要按韵母洪细将各点读音分列如下。

表1 湘南土话效摄、流摄读音情况

	洋市	敖泉	大地岭	赤石	岚角山	资兴	流峰	寿雁	小甲	粟米塘
效洪	ɔu	au	au	au	au	au	ə	a	a	a
效细	iɔu	iau	iau	iau	iau	iau	iə	iɯ	i	iə
流洪	ei	ei	ai	ai	ei	ɛi	ɛ	ɯ	ɯ/ɯ	ɔu
流细	iru	iou	iou	iɔi	iu	iou	iəu	iɯ	iɯ	iɔi

---

① 彭建国：《湘语侯韵的历史层次》，《语言科学》2007年第5期，第70-76页。
② 陶寰：《吴语一等韵带介音研究——以侯韵为例》，《吴语研究》，上海教育出版社2003年版。
③ 孙宜志：《江西赣方言流摄一等字的今读类型及相关音变》，《方言》2014年第2期，第126-136页。
④ 庄初升：《粤北土话音韵研究》，中国社会科学出版社2006年版。

续表

	花桥	麦市	桃川	楚江	江永	宁远	寨山	土地	关峡	高峰	石期
效洪	ei	ɑu/ər	aɯ/ue	au	au	e	o	au	ei	ei/ɔ	ei
效细	ie	iər	iəɯ	iau	iu	i	iu	iau	iɛ	i	iau
流洪	au	e	əu	ei	ou	əu	au	ai	au	ao	au
流细	uei	io	iəu	iəu	iou	iəu	iau	iəu	iou	iəu	iəu

从上表中可以看出，各点效摄与流摄的读音，不论是洪音还是细音，总是会想方设法地加以区分彼此，要么以主元音，要么以韵尾。要说明的是，湘南土话区是典型的双方言区，土话一般只在族群内部使用，对外一般使用西南官话，因此，官话对土话冲击很大，许多点甚至已经形成了固定的官话音层次，如果不将官话音与土话音区分开来，那么效摄与流摄的合流是到处可以见到的。以东安_{石期}为例：岛＝陡［ɖau］、吵＝凑［tsʰau］、高＝钩［kau］、考＝口［kʰau］、豪＝喉［rau］。似乎反映东安_{石期}土话中效摄与流摄洪音也合流了，但是实际上东安_{石期}效摄的［au］是官话层，其固有层为［ei］，而流摄一等的［au］是固有层，其官话层是［əu］，两者的层次并不对等。可见，效摄与流摄在湘南土话中总体而言是分的，这应该代表着湘南土话早期的格局，因为一旦合流，就没有分化的条件了。

但是，下面几个点的效摄与流摄有相混的现象。

表 2　湘南土话效摄、流摄读音相混情况

	广发	南乡	太平	江村	北乡	仙子脚	杉木桥
效洪	əu	əu	əu	au	əu	a/ao	ao
效细	iəu/iau	iəu/iau	iəu/iau	ia/iə	iəu/iau	iə/iɯ	iao
流洪	au	au	au	əu	au	əɯ	ao
流细	iəu	iəu	iəu	iə	iəu	iɯ	iəu

在本文考察的材料中，湘南土话固有层效摄与流摄的合流只出现在上面 7 个点中，两摄相混只出现在细音中，以新田_{北乡}为例：了（~结）＝柳［liəu］、轿＝旧［tɕiəu］、球＝桥［tɕʰiəu］、消＝修［ɕiəu］、腰＝优［iəu］。其中新

田_{南乡}、新田_{北乡}、嘉禾_{广发}和蓝山_{太平}均属新田一型，由于新田一型的［iau］只出现在二等的细音，三、四等均读［iəu］，所以合流的范围是比较大的。其合流的原因可能跟介音和韵尾的性质相关。上述四地流摄一等的主元音走的是低化的路线，这符合链变三通则（general principles）中的2a——前响复元音中的韵核低化，[1] 迫使效摄的主元音高化，而流摄三等则在高舌位的［-i-］介音和［-u］韵尾的双重牵制下抵制了低化的发生，因此与效摄的细音合流了。道县_{仙子脚}效摄的［iɯ］只在二、三等唇音及二等的舌根音，由于流摄唇音轻唇化了，与效摄的唇音基本不相交，而舌根音虽然二者韵母均为［iɯ］，但可以通过声母来加以区别，如：九久韭［tɕiɯ］≠绞搅搞［kiɯ］。所以真正合流的很少，如：绞＝纠［kiɯ］，效校＝寿售［ɕiɯ］。由于道县_{仙子脚}效摄的［iɯ］只出现在部分等的唇音与舌根音声母后，可以理解为是声母的缘故使得效摄的这部分字脱离了［iə］的大部队而混入流摄，但偏离的具体原因尚不得而知。

　　冷水滩_{杉木桥}的合流方式卓尔不群，细音泾渭分明（［iao：iəu］）而洪音合流，如：掏＝偷［tʰao］、桃＝头［dao］、早＝走［tsao］、曹＝愁［dzao］、考＝口［kʰao］、浩＝厚［rao］。其原因可以理解为流摄一等经历韵核低化音变，但三等同样在介音和韵尾的双重作用下抵制了低化的产生，与此同时，流摄的低化并未迫使效摄高化，于是二者简单地合流了。

（三）其他演变

1. 效摄细音的高化音变

　　通过观察湘南土话效摄细音字的读音，可以看到一条高化的音变路线，先看下面的例子。

---

[1]　朱晓农：《元音大转移和元音高化链移》，《民族语文》2005年第1期，第1-6页。

表3　湘南土话效摄细音字读音情况

桂阳散泉	桂阳洋市	新田南乡	桂阳流峰	江华寨山	道县寿雁	东安花桥	绥宁关峡	宁远
iau	iɔu	iəu	iə	iu	iɯ	ie	iɛ	i

如果把上述各点贯穿起来，可以看到两条路线。一条是高化路线：iau>iɔu>iəu>iu。一条是前化的路线：iəu>iə>iɛ>ie>i；iu>iɯ>i。高化的原因是高舌位的介音和韵尾的双重影响，已经在前文讨论过了。前化的原因在于系统的压力。前面我们已经讨论了嘉禾广发、新田南乡、新田北乡、蓝山太平等地由于效摄细音高化后与流摄细音合流，而桂阳流峰、东安花桥和绥宁关峡等地的流摄细音均为［iəu］或［iou］，因此可以理解为效摄细音前化的目的是与流摄细音保持区别。

2. 道县型效摄一等的演变

道县一型土话几个点的效摄一等豪韵均读为［a］，一致性很强，但读音特殊。［a］处于元音三角中的一端，读音稳定。从整个音系来看，道县寿雁读［a］的还有止摄（比如［pa³³]），道县小甲读［a］的也在止摄（比如［pa⁴⁴]），江华粟米塘读［a］的则在蟹摄（如排［pa⁴²]），似乎不好确认这个［a］由何演变而来，不过小甲止摄还有［ao］的读法，如皮［pao⁴⁵]、飞［pʰao²⁴]，道县寿雁相应的则读为［ɔ]，如皮［pɔ¹¹]、飞［pʰɔ⁴³]，似乎暗示着豪韵的［a］可能由［au］一类的音直接单元音化而来。如果联系道县四型来看，一型的［a］正对应四型的［au/aɯ]，也从侧面提供了佐证。

如果将道县型的四种次类型效摄格局作一简单对比，情况会明朗许多。每一种次类型取一个方言，试看下面的比较。

表4　道县型方言效摄读音

	豪	肴	宵	萧
道县寿雁	a	i/ao/ɯ	iɯ	iɯ
宁远	(i) e	iəu/ə	i	i
双牌江村	ia	au	iə	iə
江永城关	au	iou/ɯ	iu	iu

先排除二等肴韵的复杂读音在外，单就三四等而言，可以看出它们之间是有比较密切的联系的，可以构成前文描述的高化和前化的音变链。

双牌_{江村}的［ia］可以有两种理解：一是在道县型的基础上衍生出［-i-］介音而成，另一种理解是在宁远型的基础上低化而成。本文倾向于第二种理解，因为由［a］直接衍生出［-i-］介音的难度是比较大的，这与中古假摄二等的［a］变［ia］不一样。而由前高元音［e］衍生［-i-］介音并进而低化为［ia］则要容易得多。而江华_{寨山}的［o］则可理解为是［au］单元音化后进一步高化所致。

3. 效摄二等的读音

湘南土话部分方言点中效摄二等字的读音比较特殊。把二等字与其他等字相比较，如下。

表5 湘南土话效摄二等字的读音

	刀豪端	高豪见	包肴帮	炒肴初	笑宵心	腰宵以	条萧端
道县_{寿雁}	ta⁴³	ka⁴²	pi⁴³	tʰao³³	ɕiɯ³¹	iɯ⁴³	tɕiɯ¹¹
道县_{小甲}	ta²⁴	ka²⁴	pi²⁴	tsʰə⁴⁴	ɕi⁵³	i²⁴	ti⁴⁵
江华_{粟米塘}	la³⁵	ka³⁵	liəu³⁵	tsʰəu³¹	ɕiə³³	iə³⁵	tɕiə⁴²
东安_{花桥}	tei³³	kei³³	pu³³	tsʰu⁵⁵	ɕie³⁵	ie³⁵	die¹³
绥宁_{关峡}	tei⁴⁴	kei⁴⁴	pou⁴⁴	tsʰou⁵³	siɛ³³	iɛ³³	diɛ¹¹
嘉禾_{广发}	ləu²⁴	kəu²⁴	mau²⁴	tsʰau³⁵	ɕiəu⁵⁵	iəu⁵⁵	tɕiəu³³
蓝山_{太平}	təu¹³	kəu¹³	pau²⁴	tsʰau³⁵	ɕiəu³³	iəu³³	tiəu²¹
新田_{南乡}	təu¹³	kəu¹³	piau¹³	tsʰau⁵⁵	ɕiəu³³	iəu³³	tiəu³⁵

道县_{寿雁}、道县_{小甲}和江华_{粟米塘}肴韵特殊主要是在庄组字。道县_{寿雁}为［ao］，道县_{小甲}为［ə］，江华_{粟米塘}为［əu］。其余各点则是整个二等韵的读音都比较特殊，东安_{花桥}读作［u］，绥宁_{关峡}为［ou］。嘉禾_{广发}、蓝山_{太平}和新田_{南乡}为［（i）au］，总是与其他等的韵母不同步。这应该与二等韵的特殊性有关，也跟庄组声母的读音有关。上古的一个韵部，到中古时分化为四等，其中的二等字在音变中往往速度较慢。道县型和东安型土话肴韵的读音或许属于滞后音变。由于

各点情况复杂，涉及的声母类型繁多，我们拟另行文讨论。

四、结语

湘南土话流摄的格局较为简单，一等侯和三等尤幽的格局只有分流和合流两种。合流的只有道县型，其他三类都属分流型。那么分流型与合流型哪一种是较早的格局呢？按理来说，《切韵》同一韵类主元音和韵尾相同，如戈韵和东韵既有一等也有三等，说明只有介音的差别。既然侯、尤分置不同韵目下，说明不仅仅只是介音的差别。那么分流型的是较早的格局吗？恐非如此。因为所有分流型中的尤韵三等庄组字的读音都同于一等，而与三等非庄组声母字读音有别，而三等是有［-i-］介音的，而且所有的三等非庄组字的主元音都要高于一等及三等庄组，这说明三等非庄组是在介音的影响之下逐渐高化从而变得与一等及三等庄组不同的。分流型中一等和三等庄组读音较为特殊的有两类，一类是部分点低化为［au］，一类是主元音为前较高元音，带［-i］韵尾或已单元音化（桂阳型），这一类型与湘语连成一片，反映的是早期长江流域的读音格局。三等非庄组的主要演变路线是高化和前化：iou>iəu（iru）>iu>iɯ>i。

效摄的格局要复杂得多。总的说来，效摄三等和四等已完全合流，没有哪个点能够区分。一等豪韵变化的形式最为复杂，韵尾有［-u］、［-i］及零韵尾三种，主元音前后高低都有。三、四等较为简单，主要也是 iau>iɐu>iə>iu>iɯ>i 的高化音变。效摄二等韵往往在演变中滞后，经常会合流入流摄，如嘉禾型，其原因值得深究。

丁玲研究

丁玲"写家事"与士绅阶层的新陈代谢

熊 权

摘 要 丁玲是著名的左翼作家，研究者一般在马克思主义阶级论、革命政治的视野下探讨其人其作。不可忽视的是，丁玲出生于湖南传统士绅家庭，相关的记忆、认知深刻影响了她的文学创作。在丁玲的家族书写中，父系蒋氏一脉因科举制度的废除失去安身立命的根基，走向黯然没落；母亲、舅父则力求新变，为余氏家族注入新鲜活力。丁玲"写家事"不仅关涉个人传记、家族记忆，而且呈现了中国近现代以来士绅阶层渐变、转型的历史图景。丁玲以家族人事为原型书写士绅阶层的新陈代谢，补充且拓展了以往的革命斗争史与革命文学。

关键词 丁玲；家族书写；士绅阶层

在已有研究中，早期丁玲被定位为以言说个性主义、女性主义而闻名的作家。针对丁玲"左转"之后的创作，学界主要在革命文学视野下展开探讨，或论证或反思其政治意识、阶级立场等。包括丁玲自己，因深受"阶级论"影

基金项目：国家社科基金一般项目"左翼文学与中国近现代的士绅变局研究"（22BZW145）。

作者简介：熊权，湖南益阳人，文学博士，中央民族大学文学院教授，主要从事左翼文学、中国现代文学研究。

响，也声称出身于"一个地主家庭"。① 值得注意的是，丁玲家族中的前辈大多走读书取仕之路，属于中国传统的士绅阶层。士绅是中国王朝时代的知识精英群体，与共产革命运动中所指称的"地主"有明显区别。② 如果说"地主"体现占有土地的物权属性，"士绅"则依靠科举功名获取象征资本、成为统管中国乡土社会的权力阶层。已有关于士绅的研究论著虽然各有差异，出现"绅士""乡绅""士""士大夫"等称谓并用、混用的现象，但基本认同传统士绅经由科举选拔跻身辅佐皇权之列。士绅作为介于官民之间的枢纽和中介，向上可进入维持王朝帝国运转的官僚体系，往下则为"四民之首"，是乡土中国的政治精英、文化精英。③ 晚清以降，士绅阶层因科举制度废除遭遇巨变，不断地流动、蜕变，直至彻底退出历史舞台。在中国近现代社会新陈代谢的过程中，士绅这一重要社会功能群体也往往被忽略。所谓历史的"新陈代谢"并不是瞬间全部更新，而是局部地、逐渐地更新。那些还有生命力的"陈"仍要继续发挥它的功能，然后被下一步的"新"代替。④ 本文认为，丁玲"写家事"不仅留下士绅阶层嬗变的细节，而且融入她身为"绅士阶级逆子贰臣"的反思批判，是一个有待拓展与深入的议题。⑤

　　丁玲曾说："我的家庭本身就是一部有丰富内容的小说。"⑥ 临澧蒋家和常德余家是丁玲出生、成长之地。清末民初，蒋、余两大家族的人事变动反映了士绅阶层在近现代中国的命运走向。在丁玲笔下，小说《母亲》《梦珂》《过年》，还有散文《遥远的故事》《向警予同志留给我的影响》等都关涉家族记忆。在生命的前十几年中，丁玲见证了父母、舅父、伯父等在时代变局中的不

① 丁玲：《关于〈太阳照在桑干河上的写作〉》，《人民日报》2004年10月9日。
② 王先明：《地主：阶级概念的建构与中国现代历史的展开》，《清华大学学报》2021年第1期。
③ 关于"士绅"概念界定，主要参考费孝通、吴晗等《皇权与绅权》（生活·读书·新知三联书店，2013年），张仲礼《中国绅士——关于其在19世纪中国社会中作用的研究》（李荣昌译，上海社会科学院出版社，1991年），王先明《近代绅士——一个封建阶层的历史命运》（天津人民出版社，1997年）。
④ 陈旭麓：《近代中国社会的新陈代谢》，上海社会科学院出版社2006年版。
⑤ 已有研究从士绅视角专论丁玲较少，可参见张弛《士绅阶层结构性变动的缩影——读丁玲〈母亲〉》，《名作欣赏》2021年第12期。
⑥ 丁玲：《我怎样跟文学结下了"缘分"》，《丁玲全集》第8卷，河北人民出版社2001年版，第237页。

同遭际，产生了既批判又留恋的复杂感情。

一、家史、 心史与繁华梦醒

丁玲的父系蒋氏、母系余氏都是湖南当地的世家大族。丁母余曼贞在自传回忆录中，称自己的少女时期为"繁华梦"。随着清王朝衰亡、科举制度废除，蒋、余子弟丧失读书取仕的晋身之阶，遭遇梦醒后的沉重打击。由此而来的家族人事变迁，给丁玲的童年生活造成巨大震荡。颇有意味的是，丁玲对蒋、余两家的书写呈现完全不同的面貌。蒋氏一脉人员凋零，余氏家族则随时代潮流而变，焕发了新鲜活力。

丁玲父系的安福蒋家，自明朝以来就是当地大家族，先祖蒋官一是明朝初年平苗有功的武将。蒋家至清代发展繁盛，在雍正至光绪年间先后有约 30 人在中央和地方担任官员，最高的位及一品，有 10 人受戴花翎。① 丁玲所属的这一支为渥沙溪蒋家，在肇基祖蒋光清以后，几乎每一代都有子弟通过科举取士。丁玲的曾祖父、祖父，都通过正额考取功名。曾祖父蒋征瑞在道光二十九年（1849）考中进士，后以二品官的官衔督办财赋方面的事务。② 祖父蒋定礼早年考取拔贡后本应赴京应考，但遭遇太平军与清军之间的鏖战中断入仕，数年后被擢升为补知府。

蒋氏家族到丁玲父亲蒋保黔这一辈，却再也无法延续前辈读书应试的命运，被抛出士绅阶层的继替常轨。丁玲的父亲蒋保黔在家中排行第三，少年时代就是当地颇有名气的才子。她曾提及父亲无法适应时势剧变："我父亲没有继续考举人、进士，沿着以士取仕的路走下去，不是他不想，而是满清后来也偏向洋务，废除了科举。"③ 丁母余曼贞嫁入蒋家之时，已经看到这里的颓败之势："女则研究刺绣，专务装饰。男的嗜好尤多，争竞外排场。子弟取得一青襟，则弃书本矣。族丁数千口，生产日繁，无一顾忌者，其所谓梦生醉死

① 龙泽巨：《丁玲家世纪略》，《湖南党史月刊》1989 年第 10 期。
② 蒋祖林、李灵源：《我的母亲丁玲》，辽宁人民出版社 2004 年版，第 287 页。
③ 丁玲：《遥远的故事》，《丁玲全集》第 10 卷，河北人民出版社 2001 年版。

者。"① 在时代大变动中，蒋保黔眼见新式教育蔚然成风，也曾东渡日本留学。但由于家族负担学费艰难，再加上体弱多病缺少毅力，他留学半年后便放弃。在科举穷途末路的时代，丁玲的二伯父蒋保川则演绎了另一个失意故事。保川自幼好学，但数次参加举人考试都因腹泻不能完篇。他怀疑自己遭亲族陷害，悲愤之下出家，此后不知所踪。在丁玲的讲述中，蒋氏后人中还有更加不堪的，有的偷窃家里粮仓，做了土匪，族中女眷因无法谋生甚至沦为"破鞋"。②

　　尽管中国传统社会的个人出身由父系家族决定，但丁玲幼年丧父之后随孀寡母亲迁居武陵，与蒋氏相对疏远。父亲去世后，族中叔伯上门逼债、侵夺寡母孤儿的资产，让她产生憎恶和阴影。与之形成对照的是母亲、舅舅趋新求存，给余氏家族注入了新鲜活力，也给丁玲打开新的人生视野。丁玲的外祖父余泽春早年考取拔贡，曾任云南知府。在丁母余曼贞的儿时回忆中，父亲的"太守府"是一个开放式环境。余泽春在祖籍常德的府宅和在云南任上的府宅，成为丁母前半段人生"繁华梦"的背景。余家作为官宦世家家风良好，余泽春之父一生中门生众多，每年冬季赴京考试者都有百余人。尽管家教严格，但丁母的童年生活并不单调。不同于其他未出远门的闺阁女儿，她十岁时便跟随家人从常德来到云南，与任上的父亲相聚。丁母十三岁时，余泽春卸任太守，全家才由云南返回湖南。余曼贞 1942 年创作回忆录时，已是六十多岁的老人，但当回忆起幼时在太守府的时光时笔尖含情，描述生活、读书的种种细节，笔触宛若小儿女。丁玲庆幸母亲自小接受教育："因家庭是书香门第，我母亲幼年得与哥哥弟弟同在家塾中读书，……对于旧社会的女子无才便是德的规矩，总算有了一点突破。"③

　　丁玲父亲去世后，已经 30 多岁的余曼贞不顾世俗眼光，离开夫家求学。当得知常德当地有师范学校招收女学生时，她从丧夫之痛中振作起来："社会上有先觉者，欲强家国，首先提倡女学。因女师缺乏，特先开速成女子师范学

① 《丁母回忆录及诗》，《丁玲全集》第 1 卷，河北人民出版社 2001 年版，第 252 页。
② 丁玲：《遥远的故事》，《丁玲全集》第 10 卷，河北人民出版社 2001 年版。
③ 丁玲：《我母亲的生平》，《丁玲全集》第 6 卷，河北人民出版社 2001 年版，第 63 页。

校……阅后雄心陡起，我何不投考，与环境奋斗？自觉绝处逢生，前途有一线之光明。"① 余曼贞携幼小的丁玲姐弟，奔返老家。她先后在常德女子速成师范学校、湖南省立第一女子师范学校求学。后来就职于常德桃源女校、常德女子高级小学，还创办了女子俭德会以及附属学校。余曼贞由于在社会事务方面的贡献，被推举为常德妇女界领袖。在她的组织和推动下，当地的平民女校、工读女校也逐步发展起来。

丁玲跟随母亲离开蒋家后，在三舅余笠云家中陆续居住六年左右。舅舅是除了母亲之外，对丁玲童年、少年时代影响最深的亲人。余笠云生于1880年，逝世于1952年，比丁母小两岁，排行第三，是家中最小的儿子。余曼贞曾作诗夸赞余笠云的早慧，"十五文坛已闻名""畅谈时局多慷慨"，可见他天资颇高又视野广阔、关心时事，家人引以为荣。姐弟之间情感深厚，既有天真赤诚的"幼时让梨日"，也有成年后的某次"鼎城晤面"、依依惜别。② 余笠云少年得志，十几岁在科举考试中取得好成绩，当年宾客纷纷登门道贺，还引发余曼贞内心的失落："秋季（1894年），弟考试前列，宾客满堂，父母非常欢喜，吾心里极其羡慕，转又自恨身为女子，不能达吾之志。"③

余笠云与丁父蒋保黔本是好友，又因联姻更加亲近，两人结伴日本留学。当蒋保黔无奈中止学业后，余笠云继续求学，归国后在当地提倡女学，创办育婴堂、红十字会等公益社会组织。他与友人共办常德女子师范学堂，帮助丁母余曼贞入学，可以说间接为幼年丁玲开启了新的人生契机。在清末民初的中国社会，余笠云的前半段人生凝聚着集体性的历史经验。清代以来湖南本是传统书院教育发达的省份，1898年清政府谕令各省改革学校制度，湖南当局积极创办新式学堂。为培养新式人才，湖南巡院于1902年、1903年共派遣33人前往日本留学。据考证，这些人都曾获得举人、贡生、生员的功名，都属于投入新潮的士绅一代。④ 由于官方的推动作用，再加上留学日本具有"路近、费省、

---

① 《丁母回忆录及诗》，《丁玲全集》第1卷，河北人民出版社2001年版，第271页。
② 《丁母回忆录及诗》，《丁玲全集》第1卷，河北人民出版社2001年版，第413页。
③ 《丁母回忆录及诗》，《丁玲全集》第1卷，河北人民出版社2001年版，第245页。
④ 伍春晖：《群雄崛起：辛亥长沙精英》，湖南教育出版社2011年版，第71-72页。

文同"的优点，不少见识长远、家底殷实的士绅及其子弟选择留学，湖南的留日学生运动由此形成热潮。以小小的临澧县为例，1902—1924 年出国留学的33 人之中，有 25 人东渡日本。他们大多就读于岩仓铁道学校、法政大学、陆军士官学校、弘文学院、早稻田大学。① 从"秀才""举人"到"留学生"，不仅意味着身份的转变，更意味着思想的转变。这些留日学生目睹了明治维新以后日本的迅速发展，很快产生了"反清排满"思想。在清末民初的留学潮流中，余笠云可谓得时代风气之先。

二、以母亲为原型的士绅女眷寻路

虽然丁玲曾与友人说起父亲潇洒慷慨、行医乡里的事迹，② 但创作中很少正面提及蒋家人物。丁玲笔下常常涉及母亲余曼贞，以未能写完的长篇小说《母亲》最有代表性。丁玲曾说"《母亲》是真人真事"③，小说的主人公曼贞与丁母同名，全篇以丁母 1908—1911 年间丧夫、离开蒋家、进入学堂的人生经历作为创作主轴，涉及蒋、余两家的诸多人事变迁。曼贞孀寡携带一子一女求学的事迹，呈现了丁母摆脱未亡人身份后的"幸生"种种。虽然现实和文学中的两个曼贞都未能彻底摆脱旧道德，如顾虑遗腹子而求生，儿子夭折后只剩残喘余生等。但就像茅盾所说，《母亲》以家族之破落反衬曼贞之维新，表现了"以曼贞为代表的'前一代女性'怎样挣扎着从封建思想和封建势力的重围中闯出来，怎样憧憬着光明的未来"④。革旧趋新以及新旧过渡，反映的是士绅女眷转向现代女性的寻路一页。

1930 年代初，丁玲萌发写家族题材的念头，给母亲作传的想法也开始酝酿。1931 年胡也频牺牲后，丁玲将孩子送回常德母亲处并在家住了三天。这期间她听母亲讲了不少家族里的新故事，也目睹了小城的变化。1931 年 5 月，丁

① 临澧县史志编纂委员会编：《临澧县志》，中国社会出版社 1992 年版，第 529-531 页。
② 沈从文：《记丁玲》，《沈从文全集》第 13 卷，北岳文艺出版社 2002 年版；姚蓬子：《我们的朋友丁玲》，《丁玲选集》，上海天马书店 1933 年版。
③ 丁玲：《答〈开卷〉记者问》，《丁玲全集》第 8 卷，河北人民出版社 2001 年版。
④ 东方未明（茅盾）：《丁玲的〈母亲〉》，《文学》1933 年第 1 卷第 3 期，第 491 页。

玲在光华大学演讲时又饶有兴味地谈起了自己的家庭，也提到了自己的写作计划："我曾回家一次，为了我的创作，我很希望把家中的情形，详详细细弄个明白。"① 有的研究者认为，丁玲发生"左转"之后亟须超越莎菲式"自我表白型心理小说"，获取"另一套语词系统和书写方式"②。可以说，返乡探母经验从主观上激活了她的创作欲望，但转型的客观要求又使她慎重地处理小说素材。1932 年，恰逢《大陆新闻》编辑楼适夷约稿，此机缘促使丁玲决定放弃以往"很吃力的大段大段地描写"，而以"朴实与浅明一点"的方式写一部长篇小说。③

《母亲》每一章的叙事视角都发生变化：第一章主要采用了下人视角与儿童视角；第二章采用了曼贞视角与小菡视角；第三、四章则主要采用曼贞视角。小说开头并未直接点明小菡丧父、曼贞新寡，反而通过幺妈、老于、秋蝉等下人间的闲谈向读者揭晓江家三老爷逝世、家族衰败的变故。忠心耿耿的幺妈哀叹三老爷生前交友不慎、不擅理财、太过挥霍，她还为曼贞打抱不平，斥责平日里要好的亲友毫无良心。读者不自觉间便跟随幺妈的有限视角进入文本，知晓了曼贞娘家与夫家的基本家庭结构。第二章中，曼贞与小菡的视线聚焦于灵灵坳乡村春景，小菡一如既往地以童真来观察自然环境。曼贞则终于在幺妈的开导下有了生的希望，她既能从审美的角度观赏春景，也能从实利的角度将之转化成生产资料。第三、四章即小说的后半部分讲述曼贞的女学堂生活，主要以曼贞之眼来观察新奇的周边世界。

为了尽量铺展晚清士绅家族的生活面相，丁玲突破了前期自叙传小说的单一独白，使不同身份、年龄、地位、立场的人们都开口说话。年事已高的下人们念及旧主恩情，倾向于回忆江家昔日之繁盛，《母亲》第一章中老头讲到小菡的爷爷年少为官，幺妈交代逝去的三老爷十五岁就做了秀才。而身处漩涡中的曼贞则更为清楚江家"金玉其外，败絮其中"的本质："家里几乎全部都是

① 丁玲：《我的自白》，《丁玲全集》第 7 卷，河北人民出版社 2001 年版，第 5 页。
② 贺桂梅：《知识分子、革命与自我改造——丁玲"向左转"问题的再思考》，《中国现代文学研究丛刊》，2005 年第 2 期，第 196 页。
③ 丁玲：《致〈大陆新闻〉编者》，《丁玲全集》第 12 卷，河北人民出版社 2001 年版，第 9 页。

吃烟的……男人们成天到夜都躺着过日子,女人也跟着学。"① 不同人物的语言互相映衬,形成对话,互为补充,这使得《母亲》感情层次更为丰富。

在丁玲的笔下,曼贞从"母亲""寡妇"这些家庭角色中暂时脱离出来,成为一名现代学堂里的"女学生"。《母亲》的第三、四章,丁玲不厌其烦地描写女学堂开学的场景、女友们相知相熟的过程,尤其以女性交往为中心讲述了两个情节:一是杜淑贞邀请大家游园;二是曼贞与其他姐妹义结金兰。有的文学批评家认为《母亲》写杜淑贞园中宴会这一段属于"封建世家家庭生活的描写",有些"浪费笔墨"②。但深入作家的情感与生活,便会发现丁玲之所以会有这些"闲笔",是因为母亲的社会交往给她留下了太深的印象。清朝末年,以丁母为代表的士绅女眷们走出闺阁、走进女学堂,开始进入广大社会空间,尝试与家人以外的各色人等打交道:校长、教员、同学、官员、校役、同学的家人……《母亲》中,女学堂里气氛自由、平等而和睦。她们还开始强身健体、培养国民意识、参与丰富的课余活动。在这一由"旧"转"新"的过程中,同学之情、师生之情就显得弥足珍贵。女学生在学堂内"甚至会形成影响她们一生的社交圈。"③

"女学生"身份赋予丁母结交朋友的合法性与合理性,进入女学堂后,她开始形成自己的交际圈,与向警予、蒋毅仁等结拜为姐妹。这些女性间的交往活动远不同于革命志士间的歃血为盟,她们之间的结交或许仍未脱闺阁风雅,但难能可贵的是,她们能够自主选择与谁交往、如何交往,她常在暑假与一班志友讨论文学与中外时局,述古谈今。④ 据王增如考证,《母亲》里的"杜淑贞"可以找到原型,她是丁母现实中的好友蒋毅仁。⑤ 蒋毅仁则是始终陪伴在丁母左右的挚友与战友。蒋毅仁与丁母相识于学堂之中,她出身于家境颇丰的士绅大族。丁母在回忆录中将蒋毅仁称为"琳",二人一起筹办妇女俭德会、一起在纺织工厂中学习使用纺纱机器、一起创办学校。1924年校内突发大火,

① 丁玲:《母亲》,《丁玲全集》第1卷,河北人民出版社2001年版。
② 东方未明(茅盾):《丁玲的〈母亲〉》,《文学》1933年第1卷第3期。
③ 张莉:《中国现代女性写作的发生:1898—1925》,北京十月文艺出版社2020年版,第79页。
④ 《丁母回忆录及诗》,《丁玲全集》第1卷,河北人民出版社2001年版。
⑤ 王增如:《丁玲〈母亲〉第三部残稿探析》,《现代中文学刊》2019年第6期。

丁母的多年心血几乎毁于一旦。在这种时刻，丁母的好友陪伴在侧。"琳女均来，面面相视，默默怅惘。"她们振奋精神、齐心协力，历尽艰险又将校舍恢复，使学校重新招生办学。丁玲提到童年记忆时，母亲与女性友人的交往是极为生动的一幕：

> 到了春天，舅舅花园里的花几乎都开了的时候。一天，母亲的朋友们又来做客了，七个人占坐了整个书楼。她们在那里向天礼拜，分发兰谱。……她们向天叩拜后，互相鞠躬道喜，我舅妈也来向她们祝贺。她们就在书楼上饮酒，凭栏赏花，畅谈终日，兴致淋漓，既热闹，又严肃，给我们小孩留下了终生难忘的印象，使我们对她们充满了敬爱和美慕。①

幼年丁玲耳濡目染于"女学堂"这一社会开放空间，见证了母亲与其好友们如何从家庭进入社会空间，并且成为独立的个人。

丁玲发表的首篇作品《梦珂》，也镌刻着丁母的印记。《梦珂》从题目到情节，都透露着一股"洋味"，其字里行间的感伤、失落情绪却牵连着一个遥远的家庭记忆。主人公梦珂先在上海美术学校学习西洋画，后来化名林琅去影片厂试镜。随着空间的转移，梦珂的身份也从女学生变为摩登女郎、电影明星。然而梦珂是一个矛盾个体，她的身体虽进行着都市体验，她的心却被乡土记忆羁绊着。小说中交代梦珂"是一个退职太守的女儿"，突兀地将镜头对准梦珂的父亲———一个生活在古屋花厅中，与诗酒之士结交的失意老士绅。当梦珂离开学校，在好友匀珍家做客时，作者又宕开一笔，开始"拍摄"梦珂年少时在岩洞里读《西厢》、与父亲在花厅中听雨下棋的场景。文本中也多次写与父亲通信，父亲对梦珂的物质支持与情感关怀："梦儿，接得你的信，知道你很需钱用，所以才又凑足两百元给你……我会替你设法，不愿使你受苦的。"② 在这些细节线索中，摩登女郎梦珂始终拥有一个"旧尾巴"。

---

① 丁玲：《向警予同志留给我的影响》，《丁玲全集》第 6 卷，河北人民出版社 2001 年版。
② 丁玲：《梦珂》，《丁玲全集》第 3 卷，河北人民出版社 2001 年版。

很明显的是，丁玲将母亲的身份移植到了梦珂身上。在小说中，梦珂的父亲年轻时耽于享乐、挥霍家产，被革职后便一蹶不振，性格上偏感性放荡。从价值评判的维度上来说，丁玲显然对这位老士绅持否定态度；但从情感态度的维度上来看，他始终是梦珂的经济后盾与心灵港湾。在社会评价体系中，老士绅属于社会落伍者、守旧派；但在人伦亲情评价体系中，他在梦珂心中却具有无可替代的位置。正如有的研究者指出，丁玲在《梦珂》中表现出了都市边缘人特有的焦虑感受，她试图借助于对儿时家庭生活的回忆，为自己寻找情感上的安慰。[①] 实际上，与其说丁玲从自己的儿时家庭生活中寻找情感资源，不如说她是从母亲的太守府回忆中攫取了一些温情片段。

三、从舅父余笠云到民国新绅

余笠云在丁玲童年、少年时代是一个至关重要的人物，指引着丁玲母女走出蒋家以后的命运。余笠云作为日本留学生、民国地方新绅，相较丁母余曼贞有着更广阔的社会空间。在丁玲笔下，他既是封建家长又是地方精英人物，其面貌复杂且生动。以三舅父为"模特"，丁玲既见证了士绅由政治文化精英转变为基层权力主体的过程，也知晓了民国士绅的矛盾与复杂之处。

将《过年》与《母亲》进行对读，我们会发现尽管两篇小说同样是以儿童视角来"写家事"，但丁玲形塑"舅父"的侧重点完全不同。《过年》中，丁玲集中表现家庭结构中的三舅。八岁的小菡寄居在舅舅家中，妈妈弟弟不在身边，常常陷入孤独，生活充满着不可支配性。她没有在饭桌上夹菜的自由，想念妈妈却不敢说出来。当舅舅提出要差人去学校接小菡妈妈的时候，小菡感激地望向舅舅，只觉得他"很尊严，很大，高不可及"。[②] 丁玲自述"《过年》是我童年生活的写照"，[③] 她将舅舅放置于"补位父亲"的位置上进行书写。小说的叙述者、主人公、作者几乎三位一体，丁玲反复咀嚼自己寄人篱下的孤

① 凌云岚：《五四前后湖南的文化氛围与新文学》，北京大学出版社 2008 年版，第 210 页。
② 丁玲：《过年》，《丁玲全集》第 3 卷，河北人民出版社 2001 年版。
③ 丁玲：《〈丁玲自选集〉序——写给香港读者》，《丁玲全集》第 9 卷，河北人民出版社 2001 年版。

独感，仰视在家庭中拥有话语权的舅舅。

在《母亲》中，叙述者小菡与舅舅于云卿之间没有直接互动。小说始终通过曼贞的眼睛来观察于云卿，避免了创作者情感的过度介入。更重要的是，丁玲将三舅形象从家庭结构中释放出来，开始着重表现他在社会结构中的位置。于云卿与王宗仁、吴鼎光等一起在武陵城中筹建女学堂与幼稚园、组织"朗江学社"、创办《朗江之光》报纸，还在演讲时宣扬民权共和理念。小说第四章末尾，于云卿前往上海寻找救国之道："中国要想不被瓜分，就要赶跑满清，这是一定的，我想赶快学点应用的东西，所以才想再到外边去看看。"① 然而，于云卿在国外穿洋服、留短发，回到家乡后又不得不戴上假辫子，穿上长袍。丁玲描写他形貌，留着"蛇一样的一条黑辫"。在开学那天，女学堂堂长王宗仁穿着"白实地纱长袍，玄色马甲，钩云玄色缎鞋"。清末民初士绅阶层那种新旧杂糅的特质，被淋漓尽致地表现了出来。

丁玲的抗婚事件，成为她与舅舅决裂的标志，也象征着新旧过渡中士绅与新青年的冲突。1922 年 1 月，丁玲与王剑虹欲结伴前往上海入读平民女校。由于丁玲自幼与表兄余伯强有婚约，余笠云反对她去上海，希望她从长沙岳云中学毕业后便结婚。在丁母支持之下，丁玲最终与表兄解除包办婚姻。丁玲的执意而行令舅舅愤怒，后来他以丁玲闯入有男客的后花园为由，斥责她不遵守男女礼防。青年丁玲不能忍气，一气之下搬出余家，而且在常德《民国日报》上发表文章，痛斥余笠云：

> 我骂他，骂这个豪绅……他管育婴堂，管慈善事业，实际是为了赚钱，是剥削幼婴的。……我三舅家里生活这么好，靠田地是不能过得这么好的，一定还从社会上捞钱。当时，我们年龄还小，只在底下乱猜测，如果他们不赚外快，哪来那么多钱？②

---

① 丁玲：《母亲》，《丁玲全集》第 1 卷，河北人民出版社 2001 年版。
② 丁玲：《早年生活片段》，《丁玲全集》第 10 卷，河北人民出版社 2001 年版。

如此大胆斥三舅为"豪绅"，既说明受过新文化熏陶的丁玲懂得运用报刊这一大众传播媒介来为自己造势，也可见在当时的语境下，"豪绅"成了一个引发民众公愤的指称。

在《母亲》中，丁玲以余笠云为原型而塑造的于云卿积极反清、倡导新学，堪称辛亥前后的进步人物。但经历抗婚事件，丁玲眼中的余笠云对内蛮横专制，对外则利用职权之便谋取私利、成为地方腐化势力。反对包办婚姻，是丁玲反抗舅父在家庭内部的"父权"威严；而斥之为"豪绅"，则是站在新知识阶层立场上来反抗他在社会上的"绅权"。从晚清到民国短短几十年间，士绅何以蜕化为引发公愤的"豪绅"？首先，清朝中后期以来，湘省绅界一直在积蓄力量，湘军崛起、科举改废成为绅权扩张的两大前提。为镇压太平天国，清政府不得不让曾国藩、左宗棠、刘坤一等湘籍官员在地方上自主募饷、办团练，许多士兵依靠捐纳、军功而成为士绅，甚至一些乡村地主也乘时而起，依靠捐资办团练而融入士绅阶层之中。其次，科举改废催生了一批不中不西、土洋结合的新士绅，这不仅是湖南也是全国的趋势。这批人自幼习得儒家经典，还曾参加科举考得功名；因恰逢学堂教育兴起，于是转而进入各种军事学堂与专业学校。戊戌变法时期，维新派鼓吹开绅智、张绅权，调动了他们的参政意识，随之而来的清末新政、立宪运动成为绅权扩张的引爆点。各省纷纷成立的谘议局与资政院，主要被转型中的士绅阶层独占。后起的辛亥革命虽然摧毁了皇权的威势，却形成了军阀与当地士绅联合执政的局面。

许纪霖认为士大夫阶级在社会变动中腐化迅速，"民国以后，人人欲显身手，进入政坛，只问目的，不择手段。不仅旧式士绅道德变质，而且新式知识分子有过之而无不及"[1]。在绅权失去限制情况之下，湘省绅界也多有腐化，从时人留下的日记可见一斑。清末秀才黄尊三为湖南泸溪县人，他早年读遍经史，后就读于湖南高等学堂，于 1905 年由湖南官费赴日留学并开始写日记。1912 年 7 月，黄氏正式归国，与余笠云在内的湘西士绅有诸多交往，这些日常生活细节都被他记在日记之中。1913 年 2 月，黄尊三作为选民参与了湘西府各

---

① 许纪霖：《家国天下：现代中国的个人、国家与世界认同》，上海人民出版社 2017 年版，第 274 页。

县的国会议员选举大会，他见证了选票被士绅明码标价、暗箱操作的全过程："现在选举票竞争最烈，国会议员，每票二百元，省会则一百元……余闻之甚为吓异，以民国初次选举，即用金钱收买，将来何从取偿，议员为国民代表，以贿而得，何能代表民意，为国谋利益。"①

丁玲自小便跟随母亲寄住在余家，三舅社会交际种种，均被她看在眼里。一方面，以三舅父为"模特"，丁玲对民国士绅的劣化过程获得了具体的认识；另一方面，丁玲在新文化报刊上阅读的信息使她了解到三舅父"统治"威权的不合理。丁玲晚年提到，她在周南读书时最喜欢阅读邵力子主编的《民国日报·觉悟》里的政论文章，所以启用那些反封建、反豪绅的观点来批判三舅父。② 当常德《民国日报》不愿登载此文时，丁玲显示出了十足的激越与勇猛，她表示自己将去上海告发他们勾结豪绅、压制青年。可以说，作为新知识青年的丁玲是以激公愤的方式来抒个人之气，以反绅权的名义来反父权。这场冲突发生后，丁玲再未进过舅父家门，丁母还是一直保持与三弟的往来。

相对于丁玲的父亲蒋保黔、伯父蒋保川被时代浪潮抛下，余笠云成为湘省地方新绅，较为顺利地参与到新的历史进程中来。但随着共产革命的展开，余笠云不断遭遇冲击。蒋祖林的《丁玲传》中对他后半生有所交代："丁玲的三舅家土地不多，算不上是大地主，但是喜排场，入不敷出，家道也就逐渐中落。到抗日战争胜利时，他已无土地，在城中一所中学教书。所以，全国解放后，土地改革时给他划个'自由职业者'成分。"③ 蒋祖林作为丁玲之子，相较于其他作传者更关注丁玲家世。从不多的几行文字中可以看到，余笠云后半生的落寞与前半生的光彩形成巨大落差。丁母悼念他逝世而所作诗句"不幸昔为时世困，潦倒疆场壮志衰"④，为其一生画上了苍凉的句号。余笠云从士绅子弟转型为民国新绅，终因时势转移而边缘化，最后淹没无闻。

---

① 黄尊三著、谭徐峰整理：《黄尊三日记》上册，凤凰出版社2019年版，第357页。
② 丁玲：《回忆邵力子先生》，《丁玲全集》第6卷，河北人民出版社2001年版。
③ 蒋祖林：《丁玲传》，人民文学出版社2017年版，第40页。
④ 《丁母回忆录及诗》，《丁玲全集》第1卷，河北人民出版社2001年版，第413页。

结语

追踪蒋、余家族的人事变迁细节，并非将丁玲创作与现实机械对应，而是摆脱既定的阶级论眼光，尝试从士绅论、从这一社会重要阶层的近现代嬗变来追踪其革命、政治思想的生成逻辑。她笔下塑造的士绅人物新旧错综，既是闺阁小姐又是独立女性，既是秀才又是留学生，还有封建家长及引领地方的新绅等多重面貌……丁玲目睹家族中人有的因废科举而没落，有的在断绝旧路之后求生竞存，到她这一代则进入现代都市，成为女学生、职业作家、左翼知识分子、革命党人……按丁玲自己的说法，是"跳出一个时代的悲剧"①。

丁玲既深受家族没落的刺激，也受惠于士绅历史文化的传承。在左翼文学史论述中，士绅常被视为落后群体；而一些有影响的士绅研究，如余英时、王汎森、许纪霖等的论著，则把左翼知识分子排除在外，认为他们切断传统。实际上，所谓"绅士阶级的逆子贰臣"对士绅传统既反叛也继承，考释二者关联的历史细节与材料，可以打破左翼文学与传统断裂的定见。在中国古代社会漫长的历史过程中，政治、经济、文化等方面均形成了超稳定结构。传统士绅阶层便是维系这种超稳定结构的重要一环。从社会存在与社会意识的层面来看，士绅为"四民之首"既是事实，也是民众的共识；从文化心态层面来看，士绅阶层内部逐渐形成独特的文化趣味、审美观念和身份认同，使之区别于其他社会阶层成员。近代以来，中国社会的超稳定结构逐步解体，士绅阶层的常轨继替断裂，士绅及其子弟也进入现代化的社会进程，获得新的社会身份。然而，士绅历史文化的积淀并非一朝一夕即可消除，丁玲作为曾经的士绅子弟、后来的知识分子革命者，对这一群体的命运有忍不住的关怀。她以文学形式再现士绅阶层嬗变的历史细节，留下了关于传统社会转型的独特思考。

① 丁玲：《我所认识的瞿秋白同志——回忆与随想》，《丁玲全集》第6卷，河北人民出版社2001年版，第58页。

都市不适症的生产和克服

——丁玲《梦珂》小议

张业松

摘　要　丁玲的《梦珂》具有一种区别于一般印象上的"处女作"的内在的思想倾向和情感诉求上的完备性和成熟性,其所作出的表达和运用的方法甚至成为一种范式,影响乃至主导了丁玲日后的创作。丁玲笔下的主人公跟都市的关系,不只是被动适应的关系,相反,很大程度上是一种相互塑造的关系。在此意义上,《梦珂》等丁玲早期作品在中国现代早期都市书写中具有重要意义,它们既是中国现代化都市文化的产物,也是形塑这样一种现代都市文化的力量和源泉,二者是在相互激发的状态中相互成就的,其间的关联勾结、转换生成,需要更加深入地体察和研究。

关键词　丁玲;《梦珂》;手稿;都市

说起来我有点对不住丁玲。为什么呢?因为实际上我的老家跟丁玲故乡是一个地方。我们都是湖南澧水两岸的子民,她的家在澧水的南岸,我的家在澧水的北岸,不过分属不同的县,她的叫临澧县,我的叫澧县。所以丁玲算是古今中外的著名文学家当中,大概地理上,离我最近的一位。我们那个县往北紧

作者简介: 张业松,湖南澧县人,文学博士,复旦大学中文系教授,主要从事中国现当代文学教学与研究。

邻湖北"公安三袁"的故乡，地理距离比丁玲稍微远一点。就丁玲来说，作为家乡的文学家，我没有很好地研究和学习她，实在是很惭愧的。既然李浩研究员给我这样一个机会，我想一定要来参加这个会，① 至少要表现出一个对家乡先贤的恭敬的态度来。

丁玲小说的手稿，我也收到了，也看了。在此之前，如符杰祥兄所说的，我们曾有机会在鲁迅纪念馆看过丁玲手稿的实物。确实是印象强烈。丁玲手稿笔迹与作品内容之间，可以说是构成了强烈的反差。丁玲的作品，读下来，文本里充满着激烈的冲突，既有人物之间的激烈冲突，也有内心的激烈冲突，整体是一个激动不安、充满异议的文本世界。这和她的手稿上"细若蚊足"，勾画了了的笔迹，真是构成强烈的反差。

今天我要讲的是《梦珂》。我不涉及从手稿到印刷版本的修改，仅从现在的定稿本，尤其是《丁玲全集》当中的定稿本的内容上面来看。一般提到《梦珂》，大家会想到这是一个所谓"处女作"，是作者初次发表的作品，由此可能会对作者以及作品的状态有所想象，觉得这是一个试笔之作，是一个年轻的写作者初次尝试写作，写出来的比较像样、能够达到发表水平的东西。所以会对她产生一种什么样的认识呢？可能会觉得不太成熟，所表达出来的思想感情也比较粗浅和初步，是一个粗糙状态的东西。如果只看《梦珂》的定稿印刷文本，大家自觉不自觉、有意无意、或多或少会产生这样的想象或得到这样的印象，我想是很正常的。

但看过丁玲手稿后，你会觉得她很认真啊！作者精雕细琢，一丝不苟，显而易见是经过认真考虑的精心之作。她的手稿写得非常认真，字迹细巧，如果不是在精神高度集中、专注的状态下全力以赴地书写，是很难达到这种精细程度的。手稿所显示出的作者的用心，比我们浮皮潦草的想象和浮光掠影的印象要细腻得多。

进一步去想，这个文本，恐怕还需要我们更加认真地去看待它。它不是那

---

① "从丁玲手稿看丁玲的小说创作——《丁玲小说手稿三种（影印本）》出版座谈会"，2022 年 8 月 27 日，上海鲁迅纪念馆、中国左翼作家联盟会址纪念馆联合主办。本文系在发言记录稿基础上整理而成。

种朴素的，随时可以被修改的，需要在以后的写作中逐渐明确方向、提炼主题、完善技巧的尝试性作品，相反，它一上来就具有一种内在的思想倾向和情感诉求上的完备性和成熟性，其所作出的表达和运用的方法甚至很大程度上会成为一种范式，影响乃至主导这位作家日后的创作。在《梦珂》中，我们见到的是丁玲往后不断要去处理的题材、主题和方式方法的最初的范型。

我稍微涉猎了对丁玲早期创作的先行研究。事实上，至少在延安以前的作品中，丁玲反复在写的东西，都在《梦珂》所揭示的路向上面，即各种表现形式的都市不适症故事，尤其是青年女学生的都市遭遇。以往概括成青年女学生的社会化过程，或者青年女学生到都市里面寻找生活之路、反复碰壁的过程。当然，这也是新文学中非常大的母题，新青年从旧家庭中出走，从旧的生活环境中出走，来到新环境当中，会遭遇一些什么样的事情，只不过丁玲更集中于青年女性和女学生。对丁玲早期创作的先行研究主要是朝这个方向去解读，由此展开女性主义、社会解放等一系列主题的探讨。

其实对丁玲来说，我想这个题材和主题，在它从《梦珂》被生产出来的时候开始，可能就不是一个开放性的、有着多种可能性结局的叙事，在丁玲心里，很可能她反复在讲的是同一个故事，只不过每篇作品的侧重点不一样而已。

在《梦珂》当中，我们可以看到这个女学生的流浪经历、出走经历，自她从新式学校里退学出来，到最后进入"最现代"的"梦工厂"即电影公司里面去的这个过程中，作品展开的是这个女孩在都市里左冲右突、方方面面的不适应，而且是对生成中的现代都市生活的一些不适。她对作为新观念和新生活方式的传播者和生产者的新式学校生活不适，对都市小市民的日常生活不适，对处于新旧交替之间的上流社会的生活环境不适，对作为都市摩登娱乐的电影院不适，对异性之间的交往、传统的婚姻状态、与新型纨绔子弟恋爱不适，甚至对无政府革命活动也不适。最终归结到对新型都市消费文化及其生产体系的整体不适。

总的来说，作品中的梦珂就是一个格格不入的人。在她的格格不入的都市冒险过程当中，每一个场景的转换，女主人公都体现出强烈的反叛性躁动。在这样的讲述和书写过程中，实际上梦珂所游历和冲撞的都市，就被塑造成了一个罪恶的渊薮，它的方方面面，在梦珂这样的新青年眼中，都是有问题、不合适的。所以要不断地冲撞，不断地逃跑，从一个场景逃向另外一个场景。当然最后，《梦珂》中是提供了一种对不适的克服方案的，"梦珂"在走投无路之下投身电影公司，化名"林琅"，成为电影明星。既然青年女性在这罪恶都市中难逃成为被欲望的主体的命运，不如索性投身其中，以毒攻毒，就以这个作为欲望象征的身份去反叛，成为这种罪恶的都市消费文化生产机制中的"最欲望"的对象，做飞蛾扑火式的抗争。这是梦珂—林琅的解决方案，也是《梦珂》所展现的青年女学生的都市不适症的生产和克服的过程。

所谓生产和克服的过程，指的是我认为丁玲笔下的这种都市不适症，在它的全过程中都带有某种特定性和人为性，或者直接说就是特定的人为性。它是被丁玲的书写生产出来的，也是在书写过程中被生产出来的。这句话的后半句好像是废话，其实是要强调，正是因为书写过程中产生/生产出来的特定效果的不断累积和叠加，才使得人物身上的不适症发展得越来越厉害，导致最终只能以某种激烈/激进/高能的方式去解决，而无法相对平缓地纾解或释放了。如果说这种"生产方式"也反作用于作者的话，我想这里体现的既是丁玲的创作方法，也是丁玲的个人性格。

以这个思路再去看丁玲延安以前的这批都市题材小说，可以说每篇都是在这样的"套路"或者模式上。世界近代文学中两种极端类型的都市女性的反叛方式，即"苏菲亚之路"和"茶花女之路"，在这个作品当中也都出现了，而且被作品人物公开讨论。由此来说，丁玲的早期都市书写具有明显的反叛性书写的特点，显而易见跟其他作家、其他类型的书写是完全不一样的。比如跟张爱玲的都市青年女性书写相比，其笔下在都市中寻路的女学生和青年女性的故事就完全不一样。张爱玲的女主人公，不管是《第一炉香》还是《色·戒》，她对都市现状采取的是更现实主义的，或者说逆来顺受的态度。她没有反叛之力，甚至也没有反叛之心，她只是在自己无法主宰的命运中随波逐流，努力去抓住一点真心真情，把握暂时的温暖。

从丁玲到张爱玲，两代都市女作家，很大程度上是在处理着同样的青年女性/女学生都市寻路题材，采取的却是完全不一样的方案，讲述着不一样的女性故事。丁玲的方案和讲述方式，也许从起始就已经注定了，必然导向最后寻求一个反叛的解决方案。丁玲最后会成为一个越来越坚定的革命者，投身到现实的革命当中去，这种可能性，可以说也已在她的初期写作里映射出来。丁玲笔下的主人公跟都市的关系，也不是或不只是被动适应的关系，相反，很大程度上是一种错动生成、相互塑造的关系。在人与都市的互动当中，各自在被对方塑造的同时也在塑造对方，包括角色的互认、双方印象的固化、互动模式的生成，乃至"人格"的形成。在梦珂这样的青年眼中，都市就是罪恶的渊薮，都市作为罪恶之源和罪恶本身，是应该而且必须去反叛的；而如果都市有主体，它可以自我表达的话，在都市眼中，或许丁玲这样的作家和她笔下的人物，就是都市中的异类和不安定分子，是那种注定要搞事、要反叛的存在。

我觉得这个很有意思，值得进一步思考。当然，这里所说的无论是都市还是人，都是作品中呈现出来的表象，根源于作家的意识形态和叙事策略。意识形态是个大词，不容易谈，这里只在最字面的意义上使用它，指或许存在于作家意识中的对于其笔下世界的总体把握的图式，也可以说是作为主观意图的世界观念的表现形态。叙事策略相对容易处理，也是文学研究本色当行应该好好处理的部分。我想，无论是意识形态部分还是叙事策略部分，《梦珂》等丁玲早期作品中所包含的内容，都仍有相当大的空间值得进一步探讨。我相信，这批作品在中国现代早期都市书写中是具有重要意义的，除了过去讨论得较多的"女性主义""社会革命""文化反抗"等文学和文化主题学意义上的创新和突破外，其自身作为中国现代都市的伴生产物，在形塑中国现代都市的面貌和性格的各种力量中，也是不可低估的一种。也就是说，包括丁玲的这批作品在内，既是中国现代都市文化的产物，也是形塑这样一种现代都市文化的力量和源泉，二者是在相互激发的状况中相互成就的，其间的关联勾结、转换生成，需要更加深入细致地体察和研究。

当然这只是非常粗浅皮相的感受，未必有当，但我想也不妨循此方向试试看。一个更广泛的都市现代性的生产和错动勾连的状况，说不定能更好地呈现出来。

彭燕郊研究

CONTEMPORARY STUDIES

CONTEMPORARY PENG YANJIAO

彭燕郊作品年表

易 彬

摘 要 （1）因篇幅所限，本表以作品发表时间为序，写作时间未一一列出。（2）所录作品包括各类诗文和作品集，书信体量庞大，除个别公开发表的之外，暂未列入。（3）因条件所限，20 世纪 50 年代的文献搜罗不力，尚有较多遗漏。（4）因作者发表作品，多用笔名彭燕郊，亦用其他笔名，凡署名"彭燕郊"的，除首次出现外，其余处均不另说明；其他各种署名，均一一注明。

关键词 彭燕郊；作品；年表

1920 年　生年

9 月 2 日　出生于福建省莆田县黄石镇一个地主兼商人家庭，原姓陈，名德矩。原名之外，另有彭燕郊、徐离夜、燕郊、李熟、冷唇、早霞、陈漾、萧朋、林朋、陈思勤、田焰、蹇斋等笔名或名号，间或借妻子张兰馨之名或用蓝馨发表作品，以"彭燕郊"行世。

基金项目： 中南大学学位与研究生教育教学改革项目"以文献教育为抓手，中国现当代文学课程贯通本硕博培养的机制研究"。

作者简介： 易彬，湖南长沙人，文学博士，中南大学人文学院教授，主要从事中国现当代文学史、中国现代文学文献学、新诗、中外文学关系研究。

1932 年　12 岁

9 月　进私立砺青中学。在校期间，主编报刊《砺中学生》，在《砺中学特刊》发表小说《球球》，有 3000 多字。①

1938 年　18 岁

6 月　《春耕山歌》刊载于军报《抗敌报》创刊号。

1939 年　19 岁

10 月　《战斗的江南季节（诗集）》（诗四首，即《冬日》《雪天》《夜歌》《怀厦门》）刊载于《七月》第 4 集第 3 期的头条，署彭燕郊。

11 月　《献旅的行列》刊载于《抗敌》杂志。②

1940 年　20 岁

4 月 11 日　《〈十万大山〉推荐》刊载于《东南日报·笔垒》第 598 期，署"吴英年编剧，中心剧团演出，彭燕郊　雪邨　辛劳　麦青　骆宾基　葛琴　耳耶的集体意见　耳耶执笔"，耳耶即聂绀弩。

4 月　《我们自己的队伍》（诗）刊载于《抗敌》（"文艺专号"）。③

5 月 19 日　《为学与做人》（文）刊载于《东南日报·笔垒》第 526 期；亦刊载于本年 6 月 17 日、19 日《福建民报·纸弹》第 448 号、第 449 号，均署吴枝楼。

5 月 20—23 日、5 月 25 日、5 月 27 日—6 月 1 日、6 月 3—4 日　《挣扎抄——病院生活小唱——》连载于《力报·新垦地》。

---

① 林金松：《四海为家的诗人——彭燕郊印象》，《湄州日报》，1999 年 11 月 12 日。
② 《抗敌报》《抗敌》，暂未见原刊，据彭燕郊的回忆。
③ 暂未见原刊，现据黄源：《烽火前线文化人》，上海鲁迅纪念馆编：《黄源文集·第 2 卷（论著卷）》，上海文艺出版社 2005 年版，第 1064 页。

5 月 28 日　《红纱灯（外一章）》（即《赠别》）刊载于《救亡日报·诗文学》第 13 期。

5 月 31 日　《读书趣味》（文）刊载于《东南日报·笔垒》第 634 期，署吴枝楼。

6 月 7 日　《故园》（文）刊载于《力报·新垦地》。

6 月 11 日　《诗与时代》（文）刊载于《东南日报·笔垒》第 641 期，署李熟。

6 月 13 日　《老师》（文）刊载于《力报·新垦地》。

6 月 21 日　《〈诗与时代〉的一解——答诗人覃子豪先生》（文）刊载于《东南日报·笔垒》第 648 期，署李熟。

6 月 25 日　《朝花》（诗）刊载于《现代文艺》第 1 卷第 3 期。

6 月 28 日　《童年》（文）刊载于《力报·新垦地》。

7 月 1 日　《多读·多写·多看》（文）刊载于《东南日报·笔垒》第 655 期，均署冷唇；亦刊载于本月 26 日《福建民报·纸弹》第 460 期。

7 月 20 日　《百合花》（散文诗）刊载于《力报·新垦地》。

7 月 25 日　《七月献诗》《清晨》（诗）刊载于《现代文艺》第 1 卷第 4 期。

8 月 17 日　《梅雨》（诗）刊载于《力报·新垦地》。

8 月 25 日　《珍珠米收获》（诗）刊载于《现代文艺》第 1 卷第 5 期。

9 月 2 日　《送别》（文）刊载于《行都日报·新生》第 273 号。

9 月 10 日　《为生者写的哀辞》（诗）刊载于《现代青年》第 2 卷第 5 期。

11 月 10 日　《诗的真实性》（文）刊载于《现代青年》第 3 卷第 1 期，署徐离夜。

12 月 10 日　《社戏》（诗）刊载于《现代青年》第 3 卷第 2 期。

12 月 17 日　《政治指导员》（诗）刊载于《大江日报·纵横》，署燕郊。

12 月　《岁寒草（诗集）》（诗三首，即《冬青只是在开花》《不眠的夜里》《岁寒》）刊载于《七月》第6集第1—2期合刊。

1941 年　21 岁

1 月 3 日　《林荫路》（诗）刊载于《新蜀报·蜀道》第324期。

2 月 23 日　《大桥》（诗）刊载于《救亡日报·文化岗位》。

3 月 25 日　《黄昏及其他》（诗三首，即《黄昏》《落叶树》《池沼》）刊载于《现代文艺》第2卷第6期。

4 月 10 日　《春耕宣传鼓动》（街头诗）刊载于《战时民众》第3卷第7期，署徐离夜。

4 月 25 日　《恋歌》（诗）刊载于《现代文艺》第3卷第1期。

5 月 25 日　《篝火》（诗）刊载于《现代文艺》第3卷第2期。

6 月 21 日　《萎绝》（散文诗）刊载于《浙江日报·文艺新林》第9号。

6 月 25 日　《殡仪》（诗）刊载于《现代文艺》第3卷第3期。

6 月　《风雪草（诗集）》（诗三首，即《冒着茫茫的雪呵》《透明的日子》《稻草铺》）刊载于《七月》第6集第4期。

7 月 15 日　《正午》（长诗）刊载于《诗创作》第2期。

7 月 27 日　《向连环图画发展》（文）刊载于《浙江日报·江风》第92期，署徐离夜。

8 月 25 日　《磨》（诗）刊载于《现代文艺》第3卷第5期。

9 月 6 日　《谷地》（诗）刊载于《浙江日报·文艺新林》"诗歌专页"第20号。

9 月 15 日　《诗二章》（即《牝牛的生产》《晚归》）刊载于《文化杂志》第1卷第2期。

9 月 18 日　《半裸的田舍》（诗）刊载于《诗创作》第3—4期合刊"长诗六篇"栏目。

9 月 25 日　《村里》（散文诗七首，即《雨季》《豆荚花》《远简》《河岸上》《海》《田园之秋》《酒家》）刊载于《现代文艺》第3卷第6期。

9月25日　《秋天》（诗）刊载于《新蜀报·蜀道》第500期。

9月　《春天——大地的诱惑》（长诗）刊载于《七月》第7集第1—2期合刊。

9月　《蚯蚓》刊载于《半月文艺》（《力报》副刊）。

10月15日　《李二爷与我们》（长篇叙事诗）刊载于《文艺生活》第1卷第2期。

11月5日　《家山七草》（《桃汛》《明霞》《秧歌》《破土日》《晴空》《催耕鸟》《檐滴》）刊载于《中学生·战时月刊》第50期。

11月6日　《黎明》（诗）刊载于重庆版《大公报·战线》第841号。

11月8日　《前村》（诗）刊载于重庆版《大公报·战线》第842号。

11月9日　《登临》（诗）刊载于《新蜀报·蜀道》第526期。

11月15日　《村庄被朔风虐待着》（诗）刊载于《诗创作》第5期（特大号）。

11月25日　《突围在收获的秋天》（长诗）刊载于《自由中国》11月号（新1卷第4期）。

12月5日　《冬日》（诗）刊载于《中学生·战时月刊》第51期。

12月7日　《视角的混乱》（文）刊载于《浙江日报·江风》第163期，署徐离夜。

12月15日　《我的悼念》（文，为对丘东平的悼念）刊载于《野草》第3卷第3—4期合刊。

1942年　22岁

1月15日　《诗二章》（即《母性的》《路毙》）刊载于《文化杂志》第1卷第5期；另，有文字载入《文学创作上的言语运用问题》（署集体讨论）。

2月5日　《山国》（诗）刊载于《中学生·战时月刊》第53期。

2月20日　《在这边，呼唤着……》（长诗）刊载于《诗创作》第8期。

2月20日　《聪明的单纯性》（文）刊载于《半月文艺》（《力报》副刊）

第 19 期特大号"普式庚一百零五年祭"小辑。

2 月 30 日 《贫家女》（诗）刊载于《浙江妇女》第 6 卷第 2 期。

3 月 16 日 《春耕》（街头诗）刊载于《新道理》第 39 期。

3 月 21 日 《春雷》（诗）刊载于《国民公报·诗垦地》第 4 期。

3 月 27 日 《殒》（诗）刊载于《柳州日报·新诗潮》（半月刊）第 7 期下辑。

4 月 22 日 《作者来简》刊载于《前线日报》。

4 月 25 日 《船夫与船》（长诗）刊载于《现代文艺》第 5 卷第 1 期"特大号"。

4 月 30 日 《村里散文抄》（《敲土者》《遣嫁》《乡女》）刊载于《半月文艺》（《力报》副刊）第 22—23 期合刊。

5 月 1 日 《绿色出现》（诗）刊载于《诗》第 3 卷第 1 期。

5 月 诗集《春天——大地的诱惑》由诗创作社出版，署"诗创作丛书"（胡危舟主编），录长诗 2 首：《春天——大地的诱惑》《在这边，呼唤着……》。

6 月 8 日 《我为你饱含了泪水》刊载于《广西日报·诗月曜》。

6 月 15 日 《雨后（外二章）》（即《猎户》《春雷》）刊载于《文艺生活》第 2 卷第 4 期。

6 月 18 日 《角黍之献》刊载于《广西日报·诗月曜》。

25 日 《田侉佬集》（诗八首，即《十字街》《喜鹊》《甘蔗亩》《家庭事》《农妇》《鸡鸣》《晚眺》《金凤姑娘》）刊载于《现代文艺》第 5 卷第 3 期。

7 月 25 日 《酒场》《小牛犊》（诗）刊载于《文化杂志》第 2 卷第 5 期。

8 月 25 日 《喘息》（散文三篇，即《谷》《土》《奔》）刊载于《现代文艺》第 5 卷第 5 期。

8 月 30 日 《小市民》（诗）刊载于《曙光报·新诗潮》第 18 期。

8 月 《雪恋》（诗）刊载于《诗》第 3 卷第 3 期。

10 月 5 日 《散文三题》（《锚》《路》《笼》）刊载于《中学生·战时月

刊》第 59 期。

11 月 1 日　《小小的土地庙》（散文）刊载于《野草》第 4 卷第 6 期。

11 月 25 日　《宽阔的蔚蓝》（散文诗四首，即《花的守护者》《感伤的恋》《少年的悲哀》《宽阔的蔚蓝》）刊载于《现代文艺》第 6 卷第 2 期。

12 月 1 日　《散文二题》（《雨雪之怀》《看见酒壶就发抖》）刊载于《野草》第 5 卷第 1 期。

12 月 1 日　《边沿》（小说）收入《荒谷之夜》（桂林远方书店）一书。

12 月 15 日　《雅歌（诗集）》（诗 19 首，即《败北的冬天》《圣颂》《太阳上升》《晨歌》《相思的国度》《新婚夕的嫁娘》《竖琴》《热带的花》《构成时代》《无限的蓝天》《春的信使》《白昼之迎献》《晴空》《奇异的日子》《金钥匙》《爆炸》《耳语》《心的祈祷》《雅歌》）刊载于《创作月刊》第 2 卷第 1 期；亦刊载于 1944 年 4 月 29 日《社会日报》。

1943 年　23 岁

2 月 15 日　《一束玫瑰（诗集）》刊载于《文艺生活》第 3 卷第 4 期，共 26 首：《叙述者》《神话》《小学风景》《昙夜之旅》《城市》《自画像》《垦殖者》《灯蛾》《乳房颂》《人道主义的傀儡》《桥》《演员的化装》《游街的行列》《峰》《京戏》《草芽》《山顶》《雨季》《念佛的老妇人们》《六月的创造》《厌烦》《冬天》《沉落》《年级》《海誓》《一束玫瑰》。

2 月 28 日、3 月 1 日　《板屋备忘录》（文）刊载于《东南日报·笔垒》第 1263 期、第 1264；亦刊载于本年 12 月 14 日《西康国民日报·拓声》。

3 月 10 日　《清晨》（诗）刊载于《天下文章》第 1 期。

4 月 1 日　《在城市里》（诗四首，即《娼女之誓》《记忆的乡愁》《渴望》《耍儿猴》）刊载于《人世间》复刊第 1 卷第 4 期。

4 月 9 日　《给未见面的航空员》刊载于《广西日报·漓水》。

5 月 3 日、5 月 22 日　《阳光》（散文诗）刊载于《国民公报·文群》第 514 期、第 515 期。

5月20日　《河》（诗）刊载于《文艺杂志》第2卷第4号。

5月31日　《小曲三章》刊载于《广西日报·漓水》。

6月31日　《山岩石》刊载于《广西日报·漓水》。

6月　《向那边去》《迎》（诗）刊载于《青年生活》第4卷第2期。

7月31日　《树》刊载于《广西日报·漓水》。

7月　《塔及其他》（诗三首，即《荒原上的独立屋》《路亭》《塔》）刊载于《艺丛》第1卷第2期。

7月　《小牛犊》收入孙望、常任侠选辑的《现代中国诗选》（重庆南方印书馆）一书。

9月1日　《理发店》《葬仪》（散文诗）刊载于靳以主编《奴隶的花果》（文艺出版社）。

10月　诗集《战斗的江南季节》由桂林水平书店出版、发行，列入"现代诗文学丛书"，录诗9首：《冬日》《雪天》《岁寒》《冒着茫茫的雪呵》《不眠的夜里》《夜歌》《黄昏》《正午》《山国》。

11月　《乡女及其他（特稿）》（散文诗四首，即《雾》《敲土者》《乡女》《遣嫁》）刊载于《天下文章》第1卷第6期。

11月　散文诗集《浪子》由桂林水平书店出版、发行，署"现代散文丛书"，有代序文《土地的魔力》，录21篇：《百合花》《老师》《雨雪天的怀念》《看见酒壶就发抖》《小小的土地庙》《为生者写的哀辞》《愧恧的悼念》《月晕的夜》《家山七草》《村里散文抄》《觅》《让我自己还是去看看……》《萎绝》《边沿》《锚》《笼》《路》《理发店》《葬仪》《宽阔的蔚蓝》《阳光》。

1944年　24岁

1月1日　《太阳使半岛发香》（诗）刊载于《当代文艺》第1卷第1期。

1月20日　《我们的乡土——长诗〈妈妈，我，和我唱的歌〉中的两节》刊载于《时代中国》第9卷第1期，署燕郊。

2月13日　《添了一件棉袄》（诗）刊载于《东南日报·笔垒》第

1774 期。

　　2 月 17 日　《晴朗》（诗）刊载于《东南日报·笔垒》第 1777 期。

　　2 月 22 日　《窗》（诗）刊载于《东南日报·笔垒》第 1780 期。

　　2 月 29 日　《小木桥》（诗）刊载于《东南日报·笔垒》第 1786 期。

　　3 月 6 日　《看亲》（诗）刊载于《东南日报·笔垒》第 1791 期。

　　3 月 6 日　《水》（诗）刊载于《力报·新垦地》；亦刊载于 1945 年 1 月
25 日《浙江日报·文艺新林》第 28 期；亦刊载于 2 月 24 日《文化新闻》第
228 号，署蓝馨。

　　3 月 29 日　《牛市》（诗）刊载于《力报·新垦地》。

　　4 月 5 日　《紫暗的调子》（诗）刊载于《东南日报·笔垒》第 1817 期。

　　4 月 14 日　《捞鱼排》（诗）刊载于《东南日报·笔垒》第 1825 期。

　　4 月 15 日　《梅雨》（诗）刊载于《浙瓯日报·文萃》第 101 期。

　　4 月 18 日　《吹败谷》（诗）刊载于《东南日报·笔垒》第 1828 期。

　　5 月 17 日　《一队小鸡》（诗）刊载于《力报·新垦地》；亦刊载于本年
6 月 25 日《浙江日报·文艺新林》第 21 期（"献给诗人节"专号）；亦刊载于
1945 年 2 月 17 日《文化新闻》第 227 号，署蓝馨。

　　5 月 25 日　《橙花开放的地方》（诗五首，即《水》《一队小鸡》《树，
桥，和风》《洒净礼》《橙花开放的地方》）刊载于《改进》第 9 卷第 3 期。

　　5 月 26 日　《洒净礼》刊载于《力报·新垦地》；亦刊载于本年 7 月 19
日《浙江日报·文艺新林》第 23 期。

　　5 月　《赌徒》（诗二首，即《赌徒》《小市民》）刊载于《夜唱》（诗站
丛刊·第四辑）。

　　6 月 28 日　《小女孩来喜》（诗）刊载于《东南日报·笔垒》第 1888 期。

　　6 月 29 日　《三月的水田》（诗）刊载于《东南日报·笔垒》第 1889 期。

　　夏　《人的工匠》（文）刊载于方曙、予林（赵汉章）主编的《白鸥文
丛》第 1 辑《人的工匠》。

　　7 月 10 日　《诗五章》（《近郊建筑》《广告牌》《旧剧演员》《桥》《边

镇》）刊载于《青年文艺》第 1 卷第 6 期。

7 月 25 日　《搬松柴》《傍晚田野回来》（诗）刊载于《东南日报·笔垒》第 1910 期。

7 月 26 日　《避难列车》（诗）刊载于《东南日报·笔垒》第 1911 期。

7 月 31 日　《行者》（诗）刊载于《东南日报·笔垒》第 1915 期。

9 月 13 日　《雾》（小小说）刊载于《新生晚报·小说流》。

1945 年　25 岁

1 月 9 日　《即兴诗抄》（诗五首，即《陌生的女客》《旅途上的插话》《拱门》《冬日的水磨》《游云》）刊载于《新蜀报·蜀道》第 4417 期。

1 月 9 日　《倾斜的原野》（诗）刊载于《西康民国日报·拓声》，署"失名"（按，诗末有编者说明"原稿未署名""以失名署之"）。

1 月 31 日　《诗二首（即《看亲》《天真是无罪的》）刊载于《新华日报》。

2 月 3 日　《灯》（诗）刊载于《文化新闻》（周报）第 225 号。

2 月 6 日　《吹败谷》（诗三首，即《这是吃饭的时候了》《为填房的奴婢》《吹败谷》）刊载于《新华日报·新华》。

2 月 10 日　《遥远的雾》（诗）刊载于《文化新闻》第 226 号，署早霞。

3 月 3 日　《橙花开放的地方》（诗）刊载于《文化新闻》第 229 号，署陈漾。

3 月　《在我国各地交叉的道路上》（诗三首，即《扒薯仔》《送租鸡》《安宁婆婆家》）刊载于《抗战文艺》第 10 卷第 1 期。

4 月 7 日　《倾斜的原野》《卖灯芯草的人》《可爱的伙铺的夜》（诗）刊载于《文化新闻》第 234 号，分署早霞、陈漾、张兰馨。

4 月 14 日　《泔水塘》（诗）刊载于《文化新闻》第 235 号，署萧朋；亦刊载于 1946 年 3 月 15 日《宇宙》月刊第 1 年第 4 期。

4 月 17 日　《庞贝城的最后》（长诗）刊载于昆明版《扫荡报·扫荡副

刊》第 339 号（诗叶第 18 号）。

4 月 21 日　《蛙鼓》《傍晓》（诗）刊载于《文化新闻》第 236 号，分署早霞、林朋。

4 月 21 日、4 月 23 日、4 月 25 日　《箧底汇编》刊载于《西北文化日报·艺风》新 36—38 号；其中的全部或主要内容，亦刊载于 1946 年 9 月 19 日、9 月 26 日、10 月 3 日、10 月 17 日《侨声报·诗学》第 2—4 期、第 6 期；亦刊载于 10 月 15 日《光明日报·光副》第 220 期、10 月 28 日《北平日报·凯旋门》；亦刊载于 11 月 27 日《苏报·沧浪》第 235 期（文艺周），署燕郊。

4 月 28 日　《园圃》（诗）刊载于《文化新闻》第 237 号，署张兰馨。

4 月 28 日　《傍晚在废园外的路上所见》（诗）刊载于成都版《燕京新闻·副叶》第 11 卷第 20 期。按：该诗与稍早发表的《傍晓》为同一首诗，但有版本差异，此处多出十余行。

5 月 9 日　《豹形礁》（诗）刊载于《燕京新闻·副叶》第 11 卷第 24 期。

5 月 23 日　《城市》（诗）刊载于《声报·新声》第 668 号。

5 月 30 日　《被囚的狼》（诗）刊载于《燕京新闻·副叶》第 11 卷第 27 期。

5 月　《在牛墟里》（诗）刊载于《诗丛》第 2 集第 1 期（总第 7 期）。

5 月　《村落在微语着……》（长诗）刊载于《青鸟》第 1 集第 1 期。

5 月　《岩石及其他》（诗五首，即《岩石》《晴朗》《西照的阳光斜斜地》《阳光》《捞鱼排》）刊载于《文艺杂志》新 1 卷第 1 期。

5 月　《土地母亲的话》（诗）、《论感动——关于诗·诗人的随感录》（诗论）刊载于《诗文学》丛刊第 2 辑《为了面包和自由》。

6 月 6 日　《岛》（诗）刊载于《燕京新闻·副叶》第 11 卷第 28 期，署陈漾。

6 月 13 日　《用眼泪洗手的（政治诗集·1）》刊载于《燕京新闻·副叶》第 11 卷第 29 期"诗人节特刊"。

7 月 1 日　《望霞手记》（文）刊载于《热力光》（半月刊）第 2、3 合期。

7 月 27 日   《圆桌上的登陆》（诗）刊载于《扫荡报·扫荡副刊》第 414 期。

9 月 26 日   《给水站》（诗）刊载于《贵州日报·新垒》第 64 期；亦刊载于本年 12 月 1 日《黎明》第 1 期。

9 月 29 日   《路毙》（诗）刊载于《贵州日报·新垒》第 65 期。

10 月 2 日   《土地母亲向我说着》（诗）刊载于《贵州日报·新垒》第 66 期。

10 月 3 日   《作为炮口的窗》（散文诗）刊载于《西北文化日报·副刊》；亦刊载于 1946 年 9 月 12 日—24 日《东南日报·长春》；亦刊载于 10 月 24 日《民报晚刊》、12 月 28 日《河南民报·开拓》第 32 期（均题作《当作炮口的窗》）。

10 月 4 日   《秋风落叶》（诗）刊载于《西北文化日报·副刊》，署燕郊。

10 月 8 日   《树》（诗）刊载于《贵州日报·新垒》第 69 期。

10 月 25 日   《菜畦》（诗）刊载于《扫荡报·扫荡副刊》第 461 期。

11 月 1 日、11 月 16 日   《关于诗·诗人底学习札记》（诗论）刊载于《自由世界》第 1 卷第 1 期、第 2 期。

11 月 4 日   《窗》（诗）刊载于《扫荡报·扫荡副刊》第 468 期。

11 月 11 日   《我——土地的孩子（自一首长诗）》刊载于《大刚报·文艺》第 1 期。

11 月 19 日   《冬青只是在开花》（诗）刊载于《贵州日报·新垒》第 84 期。

12 月 1 日   《山上的湖》（诗）刊载于《贵州日报·扶风》。

12 月 31 日   《我们走在山中》（诗）刊载于《西京日报·南山》新第 56 期。

1946 年   26 岁

1 月 1 日   《交流》（长诗）刊载于《高原月刊》革新号第 1 卷第 1 期。

1月12日　《稻草铺》（诗）刊载于《贵州日报·扶风》。

2月1日　《夜寄——给早霞》（诗）刊载于《戏剧与文学》第1卷第2期。

2月1日　《我歌唱他们的最后》（散文诗）刊载于《自由世界》第1卷第6—7期合刊。

2月2日　《到地里去》（诗）刊载于《贵州日报》"每周增刊"第10期第3版；亦刊载于11月21日《侨声报·诗学》第11期。

2月4日　《河》（诗）刊载于南昌《江西民国日报·文艺》第18期。

2月22日、3月13日　《诗与诗人》（文）刊载于《浙江日报·江风》第1113期、第1128期。

3月5日　《杂木林》（诗）刊载于《中国诗坛》光复版第2期。

4月7日　《繁华》刊载于《中国时报·文艺副刊》。

5月1日　《倾斜的原野》刊载于《文荟》第1期（创刊号）。

5月15日　《诗三首》（即《搬松柴》《傍晚田野回来》《行者》）刊载于《神州日报·原野》新181期。

5月　诗集《第一次爱》由山水出版社出版，录诗13首：《春雷》《绿色出现》《落叶树》《母性的》《路毙》《磨》《珍珠米收获》《冬青只是在开花》《稻草铺》《殡仪》《牝牛的生产》《小牛犊》《村庄》，有"后记"。

7月9日　《记冷雨之夜的一个梦》（诗）刊载于《新民日报·诗地》第1期。

9月4日　《送租鸡》（诗）刊载于《广西日报》副刊。

9月8日　《乌宝》（诗）刊载于南昌《江西民国日报·文学》第1期。

9月23日　《跨越》（诗）刊载于《侨声报·星河》。

9月28日　《扒薯仔》（诗）刊载于《广西日报》副刊。

10月13日　《诗一首》（未署诗题，首行为"不停地摇曳着"）刊载于南昌《江西民国日报·文学》第6期。

10月25日　《人的芳香——罗曼·罗兰像前》（诗）刊载于《诗生活》

第 2 期。

12 月 28 日 《艺术的本质》（文）刊载于《正义日报·众生相》。

1947 年 27 岁

1 月 13 日 《誓》（诗）刊载于《前进报·前进副刊》综合版第 39 期。

2 月 12 日 《我回来了！我的乡土！》（诗）刊载于《前进报·原上草》文艺版第 21 期，署燕郊。

3 月 1 日 《邸宅》（诗）刊载于《诗垒》创刊号。

3 月 23 日 《杂木林》（诗）刊载于南昌《江西民国日报·文学》第 30 期。

4 月 27 日 《拱门》（诗）刊载于南昌《江西民国日报·文学》第 35 期（"新诗专号"第 1 辑）。

6 月 24 日 《倾斜的原野》刊载于南昌《江西民国日报·文学》第 44 期（"新诗专号"第 2 辑）。

7 月 20 日 《白夜》（散文诗）刊载于南昌《江西民国日报·文学》第 48 期。

8 月 3 日 《因为血液》（诗）刊载于上海版《大公报·星期文艺》第 43 期。

8 月 4 日 《作家之所凭藉》（文）刊载于《东南日报·长春》。

8 月 10 日 《早寒的梅雨》（散文诗）刊载于南昌《江西民国日报·文学》第 50 期。

8 月 22 日 《理发店》（散文诗）刊载于《四川时报·川时文艺》第 22 期。

8 月 24 日 《邻女》（文）刊载于南昌《江西民国日报·文学》第 52 期。

8 月 31 日 《田园之秋》（文）、《乡墟》（诗）刊载于南昌《江西民国日报·文学》第 53 期。

9 月 4 日 《白夜》（散文诗）刊载于《新疆日报·天山》第 744 期；亦

刊载于 11 月 8 日《时事新报·青光》。

10 月 3 日 《寻求同情的人》（文）刊载于《地方新闻·乡音》第 762 期。

10 月 3 日 《早寒的梅雨》（文）刊载于《新疆日报·天山》第 762 期。

11 月 6 日 《羽毛的舞蹈》（散文诗，后改题为《一根羽毛的媚舞》）刊载于《社会日报·十字街头》，署燕郊。

12 月 8 日 《浪子》（散文诗）刊载于南昌《江西民国日报·文学》第 75 期。

12 月 14 日 《远简》（散文诗）刊载于南昌《江西民国日报·文学》第 76 期。

1948 年　28 岁

1 月 17 日 《散文两题》（即《河岸上》《海》）刊载于南昌《江西民国日报·文学》第 78 期。

2 月 21 日 《酒家》（《春野小品》之一，散文诗）刊载于南昌《江西民国日报·文学》第 82 期。

2 月 28 日 《桃汛》《乡女》《檐滴》（《春野小品》系列，散文诗）刊载于南昌《江西民国日报·文学》第 83 期。

3 月 7 日 《乡墟》（诗）刊载于《当代报晚刊·当代文艺》第 1 期。

3 月 9 日 《催耕鸟》（诗）刊载于南昌《江西民国日报·新生》第 741 期。

7 月 6 日 《小学风景》（诗）刊载于《中国儿童时报》。

10 月 12 日 《海》（散文诗）刊载于北平版《益世报·海星》。

1949 年　29 岁

7 月 14 日 《桂林文协分会略记》（文）刊载于《文艺报》第 11 期。

7 月 19 日 《欢乐的狂流——七七那天，在北平，有二十万人扭着秧歌》

（诗）刊载于《光明日报·朝阳》第 38 期"诗歌特辑"，署张兰馨。

7 月 31 日　《几点意见》（文）刊载于《光明日报·朝阳》第 38 期。

8 月 6 日　《站到生产这边来》（文）刊载于《光明日报·生活与学习》第 2 期，署思勤。

8 月 18 日　《我做学习笔记的经验》（文）刊载于《光明日报·生活与学习》第 7 期，署蓝欣。

9 月 19 日　《天安门广场》（诗）刊载于《光明日报·朝阳》第 76 期，署张兰馨。

9 月 21 日　《新中国在国际反帝统一战线里——学习"论人民民主专政"笔记之一》（文）刊载于《光明日报·生活与学习》第 19 期，署蓝欣。

10 月 1 日　《最初的新中国的旗》（诗）刊载于《光明日报·朝阳》第 81 期，后收入《中国的十月》（大众书店）一书。

10 月 15 日　《什么是力量？什么是最强的力量?》（诗）刊载于《光明日报·朝阳》第 90 期。

10 月 17 日　《心得与笔记——也谈笔记的偏向》（文）刊载于《光明日报·生活与学习》第 36 期，署陈漾。

10 月 19 日　《关于学习笔记的补充意见》刊载于《光明日报·生活与学习》第 38 期，署陈漾。

11 月 6 日　《音乐会三章》（诗，即《巴莉诺娃的小提琴独奏》《卡赞采瓦的女高音独唱》《克拉夫青科的钢琴演奏》）刊载于《光明日报·文学》第 13 期。

12 月 4 日　《关于谚语》刊载于《光明日报·文学》第 22 期"民间文艺特辑"。

12 月 11 日　《从长工歌说起》刊载于《光明日报·文学》第 18 期，署田焰。

12 月 21 日　《祝寿道情》（诗）刊载于《光明日报·文学》第 19 期"诗特辑"（庆祝世界革命领袖斯大林七十大寿），署早霞。

1950 年　30 岁

1 月 8 日　《土地革命时期中央苏区的民歌》刊载于《光明日报·文学》第 22 期"民间文艺特辑",署陈漾。

1 月 29 日　《孤灯独对,蒋廷黻心事重重》(诗)刊载于《光明日报·文学》第 25 期。

2 月 12 日　《民歌与社会生活》刊载于《光明日报·文学》第 27 期"民间文艺特辑",署田焰。

3 月 1 日　《介绍〈唱十二月〉》(文,署早霞)、《民歌选》(署蓝欣辑)刊载于《光明日报·民间文艺》创刊号。

3 月 7 日　《劳动人民的智慧》(文,署陈漾)、《民歌选》(署蓝欣辑)刊载于《光明日报·民间文艺》第 2 期。

3 月 10 日　《诗质与诗的语言》(文)刊载于《文艺报》(半月刊)第 1 卷第 12 期。

3 月 15 日　《农民关于土地的谚语》(文)刊载于《光明日报·民间文艺》第 3 期,署思勤。

3 月 22 日　《相声小论》(文)刊载于《光明日报·民间文艺》第 4 期,署陈漾。

3 月 29 日　《长工智复众人仇》(文)刊载于《光明日报·民间文艺》第 5 期,署早霞。

4 月 30 日　《活的历史》刊载于《光明日报·民间文艺》第 9 期"歌谣特辑",署蓝欣辑。

5 月 1 日　《大路歌——欢呼五一节》(诗)刊载于《光明日报·朝阳》第 232 期,署思勤。

1951 年　31 岁

4 月 5 日　《田地回家理应该》为曾水帆作的曲,作词刊载于《人民音乐》第 2 卷第 2 期。

12 月　《坚决到群众中去改造自己》刊载于《长江文艺》中南文代大会特刊。①

1952 年　32 岁

1 月 1 日　《诗两首》（《我们的土地，我们的天》《我也要开花》）刊载于《人民湖大》第 80 期。

3 月 7 日　《正视缺点，勇敢改正，切实做到艰苦深入！——溆浦五团一大队一个月来工作报告》刊载于《人民湖大》，署"大队长　彭燕郊"。

5 月 23 日　《毛泽东思想是我们的指路明灯——纪念〈毛泽东同志在延安文艺座谈会上的讲话〉发表十周年》（文）刊载于《人民湖大》第 98 期。

10 月 20 日　《从生活中学习语言艺术》（文）刊载于《语文学习》第 13 期。

1954 年　34 岁

2 月　所编选的《湖南歌谣选》由湖南通俗读物出版社出版，有《前记》，内容分《一般生活抒情歌谣》《政治歌谣》《长工歌谣》《妇女生活歌谣》《情歌》五类。

4—7 月　编《人民口头创作讲授提纲补充教材》，标注为"中国语文系三年级用　彭燕郊编"，湖南师范学院教务处出版科印制。

11 月 15 日　《三首我喜爱的诗》（文）刊载于《湖南文艺》本年第 8 本"作者与读者"栏目。

1955 年　35 岁

1 月 15 日　《伟大的古典现实主义杰作〈红楼梦〉》（文）刊载于《湖南

---

① 暂未见原刊，现据黎之：《关于"胡风事件"的补充》，《文坛风云录》，人民文学出版社 2015 年版，第 34 页。

文艺》第1本。

1月　《文艺学习手记》由湖南人民出版社出版，录9篇文章：《有意识地、细心地阅读文艺作品》《关于诗的几个问题的讨论》《读诗杂记一》《读诗杂记二》《关于快板》《创造者和运用者》《搜集民歌的几点经验》《从生活中学习语言艺术》《毛泽东文艺思想是我们的指路明灯》。

3月27日　《必须激起最严肃的责任心（参加作家协会武汉分会第一届委员大会随感）》（文）刊载于《长江日报》。

1979年　59岁

8月10日　《画仙人掌》（诗）刊载于《诗刊》8月号。

8月　《"蔷薇"》（诗）收入中国作家协会湖南分会编选的《湖南诗歌选1949—1979》（湖南人民出版社）一书。

1980年　60岁

3月　《殒——呈给张志新烈士》（诗）刊载于《长江文艺》第3期。

4月　《家——给一个在动乱中失掉家的人》（诗）刊载于《诗刊》第4期。

4月　《甘与吾民共死生——悼念田汉先生》（文）刊载于《广西文艺》第4期。

夏　诗集《消息》油印本印行，录诗17首：《太阳照着》《春水》《消息》《醒》《水飞虫》《雷》《雨》《路上》《大河涨水》《桃花开》《即景》《插秧上岸》《犁》《东山魁夷》《归来》《塑像》《银瀑布山》，有署名"编者"的序言《献给年青的读者》。

7月　《读端木近作》（诗）刊载于《花城》第7期。

8月15日　《花是这样开的（外三首）》（诗三首，即《读〈北荒草〉——寄聂老》《失群鸟——敏之来信嘱为文纪念杰人》《眼睛——给一个好学的孩子》）刊载于（香港）《文丛》第2期。

8月20日 《文化城的扼杀与反扼杀斗争》（文）刊载于《广西日报》第3版。

8月 《怀榕树——悼念邵荃麟同志》（诗）刊载于《榕树文学丛刊》本年第2辑"诗歌专辑"。

9月24日 《从一个欢迎会说起》（文）刊载于《广西日报》。

11月 《银瀑布山》（诗）刊载于《福建文艺》第11期。

12月2日 《初夏游——回忆一个亡友》（诗）刊载于湘潭大学中文系真与美诗歌小组编印的诗报《真与美》创刊号（油印）。

12月20日 《即景》（诗）刊载于《真与美》第2号（油印）。

12月31日 《失群鸟》（诗）刊载于《真与美》第3号。①

1981年 61岁

1月 《旋梯》（诗）刊载于《福建文学》第1期。

1月 《雷》《雨》《油菜花》（诗）刊载于《十月》第1期。

5月 《火焰——呈孟克》（诗）刊载于《长安》第3期。

7月1日 《聂绀弩在桂林》（文）刊载于《学术论坛》第4期。

8月 各时期诗作7首，即《冬日》《雪天》《小牛犊》《扒薯仔》《读信——得多年音讯隔绝的友人来信》《钢琴演奏》《家——给一个在动乱中失掉家的人》收入绿原、牛汉编选的《白色花（二十人集）》（人民文学出版社）一书。

8月 中国民间文艺研究会湖南分会所编民间文学刊物《楚风》创刊，初为季刊，1985年改为双月刊。负责最初若干期的编辑工作。创刊号所载《摆手歌（土家族古歌 第一部）》，署"彭继宽、彭勃搜集，彭勃记录稿整理，彭燕郊发表稿整理"。

9月 《东山魁夷》（诗）刊载于《诗刊》第9期。

---

① 暂未见原刊，现据刘福春、刘鸣谦：《新诗潮散佚文献编年（1978—1980）》，《文艺争鸣》，2022年第1期。

9月　《鲁迅先生笑了——纪念鲁迅先生诞辰一百周年》（诗）刊载于《文艺生活》第9期。

11月　《摆手歌（土家族古歌　续）》刊载于《楚风》本年第2期，署"彭继宽、彭勃搜集，彭勃记录稿整理，彭燕郊发表稿整理"。

1982年　62岁

3月　《谚语里的民间美学》（文）刊载于《楚风》第1期（总第3期）。

4月2日　《责任感和信心》（文）刊载于《湘潭大学社会科学学报》第1期。

4月5日　《青春的旋律——读〈同学，跟上去!〉》（文）刊载于《湖南日报》。

10月　《要更加重视搜集整理工作》（文）刊载于《湘潭大学社会科学学报民间文学增刊》关于建设我国马克思主义的民间文艺学的专辑。

12月　《谚语和哲学》（文）收入中国民间文艺研究会研究部编选的《民间文学论文选》（湖南人民出版社）一书。

12月　《长沙新站大道》（诗）刊载于《主人翁》第12期。

本年　《诗歌研究》课程，本年及1984年记录稿"由徐炼、杜平根据听课笔记与讲课录音写录"，本人"对原稿有少量修改"，后以《彭燕郊谈中外诗歌》（湘潭大学出版社，2011年）之名印行。

1983年　63岁

1月　油印诗集《彭燕郊近作》，录诗12首：《虹》《雾》《仙人们》《晴雨》《泉》《漓江舟中作》《传说》《画山九马》《桂林怀邵荃麟》《独秀峰》《飞来石》《漓水竹林》。

3月　《什么时候我学会了笑》（诗）刊载于《长江》第3期。

4月5日　《画山九马（外二首）》（即《晴雨》《飞来石》）刊载于《广西文学》第4期。

7 月　《民间文学的特性》（文）刊载于《文艺生活》第 7 期。

8 月　《歌谣》（文）刊载于《文艺生活》第 8 期。

9 月　《诗四首》（即《鸳巢》《黄昏之献——呈半九兄》《林语——呈汀兄》《金山农民画》）刊载于《诗刊》第 9 期。

1984 年　64 岁

1 月　《关于译诗——一个读者的回忆》（文）刊载于《外国诗》第 2 辑（外国文学出版社）。

3 月　《乐曲，在升腾……》（诗，后改题为《小泽征尔》）刊载于《十月》第 2 期。

4 月 1 日　《历史·时代·对一个作家的评价》（文）刊载于《湘潭大学社会科学学报》第 1 期。

4 月　诗集《彭燕郊诗选》由湖南人民出版社出版，有近照一张，扉页重印了廖冰兄为早年诗集《第一次爱》所作的画，录 1938—1955 年以及 1976 年之后的诗歌，共计 55 首（组），聂绀弩的《彭燕郊的〈第一次爱〉》为代序，陈萱作"跋"（1983 年 10 月 23 日），并有"后记"。

5 月　《治学片言——关于科学研究方法和条件》（文）刊载于《湖南教育学院学报（哲学社会科学版）》第 3 期。

6 月　散文诗集《高原行脚》由花城出版社出版，署"曙前散文诗丛书"，录 1939—1946 年的散文诗 9 组，共 39 篇。

7 月　《陈爱莲》（诗）刊载于《清明》第 4 期。

8 月　《如何报考民间文学专业研究生》（文）刊载于《自学》第 8 期。

11 月　《读〈萧三诗选〉》（文）刊载于谢冕主编的《诗探索》（中国社会科学出版社）第 2 期。

12 月　《西山之什》《星光》（诗）刊载于《长安》第 12 期"诗专号"。

本年　《春水》收入湖南人民出版社出版的《1984 年新诗周历》，为一月的最后一首。

1985 年　65 岁

1 月　与罗洛关于诗集《雨后》的往来书信两封，即 1984 年 4 月 28 日的去信和 5 月 5 日的来信，以《关于诗集〈雨后〉的通信》为题，收入罗洛的《诗的随想录》（生活·读书·新知三联书店）一书。

3 月　《瀑布（外二首）》（即《一线天》《复活》）刊载于《中国文学》第 2 期。

9 月　《画山九马》（诗）刊载于《红岩》第 5 期。

10 月　《影子》（诗）刊载于《诗书画》（半月刊）第 20 期。

11 月　《这套丛书出得好——读〈获诺贝尔文学奖作家丛书〉》（文）刊载于（香港）《读者良友》第 17 期。

1986 年　66 岁

2 月 2 日　《他心灵深处有一颗神圣的燧石——悼念胡风老师》（文）刊载于《中国文化报》。

2 月 27 日　《关于〈诗苑译林〉的一封信》刊载于香港版《大公报》。

7 月 20 日　《洁白的诗——读晏明的诗集〈春天的竖琴〉和〈故乡的栀子花〉》（文）刊载于《清明》第 4 期。

1987 年　67 岁

1 月 1 日　致李华生信及贺词刊载于《三原色》创刊号。

1 月　署名主编的大型外国现当代诗歌译丛《国际诗坛》创刊号由漓江出版社出版，为"前言"作者。

1 月　《桂林书简：读〈郑玲诗选〉致诗人郑玲》刊载于《女作家》第 1 期。

3 月　《文化交流与中国新诗》（文）刊载于《国际诗坛》第 2 辑，署陈思勤。

3 月 《一种崭新的美学观念》（文）刊载于《美学研究·台港及海外中文报刊资料专辑》第 3 期。

7 月 诗歌《白龙洞（外三首）》（即《听杨靖弹"霸王卸甲"》《距离》《完人》）刊载于《芙蓉》第 4 期。

7 月 《波特莱尔，开拓者的命运与荣光》（文）刊载于《外国诗》第 6辑（外国文学出版社）。

9 月 20 日 《罪泪》《无题》《有赠——给小陈和小谢》（诗）刊载于《清明》第 5 期。

1988 年　68 岁

1 月 戴望舒译古罗马奥维德的《爱经》列入"犀牛丛书"（为实际组稿人，但未署信息），由漓江出版社出版，为"重印后记"的作者。

1 月 《彭燕郊同志谈李春讯同志的事迹》（文）收入中共恭城县委党史办公室编选的《党史资料汇编（解放前部份）》一书。

6 月 15 日 《彭燕郊诗选英译本》油印本印行，由欧莎（张少雄）翻译，龚旭东作"题记"，原预备正式出版，但因故未成。

8 月 有《彭燕郊近作》打印本，收入《瀑布》《罪泪》《门里门外》《漂瓶》《烟声》等诗 11 首。

10 月 署名主编的大型外国现当代诗歌译丛《现代世界诗坛》创刊号由湖南人民出版社出版，有"编者的话"（未署名）。

10 月 江堤、王作祥选编的《全国高校校园刊物文学作品拔萃》中湖南教育出版社出版，为"序"作者。

12 月 30 日 《走出真实的我——读青年诗人江堤的诗》（文）刊载于《高校图书馆工作》第 4 期。

12 月 与龚旭东合写的胡风诗歌《夕阳之歌》的鉴赏文字收入吴奔星主编的《中国新诗鉴赏大辞典》（江苏文艺出版社）一书。

1989 年 69 岁

1 月 16 日 《现代散文诗译丛〈前言〉》（文）刊载于香港版《大公报》。

1 月 江堤诗集《男人河》由百花文艺出版社出版，为"序"作者。

3 月 5 日 《江堤的诗》（文）刊载于《湖南文学》第 3 期。

3 月 彭浩荡诗集《对十二位巫女的祈求》由湖南文艺出版社出版，为"序"作者。

5 月 《缪斯情结（外一首）》（即《有赠》）刊载于《星星》第 5 期。

6 月 13 日 《一个用心灵写诗的人——彭浩荡诗集〈对十二位巫女的祈求〉序》（文）刊载于《湖南日报》。

7 月 《德彪西〈月光〉语译（外一首）》（即《烟声》）刊载于《诗刊》第 7 期。

8 月 黄灿诗集《一个天才的疯子如是说》由中国科学诗人协会、科学诗刊杂志社编辑出版（非正式出版物），为"序"作者。

1990 年 70 岁

1 月 《真理追求者的心路历程——读绿原的〈高速夜行车〉》（文）刊载于《诗刊》第 1 期。

3 月 28 日 《无色透明的下午》（诗）刊载于《湖南日报》。

7 月 《影子（外一首）》（即《复活》）刊载于《中国作家》第 4 期。

10 月 1 日 《我学会了学习吗?》（文）刊载于《外国文学评论》第 3 期。

12 月 主编"现代散文诗名著译丛"丛书陆续由花城出版社出版，为"总序"作者。

1991 年 71 岁

1 月 5 日 《记女诗人陈敬容（上）》（文）刊载于（香港）《香港文学》

第 73 期。

2 月 5 日 《记女诗人陈敬容（下）》（文）刊载于（香港）《香港文学》第 74 期。

2 月 梁宗岱遗孀甘少苏所著《宗岱和我》由重庆出版社出版，为《一瓣心香（代序）》作者。

5 月 15 日 《香港作家》改版号第 8 期（总第 32 期）以"作家手迹"的形式刊出本年 2 月 15 日致舒非的信。

5 月 《漂瓶》（散文诗）刊载于《芙蓉》第 3 期，有"附记"。

5 月 诗论集《和亮亮谈诗》由生活·读书·新知三联书店出版，署"今诗话丛书"，录诗论 3 篇：《论感动——关于诗·诗人的随想录》《关于形式美》《关于现代诗》，有"后记"（1986 年 7 月）。

6 月 30 日 点评冯蓉诗歌《写给 K 君》的短文（未具标题），刊载于《理论与创作》第 3 期。

10 月 《千古文章未尽才——绀弩的旧体诗》（文）刊载于《读书》第 10 期。后改题为《散宜生诗》。

1992 年　72 岁

1 月 《混沌初开》（长篇散文诗）刊载于《芙蓉》第 1 期，此诗后荣获"《芙蓉》诗歌奖（1991—1992）一等奖"。

3 月 5 日 《罪泪》（诗）刊载于《香港文学》第 88 期。

9 月 《门里门外——致哈姆雷特》（散文诗）刊载于《花城》第 5 期。

10 月 7 日 《天籁——呈白婴兄》（文）刊载于（香港）《大公报·文学》第 15 期。

10 月 江堤、陈惠芳、彭国梁主编的《世纪末的田园——青年新乡土诗群诗选（1987—1992）》由安徽文艺出版社出版，所作《精神的历险过程——致江堤、陈惠芳、彭国梁》为序文之一。

11 月 28 日 江堤、陈惠芳、彭国梁所著诗集《家园守望者》由香港文学报社出版公司出版，为《回归生命之源的乡土（序一）》作者。

12 月　《梁宗岱先生制药记》（文）刊载于台湾《联合报》。

1993 年　73 岁

1 月 5 日　《陈爱莲》（文）刊载于（香港）《香港文学》第 97 期。按，不同于此前的版本，此为散文体，文末署"一九九二. 九. 一抄改重写稿"。

3 月 17 日　《漓江舟中作——献给祖国大地母亲》（诗）刊载于（香港）《大公报·文学》第 38 期。

6 月 1 日　《雨夜谈诗》（与龚旭东的谈话录）刊载于《香港文学》第 102 期。

6 月　邱晓崧的诗集《雪之家》出版（内部印刷品），所作《劳动之歌》为序文之一。

7 月 11 日　《张家界游踪》（文）刊载于（香港）《华侨日报·文廊》第 36 期。

1994 年　74 岁

1 月 19 日　梁宗岱遗译《圣诗三首》（即《慈光领我》《与我同住》《吾主更亲近你》）刊载于（香港）《大公报·文学》第 82 期，为"附记"作者。

1 月 30 日　《小品二题》（文，即《半个月亮》《再死几次》）刊载于（香港）《华侨日报·文廊》第 64 期。

1 月　《桂林诗抄（组诗）》刊载于《黄河文学》第 1 期。

2 月 27 日　《对镜》（诗）刊载于（香港）《华侨日报·文廊》第 68 期。

5 月 1 日　《水杉》（诗）刊载于（香港）《诗双月刊》第 5 卷第 5、6 期。

5 月 22 日　《诗人的灵药——梁宗岱先生制药记》（文）刊载于《新文学史料》第 2 期。

6 月　《记黎烈文先生》（文）刊载于《峨眉》第 3 期。

7 月　《认真学真》（文）收入杨钟岫、尹安贵编选的《"学什么?"百人大讨论》（重庆出版社）一书。

8 月 17 日　《猴戏》（诗）刊载于（香港）《大公报·文学》第 112 期。

9 月　《爽籁清游》（诗）刊载于《黄河文学》第 5 期。

1995 年　75 岁

1 月 10 日　《对镜》（诗）和罗飞的《和彭燕郊〈对镜〉》，刊载于《诗刊》第 1 期。

2 月 15 日　《读莫泊桑札记》（文）刊载于《书屋》第 1 期。

5 月 28 日　《绚丽的人文景观》刊载于《美术之友》第 3 期。

5 月　《桂林怀邵荃麟》（诗）刊载于《黄河文学》第 3 期。

8 月 16 日　陈敬容遗作《四月三章》（包括《特异功能》《千年三咏》《埃尔尼诺》）刊载于（香港）《大公报·文学》第 163 期，为"附记"作者。

9 月　《诗三首》刊载于《黄河文学》第 5 期。

11 月　《民族的青春，我的青春：1938 年 3 至 6 月北上抗日行军回忆片断》（文）刊载于《黄河文学》第 6 期。

1996 年　76 岁

1 月　《秋天》（诗）刊载于《芙蓉》第 1 期。

1 月　《民族的青春，我的青春》（文）刊载于《黄河文学》第 1 期。

2 月 7 日　《母亲》（散文，包括《母亲的休息》《母亲的乳汁》《母亲的责备》《母亲——大地，大地——母亲》）刊载于（香港）《大公报·文学》第 188 期。

2 月 22 日　《明净的莹白，有如闪光的思维——记女诗人陈敬容》（文）刊载于《新文学史料》第 1 期。

4 月 15 日　《语文忧思录》（文）刊载于《书屋》第 2 期。

4 月　《读书是一种享受》（文）刊载于《新闻三昧》第 4 期。

4 月　《季节性》（文）收入邵燕祥、林贤治主编的《散文与人》第 6 辑

（贵州人民出版社）。

5 月 15 日　《不读书议》（文）刊载于《新闻三昧》第 5 期。

5 月 22 日　《致意》（诗）刊载于香港《大公报·文学》第 202 期。

5 月 24 日　向继东记录整理的口述文字《彭燕郊谈艾青》刊载于《湘声报》。

6 月 15 日　《好书不厌百回读》（文）刊载于《新闻三昧》第 6 期。

6 月　自印诗集《彭燕郊近作Ⅰ·混沌初开》出版，包括公刘"序"、长诗《混沌初开》，以及朱健、罗寄一、郭洋生、骆晓戈、张少雄、杨远宏、荒林、龚旭东等人的文章。

8 月　《流囚九千里：皖南事变后的叶挺将军》（文）刊载于《黄河文学》第 4 期。

10 月 2 日　《童心与创造——〈风信子丛书〉的启示》（文）刊载于《中华读书报》。

10 月 30 日　《〈梁宗岱文集〉题记》（文）刊载于（香港）《大公报·文学》第 225 期。

10 月 30 日　《彭燕郊诗七首》（为《塑像——致牺牲者》《初夏——怀念一位友人》《盐的甜味——怀念一位前辈》《小泽征尔》《夜路》《四翼》《季节性》）刊载于《理论与创作》第 6 期。

12 月 8 日　《温情的诗——读舒非的诗作〈蚕痴〉》（文）刊载于（香港）《文汇报·文艺》第 965 期。

1997 年　77 岁

1 月　《语文忧思录（一）》（文）刊载于《黄河文学》第 1 期。

2 月　［美］露·梅·艾尔珂著、杨德庆译《小妇人》由海南国际新闻出版中心出版，为"序"作者。

3 月　《语文忧思录（二）》（文）刊载于《黄河文学》第 2 期。

3 月　《星光》（手稿影印）收入刘福春编《新诗名家手稿·下》（线装

书局）一书。

5 月 22 日　《荃麟——共产主义的圣徒》（文）刊载于《新文学史料》第 2 期。

6 月　《宁静明朗与真挚吟唱——聂茂诗集〈因为爱你而光荣〉序》（文）刊载于《湘潭大学社会科学学报》第 3 期；后亦刊于《诗刊》本年第 9 期。

9 月　《倾斜的原野》《杂木林》（诗）刊载于《芙蓉》第 5 期。

10 月 29 日　《岳阳楼晚眺》（诗）刊载于（香港）《大公报·文学》第 277 期。

10 月　陈华梅的《灵魂的飘泊：一个人本主义者的生命历程》由中国友谊出版社出版，所作《翱翔于灵魂异端的蛱蝶》为序文之一。

11 月　《岳阳楼晚眺》（诗）刊载于《黄河文学》第 6 期。

12 月　梁宗岱所译《莎士比亚抒情诗选》（英汉对照本）由湖南文艺出版社出版，为"代译序"作者。

12 月　诗集《当代湖南作家作品选·彭燕郊卷》由湖南文艺出版社出版，有"总序"（郑培民），套封折页处有"彭燕郊小传"，录 1979 年之后诗作 90 首；扉页为近照、《瀑布》手稿片段。

1998 年　78 岁

2 月 8 日　《亮呵，亮呵，再亮些！》（诗）刊载于（香港）《文汇报·文艺》第 1025 期。

4 月 26 日　《爱心写下的动人诗篇——读〈鲁兵童话诗〉》（文）刊载于《湖南日报》。

4 月 29 日　《芭蕉叶上诗》（诗）刊载于（香港）《大公报·文学》第 302 期。

4 月　《喘息三章》刊载于《湖南文学》第 4 期。

7 月　《带有痛苦的美：唐朝晖的〈心灵物语〉》（文）刊载于《鹿鸣》第 7 期。

7 月　《他一身都是诗：悼念诗人辛劳》（文）刊载于《黄河文学》第 4 期。

8 月　《回望与超越：新乡土诗派十年笔谈》刊载于《湖南文学》第 8 期，为作者之一，其他作者包括燎原、陈仲义等人。

9 月 10 日　《彭燕郊诗选》刊载于《诗刊》第 9 期，包括：成名作 1 首，即《冬日》（1939）；代表作 2 首，即《小牛犊》（1941）、《无色透明的下午》（1990）；近作 1 首，即《岳阳楼晚眺》（1997）。

9 月　《我应该怎样想———一些原生态思想素材》（文）收入萌萌主编的《1999 独白（卷一）》（上海远东出版社）一书。

10 月　李振声编选的《梁宗岱批评文集》由珠海出版社出版，为"序"作者。

11 月 18 日　《独特的和不可重复的——纪念迦尔西亚·洛尔迦诞辰一百周年》（文）刊载于（香港）《大公报·文学》第 331 期。

11 月　《纪念迦尔西亚·洛尔迦诞辰一百周年》（文）刊载于《黄河文学》第 6 期。

12 月　散文诗集《夜行》由山东友谊出版社出版，属"逼近世纪末人文书库"；根据不同年代，分为十辑，收录 1939 年至 1989 年的散文诗 57 篇。

本年　《和章士钊的一面缘》（文）刊载于《湖南文史》本年第 1 辑。

本年　赵海洲的散文诗集《老人与少女》由中国三峡出版社出版，为"序"作者。

1999 年　79 岁

1 月　《带有痛苦的美：谈唐朝晖的〈心灵物语〉》刊载于《黄河文学》第 1 期，亦刊于北京《新生界》第 1 期。

1 月　《中国常德诗墙丛书》编委会主编的"中国常德诗墙丛书"由中国文联出版公司出版，据《中国常德诗墙丛书》编辑部、编务部所列信息，任《五洲撷英赏析》一书的特邀主编，并作"前言"。

1月 为聂绀弩来信一封所作《收信人语》，收入刘衍文、艾以主编的《现代作家书信集珍》（现代汉语大词典出版社）一书。

9月 长诗《生生：多位一体》以及《"美是有毒的"——彭燕郊访谈录》（匡国泰），刊载于《湖南文学》第9期。

12月 《思想者的诗》（文）刊载于《诗探索》第4辑。

2000年　80岁

1月 《恋歌（外一首）》（即《落叶树》）刊载于《诗潮》第1期。

2日 《柚子花开的地方》（诗）刊载于《诗刊》第2期。

3月 《思想者的诗——读汤锋诗集〈亲如未来〉》（文）刊载于《理论与创作》第2期。

3月 《〈绿的呼喊〉诗选》（文）刊载于《创作》第2期。

4月14日 《芭蕉叶上诗——一个诗痴的内心独白》（诗）刊载于《湖南税务报》。

4月 化铁诗集《生命中不可重复的偶然》由作家出版社出版，为"序"作者。

5月22日 《他一身都是诗——悼念诗人辛劳》（文）刊载于《新文学史料》第2期。

5月 《小诗八首》刊载于《黄河文学》第3期，八首为《灯蛾》《西班牙小景》《神话》《听惠斯尼·休斯顿唱歌》《合伞》《敷衍》《话语》《明湖之夜》。

7月 《好美丽哟，红石竹花：读罗飞诗集〈红石竹花〉札记》（文）刊载于《黄河文学》第4期。

8月 《杂志的个性》（文）刊载于《开卷》第8期。

10月 《写性，禁区还是误区？》（文）刊载于《年轻人》第10期。

12月30日 《恋歌》（诗）刊载于《湘泉之友》。

12月 《诉说自己》（文）以及赵树勤与王福湘、石天河、龚旭东等人的评论文章，刊载于《诗探索》第 3—4 辑（天津社会科学院出版社）。

2001 年　81 岁

1 月 8 日　《更内心，更自由，更现代》（文）刊载于《芙蓉》第 1 期。

1 月　《画语录》（文）收入江堤编选的《黄永玉：给艺术两小时》（湖南大学出版社）一书。

2 月　《像早霞一样新鲜——读彭国梁近作》（文）刊载于《书屋》第 2 期。

3 月　《溶洞岩，音乐不朽了》（散文诗）刊载于《黄河文学》第 2 期。

5 月　诗歌《$E=mc^2$》以及牛汉、陈实、骆晓戈、张少雄、曾悟、龚旭东等人的评论文章，刊载于李青松主编的《新诗界》第 1 卷（文化艺术出版社）之"诗人研究"栏目；评论文《李青松和他的"六行诗"》，载该栏目的"李青松研究"专辑。

7 月 5 日　《诗人艾青》（文）刊载于《湄洲日报》（海外版）。

9 月 1 日　《"不扩散的姚蓬子"——姚蓬子其人其事》（文）刊载于《三湘都市报·湘韵》。

9 月　《吹芦笛的诗人艾青》（文）刊载于《黄河文学》第 5 期。

12 月　《流囚九千里——皖南事变后的叶挺将军》（文）刊载于《云岭》总第 44 期。

2002 年　82 岁

1 月　《和龙曦闲谈》（文）刊载于《黄河文学》第 1 期。

2 月　《稿费琐谈》（文）刊载于《出版科学》第 1 期。

3 月　经过修订的长诗《妈妈，我，和我唱的歌——献给同辈伙伴们的母亲》、龚旭东的评论《向往大欢喜的叛逆浪子——读彭燕郊长诗〈妈妈，我，和我唱的歌〉》刊载于《创作》第 2 期。

4 月　张铁夫翻译的《玫瑰：屠格涅夫散文诗集》由湖南文艺出版社出

版，为《序：屠格涅夫和他的散文诗》作者。

5 月 与骆晓戈的对话《女性主义与诗学》刊载于《创作》第 3 期。

5 月 《悼念卞之琳先生》（文，后改题为《看风景的人在桥上看你——记卞之琳》）、谈话《新诗一夕谈》（与李青松合作）、书信《彭燕郊致李青松》刊载于李青松主编的《新诗界》第 2 卷（新世界出版社）。

5 月 《悼念卞之琳先生》（文）刊载于《黄河文学》第 3 期。

6 月 《北上抗日行军途中》（文）刊载于《云岭》（内部资料）总第 45 期。

7 日 《消失（外一首）》（即《新鲜》）刊载于《诗刊》7 月号上半月刊。

9 月 《比萨斜塔（诗八首）》刊载于《芙蓉》第 4—5 期，八首诗即《循环往复》《明湖之夜》《大孩子——赠诗人朱健》《比萨斜塔》《李贺》《新鲜》《盲文》《放射》。

9 月 《树下谈诗：彭燕郊与彭国梁的对话》刊载于《诗歌月刊》第 9 期。

9 月 《屠格涅夫和他的散文诗——读张铁夫译〈屠格涅夫散文诗集〉笔记》（文）刊载于《黄河文学》第 5 期。

10 月 14 日 《爱读〈七月〉》（文）刊载于《湄州日报》（海外版）。

10 月 《风信子》（散文诗）刊载于《作品》第 10 期。

10 月 与骆晓戈的对话录《女性主义与诗学》收入李小江等著《文学、艺术与性别》（江苏人民出版社）一书。

11 月 4 日 《投稿〈七月〉》（文）刊载于《湄州日报》（海外版）。

11 月 22 日 《回忆胡风先生》（文）刊载于《新文学史料》第 4 期，亦刊于《黄河文学》第 6 期。

12 月 6 日 《胡风与茅盾》（文）刊载于《湘声报》。

12 月 25 日 《质本洁来还洁去——哭任敏大姐》（文）刊载于《三湘都市报》。

2003 年　83 岁

1 月　《屠格涅夫和他的散文诗——张铁夫译〈屠格涅夫散文诗集〉序》（评论）刊载于《理论与创作》第 1 期。

1 月　《海誓（外二首）》（即《蛙鼓》《兰叶》）刊载于《黄河文学》第 1 期。

3 月　《彭燕郊诗作选》（即《叫喊——题蒙克的〈绝叫〉》《万年寺蛙声》《节奏感》）、《彭燕郊访谈录——诗之思》（与颜雄的对话，附书房读书照一张）刊载于《诗刊》第 5 期（3 月号上半月刊）。

3 月　《学当编辑——回忆胡风先生之一》（文）刊载于《新诗界》第 3 卷。

4 月　《书话三题》（即《背书》《偷书》《书荒》）收入彭国梁主编的《百人闲说：书之趣》（珠海出版社）一书。

5 月 16 日　《我也燃烧过了——读龙宿莽诗集〈春天的麦子〉》刊载于《湖南日报》。

7 月　《诗之美，品格之美——悼念诗人公刘》（文）刊载于《黄河文学》第 4 期。

8 月　刘起林所作访谈类文字《彭燕郊：诗这个东西太迷人了》刊载于《东方》第 8 期。

8 月　《保护民族民间文化：理解和期待》（文）收入丁来文主编的《守望民间》（湖南人民出版社）一书，该书为关于湖南省民间文化保护的学术文集。

9 月 8 日　《可爱的梁宗岱先生》（文）以及陈太胜的《诗人梁宗岱的"诗心"》、龚旭东的《梁宗岱先生编年事辑》，刊载于《芙蓉》第 5 期。

9 月　田澍（欧阳斌）诗集《大地的笑涡》由长征出版社出版，为"序"作者。

10 月 2 日　《未知的世界》（文）刊载于《三湘都市报》。

11 月　《迷人的笑涡——读田澍诗集〈大地的笑涡〉》（评论）刊载于《理论与创作》第 6 期。

11 月　《我，也燃烧过了——读〈春天的麦子〉致宿莽》刊载于《黄河文学》第 6 期。

2004 年　84 岁

1 月 20 日　《目成》（文）刊载于《三湘都市报》。

1 月　《历史的规定，我的选择》（文）收入荒林主编《男性生存笔述》（山西人民出版社）一书。

1 月　《最后的洋场才子——胡兰成的〈今生今世〉》（文）刊载于《书友》第 1 期。

2 月　《冬夜谈诗——彭燕郊访谈录》（与彭国梁对谈，张晨记录、整理）、《彭燕郊诗选》（5 首，即《冷场》《湖滨之夜》《年问》《日子过得真快》《雄辩》）刊载于《诗歌月刊》第 2 期。

3 月　《年问》（诗）刊载于《诗刊》3 月号下半月刊。

3 月　《冬夜谈诗——彭燕郊访谈录》刊载于《诗歌月报》第 3 期。

3 月　渤海诗集《诗歌　站在我生活的反面》由远方出版社出版，为序文《心中的明灯——完美的缪斯——读渤海诗集〈诗歌　站在我生活的反面〉》的作者。

5 月　"现代散文诗名著名译"丛书由花城出版社开始出版，为"总序"作者。

5 月　署名主编并作"丛书前言"的"散文译丛"陆续由湖南文艺出版社出版。

7 月　自印诗集《芭蕉叶上诗》，收入近作 25 首：《佛手》《听肯尼斯吹奏萨克斯》《心字》《三叶》《李贺》《二律背反》《略号诗——长沙方言诗试作，自嘲》《循环往复》《比萨斜塔》《新鲜》《盲文》《放射》《芭蕉叶上诗》《西班牙小景》《雄辩》《岳阳楼晚眺》《叫喊——题蒙克的〈绝叫〉》《万年寺蛙声》《节奏感》《植物人》《听歌》《冷场》《湖滨之夜》《智慧的悲哀》《最后一个》，有"跋"。其中，《最后一个》曾题为《无题》，收入《湖南当代作家作品卷·彭燕郊卷》。

7 月 诗歌《佛手（外四首）》（即《湖滨之夜》《日子过得真快》《雄辩》《冷场》）刊载于《黄河文学》第 4 期。

9 月 文章《诉说自己——关于我的诗集》、谈话录《以诗歌表征生命的价值》（夏义生、唐祥勇、欧娟）以及龚旭东、欧阳志刚、刘长华的评论，刊载于《理论与创作》第 5 期。

9 月 谈话录《诗之苦旅——与彭燕郊先生对谈》（颜雄）刊载于《湘潭大学学报》第 5 期。

10 月 《彭燕郊的诗（六首）》刊载于《诗歌月刊》第 10 期，为《听肯尼斯吹奏萨克斯》《三叶》《李贺》《二律背反》《比萨斜塔》《西班牙小景》。

11 月 12 日 《绀弩遗简补缺》（文）刊载于《湘声报》。

2005 年　85 岁

2 月 《新鲜》《盲文》《最后一个》刊载于《黄河文学》第 1 期。

3 月 随笔集《纸墨飘香》由岳麓书社出版，属"开卷文丛"第 2 辑，扉页为手书《纸墨飘香》字样，折页处有近照一张、简介一份；有"题记"，所录为"历年写的有关书和读书的文字"；共分 5 辑，包括《读书是一种享受》《好书不厌百回读》《买书》《谈禁书》《出版社、书店和读者》《邮购之乐》《纸墨飘香的童年》《长沙淘书记》《〈图书汇报〉第二期》《〈瓦釜集〉》《读莫泊桑札记》《〈诸神渴了〉》《出版家胡愈之》《译诗——一个读者的回忆》等。

5 月 10 日 《读诗札记——解读湖南十诗人》（文）刊载于《绿风》诗刊第 3 期。

5 月 《胡风在桂林》（文）刊载于《三联贵阳联谊通讯》第 2 期。

6 月 1 日 "唯诗：彭燕郊专辑"刊载于《文学界》总第 2 期，收入 7 类文字：作品《诗魔附身：苦恼，困惑，挑战》、诗选《彭燕郊诗选》（两首，即《站稳脚跟》《滨湖春雨》）、访谈《春夜谈诗》（龚旭东）、日记（1967年日记）、通信《保存温暖》（包括1979年10月11日聂绀弩、1978年12月2日端木蕻良、1985年6月11日徐迟、1990年9月11日曾卓来信）、诗与人《关爱·视点·印象》、作品目录《跋涉者足迹》。

6月　《绀弩遗简补缺》（文）刊载于《开卷》第6期。

8月　邵凯生、朱强娣编注的《烽火诗情——新四军诗选》由安徽人民出版社出版，为"序"作者。

11月　《湖滨之夜》（诗）刊载于林莽、张洪波主编《诗探索·第2辑（作品卷）》（时代文艺出版社）的"探索与发现"栏目，此诗与卞之琳《午夜听夜车环行》、辛笛《寒冷遮不断春的路——九十抒怀》合编为"面对暮年的三首短诗"，并配有沈奇、周晓风两人的评论。

12月18日　《诗德——〈湖南诗人专辑（一）〉代序》（文）刊载于湘潭市文学研究会主办的《风雅》第3—4期合刊。

12月20日　《记忆中的胡风和茅盾》（文）刊载于《贵州政协报》。

12月25日　《爱情呼唤人性——说〈长恨歌〉》（文）刊载于《中国韵文学刊》第4期。

12月　《回忆卞之琳先生》（文）刊载于（香港）《诗网络》第24期。

12月　《发掘之乐》（文）刊载于《湖南日报》。

本年　《诗的常识》（文，即《虔诚地走向诗》）刊载于《毛泽东文学院学刊》总第2期。

2006年　86岁

1月　《野史无文》由武汉出版社出版，署"潜在写作"丛书，扉页有1972年的个人照、1968年的全家照各一张，《夜闻雁过》手稿片段一种。全书目录为："总序"（陈思和），"《野史无文》题记"（彭燕郊），《被捕口占》《无声语》《寻丫》《空白》《掩卷》《白光》《耻辱》《废物利用》《对镜》《夜闻雁过》《天喜·天怒》《人格》《真假论》《裸之痛》《致牺牲者》《获释口占》《家》《小船》《完人》《松动》《以线划分》《聚光灯》《音乐癖》《错位》《六六惨案》《飞》《热烈欢迎》《强者》《猴戏》《殒》《湖呵，湖呵》，"附一：作品纪略""附二：我应该怎样想——一些原生态思想素材""附三：彭燕郊致陈思和、刘志荣""后记"。

1月　《诗德》（文）刊载于《湖南日报》。

1月　《重读〈忆罗曼·罗兰〉》（文）刊载于林贤治、筱敏主编的《人文随笔（2005·冬之卷）》（花城出版社）一书，《忆罗曼·罗兰》为梁宗岱文。

1月　《彭燕郊的诗（五首）》（即《伞骨》《赏赐》《水洼》《我的泼水节》《柚子花开的地方》）刊载于《诗歌月刊》第1期。

2月　《宁静、真诚与感动——读远人组诗〈保存的记忆〉》（文）刊载于《诗歌月刊》第2期。

3月1日　谈话录《彭燕郊：我对一切美的东西都很痴迷》刊载于《南方都市报》，为《大家访谈"文化老人系列"》之一。

5月　《彭燕郊诗文选》作为黄礼孩主编的《诗歌与人》总第13期出版，分自由体诗和散文诗，录1938—1999年作品130余首，有各时期的照片若干。黄礼孩作前言《彭燕郊：美伴随一生》（2006年4月16日）。

6月　《救生》（文）刊载于《湖南日报》。

6月　《书缘》（文）收入董宁文编选的《我的书缘》（岳麓书社）一书，亦刊载于《老年人》第7期。

9月　《躁动》（诗）刊载于《文学界（B版）》第9期。

11月　《彭燕郊近作三首》（即《伞骨》《赏赐》《围观孔雀》），刊载于《星星》诗刊第11期，同期有石天河评论1则。

12月　历时数年、反复修订的《彭燕郊诗文集》由湖南文艺出版社出版，共分4卷，诗歌2卷，散文诗和评论各1卷，分别由龚旭东、林贤治、孟泽作序，各卷所录作品为229首、18篇、119首，有"后记"。

12 月　《诗界之上混沌开——访诗人彭燕郊》，收入王耀东的《躲在天堂里的眼睛》（中国文联出版社）一书。

12 月　《书斋》以及在书斋的照片，刊载于《书人》本年第 2 期。

2007 年　87 岁

1 月　《生生：多位一体》（长诗）刊载于《中西诗歌》第 1 期。

1 月　《我的笔名》（文）收入董宁文主编的《我的笔名》（岳麓书社）一书。

1 月　《程千帆先生和〈诗帆〉》《杂志的个性》（文）收入流沙河等著、董宁文编选的《岁月回响》（青岛出版社）一书。

1 月　《投胎——〈诗文集〉成书感言》（文）刊载于《湖南日报》。

3 月 15 日　《回忆同时代作家诗人》（与易彬的对谈）刊载于《长城》第 2 期。

4 月　子聪（董宁文）所著《开卷闲话三编》（湖南教育出版社）出版，为"序"作者之一。

6 月 28 日　谈话录《访诗人彭燕郊：写作不是作秀，还欠好多"笔债"》刊载于《长沙晚报》。

7 月 31 日　《我们的向往与追求》（文）刊载于《文艺报》第 2 版，为对李静民诗集的评论。

8 月　《破土日》刊载于《散文诗·校园文学选刊》第 8 期。

9 月 8 日　《生生：多位一体》（长诗，有"附记"）刊载于《芙蓉》第 5 期；亦刊载于本月出版的王强主编的《文心》第 1 辑（中国财政经济出版社），并有龚旭东的评论《"认识彭燕郊"：一个重大的文化和诗学课题》。

10 月 7 日　《我心中真正的男子汉大丈夫》（文）刊载于《潇湘晨报》"切·格瓦拉纪念辑"特刊。

12 月　《彭燕郊获奖感言》（文）刊载于《散文诗世界》第 12 期"纪念中国散文诗 90 年特辑"。

2008 年　88 岁

1 月 15 日　《哭颜兄》（诗）刊载于《鲁迅研究月刊》第 1 期。按：颜兄指 2004 年去世的湖南师范大学文学院颜雄教授。

1 月　王幅明主编的《中国散文诗 90 年（1918—2007）》由河南文艺出版社出版，所作《极富创意的文学工程》为序文之一。此文亦刊载于《时代文学》第 2 期。

2 月 25 日　谈话录《"我当然很想到解放区去"》（易彬）刊载于《新文学史料》第 1 期。

2 月　仍健在的原"七月派"11 位诗人作品合集（其余 10 人为孙钿、冀汸、杜谷、徐放、绿原、朱健、鲁煤、牛汉、罗飞、化铁），以《"七月诗派"十一人诗选》为总题，刊载于《上海诗人》2008 年第 1 辑《心景漾动水中央》（上海文艺出版社）。

3 月 31 日　凌晨 3 时 56 分，于长沙逝世。

3 月　《傲骨原来本赤心——悼念东平》（文）刊载于《随笔》第 2 期。

谱　后

2008 年

4 月　《叠水》（诗）以及在书房伏案写作的照片、《叠水》手迹，刊载于《上海诗人》第 2 辑《凝视你的背影》（上海文艺出版社）。

5 月　《七夜谭》（诗）刊载于《芙蓉》第 3 期。

5 月　《"那代人都很理想主义"》（与易彬对谈）刊载于《新文学史料》第 2 期。

5 月　《世纪之痛的沉重课题——读鲁贞银的〈胡风文学思想及理论研究〉》（文）收入陈思和、张业松编选的《思想的尊严：胡风百年诞辰学术讨论会文集》（宁夏人民出版社）一书。

6 月 15 日　《彭燕郊诗六首》(《路毙》《夜闻雁过》《影子》《湖滨之夜》《西照的阳光斜斜地》《清朗》) 以及远人、聂茂的回忆文刊载于《诗探索·作品卷》(九州出版社) 第 1 辑。

6 月　《〈红雨湖〉对话录》(与欧阳斌对谈) 刊载于《文学界 (原创版)》第 6 期。

6 月　《给青年作者的一封信》刊载于《诗刊》6 月号下半月刊，青年作者为徐燕。

7 月　署名主编的《中国现当代抒情诗》《外国抒情诗》由湖南少儿出版社出版第 2 版，署"美的教育·经典朗读丛书"。

8 月　《在湘大的日子》(文) 收入王继平主编的《回望湘大：湘潭大学五十周年回忆录》(湘潭大学出版社) 一书。

11 月　《叠水》(诗) 和一组纪念文章 (作者为北岛、林贤治、杨德豫、余开伟、李冰封、黎维新等)，刊载于《芙蓉》第 6 期"纪念彭燕郊专辑"。

2009 年

6 月　《彭燕郊先生遗作三首》(诗，为《历史的存量》《立体交叉》《叠水》) 以及张兰馨、孟泽的诗文刊载于《诗探索·作品卷》(九州出版社) 第 1 辑。

8 月　《诗魔附身：苦恼，困惑，挑战》(文) 刊载于《扬子江评论》第 4 期"名家三棱镜·彭燕郊"栏目，封二、封底刊有作者简介和各时期照片 14 张，并有李振声、龚旭东的评论文。

2010 年

3 月　"彭燕郊纪念文丛"由花城出版社出版，包括三种：《那代人：彭燕郊回忆录》《漂瓶：彭燕郊散文诗》《一朵火焰：彭燕郊自由诗》，张兰馨作"后记"。

11 月　《彭燕郊答客问》(文) 刊载于《新文学史料》第 4 期 (附在叶德浴《彭燕郊与舒芜》一文之后)。

2011 年

5 月 22 日 《"必须了解整个世界诗歌潮流的大方向"——诗人彭燕郊谈新诗与外国诗歌》（与易彬对谈）刊载于《新文学史料》第 2 期。

6 月 《"民歌精神是非常真实、非常纯朴的"——诗人彭燕郊谈新诗与民歌》（与易彬对谈）刊载于《中国诗人》第 3 期。

11 月 《聂绀弩与舒芜》（文）刊载于《粤海风》第 6 期。

12 月 《〈外国诗辞典〉序》（文）刊载于《书屋》第 12 期。

12 月 《彭燕郊谈中外诗歌》由湘潭大学出版社出版，封面署"彭燕郊著，杜平整理，徐炼注释、导读"。

2012 年

2 月 《我所知道聂绀弩的晚年》（文）、龚旭东的《情深之至的缅怀——关于〈我所知道聂绀弩的晚年〉的说明》刊载于《现代中文学刊》第 1 期。

11 月 《梅志彭燕郊来往书信全编》由海燕出版社出版，署"北京鲁迅博物馆编，张晓风、龚旭东整理辑注"，收录往来书信 117 封，所作《天真——记梅志和胡风不寻常的三十年》（未完稿）为附录一，另有张晓风作《为了心灵深处那颗神圣的燧石——〈梅志彭燕郊来往书信全编〉后记》。

2013 年

6 月 陈思和、王德威主编的《史料与阐释（贰零壹壹卷合刊本）》（复旦大学出版社）推出彭燕郊研究专辑，包括《溆浦土改日记（1951 年 12 月—1952 年 1 月）》《"文革"日记选录（1967 年 5—6 月）》《〈诗歌与人〉"诗人奖"获奖答谢词》《回忆严杰人》《"对诗的亵渎是不可原谅的！"——彭燕郊先生访谈录》《彭燕郊自撰年谱二种》《彭燕郊小传》以及汪华藻、李振声、龚旭东的文章。

2014 年

1 月 《接受、影响与融通——彭燕郊诗歌访谈录之一》（何云波）刊载于《世界文学评论（高教版）》第 1 期。

7月 《我不能不探索：彭燕郊晚年谈话录》由漓江出版社出版，署"彭燕郊口述，易彬整理"。

2020 年

7月 《彭燕郊陈耀球往来书信集》（易彬、陈以敏整理注释）由百花洲文艺出版社出版，收录两人 1983—2007 年书信 664 封。

彭燕郊诞辰百年纪念座谈会
发言选辑

　　摘　要　2020年10月，"彭燕郊诞辰百年纪念座谈会及彭燕郊文学资料捐赠仪式"在中国现代文学馆举行。会议由中国现代文学馆、湖南省文学艺术界联合会、湖南省作家协会、《诗刊》社联合主办，来自中国社会科学院、清华大学、北京师范大学、中国人民大学、中央民族大学、首都师范大学、长沙理工大学、天津社会科学院等学术机构及湖南省文联、湖南省作协、湖南日报社、作家出版社、中国国家画院、《诗刊》社等高校和机构的30余名专家、学者与领导参加座谈。相关情况见于《中国现代文学研究丛刊》2021年第5期所载王雪的《独木成林的文学景观——彭燕郊诞辰百年纪念座谈会综述》，现辑录荒林、西渡、陈太胜、王士强这四位学者的发言，既有深挚的怀念，也有多方的话题意义，既回望过去，也指向未来。

　　关键词　彭燕郊；百年纪念；座谈会

彭燕郊老师永远激励着我

荒　林

我是彭燕郊老师正宗的学生。在湘潭大学，遇到了彭燕郊老师，他对我的一生产生了非常重大的影响。

我记得 1991 年到中国人民大学来进修的时候，进修的是法律专业，彭燕郊老师给我写了一封推荐信，让我去中国人民大学拜访他的妹妹，让我深入北京的生活。还有一封推荐信是写给唐晓渡先生的，带了一本书《和亮亮谈诗》。彭燕郊老师是非常有心的，让我要融入北京的文化圈。我记得当时唐晓渡先生说了一句意味深长的话，他说："你是不是亮亮？"我当时就傻眼了，我不能回答这个问题，因为彭燕郊老师是我的老师，在我们的心中，老师是非常高大的形象，亮亮是他的每一个他想要说话的、想培养的年轻人，我想我们是他其中一个吧。这是我想说的第一点。

第二，我对彭燕郊老师的家也非常了解，他还有一个非常优秀的女儿，就是坐在我们前面的丹丹。他有一个非常优秀的太太，是位画家，我认为对彭燕郊老师的诗歌创作产生了重大的影响，在研究中我们往往可能忽略这一面，其实非常重要，因为彭燕郊老师的诗是非常有画面感的。所以我觉得今天吴思敬先生说得非常形象生动，他用形象生动的理论语言来表达彭燕郊老师为人和其

作者简介：荒林，本名刘群伟，湖南长沙人，文学博士，首都师范大学文学院教授，主要从事中西女性主义理论、文学与艺术及哲学研究。

诗的魅力，就是"风前大树"。"风前大树"其实是一幅非常美的画，我觉得在这个语言里面已经对彭燕郊老师人格魅力和诗歌特点进行了非常形象的表述，老师在美学上也是"风前大树"。唐晓渡先生说，彭燕郊老师有巨大的生命力，我深为认同，他一生就像"风前大树"一样，具有那种正直的品质和强大的生命力，特别是逆境中那种文化影响力，对我们湘潭大学的学子们产生了巨大的影响。我的师兄王鲁湘先生，我是这一次才见到他，其实在我们的生活中，他就像一个传奇，我觉得是我们的老师深深地影响了他，也影响了我们。这就是美的生命的影响力。

我记得彭燕郊老师在我一年级的时候，他写了一个纸条给我，对我的影响非常大。在我看来，一个人一生中遇到好的老师、好的教育家是非常重要的。他说："荒林，不要浪费你的才华。"这句话是我一生成长的鞭策，对我非常重要。老师对学生看得很清楚，所以他对我的一生都有非常大的指导，包括我后来出去学习，应该进入什么样的程度，他都非常关心。他写完长诗《混沌初开》，最早就寄给了我，他觉得这个学生能够去读老师的东西，而且他让我给他写一篇评论，当时我真的是非常非常感动，这是一个跨年龄和跨代际的沟通和对话，他是充分地相信他的创作与生命传承是联系在一起的，所以我对我的老师非常敬佩。一直到他去世之前，我们都有电话联系，每一次打电话他都能清晰地听到我说的话，他跟我讲的每一句话也是非常清晰的，在我的感觉中他是不会离开的。当他离开的时候，我写了一篇纪念他的文章，我不相信他会离开，那个季节正好是玉兰花开的季节，这就是老师在我心中的生命的形象。

具体说起来，他对我们湘大的影响有多大呢？第一点，我们读书期间在他的指导下创立了"旋梯诗社"，今天来到现场拍摄的都是旋梯的师弟们，这是非常直接的影响。这个名字就是他起的，他有一首诗就叫《旋梯》，字也是他题的。其实，湘大就形成了一个旋梯文化，而且还有了"旋梯书苑"，这真的是非常了不起的一个校园文化。他是一个诗人教育家，这是我深有感受的，可能是刚刚大家都没有谈到的，我觉得一个人在成长过程中遇到一个好老师对自己无比重要。

他对我们产生的第二个非常重大的影响，就是他创办《国际诗坛》。这是一个非常广阔的国际视野，对于每个学生、对于诗歌界而言都是。在出版文化传播上，彭燕郊老师是走在时代的前列的，我后来创办《中国女性文化》《中国女性主义》，都深受我的老师的影响。他相信这种文化的传播力跟诗歌一样的重要，所以他做的这些事情对我们影响都非常大，在我个人身上有非常直接的体现。我的这些书，老师都很关心，他会跟我谈起它们。就在去世之前，他还说你把你的书都寄给我。我记得当时我出版了与翟振明教授的哲学对话集《撩开你的面纱：女性主义与哲学的对话》，老师说你赶紧把这本书寄给我。那个时候离他去世的时间真的已经不久了，所以他永远活在我的心中。

第三个影响是老师在诗歌创作上的创新力。可以这么说，当他不断跟年轻人保持互动的时候，他愿意把他的诗给年轻人看的时候，其实他也非常愿意接受年轻人的意见，比方他会说："《混沌初开》这些句子、这些语言、这种感知，你们都喜欢吗？你有什么想法？"他会跟我这样来切磋，作为学生来说，真的是非常感动，我非常愿意说真话给老师听。老师的那种青春的生命力，跟学生之间的对话关系，我觉得是永远激励着我的。

所以我觉得今天如果我不说话，是对老师的不敬，我说话是向大家表达我对老师的尊敬。谢谢这次会议的主办者，谢谢丹丹和丹丹的母亲，谢谢在座的每一位老师，谢谢你们。

对于彭燕郊先生出版工作的感念

西　渡

我最想表达的是一个晚辈对彭燕郊先生作为诗人特别是作为出版家的敬意。

像我这样在 20 世纪 80 年代中期开始写作的人，特别受益于彭燕郊先生的出版工作，他所筹划、主编的那几套外国诗歌丛书和刊物，我手中几乎都是全的。《国际诗坛》出了六辑，《现代世界诗坛》印象中是两辑（第三辑印出但未发行），还有"诗苑译林"丛书。我今天早上找出郑敏先生翻译的《当代美国诗选》，这本出得比较晚，书后的书目应该比较全，我数了一下，列入丛书目录的总共有七十多种。刚才欧阳斌先生说实际出版五十多种，有些列入书目的最后没有出版。在我看来，这一套丛书是总结性的，把新诗史上重要的外国译诗都梳理了一遍。当然，其他出版社也有类似的刊物，人民文学出版社就有《外国诗》，也出了六辑，再加一本《东西南北集》。但《外国诗》的定位跟《现代世界诗坛》《国际诗坛》不太一样，倾向于介绍古典诗人，而《国际诗坛》《现代世界诗坛》译介的主要是现代诗人，介绍比较新的外国诗歌，对当代诗歌的影响也更大。彭燕郊先生主编的这些刊物和丛书可以说改变了当代诗人对于外国诗歌的整体视野，对 80 年代以及后来的当代诗歌写作，都有非常重大的影响。

作者简介：西渡，本名陈国平，浙江浦江人，文学博士，清华大学中文系教授，主要从事中国现代诗学研究。

刚才我看《风前大树》这本书的时候，正好看到易彬的文章《晚年彭燕郊的文化身份与文化抉择》，谈到彭燕郊先生编这些书的甘苦，其中有很多的委屈、辛劳和挫折。包括《外国诗辞典》，两百多万字交给出版社，最后不但书没有出版，原稿也没有还回来。可以想见，这种挫折对彭燕郊先生这样对诗歌事业怀有使命感、特别虔诚的老人来说是多大的打击。对于彭燕郊先生，我们都应该心怀感激，同时也应该感到愧疚。

90 年代初，"诗苑译林"停止出版了。某天我在王府井书店偶遇湖南人民出版社的编辑，当时我还生气地问他为什么把"诗苑译林"这么好的、给出版社赢得巨大声誉的一套书停掉了？前几年，这套书又开始出版了，遗憾的是这次重印的多数都是已有的译本，也就是卖得比较好的。还有不少曾经列入"诗苑译林"但没有出版的书，有的已经在其他出版社出了，也还有一些书到现在都没有出版。我觉得如果湖南出版界有心的话，应该把彭燕郊先生这些未完的工作继续做下去，这也是了却彭先生的遗愿。

彭燕郊的晚期写作

陈太胜

在我心目中，彭燕郊先生是中国自有新诗以来最有成就的诗人之一。易彬和龚旭东编的《风前大树》一书中收入了孟泽和我的一篇长文，实际上，那是彭先生去世后次年，即2009年，在北师大举行的一次研讨班实录，孟泽和我做了演讲，学生朗读了彭先生的诗，还有学生提问及讨论。此后每年，我都会在研究生有关现代诗学的课程上讨论和讲授彭先生的诗，每次都会有学生说，这么优秀的一个诗人，怎么此前从来没有听说过。我始终觉得彭先生是被我们新诗史严重低估的诗人。

我已经写过几篇文章，讨论过彭先生的诗。这儿再谈谈彭先生的晚期写作，是我计划要写的另一篇文章。彭燕郊漫长的写作生涯，从1938年算起，长达70年。其间，若以他本人在编自己的"诗文集"时设定的1949和1979年两个时间点为界，则大概可分为早、中、晚三期。我对他的早期写作评价很高，认为它超出了一般我们所谓的"七月派"诗人的范围和成就。我在一篇讨论彭先生早期诗作的文章中，以对他一些诗作的分析为基础，认为彭先生早期诗作中包括《旅途上的插话》《窗》《卖灯芯草的人》《路亭》等在内的很大一部分，都可被列入新诗史上最好的作品之列，他具有一种惊人的把现实变成想象的诗的能力（我称之为"幻视"），与那种夸张的强制性的语言暴力完全不

作者简介：陈太胜，浙江仙居人，文学博士，北京师范大学文学院教授，主要从事文学理论和中国现代诗学研究。

同，他的诗的声音是节制的、更为有力的声音。彭先生的中期写作，数量不多，在我看来，成就也不如其早期和晚期，从后来的视角看，基本上属于一个"磨练"和"沉淀"的时期，无论是在思想还是诗艺上。

而彭先生的晚期写作，始于我们一般所谓的"新时期"开始之时。那时，彭先生已是六十高龄的"老人"了。有人将彭先生这一时期的写作，称为"衰年变法"。这确实指出了一个事实，即：年岁上的"衰老"与艺术上的成就所构成的某种"正比"关系。毕竟，我们通常看到的中国新诗人，这两者的关系都是成反比的。还有很大一部分，则是完全放弃了新诗写作。彭先生的晚期写作，历经近三十年，成果丰硕。其新诗写作上的探索，既包括一般分行的诗，也包括不分行的散文诗。

彭先生的晚期写作，从一开始，即以《钢琴演奏》《小泽征尔》《东山魁夷》等作品体现了不凡的气度。我说的是诗人使用"语言"使自己的表达成为真正的诗的那种"气度"。抒情诗的最大问题，一定程度上，与"命题作文"的问题是一样的，诗人似乎有意无意间使自己成为坐在考场里的某个"学生"，让自己满足于抒发某种既定的情感。这样的诗，最后变成了没头脑的诗。而真正的诗人是使语言成为自己的"家"，语言在他那儿成了"发生的场所"。彭先生的《芭蕉叶上诗》读起来就像是诗人对诗本身的反思。在彭先生写得最好的一些诗里，我们可以感觉那种探索，那种出于智慧对自己使用的语言和形式的不确定性，这本身似乎也成了他诗的艺术本身的一部分。我个人反而对他《生生：多位一体》那种多少有些"宏大叙事"的东西持警醒态度，我对这首诗的看法认同李振声和孟泽两位教授的见解。

彭先生在晚期写作中，还尤其重视散文诗这一诗体。在《漂瓶》《无色透明的下午》《混沌初开》等散文诗作品中，展现出了新的艺术形态，"以思考代替抒情"，并让思想有了诗性的、音乐化了的形式，即思想和音乐相交响的艺术形式，称得上是中国现代散文诗文体的一种创新形式。似乎，对彭来说，散文诗更符合他心目中理想的现代诗的样子，其原因大概是表现"思想"丰富的可能性，以及呈现像诗一样又与诗有所不同，甚至是更多变的某种音乐的旋律性的可能。他的散文诗打破了诗体上形式的束缚，像不再讲究押韵和不押韵。在他心目中，散文诗也只是诗的一种形式。这也是其真正的价值和意义所在。

在我心目中，随着时间的推移，彭先生作为罕见的诗人的地位会越来越变得清晰起来。在很大程度上，这是因为，他以自己的写作，促进了新诗中某种可称为"后浪漫主义"的源流的展开。在他的诗学中，对文学（语言）本身的自我意识和自我反省，显得比浪漫主义要更多和更为重要。这当然与后浪漫主义诗学中这样一个重要的观念有关，即：现在，诗不是只表现人类意识中特异的特别个人化的情感，而是表现人类意识全部。很大程度上，这种对诗的自我意识，将诗提到了哲学的地位，使诗本身有可能成为哲学语言之一种。现在，诗人与德里达、本雅明这样的思想家成了同路人、同一类人，他们都用语言写作，都思考人类所面对的处境和人的精神生活，他们间的差异，只在于使用的文体有所不同。

彭燕郊：拒绝时代而表达时代

王士强

　　关于彭燕郊先生的重要性目前已经达成了越来越多的共识。当然，即使到现在，在我看来对于彭燕郊的认识其实也还是不够的，他诗歌创作的成就、他的思想和艺术，包括资料的整理、发掘等方面，都还没有得到真正的关注和展开，人们对他的认识和理解还并不充分。彭燕郊是那种随着时间的推移其价值意义才越来越凸显的那一类诗人，像酒，越陈越香，越往后才越能品出味道。

　　彭燕郊身上体现出非常纯粹的诗人的品质。这不是说他跟时代没有关系，不是说他只写自己、只关注自我，而是说他跟时代保持了一定的距离，对时代有发现、有洞见。他有他自己的定力和坚持，有很强大的自我和独特的精神心理结构与艺术追求，特别是在写作的后期，在"文革"尤其是新时期以来，非常明显。他跟时代、跟社会、跟潮流，是保持距离的，这里面有被动的因素，当然也有主动的因素，尤其是到后来，肯定是主动的因素占主要方面。彭燕郊身上确实体现了一位诗人、一位知识分子的气节、风骨，他有自己的精神立场和操守，这一点是非常重要的。彭燕郊确实称得上是"五四之子"，他出生于1920年，是受新文化运动的影响成长起来的，而到后来他又成了"五四精神"的践行者和发扬者，他本身也成为了"五四"新文化传统的一部分。在彭燕郊这里，科学、民主、自由、开放、现代等精神，构成了他精神世界的基底。作

作者简介：王士强，山东临沂人，文学博士，天津社会科学院文学与文化研究所研究员，主要从事中国当代诗歌研究与评论。

为"五四之子"的彭燕郊，应该成为理解彭燕郊的一个起点。

在这样的基础上，彭燕郊的文本形成了一个非常宽阔、丰富的艺术世界：他的创作有现实主义的成分，也有现代主义的成分，两者更多时候是交融混合的；他有面向外部世界、改造社会、跟庞然大物搏斗的"战士"的一面，也有很沉潜、逍遥、自然、日常的一面；在美学风格上他有很异质性、充满紧张感地与"深渊"的对峙、对"恶之花"的书写，也有很冲淡、平和、朴质的作品……他的体量很大、变化很多，是一位综合性的诗人。尤其是他晚年的作品，如《混沌初开》《生生：多位一体》等，在一定程度上是达到了化境，古今中西、宇宙内外，万物皆备于我，无论是思想与艺术、内容与形式都达到了很高的水准，是在很高的层面上的一种平衡。当然它们也是孤独的，读者和知音都并不多，但是它们会随着时间逐渐发出光芒，而显出自己的价值。

意大利思想家阿甘本关于"同时代人"的论述最近几年引起了较大的反响，他精辟地指出："真正同时代的人，真正属于其时代的人，也是那些既不与时代完全一致，也不让自己适应时代要求的人。……同时代性就是指一种与自己时代的奇特关系，这种关系既依附于时代，同时又与它保持距离。更确切而言，这种与时代的关系是通过脱节或时代错误而依附于时代的那种关系。过于契合时代的人，在所有方面与时代完全联系在一起的人，并非同时代人，之所以如此，确切的原因在于，他们无法审视它；他们不能死死地凝视它。"他认为同时代的人应该是与时代保持距离，对时代进行观察、凝视、审视的人，他们在一定意义上是不合时宜的人。我觉得彭燕郊也是这样的，他是他所身处的时代的"同时代人"，实际上他作品中的奇崛、晦涩、混沌等亦可作如是观，他是通过拒绝时代而表达时代、通过审视时代而克服时代的诗人。他的诗是具有超越性、生长性的，也是能够与当前的时代产生关联、互动的。所以，对于彭燕郊的研究的确还有非常广阔的空间，的确还只是一个开始。

彭燕郊与凡尔哈伦的精神应和

石凤丽　易　彬

摘　要　彭燕郊从 1938 年开始写诗，到 2008 年去世前夕，有长达 70 年的写作生涯，作为一位跨越中国现当代文学阶段的诗人，其诗歌在不断吸收借鉴后迸发出巨大的生命力。在创作初期，彭燕郊就受到外国文学的影响，在诸多译介工作的开展下，他的诗歌更加具有世界眼光，其中，凡尔哈伦对他的影响尤为显著和直接，二者不仅在诗歌写作的具体内容上有共通之处，在精神内涵方面也有关联和应和，彭燕郊诗歌可被看作中国新诗吸收和借鉴外国文学的典型范本。

关键词　彭燕郊；凡尔哈伦；外国文学；诗歌

引言

本文以中国知网（CNKI）上的论文作为原始数据，输入主要词条"彭燕郊影响""彭燕郊与西方文学"等进行检索，共计搜索到文献 69 篇，论文发表时间范围为 1991—2021 年。图谱以 CiteSpace 为工具，以关键词作为要点进行分析，字体的大小和粗细代表了该关键词在诗人彭燕郊相关研究中出现的频

作者简介：石凤丽，云南临沧人，中南大学人文学院硕士研究生，主要从事中国现当代诗歌、中国现当代文学文献学研究；易彬，湖南长沙人，文学博士，中南大学人文学院教授，主要从事中国现当代文学史、中国现代文献学、新诗、中外文学关系研究。

次，线条代表两个研究主题之间的交叉与融合。

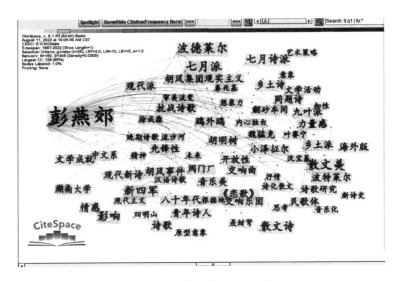

图1 彭燕郊诗歌研究关键词

从图谱中可以窥见，在彭燕郊诗学思想及中西比较研究中，"波德莱尔""散文诗"等出现频次最多，两个关键词互相勾连，还有其他诸如"现代主义""散文美""音乐美"等相关主题也在已有研究之列。凡尔哈伦对彭燕郊的影响显著且特别，尤其在"乡村与城市"主题和自然意象的运用方面，两人虽处于不同的时空，但前者在很大程度上启发了后者，并在内心深处产生了极强的精神关联。

一、自然物象：诗歌创作的精神起点

形象是抒情主体将经验转化为文学文本的重要媒介，广义的"象征主义文学"，乃是以具体形象来表现作者的纯粹理念或抽象概念，"主张用有物质感的形象，通过暗示、烘托、对比和联想，用间接的象征，来表现人们的内心世界"[1]，达成一种奇异灵动的言说方式。"由于'物感说'主张'表现'，而要

---

[1] 杨松河：《〈凡尔哈伦诗选〉译本序》，上海译文出版社1986年版，第4页。

'表现'，则必然要抒情言志，所以抒情文学在中国极度发达"。① 中西文学在这一方面有所差别，前者更重视抒情，而后者则掺杂了更多的思考。

自然意象在彭燕郊和凡尔哈伦诗歌中均有大量涉及，是二者创作的共同意象，"这就是平原哟，平原/那里只游荡着惶恐和苦难。河水停滞或干涸，浪花不再到草地漫步，那一道道煤泥大堤，无奈何留下了委屈；像土地一样，河水已经死亡；一个个小岛，在护航，奔向大海，海湾行动起来，斧头和锤子气势凶残/拆掉了一艘艘旧船/船体骨肉分离。这就是平原哟，平原/凶多吉少，苦海无边。"② 这是凡尔哈伦笔下的平原现状，水滩、水老鸭、阴云、浓雾、贫困的园圃、遍体伤疤的土地里布满恐怖与阴森。一战之后，原本充满活力的家园遭到破坏，"平原"象征着比利时原本幸福安宁的国土，以及诗人内心深处的一方精神净土，但战争的侵入使得整片"平原"被摧毁，这不仅表现出诗人对战争的控诉，更在深层次上彰显出"平原"在诗人精神领地中的地位。

"墓地上瘦长的十字架，就是一具具张臂的死尸，被风刮倒，像刚刚高高地飞起，忽又栽倒在地里。"③ 凡尔哈伦笔下的风显得狂暴野蛮，对大地上的万物造成了严重破坏，十一月的风象征着负面的外部力量，在互相厮杀中破坏了原始村镇。第二次工业革命带来了技术的革新和生活的便利，但大量材料和化学工业的发展造成了严重的环境污染，城市的扩张对原本安逸的原野和乡村造成了巨大破坏，诗人借助大自然的力量阐明现代工业对人类生理和心理生存空间的侵袭。

彭燕郊笔下也有丰富的自然景观，诗歌《树，桥，和风》《一队小鸡》《风前大树》中融入了自然要素，借助自然意象表现人的存在状态。其诗歌以季节为线索，对自然倾注了较多情感，"春雷驾着厉声的载重火车/从不可及的云间/无阻隔地/隆隆而过/——把天空当大鼓敲捶"④ 该诗描摹了春雷发生的全过程，将闪电、阴云的声音和形态提取出来，大地得到春雨的滋润，行人、黄

---

① 曹顺庆：《中西比较诗学》，中国人民大学出版社 2010 年版，第 81 页。
② ［比］凡尔哈伦：《原野》，《凡尔哈伦诗选》，杨松河译，上海译文出版社 1986 年版，第 40 页。
③ ［比］凡尔哈伦：《风》，《凡尔哈伦诗选》，杨松河译，上海译文出版社 1986 年版，第 55 页。
④ 彭燕郊：《春雷》，《国民公报·诗垦地》第 4 期，1942 年 3 月 21 日。

狗、蝴蝶、鸟雀开始寻家，春雨过后大地换上了草色的新装，于是其被诗人当作疗愈大地的良药。彭燕郊借眼前的春雷之景隐喻战争的残酷，以天气现象表达对战争与现实的思考。

关于夏季，彭燕郊在《贫家女》中借化不开的热雾、炙肤的太阳等意象描摹出在暴怒的六月里贫家女悲惨的生存状态，诗人借炎热的环境象征战争带给祖国和人民的深重苦难。除了借自然季节意象表现战争环境的恶劣，彭燕郊也以秋天的丰收来表达对未来的希望。在《秋天是我的季节》中，诗人描绘出一幅秋收风景图：满筐满箩的庄稼、蜜蜂酿出的蜜糖、游玩的红蜻蜓以及各色水果的清香，都表现了祖国大地的理想和希望，表达出诗人对抗战胜利的信心。大雪纷飞的日子里，彭燕郊看着被异族侵略过的土地、赤脚走在雪地上的年轻战士们，写下了"我爱这/雪的日子/祖国的大地/是这样的纯洁呀/而这里/这被异族的马蹄所践踏的土地呀……/当赴战的我们的行列/穿过辽阔的旷野时/年轻的战士们/移动着冻僵的艰难的双足/在雪上疾走/企图踏着雪上的/朱砂似的同伴底血迹/为了索取仇敌的血/每个人/吐着白雾/迅然地走过这雪野的冻结的道路"①。彭燕郊自幼长在大自然中，其诗歌写作具有明显的四季更迭痕迹：春天的滚滚雷声和蓬勃的生命气息；夏天的烈日和干燥的风；秋天的富庶和希望；冬天洁白的雪和对祖国浓烈的爱。诗歌的意象表达，通常将主观情感投入到客观对应物中，以达到在抒情中思考的目的。

"孑然一身，不论是夏天的爱抚，还是冬天的摇撼，不论是躯干凝霜，或是枝条挂翠，天长日久，不管那些日子是爱还是恨，它让至高无上的磅礴生命/在平原扎根。"②凡尔哈伦笔下的"树"形象是正面且高大的，它有诸多功能：赐予树下游玩的孩子甜蜜、向人们预报天气、掌握大自然的秘密、抚育周围的土和水，在根深蒂固与枝繁叶茂中经受严酷的斗争。诗人站在树下感受到一股磅礴的力量深入内心，"树"的形象在诗人眼中显得坚毅高大，感到自己同大树的壮丽生命融在一起，带着磅礴的力量在大地上扎根。

---

① 彭燕郊：《雪天》，《七月》第 4 集第 3 期，1939 年 10 月。
② ［比］凡尔哈伦：《树》，《凡尔哈伦诗选》，杨松河译，上海译文出版社 1986 年版，第 137 页。

树也是彭燕郊诗歌惯用的意象，他经常以各种类型的树作为诗歌标题，来歌颂大自然各个季节的生机与活力，《柚子花开的地方》以柚子树下少男少女们的童年生活为内容。"你那精致的小脸又白又红/在那柚子花开的地方/流浪的路上，我的辛酸，我的惆怅，我的挣扎/还有我的遗忘——我把你埋藏在太深的心的深处。"① 少男少女们在懵懂的时光里，站在柚子花开的地方，互生情愫，在惬意闲适的空间里，相约在山上捡松球。柚子花开的季节和地点见证了他们怦然心动的初恋时光，少年人纯粹的喜欢被定格在柚子树下。少年从这里出发闯荡未来，在浮华与油头粉面的蹂躏下，他们不得不返回梦开始的地方。当他们回头时，少女们早已另嫁他人，曾被坚定选择的爱情如今变得凄美，但柚子花开的地方却是永远的回忆。在自然界的宁静美丽与战争的残酷对比中，以自然意象书写不凡的情感，表达诗人对自然界新生力量的赞美，寄托了他对抗战胜利的信心。

二、求索与抗争：人生经验的文学转化

当诗人面对压抑、强制的现实状态，其生命力受到压制，于是内心生出一股热气。厨川白村在《苦闷的象征》中提出，这种热"是对于压抑的反应作用；是对于 action 的 reaction。所以生命力愈强，便比照着那强，愈盛，便比照着那盛，这热度也愈高"②。文学是个体在黑暗残酷的现实处境中释放光明与怜悯以达到内心世界与客观世界双重平衡的艺术途径。诗人内心活动丰富，对外部环境有着敏感的直觉，在面对同样的现实境况时，越是充满活力的心灵感受到的压迫越强，于是借助诗歌特有的想象，以象征手法表达对现实的爱憎情思，在反思中实现能量的消化和转移。

相似的诗歌在形式风格、精神内涵、主题内容等诸多方面互相应和。凡尔哈伦曾以笔为武器写下了《德国的罪行》《浴血的比利时》和《战争的红翅膀》等诗篇，借此来声讨侵略者，表达对祖国的无限热爱。彭燕郊也有如《山

---

① 彭燕郊：《彭燕郊诗文集·诗卷（上）》，湖南文艺出版社 2006 年版，第 154 页。
② 鲁迅：《鲁迅译文集》，人民文学出版社 1958 年版，第 35 页。

国》《风前大树》《葬礼》《路毙》等表现战争的文本，以较为柔和的语言表达诗人对处于战争中的人的同情，对人民的生存状态和灵魂状况做了深刻剖析与揭示。二者的诗歌都蕴含了对民众的怜悯之情和丰沛的爱国情感。

凡尔哈伦带着乡土气息走上诗坛，而后成为欧洲卓有成就的象征主义诗人，彭燕郊的诗歌转向也与此大体相似。凡尔哈伦前期是一位天主教徒，写过很多反映宗教生活的篇章，以此来表达对上帝的崇敬，诗集《修道士》劝诫人们要清心寡欲。后来接触了现实世界，逐渐看到了其中黑暗、冰冷、严酷的要素，于是开始远离上帝转向象征主义文学。他作为乡土诗人出现在诗歌界，创作了许多带有弗兰德地方民歌色彩的诗，歌颂了家乡的自然美，代表的作品有《原野》《城市》《穷人》《风》等。在面临"精神危机"之后渐渐转向了象征主义，用冰冷阴暗的语言描绘现实世界，以抒发内心的痛苦与悲凉。

"它的光明闪闪四射直照天幕，它的煤气无穷无尽金色的火焰越燃越旺，它那条条铁轨都是野心勃勃的道路，通向虚假的幸福，伴随着财产和力量；它那一道道围墙犹如一支军伍，从它身上散发出来的还是烟和雾，飘向农村发出巨大的声响。"① 城市的发展带来了无尽的便利，但也生发出诸多有关现代性的问题。凡尔哈伦笔下的城市意象大多比较负面，喧闹嘈杂的车道、阴森的脚架、弄虚作假的事务所、煤黑的烟云雾霭，满是喧嚣与恐怖，这一方面表现出诗人对现代城市生活的反思，另一方面也饱含其对宁静乡土生活的眷恋与向往。"有这样一些可怜的手，如同路上的落秋，就像那枯黄的败叶，掉在门前的台阶。有这样一些可怜的眼睛，谦卑善良忧心忡忡，比起暴风雨中的牛羊，还要更为悲伤。"② 在《穷人》一诗中，凡尔哈伦将穷人的形象刻画得真实生动，以路上的落秋象征穷人枯槁的手指，眼睛与心灵有着极强的勾连，将穷人的眼神与暴风雨中的牛羊进行类比，象征现代资本主义发展对农民的剥夺使其处于水深火热之间，这其中蕴含着诗人对资本扩张带来的负面结果的反思，以及对穷苦劳动人民的深刻同情。

---

① ［比］凡尔哈伦：《城市》，《凡尔哈伦诗选》，杨松河译，上海译文出版社1986年版，第49页。
② ［比］凡尔哈伦：《穷人》，《凡尔哈伦诗选》，杨松河译，上海译文出版社1986年版，第66页。

　　彭燕郊出生在福建水乡，优越的地理位置使其对自然界和四季的变化较为敏感，因此，彭燕郊最初的诗歌创作聚焦于大自然的变化和对春、秋、冬日具体景象的描摹，在战火纷飞的年代抒发对祖国山河的热爱，以独特的视角回应残暴的社会现实。该类诗歌以自然景物的勃勃生机反衬战争的残酷，为民众寻找心灵寄居的场所，实现从战争之子到农民之子和社会叛逆浪子的转变。彭燕郊将动植物较多地融入诗歌中，对"雪""严寒"等自然现象反复使用。大地在彭燕郊诗歌中常被视作生命的起点和归宿，《母性的》《秋天是我的季节》《小牛犊》《牝牛的生产》等诗歌中都涉及了大地和母亲意象，成为他反思战争和抒发爱国情感时的重要意象。对"牛"这一特殊意象的重视也值得关注，如《牝牛的生产》《小牛犊》，这些作品并非完全写实，也非情绪化的宣泄，而是寄托了诗人的现实态度和美学态度，强调了对艺术韵味的强烈追求。小牛犊长大后，饕餮者们就竞相将它们吞灭到肚子里，每一头小牛的命运都被"平常"地安排。当牛犊们被开发得只剩骨头，诗人将他们的灵魂融到曾经生长的土地里，以获得长久的安息。刘长华在评价《小牛犊》时说过："在诗人看来，有了土地作为皈依便是最后、最大的幸事了。诗人执着地认为，生命有了某种足可依凭的东西，再大再多劫难须亲历都不重要了。"① 土地意象是彭燕郊诗歌创作的核心，他成长于祖国大地，经历了战争和苦难的洗礼，是与共和国一同成长起来的诗人。

　　彭燕郊是一位勤于进行诗歌艺术探索的诗人，从抗战初期的诗歌探索开始，他就在追求新的诗歌表现领域，力争写出"不寻常"的诗歌。与传统诗歌的押韵特征相比，彭燕郊试图将诗歌写作自由灵活化，加之受到艾青和凡尔哈伦的影响，在其早期诗歌《山国》中，就有诸多不讲究押韵、诗句长短参差、段落间结构不完全一致的情况，呈现出诗歌散文化的倾向。"我甚至以为/那涧底的黄岩，是营养不良的山国所吐出的痰块，那引泉的竹管/是贫血的山国的惨白的血脉/那苍黄的小丘是患了黄疸病的/那未成形的林子是被阉割了的/那

---

① 刘长华：《论彭燕郊桂林前期诗歌中的现代主义》，《中国文学研究》2007 年第 4 期。

飘摇于风啸中的古木是在抽筋/是在干咳，是在被瘴疠所蚕食……"① 塑造了一幅穷苦、麻木、落后的"山国"图景，运用散文化手法将剥了皮的瘦山民如同野外生存的原始人，在了无生机的山国里苟且偷生的情形描摹出来。山国的种种颓败景象，是现实绝境的暗示，昭示着祖国和人民在激烈战争中遭受灾难和在困境中挣扎的社会现实。

三、潜力的解放：在借鉴中创造诗歌生命力

凡尔哈伦生于 1855 年，卒于 1916 年。在凡尔哈伦去世后第四年，彭燕郊出生在福建莆田，并于 2008 年去世。彭燕郊与凡尔哈伦在精神世界方面有很多相似之处，两者在冥冥之中构建起了一种继承关系，我将之称为对某种诗歌精神的延续，都代表着诗人对时代浪潮的反思以及对苦难者的同情与怜悯，饱含着作为书写者的良知。在此过程中，彭燕郊以中国文人特有的责任感，凭借开放包容的眼光融入世界，在不懈地吸收与借鉴过程中为中国新诗开辟了一方新的土地。

彭燕郊从小就喜爱阅读，加上家里经济条件较好，福建当地的教育也相对发达，在小学时就阅读了很多外国文学翻译作品，这种阅读与积累的习惯持续了一生；诗人早期受到"七月派"诗人艾青的影响，艾青一生翻译的唯一一部外国诗集是凡尔哈伦的《原野与城市》，在读到该本诗集后，彭燕郊便与凡尔哈伦结下了深厚的缘分；鲁迅的散文诗集《野草》与法国象征主义诗人波德莱尔的《恶之花》作为具有里程碑意义的作品，让彭燕郊领会到了西方现代主义的精神和魅力。彭燕郊对凡尔哈伦的接受基于其自身故有的气质秉性、文学观念、现实经历和生命体验，始终带着一种温和的询问和顽强的抗争。

彭燕郊主编的《外国诗辞典》作为诗人的责任感、历史使命感和敏锐感共同驱使的结果，该书从 1988 年底开始组稿，1922 年交稿，1994 年进行校对，可惜最终未能出版。据彭燕郊所写序言，它试图聚焦于世界诗歌文化中的精华

---

① 彭燕郊：《山国》，《中学生·战时月刊》第 53 期，1942 年 2 月 5 日。

部分，将人类诗歌文化中广泛而丰富多彩的景象提供给读者，为诗歌创作者、读者和研究者提供较为准确可靠的答案和线索。在以彭燕郊为首的编写者看来，"世界诗歌所体现的首先是全人类对诗的本性和素质的共同认识，共同通过对世界现实生活中的诗的把握并通过诗的艺术创造实现的、对现实认识的深化和人自身品格的提高，达到推进现实发展的共同愿望。其次是由于各自不同的现实社会和精神生活发展历程形成的、不同的把握现实生活中的诗，并加以艺术创造的特长。"①

彭燕郊认为对诗歌的评价要具有"历史性"，"通过各种历史因素，以考量写作行为、诗歌主题到底如何生发，有哪些显性与隐性的因素在起着作用。"② 对诗人的考察与此具有一致性，彭燕郊和凡尔哈伦生存的土地上的人民、生活和历史塑造了他们，这些是绝对不能丢掉的。正如卢卡契所主张的那样："真正的影响永远是一种潜力的解放。"③ 彭燕郊与凡尔哈伦的人生转折在同一趋向上，从童年时代宁静祥和的田园生活到充满黑暗与战斗的现实，其诗歌也从对自然风光的纯粹赞美上升到以自然景物象征被黑暗和苦难现实袭击的主体的同情上。一位成熟的诗人不会完全对其他人进行亦步亦趋的模仿，他必须要有自己的个性，"在更高的意义上讲，影响主要是精神上的、文学理想上的、气质上的，而不是技术、技巧上的"④。

彭燕郊"现代的现实主义"诗学主张出自其《再会吧，浪漫主义》一文。这一概念与西方现代主义有一定区别，西方现代主义本质上是悲观的，而彭燕郊的诗歌则是在现实的苦难中求得生存，其目光是向上的，是渴望寻求光明的。诗人使用大量笔墨对波德莱尔"痛苦的思考"的创作理念进行分析，认为现代诗歌的书写任务已经从单纯的社会现实转向对人类精神世界的内省和思考。在这种潜在的现代意识的影响下，彭燕郊逐渐具备了审视人类文明的能

---

① 易彬、龚旭东编：《风前大树：彭燕郊诞辰百年纪念集》，西苑出版社 2020 年版，第 40 页。
② 彭燕郊口述，易彬整理：《我不能不探索：彭燕郊晚年谈话录》，漓江出版社 2014 年版，第 160 页。
③ ［匈］卢卡契：《卢卡契文学论文集》（第 2 卷），邵荃麟主持翻译，中国社会科学出版社 1981 年版，第 452 页。
④ 彭燕郊口述，易彬整理：《我不能不探索：彭燕郊晚年谈话录》，漓江出版社 2014 年版，第 166 页。

力，在科技不断发展进步的物质背景下，将目光聚焦于人类心灵的创伤，并对满目疮痍的精神世界进行理疗。

《倾斜的原野》《杂木林》等与自然有关的诗歌都受到了凡尔哈伦较大的影响，凡尔哈伦给予了彭燕郊进入"城市与乡村题材"诗歌的路径。彭燕郊"现代的现实主义"诗学理念在其早期诗歌创作中被灵活运用，它包含着厚重的历史内涵，融入对社会重大事件的关切，注重对人类文明和生存本质的聚焦。"中国新诗的现代主义，彭燕郊更乐意称之为'现代的现实主义'，他认为'现代意识'应包括'厚重的历史内涵'。"①譬如，早期的《树，桥，和风》和《杂木林》等作品以独特的自然景物来表达对现代工业和科技文明的排斥，在对人类命运和生存状态进行反观的过程中，呈现出一定的审美和精神疗愈价值。

"我熟识这里的每一棵树，像熟识老朋友/我认得每一棵树的面貌和姿态/我认得它们身上每一个圆凸的树瘤/和那突起的青筋一样爬行着的每一条寄生藤"②。《杂木林》以第一人称的口吻讲述"我"与杂木林从相遇到离别的过程，是彭燕郊早期创作中较为典型的散文诗。杂木林里清新的空气和浓郁的绿色让"我"感到舒适，每一棵树的样貌都被"我"熟记，"我"以朋友的身份观察着杂木林每天的生长面貌，并与其进行心灵上的沟通。"我"在离别之际回忆起在杂木林的点滴，干枝愉快的爆响和落叶短促的飘哨，都使"我"收获了生命轮回的勃勃生机。杂木林是一个"世外桃源"似的理想世界：这里没有城市的喧嚣和世俗的浮躁，只有能自由呼吸的清新空气和令人心旷神怡的鸟鸣声，杂木林成了诗人心灵的栖息地和回归的港湾。

彭燕郊对凡尔哈伦并非直接模仿，而是在已有的生存经验基础上，在某种心灵与情感的双重契合之下，在两个不同的时空中生发出共通的对人与事的悲悯，这正如陈思和所言："影响的内涵还应包括，受影响者远在读到影响他的

---

① 彭钦：《现代的现实主义——论陀思妥耶夫斯基对彭燕郊诗歌与诗学的影响》，《邵阳学院学报（社会科学版）》2016年第5期。
② 彭燕郊：《杂木林》，《中国诗坛》光复版第2期，1946年3月5日。

诗人之前，就隐藏着与影响他的诗人的相似性，当他读到他们，他的意识逐渐清晰，他的潜质逐渐浮现。"① 两个主体之间的精神相互吸引，形成近乎相似的文学气质。以彭燕郊的诗歌写作案例来看，要以这种横向的影响和纵向的历史深度来看待新诗自身经验的凝结与生长、受阻与歧变，将研究上升到比较文学与新诗史和文学史的高度。

结语

彭燕郊和凡尔哈伦以其独特的写作姿态成为诗歌领域的重要人物，彭燕郊主动吸收借鉴凡尔哈伦的诗歌，这种学习是有创造性的，从更为深刻的本质层面来讲，两者期求的目标和结果有一定差异，彭燕郊在立足本土的基础上充分吸收外国诗歌成果并进行深化，因而其诗歌写作中带有对祖国同胞的悲悯，渴望通过诗歌为苦难着的人群开辟一条迎向光明的道路。从综合的维度来看，彭燕郊形成了同凡尔哈伦在精神追求和生命议题方面相似的诸多作品，二者在写作历程和写作追求上有极大的相似性，其背后的精神线索也有契合之处，这是两个独立个体在肉体与精神层面的高度契合，即便处于不同的时空，他们对诗歌的爱与感悟是近似的，二者的诗歌皆有表现人类在流亡中寻找精神家园的心路历程，都在对自然的反复观摩与回望过程中找寻自身的精神高地。

---

① 陈思和：《我对 20 世纪中国文学的世界性因素的思考和探索》，《中国比较文学》2006 年第 2 期。

彭燕郊与"诗苑译林"丛书

——基于目录学的视角

程驰也

摘　要　20 世纪 80 年代,湖南人民出版社创设"诗苑译林"丛书,在中国当代诗歌出版史上意义深远,对于其组织策划与编辑出版,首倡者彭燕郊的个人力量是不容忽视的关键因素。作为彭燕郊在新时期富有探索精神的诗歌译介构想,"诗苑译林"丛书更是清晰地验证了其"文艺组织者"的文化身份。在丛书由萌芽至终结的十余年间,诸种琐碎的历史陈迹不应被忘却与遮蔽,梳理这一时期的出版书目、总目预告及彭燕郊遗存手稿,将为更细致深入的钩沉提供契机。

关键词　彭燕郊;"诗苑译林";出版;目录学

一、诗意之途:"诗苑译林"丛书的萌芽

20 世纪 80 年代初期,湖南人民出版社开始策划出版"诗苑译林"丛书。彼时《中国出版年鉴》对此有所记述:"'诗苑译林'丛书的编辑出版,一方面是对'五四'以来外国诗歌译介成果的一次回顾和总结;另一方面,它将填

基金项目: 中南大学学位与研究生教育教学改革项目"以文献教育为抓手,中国现当代文学课程贯通本硕博培养的机制研究"。

作者简介: 程驰也,浙江温州人,中南大学人文学院博士研究生,主要从事中国现当代文学研究。

补外国诗歌译介工作若干方面的空白，使这一工作做得更加系统、全面与多样化，不但为广大诗歌爱好者提供丰富的精神食粮，也为全国诗歌研究者和外国文学研究者提供重要的资料。"① 对于这一意义深远的译诗丛书之萌芽，首倡者彭燕郊的个人力量是不容忽视的关键因素——他是诗人之中"少有的一位醉心于出版者"②。

约在 1980 年，彭燕郊向时任湖南人民出版社社长的黎维新建议，出版一套概括"五四"以来外国主要名诗人之诗和中国名译的译诗丛书，这一构想恰与出版社彼时发展方向相契合——1979 年，湖南人民出版社设立译文编辑室，彭燕郊这一"富有远见和开拓精神"的倡议正合其意，出版社"在面向全国、面向世界，扩大出书范围，急需这方面的译著"③。湖南人民出版社副社长李冰封当时分管译文编辑室，忆及与彭燕郊对此事之谈话，"十分佩服他有远大的眼光"：

记得谈了"五四"以来，在新文学领域中，译诗是个很薄弱的环节，这也影响了我国新诗的发展。但也有译得好的，比如冰心、梁宗岱、戴望舒等人，要重印他们的旧译。还谈了介绍外国诗要介绍各个时期各个流派的，如，介绍俄罗斯的，除了应介绍普希金、莱蒙托夫、涅克拉索夫以外，还要介绍叶赛宁，介绍阿赫玛托娃、茨维塔耶娃。④

于是，依据彭燕郊草拟的丛书书目，译文室"开会讨论了两次"，并经陆续补充，初步确定丛书主要书目和编排思路，即译诗名家的专集、各国（古典）诗选、各国杰出诗人的诗歌选集与现当代各国诗选。⑤ "诗苑译林"丛书最初便被赋予了"逐步成为一套较完整的世界诗歌文库"之期望，彭燕郊所撰

① 中国出版工作者协会编：《中国出版年鉴 1984》，商务印书馆 1984 年版，第 422 页。
② 林贤治：《诗人的工作》，《新文学史料》2008 年第 4 期。
③ 黎维新：《一个出版人对彭燕郊先生的怀念》，《芙蓉》2008 年第 6 期。
④ 李冰封：《彭燕郊与〈诗苑译林〉及〈散文译丛〉》，《新文学史料》2008 年第 4 期。
⑤ 对于李冰封列举的具体书目，此处省略。参见李冰封：《彭燕郊与〈诗苑译林〉及〈散文译丛〉》，《新文学史料》2008 年第 4 期。

出版前言①也对丛书内容作了具体说明：第一，"五四"以来所翻译外国诗歌中的名作，包括已出版而久无再印与已发表但未结集出版的选集；第二，至今无译本或译本尚不完善的各国重要诗人之作；第三，各国、各时代、各流派代表性著名诗人的选集、合集。②

"诗苑译林"丛书的整体发展路径，可分为"1980年至1989年"和"1991年至1992年"两个阶段，先后涉及湖南人民出版社和湖南文艺出版社两个出版主体。杨德豫对此回忆道："丛书于1983年开始出版，1990年由湖南人民出版社移交给湖南文艺出版社继续出版，到1992年为止，先后出版51种。1992年我奉命离休，这套丛书也就终止运作了。"③ 期间，丛书的具体编辑业务由杨德豫等译文社编辑负责处理，但彭燕郊实际是这套丛书的"精神领袖"或"社外主编"——他既在宏观上筹划与掌握丛书的总体布局，也"在微观上对一些译稿作出中肯的评价并提出恰当的取舍意见"④。

1982年10月后，杨德豫接手"诗苑译林"丛书相关编纂工作，他将丛书开始出版的时间界定为"1983年"，具备客观性与合理性。但若仅以"1983年"为叙述的起点，则遮蔽了丛书草创时期的艰辛；此前琐碎而细致的工作，主要由彭燕郊和译文室其他编辑着手进行，"他们为《诗苑译林》的诞生打开了局面"。在相关访谈中，杨德豫也有过近似的描述：

出"诗苑译林"这套书，是彭燕郊找了出版局的领导，建议出版的，当时我因为肺气肿在马王堆疗养院，一开始是彭燕郊和译文室的其他编辑搞的。他

---

① "《诗苑译林》出版前言"落款是"湖南人民出版社译文编辑室"，但主要内容实际为彭燕郊所写。参见彭燕郊口述、易彬整理：《我不能不探索：彭燕郊晚年谈话录》，漓江出版社2014年版，第32页。

② 上述内容在彭燕郊1981年10月30日致施蛰存的信中已有所谈述："'诗苑译林'丛书除了总结'五四'以来译诗成果外，也得努力组织力量译那些必要译而至今未译的重要作品，出版那些应出版而未出或未认真出版过的名译佳作。"参见易彬：《新时期以来翻译出版事业的见证——关于施蛰存与彭燕郊通信的初步考察》，《扬子江评论》2017年第3期。

③ 杨德豫：《彭燕郊教授与〈诗苑译林〉》，《芙蓉》2008年第6期。

④ 杨德豫：《彭燕郊教授与〈诗苑译林〉》，《芙蓉》2008年第6期。

去上海找了施蛰存，去广州找了梁宗岱，后来我出院后，出版社才把编这套书的任务交给我。①

依李冰封之言，彭燕郊约在 1980 年提议出版译诗丛书，后便在出版社"授意"下展开具体工作——确定书目后，李冰封曾向译文室建议，委托彭燕郊外出组稿，并派唐荫荪陪同。"出版译诗丛书，是我开的头，给他们提的建议，开始似乎还不那么热心，现在期待颇切，我也乐于帮他们'跑跑腿'。"② 1981 年 11 月，彭燕郊和出版社"两位负责同志就丛书事进行了较详尽的讨论"③，确定了第一辑种数、统一规格、总序与后记、装帧设计及国际发行事务等初步设想。

据彭燕郊与施蛰存此时的通信可知，在 1981 年 9 月至 1982 年 9 月期间，彭燕郊已对丛书名、集名、开本、页数、版式、字体、译者、书目、印刷等各种内容作了缜密的构思，并时时关注诗歌译介动态，也为丛书的征稿广泛致信联络众多翻译界、文艺界名家。由此至往后数年内，彭燕郊曾至广州、北京、上海等地拜访各方诗歌译者，为"业务上的联系"满城跑，"总是感到时间不够"④，如陈敬容回忆说："1982 年夏，诗人彭燕郊来京时，曾访我商谈，鼓励我将自己多年的译诗编为一集，交给《诗苑译林》。"⑤

1981 年 10 月 30 日，彭燕郊在信中说"《梁宗岱译诗集》已编好"。至1983 年 3 月，《梁宗岱译诗集》于期待中出版，此应为目前所见首册明确标注

---

① 袁复生：《一个外省青年的精神成长史》，天地出版社 2016 年版，第 140 页。

② 据彭燕郊 1981 年 9 月 4 日致施蛰存信。参见易彬：《新时期以来翻译出版事业的见证——关于施蛰存与彭燕郊通信的初步考察》，《扬子江评论》2017 年第 3 期。

③ "两位负责同志"应指杨德豫和唐荫荪。据彭燕郊 1981 年 11 月 14 日致施蛰存信。参见易彬：《新时期以来翻译出版事业的见证——关于施蛰存与彭燕郊通信的初步考察》，《扬子江评论》2017 年第 3 期。

④ 易彬、陈以敏整理注释：《彭燕郊　陈耀球往来书信集》，百花洲文艺出版社 2020 年版，第 31 页。

⑤ 陈敬容译：《图象与花朵》，湖南人民出版社 1984 年版，第 1 页。

"诗苑译林"字样的诗集，因而通常被视作"丛书的第一本"①。但在此之前，另有 1980 年 10 月版《雪莱诗选》、1981 年 6 月版《屠格涅夫散文诗集》、1981 年 8 月版《新月集 飞鸟集》、1981 年 9 月版《拜伦抒情诗七十首》、1982 年 5 月版《吉檀迦利 园丁集》和 1982 年 7 月版《先知·沙与沫》六种诗集已启先声——它们起初原以普通诗集样式出版，后经多次重印或再版，在 1984 年至 1985 年间新一次印刷时统一装帧，正式归入"诗苑译林"丛书。同时，从 1983 年 3 月版诗集末页所附丛书总目亦可见，上述六种诗集在此时便已被列入丛书规划中，且泰戈尔相关译诗分别被命名为《泰戈尔诗选》之一集、二集和三集。显然，在"诗苑译林"丛书诞生之初，编者便已对其怀有整体性建构之意图。

从 1983 年至 1989 年，包括上述六种诗集在内，"诗苑译林"丛书在第一阶段共出版 49 种，其译笔之精良和涉足诗歌范围之广，于彼时诗歌出版物中实属罕见——又如陈子善在对彭燕郊先生的怀念文中写："他在八十年代克服种种困难主编的'诗苑译林'丛书，曾使多少年轻的诗歌爱好者入迷。"②

二、新一版"诗苑译林"丛书：曲折中延续

20 世纪 80 年代中期后，彭燕郊与出版社之间出现隔阂，③ 在一定程度上影响了他对后续诗集出版工作的参与程度。这在出版前言的设置中可见端倪。从《梁宗岱译诗集》（1983 年 3 月）至《湖上夫人》（1986 年 2 月），期间出版的诗集均附"出版前言"，末段感谢语为译文室编辑所撰："特别感谢湘潭大学彭

---

① 据 1981 年 12 月 7 日彭燕郊致施蛰存信，可知当时大致安排"第一本先出戴望舒译诗集，第二本出梁宗岱的。三本以下，视卞之琳、孙用、周煦良、朱湘、金克木、林林诸人稿到先后再定"。而实际出版顺序为：《梁宗岱译诗集》（1983 年 3 月）、《英国诗选》（1983 年 3 月）和《戴望舒译诗集》（1983 年 4 月）。此三种出版后，《人民日报》刊文称这是"开风气之先的盛举，当会引起读书界的注目"，并指出有见识的出版家应重视"丛书的编辑"。见李耳：《丛书的好处》，《人民日报》1983 年 8 月 22 日，第 8 版。

② 陈子善：《看张及其他》，中华书局 2010 年版，第 180 页。

③ 彭燕郊在访谈中对这一"波折"作了简略说明，主要关涉其与出版社某位领导。参见彭燕郊口述、易彬整理：《我不能不探索：彭燕郊晚年谈话录》，第 33 页。

燕郊教授，他在这套丛书的规划、组稿、审校等工作上，都付出过辛勤的劳动。"该前言在 1986 年 5 月后所出诗集中便不复存。

但在译序、后记等文字中，部分译者依旧对彭燕郊所付出的关怀、鼓励和帮助表达了谢意，可见彭燕郊曾与其联系密切；同时亦表明，此后出版的部分译本仍和彭燕郊早期的筹划与组稿相关，或相关诗集的编辑工作早在 1983 年前后便已开始。如，《朱湘译诗集》（1986 年 5 月）校注者洪振国写道："1982年，湖南人民出版社筹编'诗苑译林'丛书，将《朱湘译诗集》列入选题，开始进行搜集资料和编辑整理工作……《译诗集》得以同读者见面，与两位教授的热情关怀和帮助是分不开的。"[①]《俄国诗选》（1988 年 1 月）译者魏荒弩回忆说："1983 年 6 月，诗人彭燕郊来京开会，……他提出要我为'诗苑译林'译一部十九世纪的俄国诗选，……后经燕郊一再督促，最后才决定一试。"[②]《东方故事诗　上集》（1988 年 10 月）译者李锦秀在 1983 年所作"译后评介"中写道："至于湘潭大学彭燕郊教授和湖南人民出版社译文编辑室同志为扶掖一个陌生的投稿者所花费的时间与精力，译者的铭感之情就更非笔墨所能表达。"[③] 其余如孙钿译《日本当代诗选》（1987 年 7 月）、施蛰存译《域外诗抄》（1987 年 10 月）、郑敏译《美国当代诗选》（1987 年 9 月）、孙用译《译诗百篇》（1988 年 10 月）、北岛译《北欧现代诗选》（1987 年 4 月）及绿原译《德语国家现代诗选》（1988 年 12 月）等诗集均可为例证。

自 1991 年至 1992 年，"诗苑译林"丛书由湖南人民出版社转移至湖南文艺出版社继续出版，并在 1991 年获首届全国优秀外国文学图书奖。纵观此期新出版或重印的 13 部诗集，既是出于文学文化价值层面的考量，也是出版社从经济角度对图书市场作出的预判。其中，《屠格涅夫抒情诗集》（1991 年 9月）、《勃洛克抒情诗选》（1991 年 10 月）和《叶赛宁抒情诗选》（1991 年 10月）三种为新书。从《屠格涅夫抒情诗集》译者任子峰的记述中，也可一窥彼

① 朱湘：《朱湘译诗集》，洪振国整理加注，湖南人民出版社 1986 年版，第 335 页。"两位教授"指罗念生与彭燕郊。
② 魏荒弩译：《俄国诗选》，湖南人民出版社 1988 年版，第 415 页。
③ 李锦秀译：《东方故事诗　上集》，湖南文艺出版社 1988 年版，第 174 页。

时诗歌出版环境:在交付译稿时,其余出版社均"因担心经济效益不佳而婉言谢绝","惟有湖南文艺出版社慧眼识珍","并且很快付梓"。①

除此三种新书外,另十种仍是对第一阶段诗集的重印,版权页处所注为"新一版"以相区分——前述三种为"第一版";而重印本与初版本除装帧设计外相差无几。杨德豫译《拜伦抒情诗七十首》(1991年9月)附"新一版后记",对此作了说明:"因湖南人民出版社已于1990年奉命撤销,此书现在改由湖南文艺出版社印行。既然换了一家出版社,此次重印改称'新一版'。"②

新一版"诗苑译林"丛书封面结合比亚莱兹绘画加以设计,同此前简明素雅的装帧风格迥异,但其译介内容在整体上仍是对早期拟定书目的延续——或原始稿件的审定与彭燕郊相关。如,彭燕郊在1985年11月26日的信中说,已收到丁鲁的"信和稿"③,这份书稿应是指1991年10月方出版的丁鲁译《叶赛宁抒情诗选》。实际上,在译作《涅克拉索夫诗选》(1985年1月)初稿完成后,丁鲁便已同湖南人民出版社建立起了联系,他回忆说:"那时诗人彭燕郊先生主持'诗苑译林'丛书的编辑工作,出版社里和他协作的是杨德豫先生。"④

三、未竟之业:"《诗苑译林》尚未出版的二十七种"

在"诗苑译林"丛书由萌芽至终结的十余年间,与第一阶段(1980—1989)相较,第二阶段(1991—1992)的出版工作颇有仓促之感,似已面临重重滞碍;而最初拟定的出版计划,也终成未竟之业。对于当时未出书目,彭燕郊遗藏了一份有关其目录的手稿,标题为"《诗苑译林》尚未出版的二十七种",摘录如下:

---

① 任子峰译:《屠格涅夫抒情诗集》,湖南文艺出版社1991年版,第273页。
② 杨德豫译:《拜伦抒情诗七十首》,湖南文艺出版社1991年版,第243页。
③ 易彬、陈以敏整理注释:《彭燕郊 陈耀球往来书信集》,百花洲文艺出版社2020年版,第78页。
④ 丁鲁:《我的译诗之路》,《中华读书报》,2020年6月3日,第19版。

（一）已看清样，未付印

1 奥斯曼帝国诗选（20 万字）

（二）已发稿，未发排

2 弥尔顿：欢乐园　沉思颂（14 万字）；3 阿拉伯现代诗选（20 万字）

（三）审读中

4 叶赛宁诗选（25 万字）

（四）稿已寄来，尚未审读

5 法国七星诗社诗选；6 普希金叙事诗集（25 万字）；7 里尔克诗选；8 葡萄牙现代诗选（15 万字）；9 拉丁美洲现代诗选（15 万字）；10 日本现代五诗人诗选；11 澳大利亚抒情诗选

（五）已列入计划，译者尚未交稿

12 戈宝权译诗选；13 德国六诗人选译；14 英国十四行诗抄；15 古希腊抒情诗选；16 新古今和歌集；17 但丁：新生；18 彼特拉克：歌集；19 莎士比亚名剧佳诗选；20 蒲柏诗选；21 华兹华斯：序曲；22 拜伦：东方故事诗（下集）；23 法国浪漫主义诗选；24 法国象征派诗选；25 帕斯捷尔纳克抒情诗选；26 英国当代诗选；27 法国当代诗选

这份目录具体作于何时，如今暂无法确证；但参照已出版诗集末页所附丛书总目等文献，可发现如下六处线索。其一，目录中标注"审读中"的《叶赛宁诗选》已于 1991 年 10 月出版，更名为《叶赛宁抒情诗选》。其二，目录中标注"已看清样，未付印"的《奥斯曼帝国诗选》和标注"稿已寄来，尚未审读"的《里尔克诗选》均于 1987 年版丛书总目中新增。其三，目录中标注"稿已寄来，尚未审读"的《普希金叙事诗集》和标注"已列入计划，译者尚未交稿"的《法国象征派诗选》均于 1988 年版丛书总目中新增；其中，《普希金叙事诗集》在 1990 年未被湖南文艺出版社接受，"稿子留在湖南出版社，由他们退稿"①。其四，目录中标注"已发稿，未发排"的《阿拉伯现代诗选》于 1987 年版丛书总目中新增，且在 1988 年版丛书总目中标注为"已出或即出"，但当时并未出版。② 其五，目录中标注"已列入计划，译者尚未交稿"的《帕斯捷尔纳克抒情诗选》译者为葛崇岳，其于 1999 年刊登的文章中回忆道："十一年过去了，《帕斯捷尔纳克抒情诗选》依然是如泥牛入海，杳无音讯。"③ 李振声也曾写：葛译帕氏诗选原稿本已列入"诗苑译林"丛书后续书目，"但交稿后即沉睡在出版社的贮藏柜中，至今无缘一读为快"④。若其所言属实，则《帕斯捷尔纳克抒情诗选》译作原稿可能已约于 1988 年交稿。其六，目录中标注"已列入计划，译者尚未交稿"的《蒲柏诗选》《华兹华斯：序曲》《拜伦：东方故事诗（下集）》以及标注"稿已寄来，尚未审读"的《澳大利亚抒情诗选》在 1988 年版丛书总目中未见，部分译者亦未详。综合上述信息，且鉴于诗集末页公示的丛书总目可能存在滞后性，推测这份"未出版诗集目录"应拟于 1988 年至 1989 年之间。

此外，另有四种诗集曾于 1988 年前后的丛书总目预告中出现，但在彭燕郊列出的二十七种未出版书目中未见，此处一并记录如下。（一）《苏联四诗人选集》，本书在 1984 年版丛书总目中新增，又于 1988 年删去。（二）《拜伦：恰尔德·哈洛尔德游记》，本书在 1987 年版丛书总目中新增，又于 1988 年删去。（三）《古米廖夫诗选》，本书在 1987 年版丛书总目中新增，标注为"已出或即出"，但实际并未出版，又于 1988 年删去；且李冰封曾提道："古米廖夫在 1986 年平反后，才补上了他的诗选。"⑤ （四）《巴格里茨基诗选》，本书在 1988 年版丛书总目中新增，标注为"已出或即出"，但实际并未出版。对照

---

① 此信息据陈耀球 1992 年 7 月 22 日致彭燕郊信可知。参见易彬、陈以敏整理注释：《彭燕郊 陈耀球往来书信集》，百花洲文艺出版社 2020 年版，第 415 页。此外，在彭燕郊 1985 年 1 月 1 日至陈耀球的信中，已提到过陈耀球译《普希金叙事诗集》可列入丛书总目。又，2013 年，该诗集以《普希金叙事诗全集》为名由湘潭大学出版社出版。
② 2000 年 12 月，湖南文艺出版社出版郭黎译《阿拉伯现代诗选》，即为此书，详见附录说明。
③ 葛崇岳：《我的文学翻译生涯之一瞥》，《江淮文史》1999 年第 2 期。
④ 李振声：《如果语言不能表达，就请化作歌声——葛崇岳译著文集代序》，《书屋》2008 年第 10 期。
⑤ 李冰封：《彭燕郊与〈诗苑译林〉及〈散文译丛〉》，《新文学史料》2008 年第 4 期。

不同时期的丛书总目，从 1983 年 3 月的 36 种、1985 年 1 月的 52 种、1985 年 12 月的 61 种至 1988 年 12 月的 72 种，期间涉及增删与更改，个中缘由，如今难以尽数知晓。

1992 年 9 月后，"诗苑译林"丛书逐渐淡出公众视野，其搁浅应与主编杨德豫离休等人事变更因素直接相关，更涉及社会文化语境、图书市场环境与版权保护制度等诸种变化。此前，1990 年 12 月 23 日，彭燕郊曾在致陈耀球的信中提到"不久前见到德豫先生，据说'诗苑译林'不出了"，又在两日后补充道："黎局长告诉我，'诗苑译林'他仍主张出下去，虽然他已退居二线了……此事亦未最后定。"① 从此时出版社摇摆不定的态度中，已预示着丛书将无以长久。

"1989"作为一种表述的共识，暗示其为诗歌分期的节点。在杨德豫的回忆中，20 世纪 80 年代中期后，诗集的销路便已大不如前，"可能是看电视的越来越多了，整个文学都边缘化了，诗歌也边缘化了"②。据其回忆，《请向内心走去：德语国家现代诗选》（1988 年 12 月）在征订时只订了 600 册，最终付印 1500 册，而译者绿原"在当时还是很有名气的"。可见，在 1988 年后，"诗苑译林"丛书的出版已渐趋式微。这一时期，李冰封撰文忧思出版业之不景气，"希望中国的出版业不再继续'滑坡'"，并指出其面临的主要问题在于，许多有价值、质量较高的图书印数很少，而质量平庸的图书却在大量印行，"一些出了一半、有影响的大型丛书也出不下去了"。此处所言未完成的大型丛书，李冰封认为主要由于"经济原因"而中止，其中便包括"在海内外已有定评"的"诗苑译林"丛书——"有一大批计划中的稿件无法付印，也就谈不上还要进一步扩大计划了。这批著作遭遇这样的命运，是什么原因带来的呢？"③

余论：关于诗、爱与美的启蒙

在 20 世纪 80 年代的校园空间里，青年学生们自发创办油印刊物、编印诗

---

① 易彬、陈以敏整理注释：《彭燕郊　陈耀球往来书信集》，百花洲文艺出版社 2020 年版，第 353 页。
② 袁复生：《一个外省青年的精神成长史》，天地出版社 2016 年版，第 141 页。
③ 李冰封：《滑坡·忧思·断层——对当前中国出版业现状的断想》，《出版工作》1989 年第 8 期。

歌报纸，传阅手抄诗集，于长长的走廊朗诵诗歌。高校内亦时常举办诗歌朗诵会——在空教室中摆一两支蜡烛，便可营造一种氛围感，且"总是围满诗歌爱好者"。当时就读于湖南师范学院的骆晓戈曾回忆此期印象深刻的交往，首先即是与湘潭大学的真与美诗歌小组在长沙岳麓山聊诗、在爱晚亭合影——"他们带来了湘潭大学中文系的彭燕郊教授编辑的《外国诗选》，厚厚的两大本。如此齐备的外国经典诗歌成为我们的精神食粮，大家奔走相告，传阅抄写。这些译诗大多收在后来彭先生主编的'诗苑译林'丛书。"①

在这些学生们心目中，彭燕郊是永远的精神导师，"是关于诗、关于爱、关于美的启蒙者"②。那本被视为"精神食粮"的孤本手抄诗集《外国诗选》，收录自古希腊小诗以来的西方经典诗歌，且为"五四"之后国内翻译界名家之作，像一扇通往广阔精神世界的窗口，影响着知识青年对域外诗歌的理解和想象。在阅读的潜流中，诗歌以手抄的形式实现了小众传播——它虽在时间与空间范围内受限，但预示着"诗苑译林"丛书在出版领域更深远的增进和延续。

"诗苑译林"丛书作为诗人彭燕郊富有探索精神与开拓意义的诗歌译介构想，更清晰地验证了其"文艺组织者"的文化身份。在对诗意的追寻中，他自视为"一个爱'想'的人"、一个"埋头苦干的人"，且正是以不辍之躬行验证着其所言："只有甘心于默默无闻，情愿做个默默无闻的埋头苦干的人，才真正能够得到真正的诗。"③ 这一宏大的译诗丛书构想虽最终未完全实现，但它作为"'五四'以来中国当代诗歌出版史上的重要史实"④，不应被忘却与遮蔽，其中漫长而曲折的路径、未经筛选与描述的陈迹，仍待于作更细致深入的钩沉。

---

① 姜红伟编：《诗歌年代 20世纪80年代大学生诗歌运动访谈录》，北岳文艺出版社2019年版，第61页。

② 肖欣：《大樟树下的那座小屋》，《湖南日报》2018年9月14日，第11版。

③ 易彬：《晚年彭燕郊的文化身份与文化抉择——以书信为中心的讨论》，《中国现代文学研究丛刊》2015年第3期。另见于李临雅、余启瑜选编：《再论木斧》，四川文艺出版社2017年版，第102页。

④ 李冰封：《彭燕郊与〈诗苑译林〉及〈散文译丛〉》，《新文学史料》2008年第4期。

表1 目录之一：已出书目（52种）①

序号	时间	书名	作者	译者	责任编辑	印数
		第一阶段	湖南人民出版社（1983—1989）			
1	1983.03	梁宗岱译诗集	［德］歌德、 ［英］莎士比亚等	梁宗岱	唐荫荪	1-27500
2	1983.03	英国诗选	［英］华兹华斯、 ［爱］叶芝等	卞之琳	唐荫荪	1-41500
3	1983.04	戴望舒译诗集	［法］雨果、 ［法］魏尔伦等	戴望舒	唐荫荪	1-42200
4	1983.11	西罗普郡少年	［英］霍思曼	周煦良	江声	1-16200
5	1983.12	法国现代诗选	［法］勒韦迪等	罗洛	白丁	1-21500
6	1983.12	日本古典俳句选	［日］松尾芭蕉等	林林	林怀秋	1-12900
7	1984.01	印度古诗选	［印］佚名	金克木	江声	1-18100
8	1984.07	万叶集	［日］佚名	杨烈	王纪卿	1-22000
9	1984.08	雪莱诗选②	［英］雪莱	江枫	江声	208501 -295700
10	1984.08	吉檀迦利 园丁集③	［印］泰戈尔	冰心	唐荫荪	182001 -271200
11	1984.08	普希金抒情诗选	［俄］普希金	刘湛秋	江声	1-130600
12	1984.08	苏联抒情诗选	［苏］叶赛宁等	王守仁	郭锷权	1-36100

---

① 据主编杨德豫回忆，"诗苑译林"丛书于1983年至1992年先后出版"51种"，此为目前基本公认的观点，但其具体所指暂无从查证。彭燕郊则大致提道："一个多月出一本，不断地出，后来一共出了五六十种"（见易彬整理：《我不能不探索：彭燕郊晚年谈话录》，第32页）。据本表统计，丛书在1980年至1989年由湖南人民出版社出版49种；在1991年至1992年由湖南文艺出版社出版13种，其中10种为对前期重印的"新一版"，故不列入总数，因此共52种。

② 《雪莱诗选》初版于1980年10月，首印5500册，分别于1981年7月、1982年9月加印，且于1983年6月再版为增订本并加印；1984年8月第5次印刷时列入丛书。

③ 《吉檀迦利 园丁集》初版于1982年5月，首印74000册，1983年5月第2次印刷，原以"泰戈尔诗选"为主标题，1984年8月第3次印刷时列入丛书。

续表1

序号	时间	书名	作者	译者	责任编辑	印数
13	1984.09	拜伦抒情诗七十首①	[英] 拜伦	杨德豫	龚绍忍	234001－334500
14	1984.09	先知·沙与沫②	[黎] 纪伯伦	冰心	唐荫荪	15301－27700
15	1984.10	新月集 飞鸟集③	[印] 泰戈尔	郑振铎	唐荫荪	199501－292500
16	1984.10	狄金森诗选	[美] 狄金森	江枫	江声	1－10100
17	1984.12	图象与花朵	[法] 波德莱尔、[奥] 里尔克	陈敬容	管筱明	1－6800
18	1984.12	法国七人诗选	[法] 米修、[法] 波德莱尔等	程抱一	管筱明	1－16700
19	1985.01	涅克拉索夫诗选	[俄] 涅克拉索夫	丁鲁	郭锷权	1－10900
20	1985.02	美国现代六诗人选集	[美] 庞德等	申奥	江声	1－14300
21	1985.04	莱蒙托夫诗选	[俄] 莱蒙托夫	顾蕴璞	郭锷权	1－38700
22	1985.05	雨果诗选	[法] 雨果	沈宝基	管筱明	1－22900
23	1985.05	英国现代诗选	[英] 艾略特、[英] 斯彭德等	查良铮	唐荫荪	1－13650
24	1985.05	苏联三女诗人选集	[苏] 阿赫玛托娃等	陈耀球	杨实	1－7800
25	1985.06	英国维多利亚时代诗选	[英] 丁尼生、[英] 勃朗宁等	飞白	江声	1－9350

① 《拜伦抒情诗七十首》初版于1981年9月，首印30500册，分别于1982年8月、1983年3月、1983年6月加印，1984年9月第5次印刷时列入丛书。另，彭燕郊在1981年12月7日致施蛰存的信中写："最近出的《拜伦抒情诗七十首》初版八千册，很快就卖光了，就得重版。"此处其所言印数存疑。

② 《先知·沙与沫》初版于1982年7月，首印15000册，原名《先知》，1984年9月再版加印时列入丛书。

③ 《新月集　飞鸟集》初版于1981年8月，首印25000册，分别于1982年4月、1983年6月加印，原以"泰戈尔诗选"为主标题，1984年10月第4次印刷时列入丛书。

续表2

序号	时间	书名	作者	译者	责任编辑	印数
26	1985.09	采果集·爱者之贻·渡口	[印] 泰戈尔	石真	唐荫荪	1-28000
27	1985.09	聂鲁达诗选	[智利] 聂鲁达	陈实	杨坚、易文	1-6000
28	1985.11	谢甫琴柯诗选	[俄] 谢甫琴柯	蓝曼	杨实	1-3650
29	1985.12	屠格涅夫散文诗集①	[俄] 屠格涅夫	黄伟经	郭锷权	144801-169000
30	1986.02	湖上夫人	[英] 司各特	曹明伦	江声	1-4900
31	1986.05	苏格兰诗选	[英] 彭斯等	王佐良	唐荫荪	1-3900
32	1986.05	朱湘译诗集	[英] 济慈、[德] 海涅等	朱湘；洪振国整理加注	龚绍忍	1-2700
33	1986.05	英国湖畔三诗人选集	[英] 华兹华斯等	顾子欣	杨进、易文	1-5800
34	1987.02	西班牙现代诗选	[西] 希梅内斯、[西] 洛尔迦等	王央乐	杨进	1-7750
35	1987.03	布莱希特诗选	[德] 布莱希特	阳天	龚绍忍	1-6400
36	1987.04	北欧现代诗选	[瑞典] 拉格克维斯特等	北岛	唐荫荪	1-7250
37	1987.07	失乐园	[英] 弥尔顿	金发燊	张四	1-9500
38	1987.07	日本当代诗选	[日] 谷川俊太郎等	孙钿	王纪卿	1-6500
39	1987.09	美国当代诗选	[美] 布莱、[美] 默温等	郑敏	唐荫荪	1-9200
40	1987.10	域外诗抄	[爱] 叶芝、[美] 庞德等	施蛰存	江声	1-3280
41	1988.01	俄国诗选	[俄] 普希金、[俄] 莱蒙托夫等	魏荒弩	陈耀球、郭锷权	1-3755

---

① 《屠格涅夫散文诗集》初版于 1981 年 6 月,首印 36300 册,分别于 1982 年 4 月、1983 年 4 月加印,原名《爱之路》,1985 年 12 月第 4 次印刷时列入丛书。

续表3

序号	时间	书名	作者	译者	责任编辑	印数
42	1988.05	最后一个吟游诗人的歌	[英] 司各特	曹明伦	江声	1-3310
43	1988.05	天真与经验之歌	[英] 威廉·布莱克	杨苡	杨进、易文	1-3800
44	1988.05	叶夫图申科诗选	[苏] 叶夫图申科	王守仁	郭锷权	1-4250
45	1988.10	译诗百篇	[波兰] 密茨凯维支等	孙用	易文	1-2300
46	1988.10	东方故事诗 上集	[英] 拜伦	李锦秀	杨坚	1-1930
47	1988.12	请向内心走去——德语国家现代诗选	[德] 布莱希特、[奥] 里尔克等	绿原	江声	1-1500
48	1988.12	柔巴依诗集	[波斯] 欧玛尔·哈亚姆	张晖	江声	1-4530
49	1989.05	徐志摩译诗集	[英] 哈代、[英] 拜伦等	徐志摩;晨光辑注	魏烜、易文	1-12060

第二阶段　湖南文艺出版社（1991—1992）

序号	时间	书名	作者	译者	责任编辑	印数
1	1991.08	普希金抒情诗选	[苏] 普希金	刘湛秋	江声	1-23600
2	1991.08	莱蒙托夫抒情诗选	[俄] 莱蒙托夫	顾蕴璞	郭锷权	1-13800
3	1991.08	苏联抒情诗选	[苏] 叶赛宁等	王守仁	郭锷权	73001-7100①
4	1991.08	徐志摩译诗集	[英] 哈代、[英] 拜伦等	徐志摩;晨光辑注	罗尉宣	1-15300
5	1991.09	屠格涅夫抒情诗集	[俄] 屠格涅夫	任子峰	康曼敏	1-17600
6	1991.09	屠格涅夫散文诗集——爱之路	[俄] 屠格涅夫	黄伟经	郭锷权	1-17700

① 本书首印数标注方式较为不同，推测可能是1984年版共印73000册，1991年新一版首印7100册。

续表4

序号	时间	书名	作者	译者	责任编辑	印数
7	1991.09	拜伦抒情诗七十首	[英]拜伦	杨德豫	龚绍忍	1-20000①
8	1991.10	勃洛克抒情诗选	[俄]勃洛克	丁人	郭锷权	1-10500
9	1991.10	叶赛宁抒情诗选	[苏]叶赛宁	丁鲁	江声	1-12400
10	1992.09	雪莱抒情诗选	[英]雪莱	江枫	江声	(未详)②
11	1992.09	狄金森抒情诗选	[美]狄金森	江枫	江声	1-4400
12	1992.09	雨果抒情诗选	[法]雨果	沈宝基	管筱明	1-4900
13	1992.09	聂鲁达抒情诗选	[智利]聂鲁达	陈实	杨坚	1-4250

注：《雪莱诗选》《吉檀迦利　园丁集》《拜伦抒情诗七十首》《先知·沙与沫》《新月集　飞鸟集》和《屠格涅夫散文诗集》六种诗集此处以正式归入"诗苑译林"丛书的时间为序，其余诗集均为初版时间。

表2　目录之二：未出版书目（30种）③

序号	书名	拟定译者
1	奥斯曼帝国诗选	杨烈
2	弥尔顿：欢乐园　沉思颂	赵瑞蕻
3	阿拉伯现代诗选④	郭黎
4	法国七星诗社诗选	程依荣
5	普希金叙事诗集	陈耀球
6	里尔克诗选	程抱一

---

① 据本书"新一版后记"记录，《拜伦抒情诗七十首》由湖南人民出版社初次印行于 1981 年 9 月，末次印行于 1989 年 3 月，期间共印行九次，累积印数达 434250 册。

② 本书目前仅寻得 1992 年 9 月新 1 版第 3 次印刷版版本，印数为"26501-32400"。

③ 参照《涅克拉索夫诗选》（1985）、《朱湘译诗集》（1986）、《北欧现代诗选》（1987）和《柔巴依诗集》（1988）所附丛书总目预告及彭燕郊遗存"《诗苑译林》尚未出版的二十七种"目录整理。

④ 郭黎译《阿拉伯现代诗选》由湖南文艺出版社于 2000 年 12 月出版，责任编辑为康曼敏。译者前言写作实时间为 1985 年；末页"译者补记"（作于 2000 年）写道："这本十五年前完成的阿拉伯译诗选今天终于与读者见面了"，"这次正式出版，译文仍保持 1985 年稿原样"。但因此时诗集已不再归入"诗苑译林"丛书，且实际出版时间已间隔多年，故此处仍将其划分为"诗苑译林"丛书该阶段未出版书目。

续表

序号	书名	拟定译者
7	葡萄牙现代诗选	孙成敖、姚京明
8	拉丁美洲现代诗选	陈光孚
9	日本现代五诗人诗选	黎央
10	澳大利亚抒情诗选	（未详）
11	戈宝权译诗选	戈宝权
12	德国六诗人选译	冯至
13	英国十四行诗抄	屠岸
14	古希腊抒情诗选	罗念生、水建馥
15	新古今和歌集	李芒、赵乐甡
16	但丁：新生	吕同六
17	彼特拉克：歌集	吕同六
18	莎士比亚名剧佳诗选	方平
19	蒲柏诗选	（未详）
20	华兹华斯：序曲	（未详）
21	拜伦：东方故事诗　下集	李锦秀
22	拜伦：恰尔德·哈洛尔德游记	杨熙龄
23	法国浪漫主义诗选	张英伦
24	法国象征派诗选	葛雷
25	苏联四诗人选集	邹绛
26	古米廖夫诗选	高歌
27	巴格里茨基诗选	邹绛
28	帕斯捷尔纳克抒情诗选	葛崇岳
29	英国当代诗选	袁可嘉
30	法国当代诗选	叶汝琏

当代湖湘学人专栏

CONTEMPORARY HUXIANG STUDIES

论现代中国思想界"东西之辨"中的佛教主张

谭桂林

摘　要　"东西之辨"是现代文化理论一条重要的思想战线,佛教文化思想的积极参与赋予"东西之辨"以独特的思想元素和思维路径。他们的贡献主要表现在:第一,在如何认识东西文化各自的特性与优劣方面,运用佛法的循环史观破除直线进化论的新旧之执;从佛法阐释学的中道思维出发,指出精神文化与物质文化实质上并无差别;从佛法的业感缘起思想出发,坚信各种文化的优劣长短因时因事而产生转化。第二,在如何才是对待东西文明的正确态度方面,他们批评全盘西化的文明观,认为现时代对西洋近代文明要取一种"革命的反对态度",他们也反对用体用的二分法来看东西文化,提出"彻底国民性的文化"的主张。第三,在如何建设现代中国文化方面,认为文化建设必不可忘了"中国",但同时亦不可忘记了"现代";尤其是佛教界论者的目的在于用东方文化补西方文化之不足而促其发展,希望催动东方文化参与世界新文化建设的大格局。这些设想显现出了中国本土文化传统在东西文明冲突中的韧性与自信力,同时也标示着在经历过中体西用和西体中用之后,现代中国文化实践上的"东西之辨"正在进入中西互用的自觉阶段。

关键词　东西之辨;佛教思想;文化建设;中西互用

基金项目: 国家社科基金重点项目"现代中国佛教文学思想史文献整理与研究"(22AZW021)。

作者简介: 谭桂林,湖南耒阳人,文学博士,湖南大学中国语言文学学院教授,主要从事中国现当代文学研究。

鸦片战争以后，中国开始迈出艰难的现代化步伐。在"学问饥饿至是而极"的文化状态下，"欲求知识于域外"不仅是新学家们的"枕中鸿秘"，[①] 而且成为朝野士绅阶层的共识。但学什么，怎样学，不同信念和不同利益构成的文化群体各有不同考量。"向西方学习过程的本身，在客观上就带来了一个如何对待和处理中西文化即中学西学的关系问题"，[②] 中学与西学之间的论辩也就由此而生。五四新文化运动以前，思想文化界的中西之辨主要在维新派与保守派之间进行，西方有物质文明、东方有精神文明是保守派的心理盾牌，而维新派也大抵未脱中体西用的思路。五四新文化运动以后，纯粹的保守派和维新派都已老去，基本退出思想文化界的论争。如果说此前的中学西学之争主要"发生在朝堂上"[③]，参与者大多是官员型学者，那么，五四以后这种思想文化论战则主要在职业知识分子之间进行。正是在这种学术背景下，佛教界文化精英自觉地参与到论争中来，他们以东方文化研究者和代言人的姿态出现，把中学与西学的论战从过去的"华夷之辨"转化成一种关于东方文化与西方文化的思想交锋。当然，现代佛教在佛法师承上门庭各立，印度派、改革派、祖师派、学术派等各有体系，但在文化态度上则大致可以分为改革与传统两种势力。传统派往往恪守不立文字之古训，无意参与世俗社会中的口舌之争，而改革派们与之相反，不仅要改革僧制来适应时代的变化，而且要走出丛林影响社会来扩充佛教的生存权，因而，积极投入现代思想东西之辨的佛教界文化精英以改革派人士居多。从 20 世纪 20 年代对新文化运动倡导者胡适的批判开始，到 30 年代和抗战时期积极参与中国本位文化建设和抗战建国的文化讨论，再到"二战"胜利后从佛教的立场与视野提出中国和世界新文化重建的展望与举措，现代佛教改革派精英对东西之辨一直保持着浓厚的兴趣。学养上的兼具中西，贯通古今，也使得他们在思想的深入与方法的拓进方面，都对现代文化思想界的东西之辨做出了独特的贡献。在近代以来社会剧烈变革的大趋势中，这些文化态度

---

①　梁启超：《清代学术概论》，《饮冰室合集》专集之三十四，中华书局 1936 年版，第 71 页。

②　李泽厚：《中国现代思想史论》，东方出版社 1987 年版，第 313 页。

③　王先明：《近代新学：中国传统学术文化的嬗变与重构》，商务印书馆 2000 年版，第 100 页。

上的改革派们所表达的思想观念，或许更能体现出现代佛教的独特立场和时代使命，更能显示出现代佛教积极参与中国乃至世界新文化建设的自觉意识。

一

西学突破"奇技淫巧"的技术性层面，在国人认识中上升到包含科技、哲学、政治、学术等在内的体系性的文化层面，大致完成于戊戌维新运动，西学至此构成与中学势均力敌的一个思想史概念。到五四新文化运动发生，所谓西学中的一些重要的观念与制度，已经在中国开始推行与实施，因而人们谈论文化流行以新旧为识，新文化与旧文化、新道德与旧道德成为文化界的时尚话语。如果说过去知识者群体认知上的分歧焦点主要在要不要科技来富国强兵，要不要引入西方政治体制来改良社会管理，那么五四新文化运动的发生则标示着知识界"把思想文化问题提到改造社会决定中国前途的首位，把建立或具有什么样的生活态度、人生理想作为要解决的根本问题"[1]，1923 年的"科学与玄学"论战就是一个极好的说明，直到 1933 年 12 月陈序经在中山大学讲《中国文化之出路》，也还在说"中国的问题，根本就是整个文化的问题。想着把中国的政治、经济、教育等改革，根本要从文化着手"[2]。对于科技救国和政制改良的话语，佛教界传统上既无兴趣也无优势，而谈文化中的人生观与生命学说，这却是佛教思想的传统强项。现代佛教改革者们正是从这种社会思潮的转向中或者也可以说正是从五四新文化运动的成就中看到了自身复兴的生机与发展的方向。

1924 年，武昌佛学院教授唐大圆创办东方文化集思社和《东方文化》辑刊力倡东方文化研究。唐大圆谈"东方文化"概念，"约别二派，其一中华派，孔孟为首，而周秦诸子为辅。其一印度派，释迦牟尼为上，而数论胜论等为下。又种别为二：孔孟诸子及数论等为有漏，释迦佛法为无漏。有漏有为，烦

---

① 李泽厚：《中国现代思想史论》，东方出版社 1987 年版，第 57 页。
② 陈序经：《中国文化之出路——民国廿二年十二月廿九日晚在中大礼堂讲词撮略》，广州日报 1934 年 1 月 15—16 日。

恼随增，终鲜胜果"。所以，研究东方文化，"必以佛法之有为无漏及无漏无为者为之整理，斟酌适中，成为统系"。① 太虚也曾撰文为"东方文化"正名，指出"东方文化一名，所指极广，包括巴比伦、埃及等已死之古代文化，与犹太旧教、新教，阿拉伯回教，印度婆罗门教，数、胜各派，耆那教，中国儒学、诸子以及亚东、亚南佛教等现今尚活之文化。其内容何等丰富繁复，决非举一二种可为之代表，亦非立一二概念，如所谓西方是物质文化、东方是精神文化等类所能说明"。正是考虑到东方文化概念的复杂性与包容性，他谆谆告诫"今言东方文化者当扩其眼界，拓其心胸，勿为笼统汗漫之谈，进为分类专究之事者也"②。五四新文化运动以后，以谈东方文化而成名者有梁漱溟、张君劢等，梁、张的东方文化主张虽然儒佛并举，但明里暗里均以儒学为正宗。太虚、唐大圆等力倡东方文化研究，则毫不掩饰地以佛法为统摄，显示出与梁漱溟、张君劢等人明显不同的思想路径。东方文化提出之始，曾有学者借斯宾塞学自学、教自教的例子讽唐大圆不该以佛门弟子身份来谈东方文化，但唐大圆反驳说基督教有信仰而无学问，佛教既有信仰也有学问，三藏十二部中包含的五明极富科学思想，唯识论因明学也不是西方心理学可比拟。"予之谈东方文化也，本于佛学非在佛教，既无至尊专断俨同教主之弊，故得与诸君公开研究相得益彰。"③ 由此可见，太虚、唐大圆等在东方文化研究中的异军突起，实在是佛教界一种自觉的文化建构实践。佛教界文化精英们对"东方文化"概念的提出与界定，既突破了五四后文化研究中正在形成的新旧之藩篱，也可以弥合儒、道、释三家，突破谈中国文化即以儒家为代表的狭隘思路。

五四新文化运动伊始，东西之辨作为一种思维方式就被新文化倡导者以极其醒目的方式凸显出来。陈独秀辨东西民族根本思想之差异，明确指出："西洋民族以战争为本位，东洋民族以安息为本位"；"西洋民族以个人为本位，东洋民族以家族为本位"；"西洋民族以法治为本位，以实利为本位，东洋民族以

---

① 唐大圆：《东方文化集思社宣言》，《东方文化》第1集，1926年5月。
② 太虚：《东方文化正名》，《海潮音》1930年第11卷第9期。
③ 唐大圆：《关于东方文化之解蔽》，《东方文化》第4集，上海泰东图书局1928年版。

情感为本位，以虚文为本位"。① 这一论断不仅开启了现代新文化阵营东西之辨的先河，而且把近代以来东方有精神文明、西方是物质文明的笼统比较推向更加深层的分辨。此后，东西文化的比较成为文化研究者惯常使用的视角与方法。不仅文化界的名宿如此，即使那些刚刚出国留学的新进青年也自觉地在中西文化的比较中来确立自己的文化信念。如少年中国学会王光祈一到欧洲就通过自己的亲眼所见，对中西的丧葬、婚庆、小孩教育等做了比较，纠正了"我从前的观念错误"②。在佛教界东方文化倡导者那里，文化比较的视角与方法启示着他们将西方文化当作自己从事东方文化研究的参照系。值得注意的是，过去的文化保守者们视西洋文化如洪水猛兽，不愿意接触也不敢去接触，而这一代佛教改革派在知识结构上已经与文化保守主义者们大不相同。太虚 1914 年去普陀山闭关 4 年，所带书籍中包括严复翻译的许多西学著述，所以他在谈及西学东渐风潮时，才敢于批评"中国近来所输入之西洋学术，犹是彼邦十九世纪之思想，至于新兴之学说，尚未有传入"。③ 而当有人问谈东方文化者为何不游历西方时，尧友也有底气答曰："有真学问者不需要，没有真学问，游历西方也如鼓中之人，漂洋过海，回来只听到外面声音嘈杂，只看到牛皮鼓胀。"④ 兼具东西的学养和贯通古今的视域，使得他们能以主体的心态和自由的精神游弋于东西文化中，对东西文化各自优缺点的观察也就更加客观而包容。

东西文化优劣论，是现代东西之辨中的一个重要主题。检讨现代佛教改革者们不同时期的论述，可以清晰地看到他们在这方面的超越之处。首先，他们运用佛法的循环史观破除直线进化论的新旧之执，指出被称为新文化的西洋文化未必新，而被视为旧文化的东方文化也未必旧。鲁迅在《新青年》撰文批判孝道，声称"因性欲才有性交，因有性交才发生苗裔，继续了生命"，所以，"性交的结果，生出子女，对于子女当然也算不了恩"。⑤ 既然无恩，儿女对父

---

① 陈独秀：《东西民族根本思想之差异》，《青年杂志》1915 年第 1 卷第 4 号。

② 王光祈：《旅欧杂感》，《少年中国》1921 年第 2 卷第 5 期。

③ 太虚：《旧新思潮之变迁与佛教之关系》，《海潮音》1932 年第 13 卷第 3 期。

④ 尧友：《东方文化解惑》，《东方文化》1931 年第 2 卷第 2 期。

⑤ 鲁迅：《我们现在怎样做父亲》，《鲁迅全集》第 1 卷，人民文学出版社 2005 年版，第 136 页。

母亦无必尽之义务。此说惊世骇俗，被认为是新文化提倡者的经典之论。唐大圆则引经据典，考证此论出之于佛经《大毗婆沙论》中的外道之言，并非什么新鲜思想，而且早被佛陀批驳。唐大圆认为外道言论"其词诡谲，似能以化学、生物学等证明父母与子之关系"，而新文化提倡者"索引行怪者，闻之以为奇货可居，而血气未定之青年，尤易受其污染。故当时一唱百和，如洪水泛滥，沛然莫之能御"。①除了寻找新文化的旧来历之外，他们还不遗余力地阐释东方文化之新。如倚云认为，"今世科学发明，往往有西人务为极新，而反为东方古圣言之于数千年以前者，如西方天文家言星球、世界、水中微生物等，皆为印度佛家之旧说"②。太虚在阐析佛学与世界新思潮的吻合之处方面，有许多深刻而厚实的理论成果。在《旧新思潮之变迁与佛教之关系》中，太虚从场合观与法观、结构观与缘生观、能力波动观与一切种识观、新哲学以及生动的、文化的、宇宙的社会与唯识观等四个方面阐述佛学与世界新思潮的接近之点，在《佛学与新思想——上海南洋中学演讲》中，他也指出现代科学的能子论与佛学中之一切种义颇相符，"一切种，即第八识中含藏能生宇宙万有之一切功能力用。虽佛学由实证而知，能子论由推测而得，未可相提并论，然亦足以见新思想与佛学渐趋接近矣"③。这些论断，无疑显示出佛教界东方文化论者破除文化新旧两执论并非趋新之举，也非故意标举异端，更不是传统国粹派学者所谓新者旧也的自我陶醉，而是有着自己精深丰厚的佛理辩证法基础。

其次，注重同时从精神和物质两个方面综合地看待东西文化，肯定文化兼具精神与物质双重属性。这是现代佛教改革者们在观察东西方文化之同异时一个重要的思维特点。太虚的主张就显现出与众不同的超拔见识，他从佛法阐释学的中道思维出发，指出人类思想史上关于文明的观念，"不论唯心论、唯物论，或二元论，都是边执，都非真观，都非实相，非客观的，更非纯客观的。"所以说某种文明是精神文明，某种文明是物质文明，这固然不对，但说"没有

① 唐大圆：《介绍新文化之由来》，《海潮音》1923年第4卷第10期。
② 倚云：《东西文化之顺倒辨》，《东方文化》1931年第2卷2期。
③ 太虚：《佛学与新思想——上海南洋中学演讲》，《海潮音》1931年第12卷第9期。

一种文明，是精神的，也没有一种文明单是物质的"，这也不是确切的文明正义。太虚认为，"心物，灵肉，精神的，物质的，这等分别之牢不可破，殊不免觉着人类之不易教"。他也叹息"几百年来，思想上虽经几次多方面的，越来越切实、越趋于纯客观的革命"，但"那种唯我犹尊唯人独异的主观，我执还是盘结于一般人心而未解"①。所以，他主张在文明观上要破除精神与物质的分别与执着，要看到所有的文化类型都既是精神的，也是物质的。这一文化类型上的精神物质无差别论，无疑超越了过去论者常持的东方文化是精神文化、西方文化是物质文化这一简单二元的思维定式。东初支持太虚的观点，他不仅反对新与旧、精神与物质的二执，而且反对以体用的二分法来看东西文化。为了破除这些壁障，东初提出了"彻底国民性的文化"这一概念，认为"有新有旧，有物质有精神，皆不是人类社会的彻底国民性的文化，彻底的文化是无时代性，不增不减，常常时，恒恒时，适应国民生活方式的需要。更无所谓'体'与'用'了"②。不轻率地批判西洋文明崇奉物质不讲精神，这种基本思路，大多数佛教界改革者参与东西之辨的论争时都能够予以坚持。直到20世纪40年代后期，倪正和虽然以横和直来区别西洋文化与东方文化，难免简单化之嫌，但他明确指出宗教和科学是西洋文化的两大支柱。"由宗教以满足精神生活，由科学以满足物质生活。苟倾其一，他们的文化就将坍倒。而他们也将失去唯一的安身立命之所了。"③

再次，东西之辨的目的在于"欲补西方文化之不足而促其发展"。佛教界改革者们并不讳言东西文化的优劣长短，唐大圆谈东西文化关于人性的认知就明确表示，"东西思想比较而见优劣"④。但他们从佛法的业感缘起思想出发，也坚信各种文化的优劣长短亦因时因事而产生转化。值得指出的是，从洋务运动的中体西用论开始，直到30年代中国本位文化建设论出现，从事中西文化比较的论者无不以文化实践为旨归，以他山之石可以攻玉为目的，而且大都有

① 太虚：《评对于西洋文明态度的讨论》，《海潮音》1928年第9卷第2期。
② 东初：《建设中国文化的道路》，《海潮音》1936年第2期。
③ 倪正和：《中西文化的对比》，《弘化月刊》1947年第68期。
④ 唐大圆：《东西性说之比较》，《海潮音》1929年第10卷第11期。

明确的方向规定性，即在中西文化优劣长短的比较中，找出西方文化的长处来补足自己的短板，促进中国传统文化的自新与复兴。现代佛教改革派的实践方略可谓别开蹊径，旨归相同，但路径恰好相反。他们的宏大理想不仅要振兴东方文化，而且要催动东方文化参与世界新文化建设的大格局。唐大圆曾表示："吾之谈东方文化，非欲消灭西方文化，但欲补西方文化之不足而促其发展也。"① 太虚也认为，"救偏用西洋文化所成之流弊须用东洋文化渐已有人能言之矣，而西洋文化之病根何在言之每难剖切，而于东洋文化中，又惟佛之普法真能救到彻底而永无其弊，尤未能有言之者"②。所以，他赞同唐大圆以东方文化来补西方文化之不足的设想，并在他的东西文化比较论说中不断地将结论归向以佛法促进世界新文化建设的思想上来。改革派这一文化设想的思想根源，或许可以追溯到欧阳渐《佛法非宗教非哲学》的著名讲演中。欧阳渐指出："宗教哲学二字，原系西洋名词，译过中国来，勉强比附在佛法上面。但彼二者，意义既各殊，范围又极隘，如何能包含得此最广大的佛法？"③ 宗教与哲学是西方文明的重要标志，欧阳渐将佛法置放在宗教、哲学之上，这种层级观无疑启发了现代佛教改革者们"欲补西方文化之不足而促其发展"的文化愿景。

借东方文明救西方文明之偏，这是"一战"以后欧洲文化界一些知识分子对西方文明感到失望的表征，这一表征不仅梁启超等维新派知识分子赴欧观察时有所感觉，即使五四新文化运动以后出国留学的新型知识青年也敏锐地意识到了。王光祈在《旅欧杂感》中曾摘引德国报刊对一本汉诗译本《桃花》的评论，这些评论沿用中西之辨的思路，里面充溢着对中国古诗的赞美，对德国诗坛的不屑，甚至说"试想数千年以前，我们德国是何种野蛮状态，而中国已有如此美丽的诗歌。若拿德国文艺与中国文艺比较，德国的只算是一个乞丐"。④ 当然，王光祈还是清醒的，他知道这是"欧洲自大战后，一般学者颇厌

---

① 唐大圆：《关于东方文化之解蔽》，《东方文化》1928 年第 4 期。
② 太虚：《西洋文化与东洋文化》，《海潮音》1924 年第 5 卷第 7 期。
③ 欧阳渐：《佛法非宗教非哲学》，石峻等编：《中国佛教思想资料选编》第 3 卷第 4 册，中华书局 1981 年版，第 290 页。
④ 王光祈：《旅欧杂感》，《少年中国》1921 年第 2 卷第 8 期。

弃西方物质文明，倾慕东方精神文明"的表现，"但是外国人因为不了解中国古代的文明，只看见中国现代的社会，遂以现代堕落的社会，便是中国文明的结晶，因而对于中国民族存一种轻视之心"① 的总体趋向并未改变。但现代佛教改革者们却是真诚相信西方学者对东方文明的倾慕，真诚相信东方文化能给陷入竞争困境中的西方世界提供出路。所以，王光祈呼吁中国学者将中国古代学术介绍一点到西方去，是为了更好地使西方世界了解中国，而太虚呼吁国中善西文而兼精佛学者用西文翻译佛经，将佛法传布西洋，则是要"使可怜在昏暗中之西人得豁除基督教之欺伪蒙蔽"。② 近代以来，东西文明冲突日盛，东亚各国佛教在面对西方文明侵入时各有不同的应对策略与路径，如日本佛教界就采取"以攻为守的策略，既为建立一个大佛教联盟对抗西洋的近代性入侵，又为守住自家地盘以民族主义争取国家权力的支持"。③ 而中国佛教改革者们不但以攻为守，甚至自我赋予引领统合的文化使命。就当时世界文明发展之大趋势而言，这种以东补西、以东救西的想法显然不切实际，国内动荡的政治局势也不可能提供给佛教改革派从事文化建设实践的足够空间，但毋庸讳言的是，这些想法显示出的乃是现代佛教文化精英们充分的文化坚守和理论自信，它们部分地与新文化思潮相合，部分地恰恰对新文化思潮的偏至具有匡正作用。

二

五四新文化运动对旧文化的批判，主要矛头对准儒、道两家。陈独秀、吴虞等在《新青年》杂志连篇累牍发文章抨击康有为立孔教为国教的主张，周氏兄弟则将国民性问题的根底溯源到了道教，认为"中国根柢全在道教"，"以此读史，有多种问题可以迎刃而解"。④ 相对而言，佛教文化比较超脱，现代佛教自身的改革动力也驱使青年一代的佛教学者往往对新文化运动抱有好感与期

① 王光祈：《旅欧杂感》，《少年中国》1921年第2卷第8期。
② 太虚：《请国内谙西文之佛学家速纠正西译佛书之谬》，《海潮音》1922年第3卷第5期。
③ 葛兆光：《互为背景与资源——以近代东亚佛教史为中心》，《中国典籍与文化论丛》第7辑，北京大学出版社，2002年。
④ 鲁迅：《180820致许寿裳》，《鲁迅全集》第11卷，人民文学出版社2005年版，第365页。

待。当然，更重要的是，佛法思维一向以中道自是，在历次关于东西文化的思想论战中，佛教界论者的态度一般来说都比较公允平和，在如何对待东西文明的态度上，也大多秉持调和观。刘仁航在谈到世道人心的改革时主张"以亚化精神用欧化物质，然后通东西而得中道"；① 太虚在评冯友兰《中国哲学史》时也指出，"中国民族文化，哲学乃是主脑，竖承三千年来子学佛学之结晶，而横吸欧美各国近代现代之思想，始足复兴，且充实恢弘之"，② 对复兴中国传统学术需要吸取欧美近现代思想，同样深信不疑。值得注意的是，秉持中道思维，并不意味着佛教界文化精英在东西之辨的论战中一直扮演和稀泥的角色，遵守不出恶语的戒条也不意味着他们总是处在被动挨批的境地。主动出击，持续批判，从批判的武器到武器的批判，无不用心关注，极力发挥，这是佛教改革者们积极参与现代中国文化建设的态度表现。这种积极的文化态度在佛教界对胡适的持续批判中体现得最为充分。

五四新文化运动以后，胡适虽然以倡导文学革命而暴得大名，但其专业却是哲学史、思想史。治中国思想史不可能回避佛教文化，而深受杜威实用主义影响的胡适在思想上要重估一切价值，染上了考据癖的胡适则怀疑一切已有的结论，这种思想原则和方法运用自然影响了胡适对佛教史尤其是禅宗史上一些著名学案的考证与评价。1924 年，胡适到上海商科大学做哲学与人生的讲演，鼓励青年学子用怀疑精神到国学中去捉鬼打鬼，讲到佛学，自然也不免强调应当用怀疑态度去找出它的意义，是否真正比较地普遍适用。著名居士兼科学家王小徐著《佛法与科学》一文并奉胡适批评，胡适当仁不让，直截了当批评王小徐的文章是"搭题八股"，指出佛教的"立场是迷信"③。1932 年，胡适到武汉大学讲演《中国历史的一个看法》，则把佛教视为造成中国"宗教非人化"的魔王。可以说从出版《中国哲学史》开始，胡适就不断有涉及佛教的新作问世，不断有评论佛教的演说开讲。而佛教界从 1920 年 3 期《海潮音》杂志发

---

① 刘仁航：《与人论精神物质书》，《佛化新青年》1923 年第 1 卷 8 号。
② 太虚：《〈中国哲学史〉评》，《太虚大师全书》第 28 卷，宗教文化出版社 2004 年版，第 304 页。
③ 胡适：《读王小徐先生的〈佛法与科学〉》，《新月》1930 年第 3 卷第 9 号。

表悲华《论胡适之君〈中国哲学史大纲（上卷）〉》一文开始，也就不断地有学者撰文对胡适予以回应。对胡适的佛教文化评价，佛教界有批判也有赞赏，赞赏的是胡适在白话文运动中把禅宗语录视为中国白话文的始祖，抬高了佛教在中国文化发展史的地位，不满的是胡适从历史发展的角度对佛教传入中国后所起到的历史作用、所具有的价值意义所做的负面性评价。对胡适的禅宗史考据，佛教界文化学者也颇为矛盾，一方面肯定他在学术上对佛教研究事业的推动，另一方面斥责他的一些大胆假设乃是"胡说"。辟胡者虽然都是出家人，但个性不同，禀赋相异，有的针锋相对，据理力争，有的义愤填膺，怒声讨伐。这些风格不一的回应构成了民国期间佛教文化与现代新文学关系史上一道独异的风景。

1926 年 7 月，胡适在《现代评论》发表《我们对于西洋近代文明的态度》一文。此文有着强烈的现实针对性，胡适开篇就指斥"今日最没有根据而又最有毒害的妖言是讥贬西洋文明为唯物的（Materialistic）而尊崇东方文明为精神的（Spiritual）"。他说："从前东方民族受了西洋民族的压迫，往往用这种见解来解嘲，来安慰自己。近几年来，欧洲大战的影响使一部分的西洋人对于近世科学的文化起一种厌倦的反感，所以我们时时听见西洋学者有崇拜东方的精神文明的议论，这种议论，本来只是一时的病态的心理，却正投合东方民族的夸大狂，东方的旧势力就因此增加了不少的气焰。"胡适在文章中坚定而鲜明地为西洋近代文明辩护，一是指出文明的发展方向在于解放人类的能力，"精神的文明必须建筑在物质的基础之上，提高人类物质上的享受，增加人类物质上的便利与安逸，这都是朝着解放人类的能力的方向走"，因而西方文明的求知与格物是符合人类文明发展方向的。二是指出西方文明不只追求物质进步，也在创造着精神文明。不仅文化艺术上的成就让东方人不敢轻蔑，而且自由、平等、博爱等文明的核心理念也都在西方人的不断斗争中得到实现与完善，"社会政治制度上的不知足产生了今日的民权世界，自由政体，男女平权的社会，劳工神圣的喊声，社会主义的运动"，这些都是西方文明所造就的精神成果。此文的结尾也富有鼓动性与雄辩性，胡适不仅激情地赞扬西方文明"充分运用人的聪明智慧来寻求真理以解放人的心灵，来制服天行以供人用，来改造物质的环境，来改革社会政治的制度，来谋人类最大多数的最大幸福"，而且引用英国诗人邓内孙（Tennyson）的诗句鼓励人们发扬西方文明的精神，"去努力、去探寻、去发现／永不推让，不屈伏"。① 此文发表后，曾有学者盛赞胡适"替科学文明吐出万丈的光芒，大快人心"，甚至认为此文之后，"讨论差不多可算终结了"②。

如果说佛教界对胡适佛教观的批判出于对佛教历史与佛法理念的自卫，那么，对胡适西洋文明观的批判则既是自卫，更是一种主动出击。说是自卫，是因为胡适此文中对佛教的批评毫不客气，譬如批评轻蔑物质文化者，"有狂病的人又进一步，索性回过头去，戕贼身体，断臂，绝食，焚身，以求那幻想的精神的安慰，从自欺自慰以至于自残自杀，人生观变成了人死观"。这批评虽然不点名，但显然锋芒指向佛教。又如批东方文化强调的向内修养，认为"越向内做功夫，越看不见外面的现实世界，越在那不可捉摸的心性上玩把戏，越没有能力应付外面的实际问题。即如中国八百年的理学工夫居然看不见二万万妇女缠足的惨无人道！明心见性，何补于人道的苦痛困穷！坐禅主敬，不过造成许多'四体不勤，五谷不分'的废物"。这里则是直接点名把理学与佛禅各敲一棒。人死观和废物观，恰恰是现代佛教改革派们极力要破除的社会层面对佛教的不良观感，胡适在文章中直陈二弊，无异于戳中了佛教的痛处，佛教界出面自卫也是很自然的事情。正如芝峰在批判胡适的佛教史研究时所言："我们是佛教徒，我们对于胡适不顾事实学理这样的胡说，不能缄默。"③ 说是主动出击，则是因为胡适此文虽然认为精神文明与物质文明是不能截然对立的，但他的思路并没有超出将西洋文明与东方文明二元对立起来的思维窠臼。论文中对东西文明各自的特点，几乎都是对立着论说。如说东西文化"一边是自暴自弃的不思不虑，一边是继续不断地寻求真理""东方的文明的最大特色是知足，

---

① 胡适：《我们对于西洋近代文明的态度》，《现代评论》1926 年第 4 卷第 83 期。
② 彭学沛：《科学的流弊和中国》，《现代评论》1926 年第 4 卷第 88 期。
③ 芝峰：《胡适的"胡说"》，《海潮音》1933 年第 14 卷第 1 期。

西洋的近代文明的最大特色是不知足"等等。胡适还非常明确地表达了他的褒贬态度：对东方文明，胡适评价为"不能运用人的心思智力来改造环境、改良现状的文明，是懒惰不长进的民族的文明，是真正唯物的文明"；对西洋文明，胡适评价为"充分运用人的聪明智慧来寻求真理以解放人的心灵"，"这样的文明是精神的文明，是真正理想主义的（Idealistic）"。这种比较式的文明评判，是现代思想界文化观念论战中典型的东西之辨，代表着五四新文化运动后欧美派自由主义知识分子在现代中国文化建设上的基本观点。佛教改革派欲积极参与现代文化建设，在现代文化建设和发展中发出佛教界的声音，提升佛教文化的地位，胡适的个人声望以及胡适关于文明的东西之辨所表现出的鲜明态度，无疑都是他们主动出击的最佳对手。

作为东方文化的积极倡导者，唐大圆引用佛经中的著名寓言来批评胡适：一是良医之喻，说胡适好像良医家中中毒很深拒绝医治的儿子，因失其本心，所有见闻觉知无不颠倒。二是穷子之喻，有富家子自幼逃逝在外乞讨为生，长大后回自家门，见家中富有庄严，即怀恐怖而走，以此讥讽胡适居外已久，不见民族文化之精美。三是狮虫之喻，狮子虽然威猛庄严，但狮身生虫，自身上的虫子吃自身的肉，难逃溃败的命运。唐大圆借此斥责胡适出身中国却非难东方文化，是自毁长城。在论文中，唐大圆既从东西之辨的角度，批评西洋文化的纵贪与无明，认为物质文明不能解决社会问题，铁路、轮船反而使交通更为险恶，制器尚象愈奇巧，缠缚越众，一切经济之缺乏，阶级之不平等，均由此生；也从个人心理与学养的角度批评胡适对东西文明的不同态度，认为欧战以后，东方文明已经开始复兴，胡适因为在西洋文明中浸淫已久，所以欢迎西洋文明之新兴，不喜东方文明之新兴。唐大圆还批评胡适虽说物质文明与精神文明并行，但在这并行文明中只取物质一分，而弃其精神一分，死心塌地役心于物，沦入科学的黑暗地狱中一味向外摸索，是"于学问之内心，毫未通问"①。相对而言，太虚的批判态度比较谦和公允，他坚持佛法的中道思维辩证方法，在思维观与方法论上都反对二元对立的东西之辨，明确表示对于东西文明都不

① 唐大圆：《评胡适对西洋近代文明的态度》，《海潮音》1927年第8卷第1期。

应采取绝对肯定或者绝对否定的态度。"中国旧有的文明（或文化），诚然是许多应该反对的，西洋近代的文明，也不见得就全不该反对，就已达到了文明的极境，就完全能满足人人的欲望。"① 针对东西之辨中，或者全盘西化即要拒绝传统，或者复兴东方即要拒绝西方，这两种极端的文化态度，太虚提出了自己的"革命的相对的反对态度"的主张。他说："反对有两个意思，一为反动的，一为革命的。我以为囫囵地维护或颂扬西洋近代文明，与反动地反对西洋近代文明，其值实在差不多，我以为现代人对于西洋近代文明，宜取一种革命的相对的反对态度。"太虚所谓"革命"，即洗心革面之义，是通过扬弃而前进的意思，而"反动"则是反向而行，是开倒车，所以，其主张的"革命的相对的反对态度"，就是"必须与世界各国思想互相沟通而后可"，就是要通过自己的洗心革面以与西洋文明"并驾齐驱"。②

在对胡适的东西之辨思想的批判中，年轻的佛教学者也担当了十分重要的角色。如胡适指斥反西洋文明者是"开倒车"，倚云就运用佛法的业感缘起说和历史循环论的方法和观念，专门对倒车和顺车作了辨析。他说："近人谈西方文化向前进，谓之开顺车，东方文化向后退，谓之开倒车。其实政治之进程，本如环然，不惟无顺倒，亦无前后，且亦无端。行者或自以为顺，自他方观之，正是其倒，或自谓前进而进至不已仍退在后，是故余既承认谈东方文化者正取其开倒车，又愿请谈西方文化者不如早开倒车，免遭种种之危险。"③ 芝峰同意胡适关于精神文化与物质文化相互包含的观点，肯定西洋文化并不只是重物质的文化，其文化体系中也有重精神的要旨所在，但他斥责胡适追求物欲文明是一种堕落的文明态度。他认为，"西洋文化是物质享用的文化，倘完全舍却内心的理智若胡适般唯趋享乐主义，这是由人的文化而堕落到非人的文化动物的文化非洲兽国里去了。故西洋虽科学的物质发达，仍不能不有他们的人文主义或耶教来驾驭这物质欲"④。芝峰还指出，因为文化是人的活动的产物，

---

① 太虚：《评对于西洋文明态度的讨论》，《海潮音》1928 年第 9 卷第 2 期。
② 太虚：《旧新思潮之变迁与佛教之关系》，《海潮音》1932 年第 13 卷第 3 期。
③ 倚云：《东西文化之顺倒辨》，《东方文化》1931 年第 2 卷 2 期。
④ 芝峰：《胡适的"我们对新旧文化应取的途径"》，《海潮音》1933 年第 14 卷第 2 期。

也是以人的发展向上为旨归，因而不能用精神和物质的标准来划分文明类型，应该用"人"与"非人"为标准来划分文明。芝峰列了一个表来分类他心目中的"人的文化"与"非人的文化"。其中中国儒家、西洋人文主义、佛教人乘正法（以上三者为持平的人文主义）是他推崇的"人的文化"，而中国道家、西洋耶教、佛教天乘（以上三者是超人的天道主义）、佛教小乘（绝人的虚寂主义）、佛教大乘（弃人的向上主义）、感觉享乐（堕落的胡适主义）则被他划分到"非人的文化"。"人的文化"与"非人的文化"本来是五四新文学家们划分新旧文化与文学的一个标准，胡适关于禅宗的考据结果，史学界与佛学界也见仁见智，毁誉参半，今之学者大多在肯定他的实证方法的同时，质疑他"实在没有提出任何像样的证据推倒先有的禅史"。① 但他作为新文化运动的领袖，居然自己的思想主张被划进了"非人的文化"之类，这是佛教学者即以其人之道还治其人之身，从中可以领略到的恰恰是以胡适为代表的新文化运动对现代佛教改革者们的影响之深。

三

1935 年 1 月 10 日，何炳松、陶希圣、萨孟武等十人联名发表《中国本位的文化建设宣言》。宣言在对近现代文化的英美、苏俄、意德模式做了一番"总清算"后，提出了建设中国本位文化的主张。其中包含五个要点：一是中国有其特殊性；二是对过去的一切加以检讨，存其所当存，去其所当去；三是反对全盘吸收欧美文化；四是中国本位文化是创造的；五是建设本位文化的目的是在促进世界大同上能有充分的力。② 由于该宣言的发表正值蒋介石发起"新生活运动"，以"礼义廉耻"四维作为治国大纲之际，因而宣言的发表难免具有政治背景之嫌疑，对此宣言的反响与讨论也就特别引人瞩目。社会文化界参与者甚夥，拥护者有之，反对者有之，胡适就批评所谓"中国本位文化"乃是"中体西用"老调的最新式的化装出现。佛教界文化精英们对此讨论也甚

---

① 麻天祥：《胡适、铃木大拙、印顺禅宗研究方法之比较》，《求索》1997 年第 6 期。
② 何炳松等：《中国本位的文化建设宣言》，《教育杂志》第 25 卷第 2 号，1935 年。

为关注，如正在天津主编《中日密教》的许季上指出："现代文化之类别，有以东方文化与西方文化区分者，有以欧洲文化与亚洲文化区分者，又有以资本主义文化与社会主义文化区分者。就中华人民言之，中华文化之前途，将全盘接受西方文化乎？将积极回归中国固有之文化乎？抑将兼收并蓄而采折衷之主义乎？""此问题实为一极重要之问题，而在解决政治、经济、社会诸问题之先，愿加以解决者也。"① 如果说对胡适的批判由于其主题限定在对西洋文明的态度上，参与讨论的佛教界论者重心在于从东西之辨的角度，从反面批判胡适对东西文化的价值评判，而参与这次"中国本位文化建设"的讨论，佛教改革派的目的在于发出自己的声音，所以参与讨论者多注意从正面充分表达现代佛教界对中国文化建设的态度、观点和方案的设计思路。

通观佛教界论者的讨论文章，可以概括出三个基本特点。第一，不满讨论的不切实际，各种观点五花八门，但没有针对实际问题的深入讨论。如东初认为，这次论战"其声浪不让于过去的'五四运动'及'玄科'的战争"，但讨论者"简直是闹意气"，而不是在讨论一个复杂问题。他甚至认为："像这样的态度来研究学问，我主张索性没有反好，有了，不但不能够获得最后有方式的具体的结论，反而会扰乱读者目前已有的中心的意识。"② 大庸也指出："这个工作是重大的，一时要谈做到何种程度真是难说，唯一要做的是埋头实干不计成败，那个比较切实些。"③ 这种推崇实行的思路，早在唐大圆倡导东方文化研究之始就已经显露端倪，唐大圆在成立东方文化研究院的宣言中曾明确指出："昔孔子有言：'吾欲垂之空言，不如见诸行事之深切著明。'此东方文化之实事求是早有特性。后之阳明说'即知即行'，亦为略窥此秘。吾人今日俯仰今古，阐发东方文化，应悟言论前导，事实后随。"④ 太虚是历来就主张行知兼重者，他认为知识的产生与行有着密切的关联，从行中产生的知识才是真知识。在《评胡适的戴震哲学》中，太虚就曾批评过胡适是"重学以求知"，认为

① 许丹：《中日密教·卷头语》，《中日密教》第2卷第12号，1935年。
② 东初：《建设中国文化的道路》，《海潮音》1936年第2期。
③ 大庸：《十教授宣言我见》，《人海灯》1935年第2卷第7期。
④ 唐大圆：《东方文化研究院宣言》，《东方文化》第4集，上海泰东图书局1928年版。

"重学以求知，未至现量证智，则为袭取之假借知识，未是真知识也。其声量闻智，但为考据之训诂；其比量理智，虽已为经过逻辑训练的科学、哲学知识，然坐谈而实未践行去做，做事时将仍不免无所措手足之迷乱。其所得知识，至多可以著书立说，及为注入式教育的教授耳"。而"亲从环境感受，实验于农工政教生活，产生科学、技术、文艺等，是行而知、知而行之第一重真知识也。亲从心身修养，变化于气质根识生活，产生哲学、德行、圣智等，是行而知、知而行之第二重真知识也。从此精进而不已，乃由佛学八正道生活，而趋向无上偏正觉的大路。"① 东初、大庸等大多是太虚的学生或者深受太虚影响的青年僧人，当然会遵循导师的思路在知行关系中更加重视行的方面。

第二，各打五十大板，既不完全赞同全盘西化论，也不完全认可"中国本位文化论"。如王恩洋《全盘西化与中国本位文化评论》指出，全盘西化论错误有三：一是西方文明错杂，不可能全盘接受。"科学，西化也，基督教，亦西化也；资本主义，西化也，社会主义，亦西化也；民主政治，西化也，独裁政治，亦西化也；诸如是等，吾人将如何全盘西化之也耶？"二是语言文字、器物房舍、饮食衣服等皆为文化，不可能舍弃。"苟谓必如是乃为全盘西化，则何如直将中国之民族人种而弃舍之，重造之，或代之以西洋之民族人种为快乎？"三是欧战以后，西方文明已自为生存竞争文化所累而莫能自拔。"国与国间，阶级与阶级间，民族与民族间，各挟其文化所造成之科学制造海陆空军，以践履其物竞天择优胜劣败之思想，各欲侵略他人以求独霸。终之世界第二次大战，或将摧毁人类并以自摧毁其文化也而未可知，吾人乃欲尤而效之，此于人类何益？此于中国之自身又何益？"而中国本位文化论则错在胸怀狭隘，退守自封，缺乏中国文化发扬光大以引领世界文明的眼光。王恩洋认为"文化实无民族国家界限可言者也"，"今以国家民族之观念自狭小其范围，而示与人异，是不啻自行阻滞其文化之发展"。② 太虚虽然熟读严译，力行改革，但也一向不同意全盘西化的主张，这在与胡适等人的东西之辨中多有表示。不过，对

---

① 太虚：《评胡适的戴震哲学》，《海潮音》1928 年第 9 卷第 2 期。
② 王恩洋：《全盘西化与中国本位文化评论》，《海潮音》1935 年第 16 卷第 10 期。

"中国本位文化建设"论者的观点，他也不表示完全赞同。太虚曾批评"中国本位文化"含有"国家主义"或"中国主义"以及"中学为体"的意味，认为"要成现代中国，必不可忘了中国二字，故复兴中国固有文化，实为必须，但同时亦不可忘记了现代二字，故对于欧美的现代科学文化，也要适可地选择采用，方可以造成现代中国"①。

第三，佛教立场鲜明。论者无论从何角度介入、取何种文化观念、对东西文化态度如何，最终都会得出一个相同的结论，即中国本位文化建设的路径在于振兴佛教文化。其基本理由也大同小异，总括起来大致有三：一是佛法与中国历史文化礼俗习尚早皆渗透，而尤普遍深入多数庶民心理中，成为国民的精神要素。二是现今时代西洋文明与中国文明所缺的都是"国民根本道德中心的文化"，而佛教文化无我、去欲，能止一切恶，生一切善，所以适宜于作为国民道德文化建设的基础。三是佛法非科学非哲学，但融贯科学与哲学，在科学、哲学发展进步到现代的今天，佛法实为唯一的既与科学合，也与新思潮合的宗教。所以，王恩洋认为"世界今日既因西洋物质文明之发达而打通为一家，即应有精神之一致而融为一体，如此乃克全人道而尽人性，由此而进求佛法，出世之解脱，与无上菩提之完成，如斯乃得人生之究竟，亦即为世界文化之和合与统一"。他还敦勉"大心宏量、远识沉毅、特立独行、悲心济物之士"，"发扬固有之文化以消化西洋文明，而进趣佛法，则其能己立立人，己达达人，率世界人类以共入光明之途"②。许季上曾赴日本高野山考察东密，回国后长期从事弘法大师研究，对真言密教有深入的理解。他为中国本位文化建设提供的方案是弘扬真言密教文化，"使中华人民能至心归向、深密研究，略其形迹，寻其归系，则此一致和谐与成就之文化，必可为中华新文化之基础，而树立伟大广远与不休之业绩。又不独中华为然，即亚洲其他各民族亦可与中华共同步骤，而创设泛亚洲之新文化，而为全世界现其曙光"。③在以佛教文化来

---

① 太虚：《中国本位文化建设略评》，《四川佛教月刊》1935年第9期。
② 王恩洋：《全盘西化与中国本位文化评论》，《海潮音》1935年第16卷第10期。
③ 许丹：《弘法大师传讲义》，《中日密教》1934年创刊号。

糅合东西文化方面，太虚态度最为鲜明，意志也更为坚决，不仅有践履，而且有指导践履的核心观念。在看到中国本位文化建设宣言之后，太虚即时发表感想，对宣言中的国家主义和本位主义表达警惕，稍后又发表文章希望人们将佛教中的大乘思想掘发阐扬出来，并且流贯到一般的思想信仰行为上去，"内之化合汉、藏、蒙、满诸族，外之联合东亚、南亚强弱小大诸族，以二千余年之佛教教化关系成亚洲东南各民族大联合，协力将大乘佛教文化宣传到亚洲西北以及欧美非澳，融摄近代的个人主义文化与将来的社会主义文化，造成全世界人类的中正和平圆满文化"。① 现代思想史上，不乏将印度文化视为东方文化之根本，并将佛教视为外来文化者，但在佛教界文化精英尤其是改革者中，主流意见乃是"佛之为整个中国民族文化之要素，并不下于儒化"。② 实际上，"佛教的逐步中国化、儒学化，使得唐宋之后的中国佛教已发展成为中国传统文化的一个重要组成部分"。③ 因而，无论是王恩洋的"率世界人类以共入光明之途"，许季上的"为全世界现其曙光"，还是太虚的"造成全世界人类的中正和平圆满文化"，他们的佛教文化自信，在其逻辑上本身就是中国传统文化的自信。

当然，中国佛教文化若要担当起补救西洋文明之弊、促进世界新文化建设这一伟大使命，它自身必须勇于革新。但什么是佛教的新，佛教怎样才能革新？这是现代佛教实现自我文化愿景首先必须要解决的问题。太虚在这方面提出了自己的核心观点，即"中国佛教本位的新"，他说："新，需要佛教中心的新，即是以佛教为中心而适应现代思想文化所在的新的佛教。这佛教的中心的新，是建立在依佛法真理而契适时代机宜的原则上。"太虚还从否定的方面予以"中国佛教本位的新"肯定的意义，明确指出："所谓中国佛教本位的新，不同一般人倾倒于西化，麻醉于日本，推翻千百年中国佛教的所谓新，亦不同有些人凭个己研究的一点心得，批评中国从来未有如法如律的佛教，而要根据

---

① 太虚：《提供谈文化建设者几条佛学》，《海潮音》1935 年第 5 期。
② 太虚：《在首都中国佛学会欢宴席上之演说》，《正信》第 6 卷第 11 期。
③ 赖永海：《近现代"人生佛教"与儒家的"人本"哲学》，《江苏社会科学》2000 年第 3 期。

佛法的律制以从新设立的新。"① 所以，"流贯"也好，"化合"也好，"融摄"也好，这些造成世界新文化的方法、路径，都应该建立在"中国佛教本位"的基石上。太虚在批评十教授宣言书时十分警惕其中透露出的"国家本位主义"，在阐述自己的佛教革新观时又强调"中国佛教本位"，这二者其实并不矛盾，都是从正反两面强调文化"融贯"的重要意义，体现出太虚在文化建设方法论上的辩证思维特征。前者警惕的是阻断融贯的关门主义，后者设置的则是保证融贯得以实施的坚固基石。

四

佛教文化传入对中国思想发展的重大贡献，正如王国维所言，"自汉以后儒家唯以抱残守缺为事……佛教之东，适值吾国思想凋敝之后，当此之时学者见之如饥者之得食，渴者之得饮"。② 此后近两千年的中国思想发展历史中，"正统的照例是儒教徒，而非正统派便自然多逃儒归佛。佛教在那时虽不是新思想，却总是一个自由天地，容得他们托足"。③ 也就是说，处于在野地位的佛教文化为了自己的生存竞争，为思想保留着一定的自由空间，这种思想自由深深吸引着儒家思想的异端者和改革者，以至每一次儒家思想形态出现严重的凋敝、僵化情况时，都有佛学观念的引入为它注入调整和发展的新鲜活力。相对于中国思想史上的儒佛互动，晚清佛学的复兴运动所面对的情势更为复杂，中学与西学、东方文明与西方文明的冲突与对抗已经从民族生存的现实危机中外溢出来，成为知识分子不能不思考的关系到自己安身立命之所的问题，东西之辨也就自然而然地成为近现代文化理论与实践的一条重要的思想战线。从20年代初到30年代后期，佛教思想的积极参与不仅赋予了现代文化思想领域中的东西之辨以独特的思想元素和思维路径，而且在社会文化层面产生了积极而广泛的影响。

---

① 太虚：《新与融贯》，《海潮音》1937年第18卷第9期。
② 王国维：《论近年之学术界》，《王国维文集》第3卷，中国文史出版社1997年版，第36页。
③ 周作人：《重刊〈袁中郎集〉序》，《知堂序跋》，岳麓书社1997年版，第342页。

　　从现代佛教界自我改革的历史进程来看，东西之辨的思想成果促使佛教界文化精英们认识到佛教世界化的重要意义，"佛法非宣传欧、美，则不能宏于今俗"①，从而将世界化视为现代佛教因应世界文化发展大势从而发展自身的重要途径。太虚和从事佛教改革的志同道合者一直在努力实践这种振兴佛教文化的思路，太虚1928年远赴欧美游历宣化，初到巴黎即发表《西来讲佛学之意趣》的讲演，开诚布公说自己来欧洲的目的就在于纠正欧人对佛教的错误认识，显示佛学真相。稍后在巴黎东方博物院讲演，也明确宣示："在现今世界文化大交通的趋势上，却应将此超脱一切方土、时代、人种、民族等拘碍而又能融会贯通东西各民族文化的佛学，明明白白宣扬出来，使之普及群众，以作人类思想行为的指南。"② 除了游历宣化，世界化的另一项重要工作就是将佛经高质量地翻译成英语，供西人阅习。1930年，为了履行巴黎倡议，太虚在北平发起成立世界佛学苑筹备处，1932年在武昌佛学院创办世界佛学苑图书馆，图书馆一项最为重要的工作就是整理编译经论典籍。20世纪30年代以后，中国佛教界在佛经外译方面，吕碧城、许季上、寂英等都有上乘的贡献，其中最出色者当数多年生活在欧洲的吕碧城。1930年佛诞日，吕碧城在伦敦佛学爱好者集会上讲演，从比较宗教学的角度指出"佛教之人，仗自力而不仗他力，耶、回、犹等教皆主一尊，不论善恶，但凭信仰，求之则赏，违之则罚，此所以不及佛教之可贵"③，这种现代文明的东西之辨可以说是促使她用西文翻译佛典以助佛教世界化的源动力。从1934年到1937年，她"专以佉卢文字迻译释典，三载始竣，形神交瘁"，④ 译成的佛经计有《行愿品》《普门品》《弥陀经》《十善业道经》等多种，为现代佛教文化的世界化做出了可供仿效的典范。毋庸讳言，由于种种历史或现实的原因，相对于西方学者从梵文、藏文中翻译佛经的成果而言，近百年来汉译佛经的西译工作一直是比较落后的，甚至在今天仍然不尽如人意。但正是这种落后状态，更能比照出先驱者们倡导的重要。

① 太虚：《寰游记》，《太虚大师全书》第31卷，宗教文化出版社2004年版，第326页。
② 太虚：《佛学之源流及其新运动》，《海潮音》1929年第10卷第1期。
③ 吕碧城：《致王小徐居士书》，《海潮音》1931年第12卷第3期。
④ 吕碧城：《晓珠词跋》，《吕碧城诗文笺注》，李保民笺注，上海古籍出版社2007年版，第311页。

1923 年时，太虚听说李提摩太译《大乘起信论》，荒谬之处不可胜言，尤其是在书中捏造一耶教徒多马，说马鸣是受多马感化而作此书。太虚指出这是基督徒李提摩太仿效六朝间道士编造《老子化胡经》的方法，"欲将该教高攀援附于佛教而伪造之辞"，"是诚佛法传布西洋之大害"，所以，太虚"望吾国中善西文而兼精佛学者，一一为之深切纠正"。① 在 20 世纪 20 年代，有人呼吁"深切纠正"西人译经的错讹，十多年后，中国佛教界的汉译佛经西译就已初见成效，这无疑是东西之辨在佛教界造成的思想成果之一。

清末民初以来，佛教界改革者与思想文化界的改革者们往往有一种惺惺相惜之感。五四新文化运动发生后，新派僧侣不少人读过新文学的作品，尤其关注胡适等人对于佛教的态度和研究成果。但那时的联系只是一种间接的阅读性联系，相互的思想交锋也不过是隔空问候。东西之辨的论争强化了新派僧侣的改革者姿态，也促进了佛教界与新文化倡导者之间的直接交往与社会互动。巨赞在桂林创办《狮子吼月刊》，得到田汉的劝进与支持，巨赞拟好创刊宣言请田汉斧正，田汉也提出了令人折服的建议。该刊后来发表过一批新文学家的作品，其中田汉《复巨赞法师》《关于新佛教运动》两文，对新佛教运动的缺陷提出了批评与期望。《狮子吼月刊》倡导和促进战时佛教通讯员运动，组成一支有力的佛教笔部队，在回击敌寇汉奸的疯狂行为与荒谬理论上作出了重要贡献，这显然与新文学作家的指引与助力有密切的关系。1940 年 5 月，从印度和南亚锡兰等国访问归来的太虚将携回的法物和纪念品在缙云山陈列展出，田汉、郭沫若先后前往参观和访晤，并赋诗祝贺太虚的访问成功，赞许太虚浮海南洋"带得如来着武装"的壮举，称扬太虚是"堂堂罗汉石惊天"。太虚则邀请郭沫若、老舍、老向、林语堂等新文学家到汉藏教理院为学僧们做思想文化讲座，并把讲座稿刊发在佛教刊物上供广大佛徒阅读。这些讲演的发表在现代文化史上意义重要，对佛教改革者而言，它是来自时代文化主潮的殷切期望、有益建议和有力的策励，增进了他们在东西之辨的论争中确立起来的文化自信。对新文学而言，它们不仅体现着新文学作家亲和佛教文化这一传统态度，

---

① 太虚：《请国内谙西文之佛学家速纠正西译佛书之谬》，《海潮音》1922 年第 3 卷第 5 期。

而且鲜明地显示了新文化对佛教改革与发展的深层次介入。1942 年，敬诚呼吁"办一个'觉的文学'月刊，专门负责干这新佛教运动的'唤醒'的文艺工作，把新的文艺利器，偏向教内外的朝气知识群'呐喊''暗示'"。[①] 敬诚的文章不断引征老舍《灵的文学与佛教》的讲演，甚至建议邀请老舍、田汉、郭沫若、林语堂等一起组成"中国佛化文学协进会"。这些直接交往，或有种种机缘，但东西之辨论战中的相互了解，以及通过东西文明的融合来促进现代性中国民族文化建设的共同愿景，无疑为佛教界与新文学界的直接交往搭起了一个重要的平台。

在东西之辨的论争中，佛教界文化精英敏锐地感受到了世界文化东升西降的发展大势。如果说近代佛学复兴运动的领袖杨仁山面对这一趋势，"基于信仰主义，所以他就把佛学思想看得高于一切"，[②] 那么，年轻一辈的佛教文化精英走得更远。他们不仅要佛化儒、道，而且宏愿广大，希望以佛教文化与思想来促进世界文化走向和平、中正与圆满的大境界。这些愿景来自对"一战"后西方文明危机的考察，但"二战"的接踵爆发使得世界各民族生存危机空前严重，世界反法西斯战争把倡导和平主义的佛教思想挤向边缘，而国际共产主义运动的兴起也将文化中的东西主题转换成了阶级主题。在这种世界背景下，中国佛教学者的东西之辨思想在民族文化建设的现实语境中没有机会去勠力实践，这是可想而知的。但值得指出的是，他们在东西之辨中展现出的中道思维和文化融贯观念在新文学的文化重造主题书写中依然留下了深刻的印记。如废名写《莫须有先生坐飞机以后》思考"机器与人类幸福问题"，写《阿赖耶识论》破熊十力的"新唯识论"，其中对进化论和科学主义的批判，其文化重造的思路显示出佛教界东方文化论者的影响。无名氏无疑是在新文化与西学的浸润中成长起来的新文学作家，但他在 40 年代思考"中国文化未来的使命"，认为这一使命"就是调和混溶西方与印度。中国文化如溶解剂，有了这一药料，

---

① 敬诚：《创办"觉的文学"月刊的一个建议》，《海潮音》1942 年第 23 卷 7 期。
② 郭朋、廖自力、张新鹰：《中国近代佛学思想史稿》，巴蜀书社 1989 年版，第 34 页。

世界性的文化才能重新凝铸成一个崭新体"，① 这种思想显然与佛教界文化精英以佛教文化来融摄东西方文化以建设世界新文化的自许如出一辙。无名氏毕生以"调和儒、释、耶三教，建立一个新信仰"的观念来构建他的《无名氏全书》的鸿篇巨制，从现代思想史的角度看，所谓"创世纪大菩提"的文化愿景，说其是佛教界文化精英中道思维与融摄观念的一种艺术化呈现，也应该不算过分。

综上所论可见，在现代文化的东西之辨中佛教界文化论者提供的思想观念和思维方法，乃是现代思想史上值得重视和整理的珍贵财富。他们对东方文化研究持之以恒的倡导，对世界文化发展趋势中东方文化的功用与未来可能性的预判，以及对佛教文化在东方文化体系中的地位与作用的思考，不仅体现了现代佛教自身改革振兴的内在力量，而且在儒道文化遭到新文化的极大冲击而萎靡退守之际，通过积极的进攻和世界文化蓝图的建构，显现出了中国本土文化传统的韧性与自信力，同时也标示着在经历过中体西用和西体中用之后，现代中国文化实践上的东西之辨正在进入中西互用的自觉阶段。东西之辨是近百年来中国思想史上具有贯穿性的重要主题，如果说 20 世纪的东西之辨主要是在向西方寻求真理的弱势语境中展开，那么，新世纪到来后，东西之辨则主要是在发掘和弘扬本土优秀文化传统的民族复兴语境中展开，建构人类各民族文化对等交流的命运共同体，贡献中华民族的智慧与经验来解决人类在发展中面临的新问题，是民族复兴语境中东西之辨的重要理论目标。因而，现代佛教的文化论者在东西之辨中展现出的理论观念和论争姿态，仍然值得我们参考与借鉴。中华民族的伟大复兴，绝对不是封闭的复兴，因袭的复兴，也不是掠取的复兴，而是一种开放的、创新的、贡献于人类的复兴。正是在这一语境下，现代佛教文化精英在文化抱负上所呈现的世界格局、在观念阐论上所具备的人类视域、在具体分析中的中道思维等等，在当年的弱势语境中不免显得有点特立

① 无名氏：《淡水鱼冥思》，花城出版社 1995 年版，第 98 页。

独行，不合时宜，但在当今民族文化复兴的新的历史机遇中，这些观念与方法在一定程度上可以成为当下时代东西之辨中重要的思想资源。尤其是"中国佛教本位的新"这一观念，强调"以中国二千年来传演流变的佛法为根据，在适应中国目前及将来的需要上，去吸收采择各时代各方域佛教的特长，以成为复兴中国民族中的中国新佛教，以适应中国目前及将来趋势上的需要"，[①] 如果脱去其佛教的外壳，这种观念所呈现的目的论与方法论，对于今天我国文化创新实践中民族"本位"的强调与坚守、中国主体的建构与拓展，无疑都具有深刻的启示意义。

---

① 　太虚：《新与融贯》，《海潮音》1937 年第 18 卷第 9 期。

殖民间性与海外乌托邦构想

李永东

摘　要　抵抗殖民与海外拓殖是近代文人应对世界殖民潮流的两种设想，二者彼此连带、内外沟通，呈现了半殖民地中国的"殖民间性"。对海外殖民的集中讨论和对未来中国的热情期待在 1905 年前后的交汇，催生了"殖民-乌托邦"的创作潮流，相关小说容纳了殖民、被殖民、解殖民与乌托邦等多重观念。"以译代作"性质的《冰山雪海》在拓殖海外的名义下想象大同社会，呈现了"中国式"的不争、和平、共享的理想殖民形态。中国作家原创的《痴人说梦记》以"被殖民的殖民者"视角，在说梦与解梦的叙事链条中演绎了殖民身份的反转，在海外孤岛再造了"世界中"的中国。近代小说的"殖民-乌托邦"叙事，以民族（种族）观念重建中国与世界的关系，提供了世界中国化、中国世界化的"世界中国"构想。

关键词　殖民间性；殖民；解殖民；乌托邦；近代小说

基金项目：国家社科基金项目"半殖民与解殖民的中国现代文学研究"（20BZW138）。

作者简介：李永东，湖南永兴人，文学博士，西南大学文学院教授，主要从事中国现当代文学研究。

一、殖民意愿与乌托邦想象在近代中国的会叙

1902 年，各大报纸开始讨论海外拓殖问题。① 1904 年，《东方杂志》刊发了一则题为《海外殖民》的短讯，报道了一位福建人在南洋拓殖事业的进展。② 1905 年，梁启超发表了《中国殖民八大伟人传》和《祖国大航海家郑和传》，为殖民英雄立传，以鼓舞国人拓殖海外。1906 年，清政府编纂官制大臣进呈的阁部院官制节略清单中写道："各国竞争，殖民为要。"③ 1909 年，清政府"拟设殖民专部，事未果行"④。由此可见，在 20 世纪的第一个十年，海外拓殖曾被纳入变革求新和复兴中华的议程，新闻舆论也热衷于讨论殖民问题。

中国知识界对殖民问题的讨论，1905 年是一个重要年份。梁启超为殖民英雄立传的两篇宏文，发表于 1905 年；最早讨论殖民问题的两部著作，也出版于 1905 年。湖北人周仲曾编著的《殖民政策》于光绪三十一年八月（1905 年 9 月）出版，为中国学界讨论殖民问题的第一部著作，"殖民政策一科，其出现中国学界，自兹编始"⑤。一个月后，湖南人胡子清编著的《殖民政策》出版。两部著作参酌中外民族特性、文明进程和殖民历史，对殖民问题进行了系统的研究。

对于近代中国是否应当拓殖海外，两部《殖民政策》持论并不一致。胡子清主张抵制殖民，他针对近代中国所面临的"列强环伺如群虎之争攫跛羊"的局势，认为"不得遽言殖民也，惟当姑抵制各国之殖民我国而已"⑥。"我中国将何以抵抗之乎？曰以经济的帝国主义，抵抗其经济的帝国主义，以武装的经

---

① 《新民丛报》《外交报》《鹭江报》《万国公报》等报纸，1902 年发表了《论民族竞争之大势》《论我国殖民》《中国殖民之政略》《论各国开辟殖民地》等论说。

② 《海外殖民》，《东方杂志》第 1 卷第 3 期，1904 年，第 154 页。

③ 赵云田：《清末新政期间的"筹蒙改制"》，《民族研究》2002 年第 5 期，第 83-90 页。

④ 胡炳熊：《原序》，国立暨南大学南洋文化事业部编：《南洋华侨殖民伟人传》，上海国立暨南大学南洋文化事业部 1928 年版，原序第 1 页。

⑤ 周仲曾编著：《殖民政策》，东京湖北法政编辑社 1905 年版，例言第 1 页。（引文的标点符号为笔者所加）

⑥ 胡子清：《殖民政策》，东京池田九段印刷所 1905 年版，第 127 页。

济政策，抵抗其武装的经济政策。"① 周仲曾则主张海外拓殖。他意识到"数十年以来，各国对于中国之手段，无非实行其殖民政略"②，因而主张中国应以积极姿态加入世界殖民潮流，并从人种的角度解释了中国人的拓殖优势："中国人种，以文明程度低下，虽不足语于殖民，而天然之膨胀力，实为地球各国所未有。"③ 在介绍中国历史上殖民海外的八位伟人之后，周仲曾进而得出结论："我种人负有殖民之特性，其实际不让东西各国者，固观于八君子而可知矣"④，只要国民利用种族优势，再给予政策鼓励，海外殖民事业的重振"不过一转移间而已矣"⑤。同样在清末时期，胡炳熊为"殖民外国诸伟人"立传，其动因也是想"用以发扬邦国之光，唤起我同胞开辟新地之观念"⑥。在清末，海外拓殖被视为关乎世界竞争和国家影响力的一项重要事业。

抵抗殖民与拓殖海外，是半殖民地知识分子应对世界殖民潮流的两种设想。这反映了殖民扩张时代中国在世界的占位状况及其文化心态，这种国族占位状况和文化心态用一个词来指称，那就是"殖民间性"。"殖民间性"是处于殖民与被殖民之间的一种状态，这种状态的出现缘于半殖民地国家在国际权势格局中兼有殖民者与被殖民者的双重身份。半殖民地中国面对现实中或想象中的帝国列强、弱小邦国、未开化民族等"他者"时，就兼有殖民者与被殖民者的双重民族心态和文化身份，其如何确定往往随对象或时势而定。近代时期，半殖民半开化的中国被卷入由文明与野蛮、宗主国与殖民地所建构的世界新秩序中，并且接受了兼弱攻昧的殖民竞争观念，在世界殖民潮流中游走于被殖民与殖民之间，从而呈现出"殖民间性"。

在近代文人的观念中，抵抗殖民与海外拓殖彼此连带、内外沟通。面对欧

---

① 胡子清：《殖民政策》，东京池田九段印刷所1905年版，第128页。
② 周仲曾编著：《殖民政策》，东京湖北法政编辑社1905年版，第169页。
③ 周仲曾编著：《殖民政策》，东京湖北法政编辑社1905年版，第169页。
④ 周仲曾编著：《殖民政策》，东京湖北法政编辑社1905年版，第177页。
⑤ 周仲曾编著：《殖民政策》，东京湖北法政编辑社1905年版，第178页。
⑥ 胡炳熊：《原序》，国立暨南大学南洋文化事业部编：《南洋华侨殖民伟人传》，上海国立暨南大学南洋文化事业部1928年版，第3页。

美制造的世界殖民潮流，有人就倡导"我国民其思以竞争之，抵制之，开辟之"①，把竞争、抵制与开辟同样视为"中国殖民之政略"②。抵抗殖民与海外殖民，其要旨皆在谋求国力的磅礴，以复兴中华。国力磅礴于内，方能抵抗列强对中国的殖民控制；国力磅礴于外，遂成海外拓殖之功业。长篇小说《痴人说梦记》就构想了内外互动的反殖民、兴中华之路：对内开通民智促进步，向外探寻新地谋殖民。尽管清末知识分子意识到，20世纪初列强殖民争夺的焦点"更无他所，惟在泰东"，"以吾中国内地十八省山河为目的物"③，但他们仍抱有拓殖海外的热望，因为"殖民政策"是列国竞争的形势下时新的学说，④"能殖民与否，遂为世界人种优劣之第一关键"⑤。按照这样的观念逻辑，复兴中华的意愿和对未来中国的期待，自然就包含了拓殖海外的设想，殖民想象也因此常常进入乌托邦书写中。海外殖民与乌托邦书写的齐头并进和相互勾连，并非偶然，而是得到了时代语境、思想潮流和创作资源的支持。

"乌托邦"一词最初出现在1895年，这一年严复翻译的《天演论》上卷由陕西泾阳县味经书院刊书处印行，书中的"厄言八"即是关于乌托邦的解说：在神武之君的治理下，国家富强，社会有序，科技、医学发达，民众生活安定富足，民力、民智、民德充分发展，最终成为善政大治之国，"夫如是之国，古今之世，所未有也，故中国谓之曰华胥，而西人称之曰乌托邦"⑥。晚清时期传教士所编的英汉词典收有utopia（乌托邦）一词，为适应中国文化，解释为"极乐之地""安乐国""蓬莱"等。⑦这也说明，关于"极乐地""蓬莱""乐土""仙人岛""华胥国""华严界""大同会社"等的相关书写，都可归入乌托邦叙事。

1904—1906年是中国乌托邦小说创作的爆发期，涌现了《海上尘天影》

① 东海弃民：《中国殖民之政略》，《鹭江报》1902年第20期。
② 东海弃民：《中国殖民之政略》，《鹭江报》1902年第20期。
③ 周仲曾编著：《殖民政策》，东京湖北法政编辑社1905年版，第2-3页。
④ 周仲曾编著：《殖民政策》，东京湖北法政编辑社1905年版，第1页。
⑤ 时遭：《论殖民政策》，《东方杂志》第2卷第9期，1905年10月，第172-176页。
⑥ ［英］赫胥黎：《天演论》上卷，严复译，泾阳味经书院刊书处1895年版，第15页。
⑦ 颜健富：《晚清小说的新概念地图》，北京联合出版公司2018年版，第143页。

《痴人说梦记》《冰山雪海》《新石头记》《黄绣球》《狮子吼》《乌托邦游记》等小说。乌托邦小说的创作之所以在 1905 年前后爆发，重要原因有三：

一是，19 世纪与 20 世纪之交，乃中国承受多重帝国殖民宰制最为深重的时候，同时，中国掀起了制度改良与社会革命的风潮，这有助于催生乌托邦小说的创作热潮。《马关条约》《辛丑条约》先后签订，割地、赔款、划分势力范围、出让各种权利，使得中国的半殖民地程度进一步加深。而乌托邦想象很多时候正是对不堪现实的一种反向回应。知识分子对社会现状"由厌恶而生希冀，由希冀而想寻求梦境中的安慰"[1]，从而构想出理想的乌托邦社会。20 世纪初的变革动向也鼓励了国人的乌托邦想象。1901 年清政府颁布新政上谕，逐步推行新政。新政参酌中西政要，着手编练新军、倡导商业、开办学堂、改革官制、颁布法律。新一轮的社会变革，为国人遐想未来理想中国提供了触机。近代革命的兴起，亦激发了重造"世界中"的中国的热望。1904 年华兴会和光复会成立，1905 年兴中会、华兴会、光复会组成中国同盟会，以"驱除鞑虏，恢复中华，创立民国，平均地权"为革命宗旨，激荡起以民族主义为号召的"兴中华"革命风潮。

二是，1905 年日本在日俄战争中取得胜利，给了中国/黄种人重返世界中心以极大信心。光绪三十年正月二十五日（1904 年 3 月 11 日）创办的综合性期刊《东方杂志》，以"启导国民、联络东亚"为办刊宗旨，[2] 办刊伊始即热心讨论日俄战争。杂志的多篇"社论"主要从黄种与白种的优劣、亚洲与欧洲的竞争、文明与专制的较量来评说日俄战争，认为"亚欧之荣落，黄白之兴亡，专制立宪之强弱"，悉取决于日俄战争的结果。[3] 日本战胜俄国的事实，瓦解了中西种族优劣论，动摇了欧洲雄霸全球的既有格局，促进了中国预备立宪、重造文明、畅想未来的信心。西方列强为殖民海外而散播的种族优劣论，曾让晚清文人志士深陷亡国灭种的恐惧之中。而日俄交战后，俄国"竟为区区

---

① 张为骐：《桃花源记释疑：第四世纪的东方"乌托邦"》，《国学月报汇刊》1928 第 1 集，第 201-220 页。

② 《新出东方杂志简要章程》，《东方杂志》第 1 卷第 1 期，1904 年 3 月，第 1-2 页。

③ 别士（夏曾佑）：《论中日分合之关系》，《东方杂志》第 1 卷第 1 期，1904 年 3 月，第 3-5 页。

日本所大困。种族强弱之说，因之以破。凡吾黄种人，其亦可以自奋矣"①，"吾国人之理想，必有与今大异者矣"②。日俄战争的结果助推了清末社会的变革进程。对新文明的渴慕，燃起了中国文人重新定义世界格局的热望。他们期冀建构以中国、东亚、黄种人为中心的世界格局，并把这种期冀付之于乌托邦文学的创作中。

三是，以乌托邦、海外历险、科幻等为题材的域外小说，在短时间内被集中译介到中国。1903 年四种中文书刊对托马斯·莫尔的《乌托邦》进行了推介，其中《译书汇编》发表的文章用三千多字介绍了《乌托邦》的主要内容。③ 丹尼尔·笛福《鲁滨逊漂流记》的早期中译本，先后于 1902 年和 1905 年分别由杭州的蕙兰学堂和上海的商务印书馆出版。④ 美国作家爱德华·贝拉米的长篇小说 Looking Backward 经翻译后以《回头看纪略》或《百年一觉》为题，先后于 1891—1892 年、1894 年、1898 年分别由《万国公报》、上海广学会、《中国官音白话报》发表或出版，1904 年 4—10 月《绣像小说》第 25—36 期连载了这部翻译小说（题目改为《回头看》），1905 年商务印书馆出版了该书的中译本。⑤ 上天入地探索新奇世界的科幻小说，也不断被译成中文加以发表和出版，尤其以儒勒·凡尔纳的作品影响最广。儒勒·凡尔纳的《海底旅行》（今译《海底两万里》）在 1902—1903 年连载于《新小说》，鲁迅翻译的凡尔纳的《月界旅行》《地底旅行》也分别于 1903 年和 1906 年出版。这些翻译小说为中国的乌托邦书写提供了多方面的文学经验。

乌托邦想象可分为时间乌托邦和空间乌托邦，分别提供了更好的时间（未来世界）和更好的空间（理想新地）。在时间的向度上，清末的新政和革命运

---

① 崇有：《论中国民气之可用》，《东方杂志》第 1 卷第 1 期，1904 年 3 月，第 5-7 页。
② 《祝黄种之将兴》，《东方杂志》第 1 卷第 1 期，1904 年 3 月，第 13-15 页。
③ 高放：《〈乌托邦〉在中国的百年传播——关于翻译史及其版本的学术考察》，《中国社会科学》2017 年第 5 期，第 181-204 页。
④ 1902 年出版的《绝岛漂流记》，是《鲁滨逊漂流记》最早的中译本，沈祖棻译，杭州蕙兰学堂印刷，上海开明书店发行。1905 年商务印书馆出版了《鲁滨孙飘流记》上、下卷，林纾、曾宗巩合译；1906 年商务印书馆又推出了林纾、曾宗巩合译的《鲁滨孙飘流续记》上、下卷。
⑤ 任冬梅：《民国社会幻想小说源流探析》，《新文学评论》2013 年第 1 期，第 108-113 页。

动让国人对未来中国产生了无限遐想；在世界地理空间的支配上，日本战胜俄罗斯，为中国摆脱西方帝国的霸凌、恢复昔日荣光、重返世界文明中心提供了信心和可供效仿的范式。域外作品的译介，则为中国文人的乌托邦书写提供了可资借鉴的经验，包括故事模式、文明观念、地理知识、科技元素、冒险情节和时空转换叙事技法等方面。以托马斯·莫尔《乌托邦》为代表的在无名孤岛"想象国家理想盛世"的乌托邦小说，以丹尼尔·笛福《鲁滨逊漂流记》为代表的航海和荒岛历险小说，以爱德华·贝拉米《百年一觉》为代表的时间穿越类型的乌托邦小说，以儒勒·凡尔纳的《海底旅行》《月界旅行》《地底旅行》等为代表的探索未知空间的科幻小说，共同对中国近代的乌托邦创作产生了重要影响。托马斯·莫尔《乌托邦》的中译本虽然直到 1935 年才正式出版，但近代文人通过报刊上的介绍或直接阅读外文版，对之早已有所了解。1906 年，萧然郁生创作小说《乌托邦游记》第一回就提到该书："偶然看见英国一个名士做的一部书，说英国人佗麻斯·摩尔有《乌托邦》一本小说，里边说乌托邦这样那样。"[①] 托马斯·莫尔的《乌托邦》为近代中国的乌托邦书写，至少提供了三个方面的启示：一是另置空间，提供了海外殖民与理想社会的书写模式；二是乌托邦是基于对国内不合理社会现实的反向建构；三是以游历归来者的讲述来描绘乌托邦的情形。翻译小说《回头看纪略》（《百年一觉》）则为乌托邦书写提供了另外的经验：其一，见证者、讲述者合二为一，成为叙事中心。以梦幻和时间穿越的方式勾连过去（实为当时）与现在（实为未来）的社会状况，以旧时代亲历者的"眼光"和"经验"见证理想社会的状况，通过对话、漫游、参观来展现理想社会的方方面面。其二，强调时间变迁逻辑的乌托邦，讲述的是同一城市的今昔之别，体现出对理想时间的信心。凡尔纳的科幻故事上天入地，为乌托邦书写拓展了空间的想象范围。《鲁滨逊漂流记》《小仙源》等翻译小说则为乌托邦书写提供了流落、开发荒岛或新地的情节元素。中国近代的乌托邦书写，化用了以上作品的构思方式和情节模式，但其底

---

① 萧然郁生：《乌托邦游记》，《月月小说》第 1 卷第 1 期，1906 年，第 87-98 页。（引文的标点符号为笔者所加）

色，多少利用了半殖民地的民族体验。这些因素在 1905 年前后汇聚，从文学内外准备了乌托邦与殖民书写的时间、空间和文学经验要素，共同促成了近代乌托邦文学的创作高潮。

对海外殖民的集中讨论和对未来中国的热情期待，在 1905 年前后密集会叙，体现了近代中国的殖民间性，孕育出"殖民-乌托邦"和"解殖民-乌托邦"的书写模式和创作潮流。这种模式和潮流的形成，植根于半殖民地中国革新图强的内在逻辑：对乌托邦的想象，需要回应近代中国的半殖民地境遇问题；而改变中国的半殖民地状况、重新确立中国在文明世界中的主导地位，则近乎乌托邦想象了。旅生的《痴人说梦记》（1904—1905）、荒江钓叟的《月球殖民地小说》（1904—1905）、吴趼人的《新石头记》（1905）、颐琐的《黄绣球》（1905）、李伯元的《冰山雪海》（1906）、萧然郁生的《乌托邦游记》（1906）、碧荷馆主人的《新纪元》（1908）等小说的集中涌现，确证了 1905年前后曾出现一个"殖民-乌托邦"和"解殖民-乌托邦"的文学书写潮流。

二、"以译代作"的"殖民-乌托邦"叙事

"殖民-乌托邦"与"解殖民-乌托邦"这两种书写模式，在区域空间的适用性上，存在内外之分。近代时期在中国本土空间所生发的乌托邦故事，大致采用了"解殖民-乌托邦"模式；而选择海外新地、孤岛生发的"乐土""仙人岛""大同会社"之类的故事，则受到托马斯·莫尔《乌托邦》、丹尼尔·笛福《鲁滨逊漂流记》等小说的影响，多采用"殖民-乌托邦"模式。两种模式的并存与分野，是由近代中国的殖民间性所致。"解殖民-乌托邦"的书写模式，喜欢选择上海作为故事空间，往往在叙事中对上海华界与上海租界的状况进行反转，清洗上海权力秩序和城市景观的殖民性质，同时保留其"现代都市"的特性，最终形成了"上海模式的中国乌托邦叙事"①。这种模式从晚清到五四时期一直延续不断，出现了梁启超《新中国未来记》（1902—1903）、蔡

---

① 李永东：《租界文化语境下的中国近现代文学》，人民出版社 2013 年版，第 145-162 页。

元培《新年梦》（1904）、邹弢《海上尘天影》（1904）、陆士谔《新中国》（1910）、庄乘黄《新上海未来记》（1914）、毕倚虹《未来之上海》（1917）等作品。"殖民-乌托邦"叙事则更多属于近代知识分子在国家的挫败与奋起之间激烈闪回的狂想曲，其理想空间主要置于海外新地，以新造的海外乌托邦来挽救半殖民地中国的颓势和乱局，抵抗欧美殖民势力在亚洲的野蛮扩张。《痴人说梦记》《冰山雪海》《月球殖民地小说》等小说主要采取了这种书写模式。但是，由于近代中国的殖民间性，殖民与乌托邦的书写并不像在西方作家笔下那样合二为一，而是添加了抵抗殖民、解殖民甚至反向殖民等多重观念。如：《痴人说梦记》对乌托邦与殖民的关系有着系统的构想，其"殖民-乌托邦"叙事在殖民、解殖民、反向殖民的综合关系中展开。小说立足于晚清救亡图存与世界殖民竞争的双重视野，想象半殖民地中国的未来愿景和海外孤岛的乌托邦社会。中国本土的解殖民与海外殖民地的开拓彼此联动，输入文明、开化土著为殖民孤岛提供了道义支持，由此形成了"殖民-乌托邦"叙事的繁复形态，提供了在"世界中"再造理想中国的多重方案。《冰山雪海》亦把殖民、解殖民与乌托邦的书写熔为一炉。

"殖民-乌托邦"书写模式从西方帝国传播到近代中国的过程中，翻译与创作同步进行，翻译往往有所删改。李伯元的《冰山雪海》（1906）以"编译"的名义对原文本进行了重写，构设的社会愿景为中国式的"殖民-乌托邦"性质。作品所写到的震旦人的殖民活动由于有大同理想的加持，就获得了拯救自我民族和其他弱小民族的正义性，在这一点上就与西方帝国的"殖民-乌托邦"叙事分道扬镳。① 这种殖民样态不仅对弱小民族不构成伤害，反而包含了强烈的反殖民倾向。以殖民的方式反殖民，看似可疑，实则是借移殖民于无人新地的方式来控诉西方列强入侵他国、欺凌弱小民族的暴力殖民。《冰山雪海》以殖民的方式反殖民，可借用梁启超关于两种民族帝国主义（殖民主义）的说法加以解释，即以第二种民族帝国主义（"优强民族能以同化力吞纳劣弱民族，

---

① 关于西方帝国"殖民-乌托邦"书写的观念构成，见李永东：《"殖民-乌托邦"书写：从西方帝国到近代中国》，《文艺理论与批评》2023年第3期，第4-16页。

而抹煞其界限"① ）来抵抗、批判第一种民族帝国主义（ "优强民族自移殖于劣弱民族所居之地，珍其臂而夺之"② ）。同时，殖民活动被纳入大同社会的构想中，从而趋向于良性殖民主义。以殖民的方式反殖民，也反映了近代中国的殖民间性。

《冰山雪海》封面标"殖民小说"，版权页标"编译者李伯元"，共12回，1906年由科学会社印行。小说想象24世纪的地球，③天气奇寒，物产窘迫，再加上外国殖民势力在亚洲不断扩张，中国人已面临生存之虞。福建泉州的有识之士魏大郎、田八郎、季二郎、汪六郎、章七郎等人为了民族的存续，动员组织一万余同乡，乘15艘大船，前往极地寻找适合生存之地。他们横跨太平洋，先往北极方向，后转南极，经历了冰山雪海、火山海啸等险阻，于2399年在南纬81度附近寻得一处辽阔的岛屿。此岛"真好一座华严世界"，"不寒不暖，是天为我震旦遗黎，留做混沌时自存独立"④。震旦人在岛上创建华社，⑤经过几年的发展，其性质由"共同会社"演进到"大同会社"，真可谓"于地球旧世界外，别成一新世界"⑥。在非洲和美国遭受种族压迫的两千八百多名非洲人、犹太人，在斐烈威和哲而治的带领下，效仿震旦人往极地探寻新地，在海上为震旦人所救，决定加入华社。菲律宾、朝鲜、缅甸、越裳、波兰、土耳其等国深受殖民之苦、无可容身的民众，也慕名前来加入。华社成立十周年时，社员已近四百万人，华社成了弱小民族共同的"黄金世界""极乐世界"。

关于此小说的作者和创作性质，学界尚存争议。阳世骥相信《冰山雪海》

---

① 中国之新民（梁启超）：《论民族竞争之大势》，《新民丛报》第二号，光绪二十八年正月十五日（1902年2月22日），第29–42页。

② 中国之新民（梁启超）：《论民族竞争之大势》，《新民丛报》第二号，光绪二十八年正月十五日（1902年2月22日），第29–42页。

③ 故事发生的时间，两处表述不一致。泉州有识之士讨论探寻新地一事时，人物点明了那一年是"二十四世纪开幕第一年"（2300）。他们经过一年多的筹备和海上航行，到达南极陆地时，小说交代的时间为"二十四世纪九十九年"（2399）。

④ 李伯元编译：《冰山雪海》，科学会社1906年版，第30页。

⑤ 小说对震旦人在南极成立的社会组织的称呼，前后未统一，最初以"华社"指称，后面又称之为"大同会社"。

⑥ 李伯元编译：《冰山雪海》，科学会社1906年版，第77页。

是李伯元"根据当时日本小说或日译俄国小说为蓝本写出来的"①。习斌从故事情节推断它"应该是一部文人创作的小说"②。而魏绍昌则认为"《冰山雪海》是根据一本外国宣传无政府主义的小说，改编为中国化故事的小册子"，"是冒充李伯元编译的赝品"。③江苏古籍出版社1997年版的《李伯元全集》未见收录该小说。抛开作者到底是谁的悬案不谈，《冰山雪海》在故事背景、地点、人物和情感观念等方面，都是中国化的，具有鲜明的时代感和针对性，仿佛中国作家写给中国读者看的一部小说。从创作性质来看，《冰山雪海》可算是"以译代作"。熊辉借用勒弗菲尔的"拟译"概念、豪斯的"隐性翻译"概念和赫维、希金斯的"文化置换"概念，创造性地对"以译代作"现象进行了阐释。"以译代作"的作者把自己的观念和趣味加入译本中，对原文本进行内容改造和语境置换，实际上生成了"另一个作品"，这个作品力求适应译入国读者的文化特点和欣赏习惯，让读者感觉作品是为他们而创作。④"以译代作"现象在近代中国较为普遍，正如阳世骥所言，"晚清一般文人利用外国小说里的故事重新改造，使之成为中国面貌的东西，是很普遍的情形"⑤。经"编译"后，《冰山雪海》已很大程度抹除了"外国作品"特有的痕迹，只有关于西洋器物、开会演讲形式、上帝造人观念的零星信息以及故事的基本构思，可能还留有原文本的一些影子。"以译代作"的原文本很难确定，而且本身已成为"另一个作品"，因此可以把《冰山雪海》视为中国作家的创作来解读。

《冰山雪海》虽然标为"殖民小说"，表达的意旨却落在殖民、解殖民与乌托邦之间，这正是由"以译代作"所造成的混合表达。在叙述探寻新地的故事之前，叙事者借助从国外返乡的田八郎之口，追述了七百年以来华人在海外"实行殖民主义"的历史。最初，移殖民于印度洋群岛的华人，与当地未开化

---

① 阳世骥：《文苑谈往》第1集，中华书局1945年版，第84页。
② 习斌：《晚清稀见小说鉴藏录》，远东出版社2013年版，第88页。
③ 魏绍昌：《晚清四大小说家》，台湾商务印书馆股份有限公司1993年版，第31页。
④ 熊辉：《以译代作：早期中国新诗创作的特殊方式》，《中国现代文学研究丛刊》2010年第4期，第92—102页。
⑤ 阳世骥：《文苑谈往》第1集，中华书局1945年版，第84页。

的土著彼此相安无事。这种"脱然于羁轭之外""喧宾夺主"的生存状
况，① 吸引华人留了下来，繁衍子孙，逐渐变成了"本地人"。然而，后闯入的
外国"骄子"动摇了华人的地位。这些外国"骄子"改变了印度洋群岛的权
势格局，推行新的法令税政，把华人从中心位置排挤到边缘。实际上，移殖民
于印度洋群岛的华人所遭遇的，就是一种殖民间性，兼具殖民的主体与客体的
双重属性。华人既屈服于外国"骄子"的威权之下，又对土著持有殖民者的心
态。在殖民主体与客体之间游走，半殖民地身份由此形成，中华拓殖海外的光
辉历史走向没落。地球气候变冷后，海外华人纷纷回国，国内同样是一番冰天
雪地的模样，"亦终无久存之势"②，沿海民众不得不谋划新一轮的移殖民。有
了这样的背景，关于探寻新地的叙述，就被置于中外殖民权势消长起伏的历史
背景下，被赋予了移殖民和解殖民的双重意旨。

　　自然灾害、资源匮乏及其带来的生存危机，有可能引发殖民扩张活动，也
容易激发人们对乌托邦社会的幻想。标称"殖民小说"的《冰山雪海》对殖
民海外必要性的解释，正是基于地球气候的恶化。自然威胁与殖民倾轧相互联
动、彼此强化，挤压了世界各族的生存空间，被殖民宰制的民族和国家更是陷
入生存的窘境。"我中国积弱不武，闻于地球，尤易受人欺凌"③，常年冰天雪
地的天气让中国的处境更加艰难。面对内忧外困的局势，中华子民"惟有别寻
一块洪荒，未见之大陆，靠着开辟的功夫，或能聚我族类，得孳生繁衍"④。这
是 24 世纪福建泉州的有识之士在民族危急时刻，所采取的民族自救策略，同
时透露出重拾殖民主体身份的意愿。

　　《冰山雪海》构想了封闭独立、不具冒犯性的殖民新形态。小说所叙震旦
人（中国人）的殖民计划，是在中华"积弱不武"的背景下展开的，没有国
家力量作为支撑，也绕开了殖民与被殖民的国际竞争关系，采取另寻新地的移
殖民策略。这种策略使得震旦人的殖民活动既呼应了逍遥避世的隐逸传统，又

---

① 李伯元编译：《冰山雪海》，科学会社 1906 年版，第 4 页。
② 李伯元编译：《冰山雪海》，科学会社 1906 年版，第 5 页。
③ 李伯元编译：《冰山雪海》，科学会社 1906 年版，第 5 页。
④ 李伯元编译：《冰山雪海》，科学会社 1906 年版，第 6 页。

显露出勇于冒险、征服自然的现代民族精神。24 世纪重新开启的海外殖民之旅，具有"创世纪"的意味，与中华先辈"宣抚四海"的拓殖历史区分开来，也与入侵他国、胁迫他族、把世界纳入欧洲文明秩序下的西方近代殖民扩张有别。此小说叙述的震旦人的殖民观念与行动，构成了对西方列强殖民后果的反对，提供了性质不同的"另一种"殖民样态，具体表现为以下几点：

首先，震旦人的殖民观念主张"不争"。"争"本是殖民者控制殖民地的主要手段，包括政治之争、军事之争、经济之争、宗教之争、种族之争、土地之争等。殖民活动涉及政治、经济、文化上的压迫、掠夺和同化，列强之间、种族之间、宗主国与殖民地之间，都不可避免地存在竞争与斗争，使得殖民事业演成近代"最激烈、最悲壮之活剧"[1]。《冰山雪海》中的震旦人与殖民地流亡者意识到列强的殖民事业"致亡人国，致蹙人生"[2]，因而震旦人的拓殖计划弃绝了竞争的方式。震旦人面对列强的殖民霸权，不与其争，原因有二：一则积弱的半殖民地中国在国家层面缺乏与列强相争的优势；二则震旦人意识到西方帝国推行的"优胜劣败，物竞天择"的争斗观念，带给殖民地的"只有罪恶，没有道德"[3]，实乃"借刀杀人的方法"[4]。因此，震旦人选择了"不争"的殖民策略，以地方、民族的名义"去寻亘古未开的新地"[5]。面对更弱势的民族和国家时，震旦人同样"不争"。在冰雪阻途之时，震旦人不愿用强权侵占沿海有主之地以解自我生存危机。与此对照，同样远航寻出路的一众非洲人与犹太人，当他们漂流到震旦人的"华社"领地时，也曾臆想震旦人"软弱无用"，萌发了用强权与之相争的念头。小说包含了老子的"为而不争"思想，唯其不争，方能通向大同理想的"殖民-乌托邦"社会。

其次，震旦人的殖民观念和行动，以探寻新地为目的，属于非入侵、非暴力、非霸权、非掠夺性质，也打破了"种族的界限"。近代知识分子认为欧洲

① 周仲曾编著：《殖民政策》，东京湖北法政编辑社 1905 年版，第 1 页。
② 李伯元编译：《冰山雪海》，科学会社 1906 年版，第 121 页。
③ 李伯元编译：《冰山雪海》，科学会社 1906 年版，第 31 页。
④ 李伯元编译：《冰山雪海》，科学会社 1906 年版，第 42 页。
⑤ 李伯元编译：《冰山雪海》，科学会社 1906 年版，第 51 页。

殖民扩张的历史是一部暴虐的历史，"挟至惨极酷之殖民政策，役其人，占其产，窘其生命"①。《冰山雪海》提供的殖民叙事则清洗了殖民事业的所有罪恶，提供了"无害"的殖民愿景。震旦人移殖民到无人的南极地带，殖民活动需要建构的是族群与新地的自然关系，不需要生产出殖民与被殖民的权力秩序和社会关系，而是致力于建构"共同会社"。这种"发现新大陆"、促进天下大同的理想殖民模式，是在切断与西方帝国的竞争关系，在孤立隔绝、历史空白的新地上展开的，其正向价值的获得，有赖于将旧中国、旧世界的殖民秩序作为参照对象。两相对照之下，华社被当作乌托邦社会予以描述。与其说震旦人从事的是移殖民活动，不如说他们试图摆脱由西方帝国控制的强权秩序，创造一个理想的新世界。用小说中的话来说，震旦人"于地球旧世界外，别成一新世界"②。

最后，弱小民族之间有着"共情"体验，大同会社为无差别的"共享"社会。流亡南极新地的族群，有一个共同的身份，他们都曾是遭受殖民宰制的人们。小说以近半篇幅书写了殖民地的悲惨历史，尤其是小说的后四回，书写华社成立十周年时，来自世界各殖民地的代表，"叙殖民同上演坛"，登台诉苦难（过去在殖民地遭受的苦难）、颂乐土（加入华社后的理想生活），引发了集体"共情"。在控诉殖民之恶的声浪中，来自世界各地的弱小民族完成了对华社的集体认同。华社接纳、收容了来自菲律宾、越裳、缅甸、波兰、土耳其、朝鲜等国深受殖民之苦、无可容身的民众，以及逃离故土的非洲人和犹太人。可以说，华社成了全世界殖民地民众最后的避难所与乐土。由此，震旦人获得了殖民者与救世主的双重赋意。华社的人员扩充方式，体现了中国传统"天下观"和"大同理想"的现代交融，形成了新的"四夷来朝""以夏化夷"的社会样态。"四夷来朝"既保留了弱小民族对震旦人拓殖事功的仰慕，同时以人人平等观念消解了"华夷"成见，华社内部不存在种族的界限。华社作为乌托邦社会，最大的特点在于它是一个"无分别"的"共享"社会：无贵贱，

---

① 时迩：《论殖民政策》，《东方杂志》第 2 卷第 9 期，1905 年 10 月，第 172-176 页。
② 李伯元编译：《冰山雪海》，科学会社 1906 年版，第 77 页。

无富贫，无阶级，无政府，无种族之别，无宗教信仰，爱人爱己，谋求"公共之幸福"，是"一切不幸之人类最后生活之乡"①，被视为"大同会社""黄金世界""极乐世界"。"以夏化夷"自然包含了殖民性的"同化"意味，华社的海洋山川是震旦人命名的，一切规矩礼仪是震旦人制定的，新来的异邦民众必须遵从这些规则方能留下来。但是，"以夏化夷"以民主平等作为保证，"同化"变成了一种双方自愿自觉的游戏规则，华社的共同体性质得以彰显。实际上，来自异邦的族群对"同化"策略心知肚明，例如：初来华社的非洲人看到迎接他们的范三郎、章七郎都是步行，便明白这是"隐隐把社中规则，来化我辈初来的新客哩"②。对于华社的法度和宗旨，非洲人、犹太人等弱小民族的民众无不表示"服从"③。小说强调震旦人以德服人，但"服"用在异族的归化上，多少包含了殖民的意味，体现的还是"被殖民的'帝国'与半殖民地的殖民意愿"④ 的双重文化心态。不过，"同化"与"服从"的殖民意味，多少被华社的"大同"宗旨冲淡了。

"以译代作"的《冰山雪海》与原文本的联系和区别何在，已无从考证。小说采取殖民与乌托邦的双重叙事，其航海冒险、孤岛乌托邦、新旧世界穿越的写法，显然受到莫尔的《乌托邦》、笛福的《鲁滨逊漂流记》、贝拉米的《回头看纪略》等小说的启示，但所构设的"殖民-乌托邦"社会在诸多方面背离了西方的同类书写。这主要源于殖民活动与乌托邦构想的主体已置换，由西方殖民者置换为了来自半殖民地的震旦人，连带关于拓殖、乌托邦的观念，也一并"中国化"了。此小说对殖民潮流的态度，在清末知识分子中也可以找到同调，那就是"我国民其思以竞争之，抵制之，开辟之"⑤。竞争、抵制、开辟的多元殖民观念，造成《冰山雪海》以震旦人的海外拓殖作为故事主线，在痛诉西方帝国殖民之恶的同时构想乌托邦社会，把殖民、解殖民与大同观念融

---

① 李伯元编译：《冰山雪海》，科学会社 1906 年版，第 120 页。
② 李伯元编译：《冰山雪海》，科学会社 1906 年版，第 69 页。
③ 李伯元编译：《冰山雪海》，科学会社 1906 年版，第 62 页。
④ 李永东：《被殖民的"帝国"与半殖民地的殖民意愿》，《山东社会科学》2017 年第 3 期。
⑤ 东海弃民：《中国殖民之政略》，《鹭江报》1902 年第 20 期。

为一炉。"编译者"实则以震旦人拓殖海外的传奇故事为叙述的入口，通向的是解殖民与乌托邦的主题。总之，"以译代作"的《冰山雪海》立足于殖民叙事，袭用了近代西方殖民与乌托邦书写的外壳，在观念逻辑上却与之截然有别，潜在地质疑了西方帝国"殖民-乌托邦"的合理性，呈现了中华的殖民间性身份，在殖民时代构设了非竞争、无政府、废除宗教、打破种族观念的大同社会，表达了半殖民知识分子的世界主义愿景。

三、痴梦与解梦：殖民、反殖民与乌托邦的构想

"以译代作"的"殖民-乌托邦"叙事，多少受到原文本的制约，《冰山雪海》掺杂着世界主义、无政府主义、社会主义思想的"大同会社"构想，就是原文本观念与"编译者"观念叠加交汇的结果。比较而言，中国作家原创的小说《痴人说梦记》所提供的"殖民-乌托邦"叙事，对近代中国的殖民间性与理想愿景的构设，更具时代感和本土化色彩。《痴人说梦记》所想象的近代中国应对西方殖民霸权的方式，套用朱熹的话来说，就是"君子之治人也，即以其人之道，还治其人之身"①。也就是以殖民来反殖民，其中包含了"被殖民者的殖民主义倾向"②。

旅生的长篇小说《痴人说梦记》共30回，1904年2月至1905年3月连载于《绣像小说》第19—54期，演述了维新运动前至庚子事变后晚清的社会状况，勾连起了反清革命、戊戌变法、义和团运动、八国联军侵华、晚清新政等重大历史事件。小说以晚清危局下救亡图存的多种道路选择作为故事线索，包括"实写的宁孙谋、魏淡然一条线和冒险空想的贾希仙一条线"③。阿英认为，"贾希仙代表了作者的理想，宁孙谋、魏淡然代表了康（有为）梁（启超），黎浪夫代表了孙中山，而以贾、宁作为了最主要的"④。小说由此反映了晚清改

---

① 朱熹：《四书集注》，张茂泽整理，三秦出版社2005年版，第33页。
② ［美］伊芙·M.特劳特·鲍威尔：《另类的殖民主义：埃及、英国与苏丹地区的统治权》，赵俊译，上海人民出版社2023年版，第17页。
③ 阿英：《晚清小说史》，《阿英全集》第8卷，安徽教育出版社2003年版，第38页。
④ 阿英：《晚清小说史》，《阿英全集》第8卷，安徽教育出版社2003年版，第37页。

良和革命风潮的起起落落，以及"中华大开世界"的梦想。从文字篇幅来看，关于晚清社会的写实内容占了小说的多半；但从构思、主线和题旨来看，则海外殖民梦的书写构成了小说的核心，"殖民-乌托邦"叙事也主要表现在"冒险空想的贾希仙一条线"。

近代中国小说对殖民与乌托邦的想象，往往带有空间叙事的特性。《痴人说梦记》的"殖民-乌托邦"叙事充分利用了空间的并置、对照和权力转换，系列空间的组合配置和先后呈现，构成了"殖民-乌托邦"叙事的逻辑线索。村、岛、港口、租界、皇城、域外城市等多重空间，依靠梦来勾连，从而弥合了现实世界和梦想中国的界限，构设了亦真亦幻的"殖民-乌托邦"世界。

在结构上，《痴人说梦记》以梦起，以梦结，梦想中华如何走出内忧外困，自立于世界。小说首尾的"痴梦""怪梦"与贾希仙殖民"仙人岛"的故事相互指涉，父辈的梦演化为子辈的兴华事业。起始的梦是乡村愚夫的梦，愚村的农夫贾守拙午睡时梦见烟波浩渺中的一处海岛，那里的人"一色短衣裳，皮靴子，头上还戴顶有边的帽子"[①]，见了他都笑嘻嘻的，他也对着那群人笑。从装扮来看，贾守拙梦中出现的人群当为洋人，而且那些洋人待他的态度极为友好，一个个对他微笑。这是中国乡老贾守拙的海外想象与世界梦，既美好又渺茫，被他妻子视为"痴梦"。"痴梦"所见海岛的空间样貌和权力秩序，与愚村子民随后承受的洋人洋教权势的威压相对照，二者的反差构成了"殖民-乌托邦"叙事的起点。其后述及的村、岛和梦，均与"痴梦"空间产生意义关联，被纳入"殖民-乌托邦"的空间秩序和表意链条。"痴梦"中的海岛被解释为海外的"仙人岛"。"仙人岛"作为海外的理想空间，承载了小说的乌托邦想象，同时，因其地处"海外"，空间主权的获得就涉及殖民活动，关于"仙人岛"的叙述也就依循殖民的主客体关系展开。殖民者与被殖民者不仅处于对立的关系，而且双方的角色一再反转，以此演绎了近代中国的殖民间性。

关于"世界"的"痴梦"是小说叙事的端绪，是"痴人说梦"的故事起点，也是观念展开的向度。梦境是一面镜子，照出了中国的过去、现在与未

---

① 旅生：《痴人说梦记》第一回，《绣像小说》1904 年第 19 期。

来。其意义的衍生方式为解梦。解梦者有三人，分别为稽老古、贾守拙和贾希仙。稽老古是贾守拙的亲家，一个老童生，熟悉中国历史掌故。他转述了秦始皇派方士东渡寻仙的历史故事，以之诠释贾守拙的"痴梦"，并说徐福道士后来成了仙人，做了仙人岛的岛长，并叫人运回"无数珍奇异宝"进贡朝廷。仙人岛被描述为一个理想的所在，那里的百姓"一样耕田种地，不消纳得租粮，亦不见有人犯法吃官司，拉进衙门受差人的欺负"[①]。稽老古的解梦，把贾守拙简略模糊、主体不明的"痴梦"，放在世界中落实了：时间为秦朝，地点为海外仙人岛，权力主体为中国先辈，他们把海外仙人岛变成了一方理想天地。通过解梦，"痴梦"被赋予了拓殖海外和建构乌托邦的双重意义。由此，中华先辈拓殖仙人岛的"痴梦"与小说结尾的"中华大开世界"的"怪梦"，实现了历史与未来的接续。

　　解梦者的身份值得注意，其赋予了"痴梦"以历史感和世界性。稽老古深谙中国历史典故，让读者可以确信其关于仙人岛的解说有史可依。典故的原讲述者，即"出过洋的一位朋友"的身份加持，说明中华先辈开拓海外、追求大同理想的故事，已成为世界性的历史知识，证明了"痴梦"的"世界梦"性质。话语交流的时间、地点亦有深意，贾守拙与稽老古是在愚村祭拜神庙之后说梦、解梦的，而"出过洋的一位朋友"多年前与稽老古交谈仙人岛的典故，是在汉口租界的洋货店里，这就给人以古今时空穿越、中外权势易位之感：古代时期，中国国力磅礴，权势外溢，开拓海外；近代时期，列强的权势深入中国，其表征就是代表外国殖民事业的租界、洋货店出现在中国内地，这也导致了其后贾守拙被官府盘剥和欺压，并迫使贾守拙对仙人岛之梦作出新的解读。

　　"仙人岛"在小说中具有复义性，指称的对象包括中华先辈在海外开辟的乐土、贾守拙梦见的海岛、贾希仙等人进行殖民改造的岛国，即历史之岛、梦中之岛和殖民之岛。小说正是利用"仙人岛"的复义性来勾连故事中的几个梦境，并构设出殖民、反殖民和乌托邦的内在逻辑和叙事链条。"仙人岛"的复义呈现，其实质是殖民主体"仙人"指向的替嬗。"仙人"一词，在小说中褪

---

① 旅生：《痴人说梦记》第一回，《绣像小说》1904年第19期。

去了神话传说色彩，先后被用来指称秦朝远赴海外的华人和晚清在华的洋人，是"殖民者""威权者"的代名词。"仙人"即殖民者，"仙人岛"即殖民威权统治下的社会。重拾"仙人"身份，意味着在本土去除西方威权，在海外重造理想文明、扩张中华权势，建构中国人主导的"仙人岛"。"痴人之梦"则是指在晚清变革图强和中西权势竞争的背景下，青年一代梦想逆转中华民族被西方帝国欺凌、贬抑的处境，重返世界舞台的中心位置。

由文明程度所决定的民族国家的权势地位，在中外历史上曾几度颠倒。《痴人说梦记》正是在此历史观下想象殖民时代的国运。"仙人岛"的主体和客体，也就是殖民的主客体，其身份位置在小说中几经反转。在遭受地方官吏的无端盘剥和欺压后，贾守拙决定傍附在华外国势力，把儿子贾希仙送进教会学堂，并对仙人岛之梦进行了重新解读："海外头有什么仙人岛，据我看来，没有什么仙人不仙人，现在的外国人就是仙人，跟着他读洋文的就是仙人的徒弟呢。"① 贾守拙的自我解梦，以不堪的家国境遇颠覆了稽老古对仙人岛之梦的解读，表明在世界竞争的格局下，中外文明程度与权势地位发生颠倒，半殖民地的中国成了洋人和吃洋教者的仙人岛，而中国百姓遭到西方帝国权势与国内贪腐官吏的双重宰制，陷入了失去仙人岛的苦难生活中。重返仙人岛、恢复中华在世界的强盛地位，就成了青年一代孜孜以求的愿望。

谁的仙人岛，怎样的仙人岛，规约了重释、重造仙人岛的观念向度，也构成了"殖民–乌托邦"叙事的基本理路。近代中国知识分子往往把"殖民"理解为种族间的支配和被支配、开化和被开化的关系，在殖民者与被殖民者的对位关系中，殖民者处于支配地位，承担了文明教化的使命。《痴人说梦记》以仙人岛的支配与被支配关系的反转作为叙事主线。父亲贾守拙梦中的仙人岛，贾希仙后来在航海前往美洲的途中得以偶遇："小时听见父亲时常说这个仙人岛，不料此岛果在此处。"② 岛上居民"是犹太国种，奉犹太教的语言文字，和

① 旅生：《痴人说梦记》第二回，《绣像小说》1904年第20期。
② 旅生：《痴人说梦记》第八回，《绣像小说》1904年第26期。

希腊相近，后来美洲人到过岛中，教他们些英文，因此懂得英国话了"①。小说以犹太种、希腊语、美洲人、英文等信息，含混地构设出岛民的西洋人和西洋文明身份，以此透露出重返仙人岛、颠覆殖民权力关系的主题。贾希仙等人殖民仙人岛的模式，可谓是西方帝国殖民政略的翻版：军事胁迫、确立威权、立约、圈地、建城、开矿、通商、办学。叙及重造仙人岛时，小说特意指明贾希仙等人在岛上所建造的城市叫"镇仙城"，所镇之"仙"，自然是指外国"仙人"。贾希仙"入仙岛妙用强权"，以现代武器——手枪的神秘威力镇住了外国岛民，确立了自己的"威权"②。岛民见识了贾希仙的神通手段，反过来奉贾希仙为"仙人"，拥戴他做了岛主。由此，海外仙人岛的殖民主客体关系发生了反转，中国人完成了重返仙人岛的仪式。在小说中，对仙人岛的想象和解释，穿越了历史、现实与未来，每一次穿越都发生了殖民者与被殖民者、强与弱、文明与野蛮的身份反转。

贾希仙殖民仙人岛，可谓是对贾守拙"痴梦"的另一种解梦——把历史典故、梦中愿景变成现实，重写"世界中"的中国仙人岛故事。这也激发了国人更大的梦想，到小说收结时，之前的解梦人稽老古成了做梦人，他的"怪梦"比贾守拙当初"梦见仙人岛的事"更离奇，他梦见了"中华大开世界"。

我梦见坐了一只安平轮船驶回中国，到上海登岸，只见上海那些外国字的洋房都换了中国字，那街上站的红头巡捕不见了，都是中国的巡警兵。这还不算奇，最奇的是铁路造得那般的快，据人说中国十八省统通把铁路造成了，各处可以去得。我记挂的是家乡，就从上海搭火车前往汉口，上了火车不见一个洋人，我又觉得诧异，私下问人道："从前我在汉口见车站上有洋人不少，如今怎么不见了呢？"一个拿旗子的人答道："原来你是从外国来的，不知道本国如今大好了，各处设了专门学堂，造就出无数人才，轮船驾驶、铁路工程，都是中国人管理。况且从前是借人家款子办的，如今债都还清了统归自办，搭客

---

① 旅生：《痴人说梦记》第八回，《绣像小说》1904 年第 26 期。
② 旅生：《痴人说梦记》第二十七回，《绣像小说》1905 年第 51 期。

价钱是划一的，上落都有人照料，不比从前那般杂乱了。"我因不晓得从前铁路上的弊病，也没和他多谈，只见车子开起来，天旋地转，果然风快，据说一点钟工夫，好走一百多里路哩。①

　　"中华大开世界"的"怪梦"，以变革维新和解殖民为核心。解殖民主要表现为脱离外国势力的控制、抹除殖民文化的痕迹：外国字换成了中国字，外国巡警换成了中国巡警，摆脱了外国的经济掠夺，各项实业由中国人自己创办和管理。稽老古梦见的情形还包括朝廷的特权已取消，维新派掌权，科举制废除，旧学已没有市场，新学昌盛，教育普及乡间，京城变得整洁、繁华、现代，改制后的中国整体上呈现出富强、平等、文明的气象。

　　《痴人说梦记》对乌托邦/仙人岛梦境的构想，由起始的"痴梦"到最后的"怪梦"，中间经由对海外仙人岛的再造，形成了梦的链条。梦中的中国由古代到 20 世纪初，再到未来，在表意逻辑上构成了正反合的关系，否定之否定后，"中华大开世界"的"怪梦"已非古典的仙人岛之梦。由贾守拙的"痴梦"到稽老古的"怪梦"，做梦人与解梦人交换了位置，中华恢复了在世界上的权势身份。贾希仙对海外"仙人岛""镇仙城"的再造，建构的是"殖民-乌托邦"。"中华大开世界"之梦则属于"解殖民-乌托邦"想象，消解了西方帝国在上海、汉口等地的殖民痕迹，恢复了权力空间的中华属性，并且拥有了自己的现代"速度"。"殖民-乌托邦"和"解殖民-乌托邦"一内（中国本土）、一外（海外仙人岛），共同构成了对"世界中"的理想中国的想象。正如颜健富所指出的："'世界'话语提供晚清作者自我对照的视角，以'末日记'与'未来记'的极端叙事场景，将'中国'置入'世界'的坐标，重新想象/评估/定位中国的位置。"②《痴人说梦记》沿着中国的仙人岛、外国的仙人岛、中国的仙人岛的观念链条，通过不断反转的叙事策略，在殖民、解殖民、反向殖民的关系中完整地建构了中华的海外拓殖愿景。

---

① 旅生：《痴人说梦记》第三十回，《绣像小说》1905 年第 54 期。
② 颜健富：《晚清小说的新概念地图》，北京联合出版公司 2018 年版，第 12 页。

结语

对于如何应对西方帝国掀起的世界殖民潮流，近代中国文人提供了属于半殖民地的书写模式，即为殖民间性所规约的"殖民-乌托邦"模式。在殖民扩张时代，中国与埃及有着类似的半殖民地身份和殖民间性观念。埃及是英国的殖民地，同时在苏丹地区又以殖民者自居，这就造成了埃及人处于"被殖民的殖民者"①的地位。半殖民地身份既容易引发抵抗殖民的诉求，也潜藏着对外殖民的意愿。在列强环伺的救亡图存时代，中国文人之所以仍然汲汲于构想海外殖民，是因为海外殖民事业关系到"国民元气"和"国际竞争"②。正如《痴人说梦记》中的东方仲亮所设想的，兴中华当着眼两桩事：一是向内的，以教育和报刊"开通民智""转移社会"；二是向外的，谋求"海外殖民"③。近代中国的殖民间性，决定了殖民、被殖民与乌托邦叙事常常搭配在一起，并且本土变革与海外拓殖相互联动，在空间联动中呈现了殖民关系的反转以及乌托邦社会的构想。《冰山雪海》《痴人说梦记》《月球殖民地小说》《新石头记》等小说的"殖民-乌托邦"叙事，一方面书写了近代中国如何革新图强、文明开化、摆脱半殖民地状况，另一方面幻想了海外拓殖事业与乌托邦社会的展开方式，二者内外呼应，共同诠释了兴中华的主题，重建了中国与世界的关系。

近代小说的"殖民-乌托邦"书写是在"世界中"想象中国，充溢着幻想未来的激情，具有鲜明的民族（种族）主义立场。《冰山雪海》《痴人说梦记》《新石头记》等小说呈现了对理想中国的这样一种期待：中华昔日的文明盛景和天朝威望可以在海外再现，并且这样的景象摆脱了西方帝国的干预和控制。把殖民、反殖民与民族主义、乌托邦理想结合在一起的激情书写，体现了这一时期创作的特有风貌。对于国人来说，20 世纪初是半殖民地体验最为深重的时期，并且反向激发了再造世界的激情，民族或国家的想象因此游走于殖民与被

---

① ［美］伊芙·M. 特劳特·鲍威尔：《另类的殖民主义：埃及、英国与苏丹地区的统治权》，赵俊译，上海人民出版社 2023 年版，第 8 页。
② 梁启超：《中国殖民八大伟人传》，《梁启超全集》第 5 卷，北京出版社 1999 年版，第 1368 页。
③ 旅生：《痴人说梦记》第十六回，《绣像小说》1904 年第 38 期。

殖民之间。殖民与被殖民，在近代时期被视为民族主义事件，梁启超等人就把西方帝国的殖民扩张看作"民族帝国主义"①。正因为此，在涉及殖民、冒险、科幻、乌托邦的近代小说中，无论是抵抗殖民还是海外拓殖，其叙述都带有种族观念和民族寓言的意味。但是，近代的民族主义并不是封闭的，而是向世界敞开的，提供的是世界中国化、中国世界化的"世界中国"构想。由于中华承受了多重帝国的宰制，因此对未来理想世界的幻想，几乎都诉诸大同社会。即使到了 20 世纪 30 年代，柳亚子、谢冰莹与光华书局编辑顾凤城等人"梦想的中国"，仍然以"大同世界"为理想范式。②

---

① 中国之新民（梁启超）:《新民说　一》,《新民丛报》第 1 期，光绪二十八年元月一日（1902 年 2 月 8 日）。

② 柳亚子、谢冰莹、顾凤城等:《新年的梦想》,《东方杂志》1933 年第 1 期。

现代的抒情性：钟增亚与20世纪八九十年代中国人物画变革

张　森

摘　要　从新时期开始，钟增亚就明确以中国画传统为根基探求人物画的变革，他将西方写实造型、形式构成注入传统笔墨形态中，形成了具有自己独特风貌的写意人物画语言。他将对人性、对美的理解倾注在人物上，对日常生活进行诗性表达，使画面充满强烈的现代抒情意味，实现了写意人物画在新时期的现代转换。他在宏大主题性创作中亦贯以诗性的想象，形成诗与史的对话关系。钟增亚在人物画变革中的理论思考与创作实践，推动了新时期以来中国人物画笔墨语言的发展，对于今天中国画如何在传统基础上守正创新也有着借鉴意义。

关键词　钟增亚；笔墨；写实；写意；形式；抒情

20世纪八九十年代，从"中国画已走到穷途末路"到"笔墨等于零"，有关中国画的论争不绝于耳。20世纪80年代的中国画界始终处在"变"的焦虑与迷茫中。而回顾20世纪中国画面临的几次重要转折，人物画都是首当其冲。20世纪初，中国人物画最深刻地感受到西方写实手法对文人画的巨大冲击；至五六十年代，人物画因对工农兵人物和重大历史场景的刻画，涌现出一批重要

作者简介: 张森，湖南望城人，文学博士，湖南师范大学文学院教授，主要从事中国现当代文学研究。

成果，成为"国画改造"中最引人注目的一科；随着 1980 年代社会思潮的巨大变化，尤其是西方现代绘画思潮的引入，中国人物画面临着新的选择和转型，"变"成为当时几近一致的声音，而如何变、怎么变则处在艰难的探索中。此期围绕人物画发展专门召开了几次重要的全国性会议，如 1980 年 2 月 27 日由文化部中国画创作组和中国美术家协会组织召开的中国人物画创作座谈会，1987 年 11 月和 1991 年 12 月先后两次在中国画研究院召开的人物画创作研讨会，会议焦点主要集中在"写实与写意""现代与传统"等问题上,[1] 人物画之困以及如何脱困是新时期画家思考的重心。

这一思考，在 1940 年左右出生的一批人物画家身上呈现出明显的代际特征，如周思聪（1939）、刘国辉（1940）、林墉（1942）等。他们拥有共同的教育背景和类似的艺术经历，经历了从美院附中到美院的漫长的绘画训练，是在新中国成立后人物画教学体系中成长起来的一代人。在新时期，他们又面临着共同的创作困境，并在转型的思考中表现出类似的审美追求和艺术理念。与上一辈画家如蒋兆和、关山月等相比，他们此时还未形成独立的个人风格，与更年轻的一代画家相比，他们身上又承载着更多历史的负累。这使得他们既有着强烈的变革要求，渴望回到艺术本体，积极探索绘画的形式语言、审美风格等，同时又始终保留着年轻时期因写实、素描训练以及现实主义创作模式而来的审美痕迹。钟增亚就是其中重要的探索者，他在 20 世纪八九十年代对写意人物画的理论思考和创作实践，既显示出这一代有着共通经历的画家，是如何参与当代中国画变革的历史进程，同时又以他独特的笔墨语言和鲜明的审美风貌，凸显出他作为"这一个"的价值意义，并推动了写意人物画在新时期的现代变革。

一

新时期人物画变革最突出的问题，即是在西方现代绘画思潮影响下重新审

---

[1]　石真：《中国画人物画问题——1991 中国现代人物画创作研讨会综述》，《美术》1992 年第 3 期。

视"写实与写意"。早在20世纪初，写实就被"文学革命"和"美术革命"的倡导者视作改良传统中国画最重要的手段，康有为、蔡元培、陈独秀、徐悲鸿都曾强烈要求用西方写实改良"衰败极矣"的中国画，不过这一主张遭到陈师曾、黄宾虹、刘海粟、郑午昌等人的强烈反对，在他们看来，科学化、客观化的思维方式与重"写意"的中国画是相悖的。① 而至新中国成立，现实主义成了文艺界独尊的创作方法，徐悲鸿的写实主义体系与苏联契氏素描成为学院派人物画训练的基础。这一情形在20世纪80年代发生急剧变化，在西方现代艺术的强劲冲击下，写实以及现实主义方法遭到前所未有的质疑。方增先对此有过生动的描述：当时正是改革开放初期，西方现代绘画已像海潮一样向中国涌来，写实的人物画只能作为批判的对象而存在。写实几乎是老套或陈旧保守的代名词。画面不变形、不抽象，没有现代因素，就会遭到白眼。② 众多画家都力图打破原有写实主义创作方法的桎梏，进行新的突围与转型。这里呈现出两条路径：一是从西方现代派绘画中吸取资源，一是回到传统笔墨中寻求转化。

彼时大量青年美术群体出现，他们更多借鉴西方现代派绘画资源，并掀起了对传统中国画否定的高潮。在新潮美术的狂飙突进中，钟增亚始终旗帜鲜明地肯定中国画的价值，反对有关中国画的悲观论调。他在多个会议强调中国画传统的本体地位，针对西方现代绘画的强势冲击，他指出中国与西方是两大阵营，有各自的审美标准，不能以西洋绘画的标准衡量中国画。③ 钟增亚的这一观点是对关山月两个体系说的接续。早在广州美术学院求学期间，他不仅接受了源于"徐蒋体系"的严格素描训练，同时也受到关山月重视中国画传统的影响。关山月曾撰文反对"素描是一切造型艺术的基础"，他指出中西绘画是两个不同的体系，并在教学中要求学生用毛笔直接写生。④ 他认为写生不能只单纯要求描写对象的准确性，而要讲究艺术的概括和节奏，即中国画里的宾主、

---

① 张森：《重申科学观念与中国绘画的现代变革》，《美术》2021年第4期。
② 裔萼：《方增先访谈录》，《二十世纪中国人物画史》，河北教育出版社2008年版，第232页。
③ 钟增亚：《临池随感录》，《理论与创作》1999年第4期。
④ 关山月：《有关中国画基本训练的几个问题》，《人民日报》1961年11月22日。

虚实、刚柔，用笔的转折与顿挫这些对立统一的手法，要从"似"到"不似"。① 这实际是以中国画自身的审美传统为根基，有限度地接受素描写实造型的影响。钟增亚后来在回忆关山月时也谈到，关先生要求学生精通诗词歌赋，在学习传统中重视笔墨的训练。② 20 世纪 80 年代，关山月在赠与钟增亚的诗中又重申这一观念："不随时好后，莫做古洋奴。墨客多情志，国魂不可无。""国魂"是中国画体现的民族精神和民族风格，而"莫做古洋奴"，则是指既不复古，也不媚西，中国画需要在自己的审美根基上进行新的开拓和发展。

正是早期的训练与积淀，新时期的钟增亚在思考人物画变革时，没有转向西方现代派，而是选择回归中国画的写意传统。他指出，中国画要立足于世界艺术之林，必须植根于中华民族文化精神："中国的民族、国情有他的特殊性，只有搞适合中国国情的作品才能立足于世界……尾随古人和洋人都不是办法。"③ 在 1985 年全国第四次美代会上，钟增亚再次提出中国画应当按自身规律和民族意识去发展和创新，要"在美感心理上与人民的感情沟通……这是发扬民族风格、民族气派的根本所在"④。在"向西方学习"和"从传统一脉开辟新境"的两条思路中，钟增亚在感性上亦明显偏向后者。1986 年 10 月在武汉参观画展时，尽管他肯定"革新派"改变了过去中国画千篇一律的风格，但他更认为一些作品"借用中国书法表现佛教的境界，很有中国气派和精神。因此耐看"。⑤ 1987 年，他赴加拿大多伦多参加"中国艺术节"，目睹西方艺术界情形以及中国画在西方的处境，他更坚定了中国画在世界艺术格局中的独特价值。

不过，在由五六十年代的现实主义到写意传统的转换中，钟增亚又有着不同于前辈的选择。五六十年代的人物画在解决西方素描与笔墨不相融的问题时，或如杨之光、方增先等借鉴山水、花鸟画的技法去削弱素描的影响，或如

---

① 关山月：《有关中国画基本训练的几个问题》，《人民日报》1961 年 11 月 22 日。
② 钱海源：《书法与绘画双栖的钟增亚》，《理论与创作》1999 年 4 期。
③ 引自钟增亚 1984 年 9 月 21 日日记。
④ 据钟增亚手稿编入。
⑤ 引自钟增亚 1986 年 10 月 29 日日记。

叶浅予、黄胄用速写与写实沟通，在写实的基础上融入传统线描，但总体都是
在写实的框架下去借鉴传统笔墨。而新时期的这一批画家，显然是急切地希望
打破原有的写实框架，他们考虑的不再是在写实框架下的调整，而是如何从写
实走向写意，从再现到表现，从"似"走向"不似"。尽管他们同样意识到素
描与笔墨结合的艰难，但在结合的路径上却是相反的。换言之，钟增亚这一代
人试图将西方写实话语统摄入中国写意画的审美体系中，将源自早年素描训练
的造型手法纳入中国画学传统中"似"的一脉，并由此沟通中国画理论中"似
与不似"的命题。众所周知，近代陈师曾、齐白石都讲过"似"与"不似"
的关系，古代绘画理论中亦有"外师造化，中得心源"一说，与之接近的还有
"澄怀味象""道法自然"等。"外师造化""象""自然"，强调的是对外部世
界的客观认识和表现，而"中得心源""澄怀""道"，则是指艺术家的主观心
灵状态。可以说，中国绘画是在外部世界与艺术家主体心灵的互动中生成的。
这也如叶朗指出的中国审美意象的特点：既不是客观的物理性存在，也不是抽
象的理念世界，而是情景交融的意象世界。① 在这个层面上，传统写意中国画
与西方现代绘画就有重要差别，那就是注重写意的中国画从来没有弃"造化"
"自然"于不顾。基于此，新时期的人物画家在不满以往人物画过于强调写实
的同时，也否定了当时的"抽象派"因反对写实而完全抛弃"形"的做法，
正如冯远所讲："对于中国人物画的发展前景而言，任何像西方具象造型那样，
形似、肖似、酷似于物象，或是像抽象造型那样，不似、很不似、什么也不
似，甚至完全舍弃物象的基本型，都不是中国人物画的出路。"② 钟增亚此时尽
管寻求从现实主义绘画中有所突破，但也从未否定原有的造型基础，这不仅是
年轻时期的造型训练造成的，也是他重归中国画审美传统后的必然选择。他曾
说："人物画需要扎实的素描功底。在广州美术学院我基本上把握了素描的技
能"，"对人体的把握达到了高度熟悉程度"，"信手拈来可以从人的任何一部

---

① 叶朗：《美在意象》，北京大学出版社2010年版，第3页。
② 冯远：《重归不似之似（节选）——关于中国水墨人物画的造型问题》，《美术》1992年第3期。

分起笔画完一个人物。"① 王迎春也有过类似的说法，她强调写实能力的重要性，认为高超的造型能力是变形的基础。② 在这一代人这里，他们依旧力图进一步解决写实造型与笔墨写意之间的矛盾，钟增亚曾说道："必须在两者之间架起一座桥梁，既要有严谨的造型能力，又要发挥中国画的笔墨趣味，取两者之长，避两者之短。"③ 而如何在写意人物中容纳写实造型的因子，在矛盾中寻求一种平衡，这一代人物画家在继承前辈的基础上做了进一步的探索，他们在"变形"与"写实"之间保持了一种理性的辩证关系。不同于 20 世纪初写实与写意的彼此否定，也不同于五六十年代两者在矛盾中寻求和解的方式，此时对人物画的发展，是在肯定写实的基础上重新进入中国画"似与不似"的审美传统。从这个层面而言，20 世纪的中国人物画几经转折，终至在实践层面将西方写实融入中国画的写意传统中，并使人物画语言呈现出新的审美风貌。

二

在不离写实又走向"写意"的具体创作中，钟增亚一方面从早期的速写和记忆画的训练中寻找与中国画笔墨的相通处。他说，速写和记忆画与一般对着模特写生不同，需要对人体结构、动态节奏进行高度概括和提炼，这与中国画的审美规律是相通的。他终生保持速写习惯，其目的正是"从速写中去开辟人物画道路"④。另一方面，他有意创作大量"随意水墨画人物"，力图充分体现水墨本身的特性，此类作品不打草稿，多凭记忆，"先无具体形象设计，凭一股热情，饱蘸墨水，尽兴泼洒，纵横走笔，使画面形成神奇的意外笔墨现象。然后因势利导随机应变，将无序变有序，把无形变成有形，在奇妙的笔墨中构造人物形象"⑤。为了尽量发挥笔墨的特性，甚至有意避免对着模特作画，其目的正是不过分追求形似，他言："画时往往受形之束缚，注意局部过多，而且

---

① 钟增亚：《临池随感录》，《理论与创作》1999 年第 4 期。

② 裔萼：《王迎春访谈录》，《二十世纪中国人物画史》，河北教育出版社 2008 年版，第 232 页。

③ 钟增亚：《临池随感录》，《理论与创作》1999 年第 4 期。

④ 钟增亚：《临池随感录》，《理论与创作》1999 年第 4 期。

⑤ 钟增亚：《临池随感录》，《理论与创作》1999 年第 4 期。

每部分都不敢丢，处处交待清楚，为了发挥笔墨效果，必须敢于丢、舍，求神似不求形准，要大胆夸张，多用长线条、粗笔、大笔、大泼大写，都要追求画面气势。"① 此时所用线条并不是为了写实人物，而是通过对物象的高度概括，从"目中之画"转向"意中之画"。

在这一过程中，钟增亚尤为重视以书入画，注重用线的质量感，讲究线的内蕴和构成，强化线条对人体的表现力。他在《水墨人体习作》（1988）中题写道："写水墨人体便脱离西洋素描法，当展现人体线条节奏美感的时候，其法便在中国传统之中，这便是中国绘画之伟大了。"这一传统即是"以书入画"，通过书法线条的轻重、缓急、粗细等而来的节奏韵律的变化，既是对人物情态的概括表现，又内蕴着主体情感的丰富变化。在后来的《钟亚戏墨》（1998）中，他再次题文强调"书法入画"的重要性："女人体在画家笔下多以柔弱之形式展现，吾却喜用粗犷泼辣之笔表现，虽难度极大，但通过反复训练，终于达到预想效果，中国画强调书法入画，笔笔用力见功夫，但又能准确表现人体的整体变化，神形兼备是也。"这种尝试最初体现在20世纪80年代的一批古代人物画像中，如《杜甫行吟图》（1985）、《屈子行吟图》（1986）、《难得糊涂》（1986）、《荆轲笑秦王》（1986）、《钟馗镇邪图》（1986），这类作品皆突出书法用线，对人物的传神取代了客观写实，用笔粗放，造型简练，在笔墨的恣肆挥洒中夸张人物情态。在这些古代人物画中，不难见到钟增亚对梁楷减笔泼墨画的师法。这里既有着以往的造型训练的基础，还有着对以"神似"为内核的传统绘画审美理念的理解。

为丰富线的质感，20世纪80年代初期的钟增亚还尝试从山水画、花鸟画笔墨中吸取经验。1982年，他在湘西写生中创作的《春播》、苗家老汉肖像画等作品，都提到借鉴李可染的山水笔法，如《春播》描绘一对夫妇和孩子在玉米地劳动，"采用李可染画山水的笔法，吸收汉砖、金石等方法，造型略带夸张"②。早年"徐蒋体系"下的人物画即借鉴了山水画中的皴擦等技法，钟

---

① 引自钟增亚1982年9月6日日记。
② 引自钟增亚1982年9月15日日记。

增亚并不止于此，他在日记中提道："南方清秀爽快，北方浑厚雄劲，能否两者结合起来？李可染、黄宾虹的山水技法是否可以运用到人物画中来？"① 他试图将南北两种不同笔法相融合，并通过多幅小品试验，后来反复创作的《霸王别姬》（1986），就是用粗重笔墨表现楚王，用流畅婉转的长线条表现虞姬，正是有意通过笔墨的对比，将霸王的英雄之气与虞姬的凄美之情相结合。

经过前期的多方尝试，至 20 世纪 80 年代末和 90 年代，钟增亚的笔墨已完全呈现出自己的特色。他成熟期的写意人物画，如"黑衣女"系列、少数民族系列、都市人物系列等，画面虽多为泼墨大写意，但不再取减笔法，而呈现出由简到繁的变化，对人物的表现已不以客观实写为目的，而是强调笔墨的写意性。这种写意是通过线、墨、色的复杂运用实现，灵动多变的线条与丰富的墨、色反复穿插，有机交融，既将水墨的审美特性尽情发挥，又在笔墨运用中强化了人物的精神特征，其写实造型已完全融入笔墨写意中。如《苗民呷酒》（1997）、《山憨》（1998）的书写性极强，完全是通过线与墨的轻重、疾徐、浓淡、干湿的变化、组合来表现山民的憨厚质朴感；《苗家妇女的绝活》（1998）展现了他对线的高超把控力；《豆蔻年华》（1998）中运用繁复的线条将少女裙子的质感以及内心世界烘托得淋漓尽致；《收网季节》（1998）中也可见他笔墨与造型结合的高超能力。他用笔墨的层层叠加塑造人物造型，既准确生动又不失水墨意味。

在将造型融入笔墨的处理中，钟增亚突出了人物的精神性特征，人物走向"变形"但不完全脱离客观形体，呈现出主客观合一的意象化特点。"黑衣女"系列采取传统的没骨画法，并形成独特的笔墨处理方式。他以墨代笔，通过对水墨浓淡干湿的控制表现人物，线条或仅勾勒面部五官，或穿插在墨色中起提醒作用，有的线条是在没骨过程中利用宿墨自然形成，甚至完全不用线条直接用大面积泼墨表现人物。他将笔性、墨性与水性有机结合，将水墨的特性发挥到极致。《烂漫山花》（1994）、《春雨润如酥》（1995）、《清风月朗》（1997）等都是于大面积泼墨处穿插少许线条，没骨但不失骨力，人物形体抽象化又不

---

① 引自钟增亚 1984 年 6 月 14 日日记。

至完全变形，呈现出迷蒙、空灵、含蓄之意味。同时，他还注重笔墨的秀润与苍劲、清秀与浑厚的结合，在对立参差中达至审美的和谐。《春望》（1997）中的"黑衣女"的身体墨色薄而淡，少许线条贯穿在墨块间，面部略施淡彩，画面底部则辅以一道重墨，对比强烈；《白梅小姐》（1994）中人物头发、猫身、裤子等都是用浓墨写出，墨色浓淡变化精妙，乃至将猫身毛茸茸的质感都体现了出来，人物上身和面部则用灵动的线条表现，两相对比，实现了对立与统一的平衡。

　　钟增亚笔墨由简到繁的变化，还体现在他对画面背景的营造上。钟增亚曾说："我很少在人物画的背景上留空白。我在补景的问题上作了多年的探索。"① 事实上，岭南派的高剑父、方人定在人物画中都注重画面背景的渲染，突出人物在画面中的空间感。钟增亚在延续岭南画派这一风格时又进行了拓展，他的很多作品通过线、墨、色的交错塑造背景，但背景不再是表达一种具体的空间关系，而是形成意境，渲染氛围。人与背景或互相衬托，或形成对比，于凌乱中求统一，从参差中求平衡，画面既丰富又整体。《春满侗乡》（1996）、《草原春色》（1998）、《侗乡春早》（2001）的背景都极复杂，墨、色、线反复添加，有的是具体物象的抽象化，有的甚至不表现为具体物象，而仅作氛围的烘托，如《烂漫山花》（1991）的背景是点与线的穿插叠加，《秋色》（1997）的背景则是线条与光影的错综交杂。其背景的繁复并不影响人物的表现，反而烘托了人物在画面中的精神意趣。

　　杨立舟曾说钟增亚人物画是"挥洒间不失规矩，得力于笔墨修养"②，尚辉也高度评价他在造型和笔墨结合上的贡献：钟增亚的"人物形象的塑造因秀润雄健的笔法和格调，使得画面在笔墨的处理上达到了时代的高度，这种相对写实的塑造感与笔性和墨趣有机地结合在一起，实是笔墨对于造型切入的深化，这是徐悲鸿自引进写实改良中国画之后，在诸多笔墨上出现的个性化探索上所

① 楚山：《永不重复——访钟增亚》，见钟增亚《钟增亚中国画选集》，湖南美术出版社1999年版，第4页。
② 杨立舟在"钟增亚书画艺术研讨会（中国美术馆，2003年）"上的发言，蒋二芒编：《钟鸣春秋·论钟增亚书画艺术》，岭南美术出版社2012年版，第16页。

达到的一个新的高度。"① 而这种高度，的确是他"以西画为基础，而奠定的人物画则用传统技法原理"② 的结果。他将写实造型语言深入笔墨传统中，实际上是在笔墨的写意中将写实语言进行了转换，在"似"与"不似"间获得一种平衡，从而既突破了古代写意人物画尚意但乏"形准"的问题，又克服了五六十年代人物画在革命现实主义的框架下，重"形"准但水墨受限制的问题，他以创造性的写意手法，建构起极具个性的人物画语言。

三

新时期中国画的变革除了在语言上寻求突破，还致力于对"形式"的追求。其中最突出的当属吴冠中，他不仅在创作中打破传统中国画的笔墨形式，强调画面形式感的构建，而且在理论上对"形式美"进行阐述。他在《绘画的形式美》和《关于抽象美》中都强调形式的重要性，认为形式美是美术教学的主要内容，描画对象的能力是辅助捕捉对象美感的手段，居于从属地位。③ 这里的"抽象美"与"形式美"，都是指视觉层面上具有个性化的现代图式。在这一变革的大潮中，众多画家在人物画上也开始了对画面形式的思考，他们同样有意与以往的"现实主义"拉开距离，对画面的文学性情节进行消解，而凸显形式和语言，怎么画比画什么更重要，这实际上是将长期被工具理性所压抑的审美性释放出来。1940 年左右出生的这一代画家也尝试从西方现代艺术形式中吸取资源，周思聪的《矿工图》可谓开风气之先，画面突破中国画传统的构图形式，运用分割、拼接、组合等多种方式打破以往的现实主义表现手法，在"变形"中表现出鲜明的形式感。此后，王迎春、杨立舟的《太行铁壁》同样将"变形"融入作品中，不过，他们的变形依旧是在写实和笔墨的基础上进

---

① 尚辉在"寥寥长风——钟增亚中国画作品展学术研讨会（广东美术馆 2016 年）"上的发言，引自赵婉君：《重读钟增亚——钟增亚人物画的语言探索》，《美术》2016 年第 10 期。
② 杨立舟在"钟增亚书画艺术研讨会（中国美术馆，2003 年）"上的发言，蒋二芒编：《钟鸣春秋·论钟增亚书画艺术》，岭南美术出版社 2012 年版，第 16 页。
③ 吴冠中：《绘画的形式美》，《美术》1979 年第 5 期。

行的。①

与同时代人一样，钟增亚尽管立意以中国画审美为根基，但这并不妨碍他对西方现代派绘画技法的吸收。自 20 世纪 80 年代初他就在创作中反复尝试了当时流行的"变形""抽象"等图式。这段时期的"变形"实验，主要体现在对湘西少数民族人物的刻画中。1982 年，他曾往湘西写生，此次写生激起了他"一种无法抑制的情感"②，不仅因此恢复了中断多年的日记习惯，而且在大量画作中进行实验性创作。1982 年的《春播》《无题（苗人像）》等作品呈现出与以往主题性绘画不同的处理方法，其背景抽象化，画面情节性的"道具"和细节也作弱化处理，整体构图虽未完全走向"平面构成"，但叙事性因素已大大减弱，如他这时期所说："情节是手段，不是目的，不要为情节而情节。"并称："不要说故事，不要搞小道具的堆砌，要精简画面。"③ 而 1986—1987 年创作的"湘西苗家风情系列"组画，则在"变形"的道路上迈进了一大步，其中"有 4 幅完全是用变形的方法画的，带有深厚的装饰味道"④。钟增亚吸收了现代绘画构成形式，使画面的视觉结构发生了重要变化。如《春雨润如酥》（1986）是在湘西雅酉公社写生的基础上所作，但人物表情、体态夸张，呈现出强烈的"变形"意味，构图上也舍弃了原有的焦点透视，由立体结构转向平面化构图。《湘西风情》（1987）中人物呈横向排列，构图同样平面化，背景则用线条表现春雨，这不仅是对物象的抽象化处理，线条与表现人物的墨块也一起参与了画面的形式构成。《湘西风情——忆写湘西苗家生活》（1987）、《竹青青——忆湘西苗乡风情印象》（1987）、《苗家的千金》（1989）等作品中的湘西少女，身体、衣饰乃至头巾都用黑色墨块表现，已初现后来"黑衣女"之雏形。

在探求现代构图形式与传统笔墨的融合上，钟增亚应受到了来自林风眠的

---

① 蓠萼：《王迎春访谈录》，《二十世纪中国人物画史》，河北教育出版社 2008 年版，第 229、230 页。
② 引自钟增亚 1982 年 8 月 30 日日记。
③ 据钟增亚手稿编入。
④ 引自钟增亚 1985 年 9 月 25 日日记。

启发。还在广美读书期间，钟增亚就被林风眠的画作深深打动，[①] 在"革命现实主义"大潮中，林风眠的绘画无疑是不和谐的，钟增亚显然是在审美情感上受到触动，并彰显出审美对历史规训的逃脱。不过，如果说在传统笔墨章法与西方现代绘画形式的结合中，林风眠更着重于画面的整体形式感，那么在钟增亚这里，则是以传统笔墨为核心，将现代形式融入其间。特别是其"黑衣女"系列，典型地体现了他将现代绘画构成形式与传统笔墨的结合。

在处理画面空间时，钟增亚的"黑衣女"已经突破了现实空间，他对人物形象进行抽象化的形式思考，在墨与线的关系中融入了现代构图形式规律，他将平面构成的视觉因素如"点、线、面"纳入笔墨语言中，人物与对象之间就不再是客观的描写，而是艺术化的形式构造。画面墨块不仅构成人物整体外形，而且对画面进行分割组合，如《湘西村姑》（1992）、《集归图》（1997）等画面中女性往往由大块墨色表现，不管是人物的横向组合，还是纵向叠加，都构成抽象化的人物形态，同时使画面整体结构又呈现出一种节奏韵律，加上墨色浓淡干湿的处理，构成画面的整体形式感。画面的线条在体现传统用线的审美特性的同时，也作为形式因素参与画面的构成。有时是对画面整体进行分割，如《春望》（1997）中底部的一笔浓重墨色，《风清月朗》（1997）中的墨线，既表意船与沙滩，又构成线、面对画面进行分割组合；背景中穿插的线条同样如此，不仅仅是对如房屋、窗户等客观物象的抽象表现，更为重要的是作为有形式意味的"线"去分割画面。如《两地情依依》（1992）、《村姑》（1993）背景中的粗线"景框"既可表窗户或栏杆，又将画面处理成大小不一的形状，具有很强的形式意味。他有的作品虽然笔、墨、色繁复，人物众多，但整体感又很强，这与他对画面"形式感"的营造有很大关系，他将人物融入画面整体结构中，以形式构成法则为主导。

值得注意的是，钟增亚对现代构成图式的理解，是建立在与中国绘画章法结构沟通上的。传统中国画同样讲究画面的节奏韵律、变化统一，如繁简相

[①] 1963年钟增亚在讨论杜甫"沉郁顿挫"诗歌风格的文章中，谈到林风眠画作的情调类似于杜甫的诗歌风格。

衬、计黑当白、虚实相生等。钟增亚对画面进行分割、组合，是通过笔墨的多层次和丰富性呈现的，这两者之间具有一种照应关系。换言之，他将现代绘画的形式感转换并融入笔墨的章法结构中，从而使其作品既有形式感又不失笔墨趣味。赵婉君曾在《重读钟增亚》中高度肯定钟增亚"在笔墨与造型的结合，组合人物关系这两个问题上的处理超越了同时代的大多数画家"①。而钟增亚在组合人物上所体现出的整体感和节奏感，就在于他对笔墨章法结构与现代绘画形式感的沟通上，他通过对笔墨虚实、黑白、疏密等关系的处理来表现众多人物之间的关系。当然，这种对传统绘画方法的继承又更为现代和复杂，他往往将不同质感的线、面相互穿插组合，形成一种复杂的内在咬合关系。如《春雨润如酥》（1995）通过"黑衣女"的远近组合、墨色浓淡虚实表现一种梦幻迷离感；有的则在传统笔墨章法中糅合了西方绘画表达形式，《秋艳》（1995）、《秋韵》（1997）、《樱花红陌上》（1998）等作品的背景都较复杂，或糅入明艳色彩，或结合西方光影感，"黑衣女"的墨色面块从背景中凸显出来，具有鲜明的视觉效应。这种对画面视觉形式感的自觉追求，也使得钟增亚在看似率意的泼墨写意中，又暗含着对水墨的内在控制，更准确地说，他先依水墨形态泼写，再"因势利导随机应变"去赋形。如果说水墨泼写使画面呈现出水墨淋漓之境，那么后期的随机赋形，则倚赖于两个重要因素：一是深厚的造型能力，一是对形式感的自觉意识。水墨、造型与形式感的结合，使钟增亚的写意人物画在不失笔墨的审美趣味的同时，又具有鲜明的形式感，其笔下的人物也呈现出抽象而单纯的审美风貌，乃至已简化为一种"美"的符号表达，一种有意味的图式，这无疑是新时期对传统笔墨与现代形式结合途径的一种拓展。

四

　　20 世纪八九十年代中国画的变革，不仅体现在语言、形式层面上，更体现在审美意境的拓展与更新。新时期人物画开始走出早年的集体叙事，强调绘画

---

① 赵婉君：《重读钟增亚——钟增亚人物画的语言探索》，《美术》2016 年第 10 期。

的自我表现，强调审美的主体性。钟增亚对此也有清晰地认知，他曾在笔记中写道："笔墨挥洒处即人的审美情感的外汇。这是一个精辟的美学思想，它表明了艺术作品中的笔墨本身有完整的审美价值。它不仅可以描写客观对象，而且可以直接表达人的审美情感。"[1] 他道出了中国画笔墨的精髓，笔墨从来不只是工具性的存在，它在漫长的历史进程中早已成为彰显民族精神的审美形态，是生命情感的外化显现。他的人物画始终贯穿强烈的艺术个性和审美情感。早期改编自小说《芙蓉镇》的水墨连环画，在人物处理、情节安排等方面都流露出强烈的个人情感，比如他拒绝按原著将李国香外形丑化，而把她塑造成美女蛇形象；对秦书田则有意消隐小说中人物"癫"的一面，反而把他画得很美，有书生气。他的改动，摆脱了以往对人物刻画或"神化"或"魔化"的二元对立思路，而凸显出人物在特殊时代中被异化的悲剧感。

20世纪80年代后期至90年代，随着市民文化的兴起，钟增亚的人物画题材有值得关注的几个变化：一是关注现代市民日常生活，并流露出日常生活审美化倾向，这主要体现在他对都市女性的刻画中。他情感细腻，体察入微，总是力图传达女性复杂的内心世界。《打工妹》（年代不详）、《李燕小姐》（1994）、《大排档》（1998）都是描写外来打工女子的，《打工妹》中女孩的焦急、局促，《李燕小姐》中女子略显迷茫的眼神与紧闭的嘴唇，传达了人物刚来城市的怯生感。他极擅于捕捉现代都市女性的微妙情绪。《白梅小姐》（1994）等作品中的少女怀抱黑猫，或倚或坐，闲适中流露出几分淡淡的愁绪；《洁白世界》（1994）中少女胸前的珠宝和蓬松的发型显出浓重精致，用看似凌乱的线条突出裙子的褶皱和堆砌感，笔墨的对比中传递出少女在表面平静背后隐秘而波动的内心情感。

二是"黑衣女"系列的成熟。"黑衣女"的原型为湘西、惠安等地的劳动妇女，而当他将自己的审美情感融入画面中时，人物由具象转向意象表现，并形成极具个人特色的审美风貌。即使是在对少数民族劳动生活的表现中，钟增亚也很少如实地呈现劳动的艰辛，而是用诗意化的手法突出人物的"美"感，如《村头的苗家生活》（1991）、《春满侗乡》（1996）、《苗乡之路》（1997）

---

[1] 据钟增亚手稿编入。

等，画面往往明丽喜悦，充满抒情性。其"黑衣女"系列如《烂漫山花》
（1991）、《春雨过后》（1994）、《宜人春色》（1997）等作品中的女性虽然是在
劳动中，但人物情态都有很强的美感。不过，在"美"的背后，钟增亚实际上
对苦难有着真切的感受，他同情女性生存的艰难，对广东、湘西等地女性更是
有过长期观察和写生，但他却不欲展现人世间中的艰难苦楚，这自是他浪漫乐
观之心性使然。他在《自画像》（1996）中题诗自嘲："平生多磨难，苦乐尽
其中。"画中的自己呈漫画化处理，寥寥几笔，却将艰辛又豁达乐观的生命感
悟表现了出来。他曾在矿区写生，感慨矿工生活艰辛，为矿工娶妻难而悲哀，
但他在构思创作时，却欲为矿工安排一位美丽时髦的妻子，表现矿工回家的温
暖场景。他将对人世间的悲悯和温情倾注在创作中，以浪漫诗意的想象去溶解
生活的苦难。即使是在对钟馗这类金刚怒目式人物的刻画中，也不难看到他热
烈浪漫的情感。"黑衣女"以及都市女性形象，即是他对人性与美的集中表达，
是他为平凡乃至艰辛的生活赋予的浪漫与诗意。就像《山间小道》（1997）中
的女子，虽头戴斗笠，肩挑箩筐，但搭在扁担上的手还拈着一朵小花，与其说
女性在劳动中依然保有对美的向往，不如说是他把对美的理解倾注在人物身
上。钟增亚笔下的"黑衣女"往往沉静含蓄，人物的轻盈与沉重浑然交织，他
将对人间的同情与悲悯深藏于人物的"美"感中，也正是有这底色的存在，在
美的表达下，又存在隐隐的忧郁和神秘。

　　钟增亚对人物"美"的表达，也映射出这代人独特的审美心理。历经了个
体美、身体美被禁锢的漫长时期，这代艺术家在20世纪80年代发出了对人性
的强烈呼唤。因此，钟增亚在新时期转向对普通民众日常的关注和描绘，就不
仅仅是题材的变化，更是对日常生活审美意义的重新发现，是将个人的、原生
的日常叙事从大历史的褶皱中凸显出来。这对于之前流行的宏大性叙事无疑是
一种反拨。即使是在世俗文化兴起、诗意和浪漫逐渐消退的20世纪90年代，
他们也没有消解诗意，背叛崇高，没有刻意表现都市生活的迷茫、焦虑与颓
废，反而强调了对人性美的表达。也正是在对日常生活的重新表达中，钟增亚
不仅更新了自己的绘画语言形式，也建立起以日常抒情性为内核的审美观念。

他笔下女性的"美"是多层面的，即使是"黑衣女"形象也有多种语言表达方式，有用浓重浑厚的墨色表现人物的素朴沉静，如《集归图》（1997），也有用淡墨表现人物的轻盈缥缈，如《晨》（1995），层次丰富的黑色包裹了多层叙述的声音，进而传达出一种混融的意象美。

王德威曾借林风眠讨论"史诗时代的抒情声音"，他说：

林风眠的观点乍看似乎只是民初有识之士抵御西潮，试图恢复中国文明"本质"的尝试。但林并不是一个保守主义者。他认为……"抒情"除了以晶莹的形态表达私人情感，也必须获得具体的历史感性的充实，这一历史感性根植于群体共同经验……

因此，抒情艺术……是一种艺术表现形式，既有个人情绪的引发，同时也受惠于群体感性的推动。①

在史诗时代构建抒情声音，其实隐含着一种抗衡大历史的举动，王试图将这一抒情置于时代和历史的洪流中，在个人与群体、史诗与抒情之间寻求平衡。中国画传统终究是抒情的，也是写意的，但中国自古又缺乏一种纯粹的抒情传统，中国现代人物画也是在个人与历史的缠绕中前行。钟增亚所处的八九十年代，正是个人主体性张扬的时代，但值得注意的是，他并没有将宏大叙事与个人化叙事对立起来，这两种题材始终在他的创作中并存着，20 世纪 90 年代的他依然创作了《楚人》（1994）、《改革之年》（1997）、《伟大的改革家》（1998）等诸多精彩的主题性作品。他在《楚人》中将宏大性主题以诗意化形式表达，将 20 世纪最引人注目的政治家和艺术家并置于画面中，这本身就是一种现代的浪漫主义表达。而背景则是繁复点线构成的梅花，梅花是古典绘画常见的主题，但在《楚人》中被赋予了一种现代意味，其意境的烘染与画面主人公毛泽东的《卜算子·咏梅》有很强的对照意味。画面中的毛泽东屹立在风雪里傲然绽放的梅花丛中，传达出一种浪漫乐观的革命主义精神。而齐白石同

---

① ［美］王德威：《史诗时代的抒情声音》，生活·读书·新知三联书店 2019 年版，第 302—303 页。

样画梅，亦有写梅的诗文，但他的梅画与梅文显然不及《卜算子·咏梅》为人所熟知。画面中毛泽东立于画幅上方，头微微上扬，表现出的豪迈沉雄的气概，而齐白石手拄拐杖，头略微向下，流露出一种谦卑沉静的气质，两位人物在精神上既有沟通，也构成极富意味的对话和互补。钟增亚在画面中注入了强烈的主体意识，但这种主体性的介入不是去消解宏大叙事，而是对历史进行合理想象，他既张扬了革命家豪迈的情怀，也传神地表现了齐白石作为艺术家的柔弱与谦卑。他极为准确地抓住了两者的精神气质，而画面中两人空间的处理方式，则强化了这一气质表现以及两者的关系。该作原名《乡情》，后改为《楚人》，标题的改变其实是表达主题的调整。钟增亚试图传递"楚人"在现代文化、政治上的巨大意义，他将两者置于同一画面中，试图抓住其共同点，但由于他对两者精神的入木刻画，又使两者构成一种深层的对话关系。画面中古典与现代、诗与史兼容，"史诗"与"抒情"以一种既互相关联又互为抵牾的方式存在于作品中。这一点，则是作品对两者关系诗意想象的意外延伸。而对于钟增亚言，即使是在宏大主题的表现中，他也极注重主体性精神的融入，这与他对女性美的表达也是一致的，即一种诗意化浪漫化的处理方式。钟增亚以其实践表明宏大叙事与个人叙事并非非此即彼的存在，宏大叙事亦有另一种抒情性的表达，这抒情性是个人的，同时也是时代使然。

结语

从新时期初寻求变革开始，钟增亚就明确以中国画笔墨传统为根基，把目光投向写意人物画这一极具中国特色的绘画传统中，不断向传统写意精神复归，他的个人性情、审美意趣也在创作中得到淋漓尽致地体现，并由此呈现出独特的个人风格。他用他的方式将写实造型、形式构成与笔墨传统相结合，实现了写意人物画在新时期的现代转换。显然，钟增亚关于人物画的现代变革，并不以丧失中国画的笔墨审美特征为代价，相反，正是在对中国笔墨传统的回归和坚守中获得新的发展。不管是写实造型的融入还是现代绘画形式感的凸显，钟增亚皆是在回向中国画的笔墨传统中进行变革，绝非更弦改辙的"转向"。尚辉曾指出："钟增亚的绘画给我们最重要的启示就是，中国绘画的发展还是要回到传统的根脉，传统的根基越扎实，笔墨的根基越扎实，它所展示的当代性可能就更深入。中国绘画尤其是人物画在历经百年变革之后，我们希望它能在表现当代人的精神风采时，还能够更深入地体现中国绘画的审美法则和品格。在这方面，钟增亚毫无疑问是一个重要的代表。"① 钟增亚对人物画变革的理论思考与创作实践，其中西绘画结合的具体方式，是他对 20 世纪中国人物画的发展和推进，对于今天中国画如何在笔墨传统基础上守正创新，也有着重要的借鉴意义。

① 引自尚辉在 2022 年 9 月 19 日"钟增亚艺术展"学术研讨会（湖南美术馆）上的讲话。

研究

湖湘书籍史

CONTEMPORARY HUXIANG STUDIES

晚清湖南善书刊刻与湖湘文化

向铁生

摘　要　清代湖南刻书业的发达、宣讲制度的实行、善堂等慈善机构的兴办等，共同促进了晚清湖南善书刻书的盛行。晚清湖南所刻善书涉及内容广泛，种类繁多，不同类型的善书有其鲜明特点，尤以反洋教类善书数量最多，流传最广，在清代湖南乃至全国都产生了深远影响。反洋教善书的刊刻集中体现出晚清湖南集保守卫道与激进改革于一体的两极化社会现象。这种现象的形成，除了晚清湘军崛起的直接推动作用外，还受湖南独特的区域文化传统，包括湖南人刚劲强悍但不免流于保守的传统性格、强调经世致用与崇奉理学的传统学风、重华夷之别的传统思想等影响颇深。

关键词　晚清；善书刊刻；反洋教；湖湘文化

善书，最初为向人们宣扬"诸恶莫作，众善奉行"思想的佛、道教劝善书，后泛指公益出版的用于庶民道德教育的民间通俗读物。善书以儒教思想为主导，融合了佛、道二教思想和民间信仰，囊括了"儒家的忠孝节义、道德内

基金项目： 湖南省社科基金基地委托项目"日本近代学人与叶德辉交游研究"（18JD19）；湖南大学2022年度青年学术提升计划"珍稀晚清湘人著述整理与研究"。

作者简介： 向铁生，湖南怀化人，文学博士，湖南大学中国语言文学学院副教授，主要从事中国古代文学、古典文献学研究。

省和阴骘观念"①，佛教的因果报应观，道教的积善销恶说及神佑鬼罚观念，用以规劝人们实践那些在庶民社会中广泛流行的民众道德。虽然不同善书的内容各有所偏重，但一般都以劝善戒恶、天人感应、因果报应为中心观念。善书在庶民社会中发挥了巨大的劝善去恶教化作用。善书作者多属乡绅、士人阶层。善书阅读对象以中下层民众为主，故文字大多通俗易懂，阐述的内容一般深入浅出，或述因果事例，或列道德条例，或配以插图。善书出版不以营利为目的，或无偿施与他人，或收取少量工本费，或由人自备纸墨印刷、板不取资。自宋以来，善书在民间广泛刊刻流传，明清时期逐渐达到顶峰。湖南地区的善书刊刻在晚清时期尤为丰富，据寻霖《湖南刻书史略》记载约有一百余种，② 近些年笔者收藏及目见不载《湖南刻书史略》的亦有十余种，可见其刊刻之盛。湖南地区的善书刊刻与湖湘文化有着密切的关联，在善书刊刻中富有代表性，学界善书研究对此注意不够，值得我们进一步探究。

一、晚清湖南善书刻书情况

清代早中期湖南所刻善书数量并不多，主要由善士自己出资或募资刊刻，或委托书坊代刊，刊印后大多免费赠予他人传阅。清代晚期为湖南善书编纂、刊印之兴盛期，善书内容也日趋丰富。此期间，除了善士、书坊等继续印送善书外，还出现了施行善举、募资刊印善书的善堂及善会，以借助善书思想来劝导人们积极参与慈善活动。晚清时期湖南善书刻书情况大体上可分为以下八类。

（一）神明信仰类善书

中国传统文化中向来具有深厚的神明崇拜思想，至清代，随着儒、释、道三教与民间信仰的不断交融，神明信仰更加全面深入地渗透到民众日常生活中。儒、释、道三教与民间信仰中的诸神，在善书中扮演着重要角色，具有赏善惩恶、趋吉避凶等能力。善书利用根植于民众思想中的神明信仰与天人感应

---

① 游子安：《劝化金箴：清代善书研究》，天津人民出版社1999年版，第1页。阴骘，指阴德、阴功。
② 寻霖、刘志盛：《湖南刻书史略》，岳麓书社2013年版，第261—279页。

思想，力图产生更好的劝善戒恶效果。清代湖南所刻神明信仰类善书涉及了太上老君、十殿阎王、关帝、灶神、观音大士等神明，如：《太上感应篇图说》八卷，（清）许鹤沙撰，（清）黄正元辑，光绪三年（1877）长沙退龄精舍刻本；《观音大士救劫仙方》一卷，（清）任玉贞口传，光绪二十九年（1903）长沙刻本；《关帝明圣真经》一卷，佚名编，光绪三十二年（1906）长沙杨翰霞阁刻本等。

善书的编纂与社会变迁紧密相连。清后期湖南社会兵戈不息、灾劫频繁，故出现了"救劫"主题的善书。神明信仰类善书成为民众生活与信仰的指导，反映了特定历史背景下人们的精神诉求。

（二）宣讲类善书

清代因袭明朝的乡约与宣讲制度。酒井忠夫指出，"圣谕宣讲"的提法，自康熙二十年代至三十年代逐步确立，到了康熙四十年代，李来章所撰的《〈圣谕图像衍义〉序》中，正式出现"宣讲"一词。① 乡约宣讲以圣谕为中心，而圣谕是传统儒家思想的通俗化表达。古代社会多数民众特别是底层民众受教育水平较低，甚至有不识字者，无法真正理解各种圣谕。故为强化庶民教化的效果，康熙以来，时人创作了大量俚俗化的注解、演绎圣谕读本或辅助宣讲之书。晚清湖南所刻宣讲类善书有《最好听》，（清）周汉撰，光绪三十年（1904）长沙刻本；《宣讲集要》十六卷，佚名辑，吴梓民校点，光绪三十二年（1906）吴氏经元堂刻本；《圣谕广训直解》附《大清刑律图》，佚名编，（清）陈海云绘图，清光绪间长沙刻本，版存长沙南阳街陈聚德堂刻字店等。

（三）修身处世类善书

该类善书大多采集收录先哲之嘉言善行或因果报应事例，分门别类编排，进行劝善，内容广泛而多关乎伦理道德，深入浅出，适于人伦日用，如：《夺命录》一卷《续录》一卷，佚名编，道光五年（1825）长沙府正街会文堂刻本；《畜德录》二十卷，（清）席启图辑，道光二十八年（1848）湘潭何铁刻

---

① ［日］酒井忠夫：《中国善书研究》（增补版）下卷，刘岳兵、何英莺译，江苏人民出版社2010年版，第491页。

本；《棘闱夺命录》一册，春湖居士、勒那居士原辑，佚名增辑，光绪年间湖南省城玉泉街曾郁文堂刻本等。

（四）医药类善书

自古以来，众多经典善书中大力宣扬施药、施医救人的善举，将其视为行善积德的重要方式。清乾隆后，大多数善书书末都附录医药方，以实现救济他人、积德获福的目的，如同治七年（1818）浏阳所刻《愿体集》卷末附有《急救良方》一卷。晚清时期，随着兼具教化与救济功能的善堂、善会等慈善机构的兴起，专门的医药类善书大量涌现。善堂、善会以兴办善举、印送善书为中心，其中施药、救济病人及刊印、施送医药类善书乃善堂、善会的重要活动。同时，以乡绅、士人阶层为主体的善士，受到善书"行善获福"思想影响，亦刻送医药书以实现济世利民、积累功德的目的。清光绪年间，湖南医药类善书盛行，以善堂、善士所刻善书为主，代表性的如：《救溺管见录》二卷，（清）志范居士辑，咸丰十年（1860）常德萧英华刻字店刻本；《妇婴至宝四种》，（清）王兆鳌辑，光绪二十七年（1901）武陵乐善不倦子刻本；《瘟疫条辨摘要》一卷，（清）吕田辑，光绪十二年（1886）常德符善堂刻本等。

需要注意的是，并非所有医药书都可视为善书，只有板不取资或免费印送他人的医药书才能被纳入善书范畴。如《救溺管见录》书名页镌"如自己素知此法，乞转送能行之人，亦是一善；若带回本翻刻，遍赠广传，则活人无算，功德更不可量。"① 总之，医药书类善书既是善人宣扬劝善思想的载体，也是善人施行善举的重要媒介。

（五）反洋教、反西学类善书

鸦片战争后，西方传教士涌入湖南各地并大肆进行传教活动。西方宗教及其思想的传入，引起湖南士绅的激烈反抗，随之带动了湖南广大民众炽热的仇教情绪。自19世纪50年代的衡州教案开始至20世纪初，湖南各地相继爆发了大大小小共30余次群众反洋教事件。② 在此期间，以"崇正黜邪"为目的，湖

① 寻霖、刘志盛：《湖南刻书史略》，岳麓书社2013年版，第264页。
② 郑焱：《近代湖湘文化概论》，湖南师范大学出版社2008年版，第56页。

南士绅印发了大量旨在反洋教、反西学的善书，其中崔暕、周汉所刊者流传最广。

清同治元年（1862），崔暕刻其撰编的《辟邪纪实》一书，卷首录"圣谕十六条"之一"黜异端以崇正学"，用以鼓吹反洋教思想。周汉深受此书"崇正黜邪"思想的影响，自光绪十五年（1889）至光绪二十四年（1898），其所纂刻或在其主持领导下刊布的反洋教宣传品不下数百种，但现多已散佚。① 据刘泱泱统计，现所能接触和已知的周汉所刊反教宣传品共有43种。② 其中《鬼叫该死》《天猪叫》《灭鬼歌》《齐心拼命》等在湖南广为传布，影响极大。王明伦选编的《反洋教书文揭帖选》一书，辑录了部分周汉所刊布反洋教宣传品31种。③

除崔暕、周汉所刊布者外，《湖南合省公檄》《天主邪教集说》《辟邪歌》等反洋教宣传品在晚清湖南社会也流传甚广。

总而言之，反洋教类善书以其浅显易懂的文字、生动形象的配图及丰富多样的编纂形式，广泛流传于湖南各地，甚至还传至外省，达到了极强的宣传效果，煽动了广大民众反洋教与反侵略的炽热情绪。

（六）善堂规约及慈善章程类善书

清代后期，湖南善堂颇为兴盛。陈宝良研究指出，清代的善堂多为混合型善堂，众善并举。其所行善举包括施医、施药的医疗事业，施棺、义扛、义冢的助葬事业，救灾、赈米的赈济事业，教幼、义学、惜字、散发善书的教化事

---

① 游子安：《劝化金箴：清代善书研究》，天津人民出版社1999年版，第114页。

② 刘泱泱：《周汉反洋教案述论》（续完），《益阳师专学报》（哲学社会科学版），1985年第2期，第21页。

③ 光绪十六年（1890）刻：《谨遵圣谕辟邪》《周汉自励四绝诗》《周程朱张四氏裔孙公启》《总理衙门通行晚谕》《湖南通省公议》。光绪十七年（1891）刻：《擎天柱》《辣手文章》《辛卯科天榜题目录》《湖南候补官七人公禀督抚宪稿》《湖南生童上巡抚禀》《禀天主邪教》《湖南通省纸笔墨砚四行公议》《湖南通省公议》《鬼叫该死》《灭鬼歌》《敕封溥护照应瞿公真人寫训》《防驱鬼教歌》《辟邪歌词》《齐心拼命》《湖南巡抚部院咨复直隶总督部堂稿》《总理各国事务衙门咨各国公使文》《西洋各国公使咨复总理衙门稿》《湖北汉黄德道羊告示》《猪叫公禀》《猪叫亲供》《眼望猪图叹》《猪叫婆自叹》《天猪叫叹五更》。光绪十八年（1892）刻：《稳灭猪叫策》《湖南通省公议》。光绪二十四年（1898）刻：《大清臣子周孔徒遗嘱》。王明伦：《反洋教书文揭帖选》，齐鲁书社1984年版，第174-229页。

业等。但清代也不乏单一专职的善堂，如育婴堂、广仁堂、救生局、因利局等。① 晚清湖南地区的育婴堂、节孝祠等专门性善堂刊刻了一些总结其宗旨、事务的善书，以资后人仿办。除了宝善堂所刻《得一录》外，② 下列善书皆为专职善堂所刻：

（1）《育婴堂纪事》四卷，同治七年（1868）醴陵县育婴堂刻本；

（2）《皆不忍堂纪事》十一卷，同治七年（1868）醴陵县育婴堂刻本；

（3）《湘潭县节孝志》四卷，（清）唐昭俭纂，同治十三年（1874）湘潭县节孝总祠刻本；

（4）《洪江育婴小识》四卷，（清）潘清等修，光绪十三年（1887）洪江育婴堂刻本；

（5）《湘乡县节孝录》三卷，光绪十八年（1892）湘乡县节孝祠刻本。

（七）综合类善书

清乾隆后，湖南地区善人对宋明以来的善书进行较为系统的整理总结，编辑了善书的集成书并将其印送。因此，该时期出现了综合型善书，可分为善书丛书与善书类书。所谓善书丛书，即将两种或两种以上的善书编在一起，并冠以总名，汇成一书，如《增订暗室灯》二卷，（清）曾毓衢增补，光绪十九年（1893）湘乡曾毓衢补刻本，上卷汇集了《感应篇》《戒溺女文》《关圣帝君觉世真经》等善书。所谓善书类书，即汇辑、节录众善书，根据内容分类编排，集为一书。如《阴骘汇编》六卷，（清）吴堃辑，道光九年（1829）吴堃长沙刻本，道光十七年（1837）任西沄长沙刻本；《彼岸全书》四卷，佚名辑，清光绪间浏阳刻本，版存浏阳仁寿山等。

乾隆以来，流传最广、最受尊崇的"三圣经"及其注本，常常被收录于善书丛书或类书的篇首。而善书丛书与类书的卷末多附有数种医药方。如《阴骘汇编》一书卷首收录《感应篇》《阴骘文》《觉世经》三篇，《增订暗室灯》卷

① 陈宝良：《中国的社与会》，浙江人民出版社1996年版，第202-208页。
② 清同治八年（1869）首刊于苏州得见斋，共十六卷。清光绪十八年（1885）周汉于苏州觅得刊本，于长沙宝善堂重刊，重编为八卷。

末附"经验良方"等。

（八）其他善书

除上述善书外，清光绪间，湖南还刊刻了少量其他类别的善书，其中包括一些佛教、道教经典，如《金刚般若波罗蜜经纂》一卷，（清）石金成集注，光绪二年（1876）湘潭何氏刻本；《解冤结法忏》一卷，光绪十三年（1887）长沙乐善堂刻本等。

光绪初年灾荒频繁，各善堂在竭力开展赈灾活动的同时，也刊刻了一些救荒善书分发给民众，以备不时之需，如《救荒百策》一卷，（清）寄湘渔夫撰，光绪二十七年（1901）长沙宝善堂刻本等。

晚清湖南私塾或义学选用善书作为蒙学课本的现象甚为风行，因此产生了专门的蒙养启迪类善书，或汇集古今孝悌忠义故事，或采编修善处事嘉言，如：《幼学辑语》一卷，佚名辑，咸丰十一年（1861）长沙熊贻经堂刻本；《百孝图诗传合编》一卷，（清）黄小坪编，光绪三十年（1904）长沙范书林刻本等。

综上所述，晚清湖南所刻善书种类多样，内容丰富。诸类善书中，以反洋教类善书数量最多，目前可知有四十余种；次为修身处世类善书，有二十余种；医药类和总汇善堂规约及慈善章程类善书有十余种；其余类型善书存世数量均不多，有的只有零星几种。其中，《圣谕广训直解》《棘闱夺命录》《彼岸全书》《幼学辑语》《宣讲集要》《桂籍提要》《劝善吟》等善书在《湖南刻书史略》一书中未经著录，可补充清代湖南善书刻书史。

二、晚清湖南善书风行的原因

晚清时期湖南刻书事业的发达、各乡社的宣讲活动及善堂善会等慈善团体的兴办，都极大地促进了这一时期湖南善书的产生与流通。

（一）刻书事业的发达

晚清湖南善书之风行与清代湖南刻书事业的繁荣联系密切。宋、元、明三代湖南刻书事业不甚兴盛，尤以元代最为低迷。据《湖南刻书史略》所附《湖南刻书年表》著录，宋代刻书六十余种，元代刻书不足三十种。[①] 明代湖南刻书较宋、元两代有了显著增长，但仍与清代相差甚远。清代湖南刻书无论是官刻、坊刻或私刻，都十分活跃，而且还出现了大量的书院、寺观及善士、善堂刻书。就清代而言，清代前中期湖南刻书事业发展缓慢，而清代后期湖南刻书活动达到顶峰。清同治后，大批湘军将士功成返乡，斥巨资大力从事文化事业，广泛参与刻书，促进了湖南刻书事业的繁荣发展。据《湖南刻书年表》，清同治年间，湖南每年刻书数量几乎在二十种之上。清光绪间，湖南刻书事业空前繁荣，每年刻书数量基本不少于三十种。[②]

晚清湖南刻书之风日盛，特别是坊刻和私刻的发达，极大促进了善书刻书的兴盛。清代湖南所刻善书除了善堂刊送外，多出自善士之手，或自行刊刻，或委托书坊印行。清代湖南善书刻书以坊刻和私刻为主，而鲜有官刻善书。据统计，清代湖南私家刻书约有 300 多家，[③] 遍布湖南各县，刻书者多为官员、士绅及宿儒之家。清代湖南官员多刻印善书以显政绩，而乡绅、士人阶层，或刻送善书以实现行善积德之愿，或通过刻善书、行善举来提高个人声望，或利用善书的传播影响人们的思想。而清代晚期，湖南长沙、邵阳等地坊刻业异军突起，书坊、书肆、刻字铺林立。据统计，清末民国初，作为湖南刻书中心的长沙和邵阳，所设书坊、书肆数量分别达到了 221 家和 84 家。[④] 而书坊刻书内容较为丰富，涉及范围很广，注重实用，多刊刻贴近平民大众需求及喜好的书籍，如医书、童蒙读物、农书、通俗小说、唱本等普通大众日用杂书和通俗读物。善书作为一种具有教化作用的通俗化民间读物，既实现了刊刻者行善及劝善的目的，又深受广大民众欢迎。随着私刻、坊刻事业的兴盛，作为其刊刻对象之一的善书自然而然得以发展。晚清湖南还出现了一些专门刊刻善书的书

---

① 寻霖、刘志盛：《湖南刻书史略》，岳麓书社 2013 年版，第 584-590 页。
② 寻霖、刘志盛：《湖南刻书史略》，岳麓书社 2013 年版，第 676-794 页。
③ 江凌：《清代两湖地区的出版业》，华中师范大学博士学位论文，2008 年，第 120 页。
④ 郭平兴：《近代早期（1840—1919）湖南图书出版业研究》，湖南师范大学硕士学位论文，2007 年，第 55 页。

坊，如长沙积善小补堂、宝善堂，娄底邹氏裕元堂等，进一步推动了善书的流行与发展。

（二）乡约制度与宣讲活动

中国古代社会历来重视社会教化，清代尤为如此。清朝建立后，统治者为加强对民众思想的控制，因袭明朝，在各州县普遍推行乡约制度。乡约，"是乡村社会中以社会教化为主要目的的一种民间基层组织"①，是清廷民众教化的重要措施。乡约以宣讲圣谕为中心，通过宣读、讲解圣谕以规范百姓的行为。顺治九年（1652），清世祖颁行"六谕"，即"孝敬父母，恭敬长上，和睦乡里，教训子孙，各安生理，无做非为"，继而于顺治十六年（1659）正式设立乡约制度，要求每月朔望日聚集公所宣讲六谕。② 康熙九年（1670）颁行《圣谕十六条》。雍正二年（1724）颁布《圣谕广训》。此后，清代历朝都十分重视乡约宣讲活动，要求各地方官员实力奉行，以"六谕"、《圣谕十六条》和《圣谕广训》为宣讲依据，从而达到教化民众的目的。乡约宣讲存在着不少弊端，宣讲以圣谕为中心，内容不免单一枯燥；且各地方官员把宣讲当成例行公事，以致宣讲流于形式，长久以往不免对民众缺乏吸引力。故为了增强教化效果，康熙以来，宣讲不再以圣谕为限，其他可资劝善化导的内容也被纳入了宣讲范围，如因果报应故事、劝善歌、劝善书等。自此，善书作为辅助宣讲的材料，逐渐与宣讲圣谕结合起来。与此同时，由官绅、士人及耆老阶层组织的民间讲善书会逐渐兴起，以"善书三圣经"为中心开展善书活动。③ 清中期以后，圣谕宣讲与民间讲善书会一体化，成为民间善书奉行的一种宣讲制度。

晚清时期，湖南地区产生了广为流行的"宣讲善书"的讲唱文学形式，④ 即民间说书人为实现劝善止恶的目的，面对听众宣讲善书文本的活动，或用通俗白话解说，或配曲调高唱。此后，宣讲善书不但突破了原先规定的每

① 董建辉：《明清乡约：理论演进与实践发展》，厦门大学出版社2008年版，第29页。
② 董建辉：《明清乡约：理论演进与实践发展》，厦门大学出版社2008年版，第227-228页。
③ ［日］酒井忠夫：《中国善书研究》（增补版）下卷，刘岳兵、何英莺译，江苏人民出版社2010年版，第524、530页。
④ 游子安：《从宣讲圣谕到说善书——近代劝善方式之传承》，《文化遗产》2008年第2期。

月朔望日的时间限制，逐渐发展成为经常性的民间活动；而且不再局限于特定宣讲场所，无论街头巷尾，或田头地边，或茶楼酒肆，都可以进行。"宣讲善书"源于"宣讲圣谕"，并且"宣讲善书"与"宣讲圣谕"往往结合起来以淳朴民风、稳定基层社会秩序。① 故晚清湖南善书之风行，很大程度上得益于乡约制度的实行与宣讲活动的盛行。

（三）日益深化的社会矛盾与民间慈善团体的兴办

鸦片战争前，湖南社会矛盾以地主与农民之间的阶级矛盾为主。随着土地兼并的激化，土地高度集中，农民只能通过佃耕来获取微薄的收入。而在佃耕制度下，佃农不仅地位更为低下，还经常遭受地主的残酷剥削。同时，因朝廷对地方赋税的增收，湖南地方官为了补给官俸而增加农民的赋税，进一步加重了农民的负担。"地主对佃农的剥削激化了社会矛盾，而官吏对农民的政治压迫更是激起了人民的武装反抗"②，因此，嘉庆以后，佃农抗租不交的情况时有发生，社会秩序混乱。而鸦片战争后，随着外国列强的入侵，湖南民众在原本封建剥削的重压上又遭受了西方殖民者的侵略和掠夺，生活愈加悲惨。且咸丰、同治年间，正值湘军与太平天国军作战之际，湘军将领推行所谓的"随粮捐款"制度③，下层劳苦大众又背负上了军饷赋役的重担。面对日益增加的苛捐杂税，湖南人民为了生存不得不争开荒地、围湖造田。而无计划、无限制地围垦扩荒则严重地破坏了生态平衡，导致湖南水旱灾害频发。面对鸦片战争前后矛盾激化、变动剧烈的湖南社会，善书作为一种用以劝善教化的通俗化书籍，充分迎合了湖南士绅渴望恢复社会正统伦理秩序的强烈愿望。故为了恢复安定的生存环境，重建传统伦理道德秩序，部分湖南乡绅士人开始组织编写、印送善书，用以加强民众教化。

与此同时，面对各种不可抗拒的自然灾害和人为祸患，善会、善堂等各类慈善机构涌现。兼具恤贫济困和社会教化功能的善会、善堂，有效缓解了社会

---

① 游子安：《劝化金箴：清代善书研究》，天津人民出版社 1999 年版，第 42—45 页。
② 刘泱泱主编：《湖南通史》，湖南出版社 1994 年版，第 24 页。
③ 所谓的随粮捐款制度，即在农户完纳正供时顺带征收兵饷，虽规定为每地丁 1 两，但在征收过程中却是有多无少，有增无减。

矛盾，稳定了社会秩序。清代湖南慈善救济所涉范围十分广泛，以养老、慈幼、救济节妇为主，还有施药、施医、施棺、施粥、施衣、义学、义冢、义火、拯溺救生等。① 故湖南各州县善堂林立，而部分善堂在兴办善举、救济社会的同时，通过编刻、散发善书来实现社会教化的目的。而受善书行善思想的影响，好善之风盛行，善士涌现，善行义举众多，其中善士以刊刻善书为行善积德的重要方式，进一步推动了善书刻书的蓬勃发展。因此，善堂、善士成为继私刻和坊刻后清代湖南善书刊刻的重要推手。

三、反洋教善书与晚清湖南社会的两极化现象及其成因

反洋教善书在晚清湖南社会广为流传，表现出湖南士绅强烈的仇教排外心理，在一定程度上发挥了反抗外来侵略的积极作用。然而，反洋教善书也突出反映了部分湖南士绅的极端保守卫道意识，具有一定的局限性。这与同时期湖南涌现的一批敢为天下先的具有创新开放精神的湖南士绅形成鲜明对比，由此构成了晚清湖南集保守与激进、落后与先进于一体的极端两极化社会现象。这种两极化现象的形成与湖湘区域文化存在密切关系。

（一）晚清湖南保守卫道与激进改革并存的极端现象

反洋教善书在一定程度上发挥了维护民族独立、反对帝国主义侵略的积极作用，但反洋教善书以陈旧愚昧的封建伦理纲常为指导思想，对基督教文化持全盘否定和抗拒的态度，是非理性的仇洋反教，表现了湖南部分士绅狭隘的守旧排外思想。纵观崔暕、周汉所刻反洋教善书，其基本思想有二：一为反抗外国侵略；二为"崇正黜邪"，反教卫道。所谓"崇正"，即维护儒学的正统地位；而"黜邪"，即黜除"邪教"基督教。周汉以维护封建道统为目的，不加区分地对基督教进行种种批判，甚至使用极其尖刻的言辞谩骂丑化教士、教民。周汉称天主教为"天猪叫"，称传教士为"猪精"。在反洋教宣传品中，周汉所述的基督教罪恶行为，很多是谣传的、缺乏真实性的，如"剜眼睛"

---

① 熊秋良：《清代湖南的慈善事业》，《史学月刊》2002年第12期。

"切孕妇胞胎""切肾子"等所谓"鬼教妖术"。《灭鬼歌》中唱到的"天猪叫，切崽肠，取胞胎，破胸膛，熬药水，配医方"①，就是对西方医学的误解。从中西文化交流的角度而言，基督教文化属于西方近代文化的组成部分，反洋教善书对基督教的猛烈抨击也正是对西方文化的抗拒。因此，以"崇正黜邪"为中心的湖南反洋教运动及反洋教善书，也有其局限性的一面，反映了崔暕、周汉等反洋教善书著者极为保守的卫道意识。

反洋教善书中也体现了守旧与激进之间的激烈冲突。在反洋教宣传品中，周汉不仅抨击西方基督教，而且对主张学习西方文化的先进士绅也极力辱骂。光绪十八年（1892）所刊布的《湖南通省公议》中，周汉声称：

> 近二十年来，为郭嵩焘、曾纪泽、朱克敬、张自牧四鬼所煽，邪鬼日炽，正气日衰，湘人渐多变鬼。今郭、曾、张、朱四鬼随若天诛，余党犹蔓不绝。②

郭嵩焘、曾纪泽、朱克敬、张自牧四人皆为晚清湖南学习西方文化的进步士绅。周汉把这四位士绅与其他具有进步思想的士绅群体皆称为"邪鬼"，并诅咒他们必遭天谴。因此，从广为传布的反洋教善书中，我们可以窥见在面对外来文化的冲击时，晚清湖南社会中存在着保守卫道与激进开放的两极化冲突，即：一端为捍卫儒家道统，对西方文化全盘否定和拒绝的顽固守旧派；另一端为主张摒弃封建传统纲常，向西方学习的激进改革派。

鸦片战争后，中国面临着中西文化的冲突和交汇，在此背景下所形成的保守与变革两极化社会形态是历史过渡阶段的必然产物，任何地区都或多或少存在这种两极化冲突的矛盾。当时湖南以守旧闻名天下，因西方基督教的传入，爆发了异常激烈的反洋教运动，在全国反洋教热潮中最为突出，被外国传教士冠以"铁门之城"的称号；洋务运动最先由湖南士人发起，但反洋务最有力的也是湖南人。与此同时，学习西方先进科学技术及政教的先行者皆为湖南士

---

① 周汉：《灭鬼歌》，王明伦编著：《反洋教书文揭帖选》，齐鲁书社1984年版，第200页。
② 周汉：《湖南通省公议》，王明伦编著：《反洋教书文揭帖选》，齐鲁书社1984年版，第224页。

绅。湖南因此形成了迥异于他省的内部反差强烈的极端两极分化现象，且守旧派与进步派大多属官绅阶层，实在是引人深思。

（二）集保守与激进于一体的晚清湖南风气的成因

面对西方文明的冲击，晚清湖南士绅所表现出的进步开放与守旧封闭的极端两极化倾向，在湖南反洋教善书中得到鲜明体现。这种极端两极化社会现象的形成原因，是复杂多重的，除了特定历史时期湖南的政治、经济条件外，独具特色的湖湘文化，包括历史长久形成的湖南人传统性格与精神、绵延传承的学风、书院教育、先贤思想等亦发挥了极为重要的作用。正是在湖南区域文化与当时政治、经济因素的共同作用下，晚清湖南社会形成了保守落后与激进开放并存的两极化奇特现象。

首先是湖南人的独特性格，即刚劲强悍且勇于反抗，但时而不免过于保守封闭、不善变通。面对国家的沦陷，中西方文化的撞击，湖南人强悍的性格会形成缓进和激进两种趋向，即保守与开放的两极化倾向：既可演化出敢为人先的使命感和创新精神，激起改革图强的爱国热情，发挥建设作用；亦可流于抱残守缺，强烈抵抗外来文化，造成破坏的后果。所以，在近代社会变革中，最具开放进步风气的是湖南士绅，但最顽固保守的势力亦在湖南。

周汉在其所散布的反洋教善书中将湖南人强悍且勇于反抗的传统性格展现得淋漓尽致，他以"五伦"等封建纲常为思想武器，打着"辟邪教，崇孔孟之道"的旗号，鼓吹"人人日日时时痛骂之"① "遇见鬼教即打，遇见鬼教书即烧"② "天下忠臣义士必先杀猪叫"③ 等打击洋教之法。自光绪十五年（1889）至光绪二十四年（1898）间，周汉一直不遗余力地攻讦洋教，在社会中激起了极大衅端。光绪二十四年（1898）三月，湖南时任巡抚陈宝箴以"疯癫"之名将周汉收监。至此，周汉才不得已终止其反教卫道事业。周汉所刊《鬼叫该死》这一反洋教揭帖，仅在长沙印刷者"竟至数十万本"④，且广泛流传于长

① 周汉：《稳灭猪叫策》，王明伦编著：《反洋教书文揭帖选》，齐鲁书社1984年版，第208页。
② 周汉：《防驱鬼教歌》，王明伦编著：《反洋教书文揭帖选》，齐鲁书社1984年版，第204页。
③ 周汉：《猪叫公禀》，王明伦编著：《反洋教书文揭帖选》，齐鲁书社1984年版，第218页。
④ 寻霖、刘志盛：《湖南刻书史略》，岳麓书社2013年版，第266页。

沙、湘潭等十余州县；而魏源所著《海国图志》一书，在晚清湖南社会却少人问津。晚清湖南广大士民的封闭守旧习气由此可见一斑。

其次与笃信理学、重经世致用湖湘传统学风有密切联系。近代书院教育大力推崇理学，故理学不仅受到士人的广泛崇奉，而且逐渐渗透到日用伦常、社会习俗中，湖南因此成为研究、传播理学的大本营，是近代理学氛围最浓厚的省份之一。受理学的积极影响，湖南涌现出一批以天下为己任的有理想、有气节的时代先驱者。但因理学的灌输，部分湖南士人形成了过分倚重礼教道统的心理，思想受到严重禁锢，趋于保守甚至迂腐。面对社会形势的巨变，他们拒斥变革，流于保守卫道。晚清湖南部分士绅正是在维护儒家道统的文化意识驱动下，频频发起反洋教运动。反洋教善书中处处可见守旧派人士对儒家伦理的大力维护及宣扬，而对基督教会及传教士则猛烈抨击、一概摒除。如《鬼叫该死》中反复强调"君要仁，臣要忠，父要慈，子要孝，夫要义，妇要顺，兄要友，弟要恭"的"五伦"，而佛、道两教亦"不离这五伦"①。周汉利用圣谕与善书贬低排斥基督教，"圣谕上说得有，自古三教流传"，而"文昌帝君阴骘文也说得有，广行三教"，故世上以儒、释、道三教为正，"未再有第四教"了。② 周汉在《谨遵圣谕辟邪》中作挽联"以尊神训、讲圣谕、辟邪教而杀身，毅然见列祖列宗列圣列佛之灵，稽首自称真铁汉"③，表明其誓死不移的反教卫道决心。

再次是受到王船山学说中"夷夏之辨"观念的影响。王船山思想中存有强烈的"夷夏之辨"观念，他强调"夷夏之防"，"天下之大防二，中国夷狄也，君子小人也。夷狄之与华夏，所生异地，其地异，其气异矣……乃于其中亦自有其贵贱焉，特地界分、天气殊，而不可乱；乱则人极毁，华夏之生民亦受其吞噬而憔悴"④。他把民族利益置于高位，甚至认为这是"古今夷夏之通义"⑤。

① 周汉：《鬼叫该死》，王明伦编著：《反洋教书文揭帖选》，齐鲁书社1984年版，第194页。
② 周汉：《鬼叫该死》，王明伦编著：《反洋教书文揭帖选》，齐鲁书社1984年版，第194页。
③ 周汉：《谨遵圣谕辟邪》，王明伦编著：《反洋教书文揭帖选》，齐鲁书社1984年版，第175页。
④ 王夫之：《读通鉴论》，《船山全书》第十册，岳麓书社2011年版，第502页。
⑤ 王夫之：《读通鉴论》，《船山全书》第十册，岳麓书社2011年版，第536页。

湖南士人受船山学说影响甚广，将"夷夏之辨"的观念发挥到极致，在处理中外文化关系时，极易产生过分排斥的意识和顽固的保守主义。光绪年间，反洋教善书在湖南各地的广为流传，深刻反映了湖南广大士民的华夷之别观念。大多反洋教善书字里行间都充斥着湖南守旧派人士浓厚的"天朝上国"优越感，自负地认为"自古中国最称盛，教宗圣贤道至正"①，而西方国家"其种半人而半畜"②。且对于西方基督教的教义、礼仪甚至服饰皆十分鄙夷，以"猪羊杂种"来称呼基督教及其教民，③ 一味予以辱骂和丑化。同时毫不畏惧且极力贬低军舰、枪炮等西方先进的军事武器，声称"猪养杂种炮车何能直进"，发出"不用枪炮、长矛，只用权把棍、单双刀、火蛋为军器，相机出而打之，杀之，烧之，无不胜矣"的狂妄之语。④ 在经历甲午中日战争的惨败后，周汉等湖南守旧派人士仍沉醉于"天朝中心"的旧梦里，无法清醒认识世界大势的变化，可谓是盲目自信而暗昧无知至极。因此，"夷夏之辨"也是湖南守旧派人士非理性反教排外的重要思想根源。

---

① 天下第一伤心人：《辟邪歌》[清同治元年（1862）刊]，王明伦编著：《反洋教书文揭帖选》，齐鲁书社1984年版，第11页。

② 佚名：《湖南合省公檄》[清咸丰十一年（1861）刊]，王明伦编著：《反洋教书文揭帖选》，齐鲁书社1984年版，第1页。

③ 周汉：《大清臣子周孔徒遗嘱》，王明伦编著：《反洋教书文揭帖选》，齐鲁书社1984年版，第225页。

④ 周汉：《大清臣子周孔徒遗嘱》，王明伦编著：《反洋教书文揭帖选》，齐鲁书社1984年版，第226-227页。

抗战时期的书籍流转与湘学情谊

——以湖南大学文学院藏《逻辑指要》为中心

翟新明

摘　要　湖南大学文学院藏有一册 1943 年由重庆时代精神社印行的《逻辑指要》，为章士钊通过潘伯鹰之手寄赠时在辰溪湖南大学中国文学系任教的曾运乾，在长衡会战背景下被曾运乾弟子王显保存，最终入藏湖南大学文学院。通过梳理此册《逻辑指要》辗转四省、跨越近八十年的流转史，可借以勾勒章士钊、杨树达、刘永济、曾运乾等湘籍学人在战时的交流图景与学术对话，考察以湖南大学中国文学系为中心的杨树达、曾运乾、王显等同事与师生情谊，挖掘更深层次，也更加生动的湘学史细节。

关键词　章士钊；杨树达；曾运乾；王显；《逻辑指要》

湖南大学文学院藏有一册章士钊所著《逻辑指要》，为重庆时代精神社于 1943 年刊行本。此册原为湖南大学中国文学系 1941 级学生王显旧藏，在王显于 1994 年去世后，家人遵照遗愿，将其与妻子任建纯（同为湖南大学中国文学系 1941 级学生）的全部手稿和藏书捐赠给湖南大学文学院，这部《逻辑指要》即其中之一。此书上有章士钊手迹、曾运乾批点，详考此书及相关文献记

作者简介：翟新明，山东泰安人，文学博士，湖南大学中国语言文学学院副教授，主要从事中国古代文学、中国古典文献学研究。

载，可以钩沉隐藏在抗战时期历史深处的书籍流转历史，及其背后章士钊、杨树达、刘永济、曾运乾、王显等湘籍学人间的学术交游与情谊。

一、1943年前后：章士钊《逻辑指要》的出版与赠书

章士钊（1881—1973），字行严，湖南长沙人，著名政治家、文学家、学者。曾任北洋政府司法总长兼教育总长，任北京大学、东北大学等校教授，新中国成立后任全国人大常委会委员、全国政协常委、中央文史研究馆馆长等。章士钊是近代湘学中的重要一员，钱基博于 1943 年冬撰《近百年湖南学风》，以章士钊与谭嗣同、蔡锷同列，同为近代湘学殿军，重在强调其政治特性。[①] 在此之前，钱基博于 1930 年撰《现代中国文学史》，内称："而别张一军，翘然特起于民国纪元之后，独章士钊之逻辑文学，胡适之白话文学耳。"[②] 又侧重于其文学。所谓"逻辑文学"，主要指章士钊之政论文（又称"逻辑文"）。章士钊曾于英国兼攻逻辑学，又在北京大学讲授逻辑学，并以《甲寅》等刊物为阵地发表政论文，故以"逻辑"著称。至于后来所著《逻辑指要》一书，则是其从事逻辑学研究之大成。

1943 年，章士钊在陪都重庆担任国民参政会参政员，同时兼任湖南旅渝同乡会理事长。[③] 同年 6 月，《逻辑指要》由重庆时代精神社印行出版。此书于 1939 年在香港成书，1941 年，章士钊发表《答九如刻逻辑》，[④] 知此时张九如（即后来《逻辑指要》的发行人）已答应刊刻《逻辑指要》，而至 1943 年始得印成，故方豪称："甚矣，战时传布载籍之艰也。"[⑤] 这部著作后来受到毛泽东关注，称赞其"实事求是，用力甚勤"，并为章士钊草拟修订说明。[⑥] 此书经修

① 钱基博：《近百年湖南学风》，岳麓书社 2010 年版，第 84-94 页。
② 钱基博：《现代中国文学史》，岳麓书社 1986 年版，第 9 页。
③ 袁景华：《章士钊先生年谱》，吉林人民出版社 2001 年版，第 254-256 页。
④ 章士钊：《答九如刻逻辑》，《文史杂志》第 1 卷第 2 期，1941 年 9 月，第 45 页。
⑤ 方豪：《读逻辑指要别记》，《东方杂志》第 39 卷第 13 号，1943 年 9 月 15 日，第 61 页。
⑥ 见毛泽东 1959 年 6 月 7 日致章士钊信，中共中央文献研究室编：《毛泽东书信选集》，中央文献出版社 2003 年版，第 515-516 页。

订后，纳入《逻辑丛刊》，于 1961 年 3 月由生活·读书·新知三联书店再版。《逻辑指要》是章士钊"三指要"中最早出版者，① 也是章士钊"融贯中西，特树一帜"② 之作，在逻辑学研究中具有重要地位。

在为即将再版的《逻辑指要》所作的《重版说明》中，章士钊自称此书"虽经整理印行一次，外间流布极少"③，但恐为章氏自谦之语。在《逻辑指要》出版之前，张君劢所作序文已先发表在《再生》第 29 期（1939 年 9 月 5 日），又发表在《文哲》（上海）第 1 卷第 1 期（1940 年 1 月 13 日）、《时代精神》第 6 卷第 1 期（1942 年 4 月 20 日）。出版前一月，《时代精神》第 8 卷第 2 期（1943 年 5 月 31 日）刊发《章行严先生近著〈逻辑指要〉发售预约启事》，同期还刊发了张君劢、高承元及章士钊本人为《逻辑指要》所作之序。出版当年，谢幼伟于《思想与时代》第 26 期（1943 年 9 月 1 日）、方豪于《东方杂志》第 39 卷第 13 号（1943 年 9 月 15 日）、永默于《妇女月刊》第 3 卷第 3 期（1943 年 11 月）、张申府于《图书季刊》新第 4 卷第 3—4 期合刊（1943 年 9—12 月）等发表书评，章士钊也针对谢幼伟书评进行回应，并刊发在《民宪》（重庆）第 1 卷第 10 期（1944 年 11 月 30 日）。此外，翁文灏于 1943 年 7 月 14 日去信身在美国的胡适，告知《逻辑指要》的出版及其中对胡适观点的讨论："章行严君近刊《逻辑指要》一书，其中提及与兄讨论之处，措辞颇有礼貌，但张君劢君之序文，则对兄较不客气。"④ 足可见《逻辑指要》一书在 1943 年出版前后的声势影响之盛。

在影响较大的报刊上发表序文、预约发售、回应书评等方式，都是为了制造声势，以引起学界的广泛关注。除此之外，在《逻辑指要》由时代精神社出

① "三指要"指章士钊所著《逻辑指要》《柳文指要》《论衡指要》三书，《柳文指要》于 1971 年由中华书局出版，《论衡指要》则未完稿。相关介绍，参见卞孝萱：《章士钊三"指要"》，《现代国学大师学记》，中华书局 2006 年版。
② 章士钊：《例言》，《逻辑指要》，重庆时代精神社 1943 年版，第 17 页。
③ 章士钊：《重版说明》，《逻辑指要》，生活·读书·新知三联书店 1961 年版。
④ 中国社会科学院近代史研究所中华民国史组编：《胡适来往书信选》中册，中华书局 1979 年版，第 559—560 页。

版后，章士钊还曾有主动赠书的举动。根据目前所见文献，可知章士钊曾分别寄赠杨树达、刘永济一册。

　　杨树达（1885—1956），字遇夫，号积微，湖南长沙人。历任湖南省立第一师范学校、北京高等师范学校、清华大学教授，1937 年 8 月起任湖南大学教授，兼任中国文学系主任、文学院院长、校长室秘书，1953 年起任湖南师范学院（现湖南师范大学）教授、湖南文史研究馆馆长等，有《杨树达文集》十七种。根据《积微翁回忆录》，杨树达 1944 年 1 月 6 日日记称："章行严寄所著《逻辑指要》。卷中多采古书为资料，殊有意致。文字力求雅洁，亦见精彩。"[①]《积微翁回忆录》为杨树达日记的节抄本，全本日记共计 51 册，有着更为丰富的史料细节。承参与《杨树达日记》整理的湖南师范大学图书馆刘雪平研究馆员告知，在杨树达日记中，前引文字实际上分别在两日，1944 年 1 月 6 日记载："章行严寄赠所著《逻辑指要》来。"同月 8 日记载："晨看章行严《逻辑指要》，多采古书为资料，殊为有致，文字力求雅洁，亦为精采。"可知杨树达于 1 月 6 日获得章士钊寄赠《逻辑指要》，1 月 8 日阅读时有感，而在《积微翁回忆录》中合并为一日记录，并略加文字润色。此时湖南大学已迁至辰溪，故此书应该是由重庆直接寄达辰溪，杨树达在收到书后曾认真阅读，并对章著赞赏有加。有关此书下落，或藏在湖南师范大学。根据曾任湖南师范大学图书馆馆长的王大年记载，杨树达曾"将自己所藏近 5000 册线装图书及部分手稿、信札无私捐赠"[②] 给湖南师范大学图书馆。杨树达嫡孙杨逢彬也称，1956 年杨树达病逝后，"丧事办完，紧接着开家庭会商量如何处理祖父的藏书——有好几万册，其中不乏善本。一边倒的意见是，全部捐献给祖父最后供职的湖南师范学院"[③]。可知杨树达全部藏书均在湖南师范大学，但此册《逻辑

---

① 杨树达：《积微翁回忆录》，上海古籍出版社 1986 年版，第 208 页。
② 王大年等：《湖南师范大学图书馆的创立与发展（1938—1988 年）》，《高校图书馆工作》1989 年第 3 期。
③ 杨逢彬：《杨树达先生之后的杨家》，浙江大学出版社 2016 年版，第 4 页。

指要》，暂未在湖南师范大学图书馆检及。①

刘永济（1887—1966），字弘度，号诵帚、微睇室等，湖南新宁人，历任长沙中学教师、东北大学教授，1932 年起任武汉大学教授，兼任文学院院长、代理教务长、代理校长，著有《屈赋通笺》《十四朝文学要略》《文心雕龙校释》等。章士钊寄赠刘永济的《逻辑指要》，现藏于武汉大学文学院资料室（索书号：MG/B81/Z257）。此本封面右上题"弘度先生鉴教　士钊赠"，后钤"章行严"朱文方印。② 又封面钤有"国立武汉大学中国文学研究所"印章，扉页钤有"国立武汉大学文科研究所"印章。武汉大学文科研究所于 1942 年 6 月由教育部批准、8 月正式设立，聘请刘永济担任主任。③ 至 1947 年 5 月，文、法、理、工四科研究所改组为八个研究所，刘永济兼任中国文学研究所所长。④ 由此推测，此书或在 1943 年以后即由刘永济捐赠给武汉大学文科研究所，后经研究所和院系调整合并，最终入藏武汉大学文学院资料室。

杨树达、刘永济与章士钊同为湘人，相互之间均有交游唱和。从章士钊向杨树达、刘永济赠书之举，也可以略窥民国时期湘籍学人间的互动关联。⑤ 刘永济主要从事文学研究，所获赠《逻辑指要》上无批阅痕迹，或以专业不相关之故。章士钊与刘永济主要是词人之交，相较而言，与杨树达则为学人之交。

---

① 笔者曾委托湖南师范大学图书馆馆员杜晴雯博士代为查询该馆所藏杨树达捐赠图书与民国图书目录，未能检及章士钊所赠《逻辑指要》，其下落仍待后续考察。

② 武汉大学文学院资料室藏章士钊赠刘永济《逻辑指要》，可在"大学数字图书馆国际合作计划"（CADAL）检及。此书之纸本，曾承武汉大学文学院董笑硕士、张寒涛博士及湖南大学文学院沈闪、湖南师范大学文学院吴晨骅等师友代为查阅并告知相关信息，特此致谢。

③ 徐正榜等编著：《刘永济先生年谱》，刘永济：《诵帚词集　云巢诗存：附年谱、传略》，中华书局2010 年版，第 379、381-382 页。

④ 徐正榜等编著：《刘永济先生年谱》，刘永济：《诵帚词集　云巢诗存：附年谱、传略》，中华书局2010 年版，第 461 页。

⑤ 湖南大学文学院向铁生副教授藏有一册刘永济《诵帚庵词》，为武汉大学印刷厂据刘永济 1959 年自书删存稿胶印。此册扉页有宁乡诗人周世升（1919—2002，湖南大学经济系毕业）题词："皮宗石先生哲嗣、刘弘度先生之婿皮公亮嘱将其岳父之遗著分赠湖湘词人，特转贻才正老弟鉴赏。周世升志。一九九六年春，时年七十八岁。"可知此书印成后，刘永济女婿皮公亮曾分赠湘籍词人，于此亦可见近现代湘籍学人之交游与情谊。相关书影可参见《湖南大学中国语言文学学院恢复建院二十周年院庆文献展图录》，第 23 页。

章士钊曾于 1907 年出版《初等国文典》，后杨树达于 1920 年出版《高等国文法》，在《序例》中对章著赞赏有加："顾自《文通》书出，于今三十余年，笃旧者薄视文法，不欲一观，不待论矣。其知文法为重要而续有所纂述者，大都陈陈相因。盖自同县友人章君行严外，未见能为马氏之诤友，于其书有所助益者也。"① 杨树达深研语言文字之学，又著有《中国修辞学》（世界书局，1933），对逻辑亦有研究。其日记中对章士钊《逻辑指要》所作"卷中多采古书为资料，殊有意致。文字力求雅洁，亦见精彩"的评价，从其专业领域出发，针对文献来源、文章风格等发论。此论虽未必为章士钊所得见，但也是湘籍学人间学术互动的一种表现。

二、从章士钊、潘伯鹰到曾运乾：《逻辑指要》的第一次流转

鲜为人知的是，除杨树达、刘永济外，② 章士钊还曾寄赠当时与杨树达同在辰溪湖南大学任教的曾运乾。曾运乾（1884—1945），字星笠，号枣园，湖南益阳人。历任东北大学、中山大学等校教授，著有《音韵学讲义》《尚书正读》《史记概要》等，并与同邑陈鼎忠合著《通史叙例》。③ 1937 年 8 月，曾运乾应杨树达之邀自中山大学返湘，任湖南大学教授，1939 年起兼任中国文学系主任，直至 1945 年在辰溪病逝。④ 曾运乾以音韵学研究著称，所作《喻母古读考》《切韵五声五十一纽考》等，在当时影响颇大，杨树达誉其为"清代三百年所未有也"⑤，"湘中学者承东汉许、郑之绪以小学、音韵、训诂入手进而治

① 杨树达：《高等国文法序例》，《高等国文法》，商务印书馆 1920 年版，第 1 页。
② 除以上两种外，笔者还在孔夫子旧书网上见到一册《逻辑指要》，内夹字条一张，以铅笔书"重庆林森路 中华实业公司 杨管北先生转还 章士钊"等字。（https://book.kongfz.com/87/5504885121/ [2023/2/10]）杨管北（1896—1977），江苏镇江人，曾任设在重庆的中华实业信托公司总经理。此册或系由章士钊赠送杨管北，又由杨管北转还。章士钊与杜月笙为至交，杨管北为杜月笙门人，章士钊曾作《玉楼春·戏赠管北》《怀杨管北键》等诗词（章士钊：《章士钊诗词集》，湖南人民出版社 2009 年版，第 153、248-249 页），此时二人同在重庆，或以此有赠书之举。
③ 陈鼎忠（1879—1968），字天倪，湖南益阳人。曾任教于东北大学、湖南大学、无锡国学专修学校、中山大学、国立师范学院等校，著有《尊闻室剩稿》等。
④ 瞿新明：《前言》，曾运乾：《史记概要》，瞿新明点校，崇文书局 2022 年版，第 1 页。
⑤ 杨树达：《曾运乾教授传》，《国文月刊》第 46 期，1946 年 8 月 20 日，第 30 页。

经者，数百年来星笠一人而已"①，推崇甚高。

章士钊寄赠曾运乾的《逻辑指要》，现藏于湖南大学文学院图书资料室。此本封面右上题"星笠先生鉴教　士钊赠"，后钤"章行严"朱文方印，与刘永济获赠本相同；又衬页左上题"重庆美丰五楼潘伯鹰转"，亦章士钊手迹。其后书名页和序言首页均钤有"曾运乾印"朱文方印，正文中屡见曾运乾批注文字。由此书及相关文献，庶可考证章士钊、潘伯鹰、曾运乾之间的交游情况。

章士钊签赠曾运乾的《逻辑指要》衬页左上题有"重庆美丰五楼潘伯鹰转"，可知此书是章士钊委托潘伯鹰转寄，且潘伯鹰当时的地址在"重庆美丰五楼"。潘伯鹰（1905—1966），名式，以字行，安徽怀宁人，书法家、文学家，著有《中国书法简论》等。潘伯鹰与章士钊交往甚早，1925年他从章士钊学逻辑学，1926年与章士钊夫人吴弱男义女何世珍结婚。② 二人既为师生，又系翁婿，关系密切。

据吴宓1944年8月31日日记："复潘式八月二十五日重庆函。与约，十月中旬过渝拟住其处（美丰五楼，中央银行，秘书处）等情。"③ 可知美丰五楼即重庆中央银行秘书处所在，亦潘伯鹰任职之地。朱家骅曾于1946年4月12日致信中央银行总裁贝祖诒、副总裁陈行，内称："贵行秘书潘伯鹰兄，原为委员长武昌行营秘书及内政部参事，文章才具，甚得夸奖。当年由弟介绍入行，服务五年。"④ 可以推知潘伯鹰系由朱家骅介绍进入重庆中央银行担任秘书。又李志贤编潘伯鹰《年表》1940年条："因通货膨胀，内政部俸薪不能自活。复由章士钊先生介绍至中央银行任孔祥熙秘书。"⑤ 则称系由章士钊介绍。

---

① 杨树达：《积微翁回忆录》，上海古籍出版社1986年版，第220页。
② 李志贤编：《年表》，上海市书法家协会编：《海派代表书法家系列作品集：潘伯鹰》，上海书画出版社2006年版，第260页。
③ 吴宓：《吴宓日记》，吴学昭整理第九册，生活·读书·新知三联书店1999年版，第325页。
④ 李培德整理：《台湾所藏朱家骅档案中与上海银行家往来书信》，《上海档案史料研究》第十一辑，上海三联书店2011年版，第257页。
⑤ 李志贤：《年表》，上海市书法家协会编：《海派代表书法家系列作品集：潘伯鹰》，上海书画出版社2006年版，第262页。

综合判断，潘伯鹰应是通过章士钊的关系而由朱家骅介绍，得以进入重庆中央银行担任孔祥熙秘书。李志贤编潘伯鹰《年表》复称："因孔从不到行办公，故秘书之职实是虚衔。又因银行腐败，若无大过失，从无人被裁。因此每日上班上午或写个人书信，或看报而已。"① 可知在重庆时，潘伯鹰在中央银行任职秘书而事务清闲，故能协助章士钊处理杂务。《逻辑指要》于重庆出版，章士钊委托在重庆中央银行任职的潘伯鹰代为转寄，既在情理之中，亦可见二人关系之密切。

章士钊、潘伯鹰与曾运乾之间的交游，暂未见相关研究，但可由相关文献加以推考。1925 年，章士钊主办的《甲寅》周刊刊发了陈鼎忠致章士钊信，信中请章士钊为其所著《治法》一书题署书名，同时还提道："鼎忠前与友人曾君运乾，合撰《通史》未成，稿藏官书局，毁于兵。惟《叙例》三卷差完，可否于贵周刊发布？"章士钊回信称："大著《通史》，将来可由局出版，不必零星实于周刊。"后附吴嘉瑞所撰序文，其内也提道："因与同邑曾子星笠，合撰《通史》，成《叙例》十余万言，其精博世不多有。"②。可以推知，此时章士钊应已由陈鼎忠来信知晓曾运乾之名。

章士钊与曾运乾二人的正式交往，应在东北大学时期。曾运乾于 1926 年与陈鼎忠一起任东北大学文科教授，1932 年 3 月改任国立中山大学教授。章士钊于 1929 年春出任由文科分立的东北大学文法学院教授，1931 年"九一八"事变后辞教职返回上海。③ 可知自 1929 至 1931 年的两年间，曾运乾与章士钊同为东北大学文法学院教授。又 1931 年 3 月，潘伯鹰在沈阳被捕，6 月，章士钊设法成功营救。④ 对于潘伯鹰被捕之事，曾运乾或当有所耳闻，抑或同在东

---

① 李志贤编：《年表》，上海市书法家协会编：《海派代表书法家系列作品集：潘伯鹰》，上海书画出版社 2006 年版，第 262 页。
② 以上均见《甲寅》第 1 卷第 14 号"通讯"专栏，1925 年 10 月 17 日，第 19 页。
③ 袁景华：《章士钊先生年谱》，吉林人民出版社 2001 年版，第 218–224 页。
④ 李志贤编：《年表》，上海市书法家协会编：《海派代表书法家系列作品集：潘伯鹰》，上海书画出版社 2006 年版，第 260 页。

北时有所交往。是则章士钊、潘伯鹰、曾运乾三人间容有交集。① 因此，章士钊、曾运乾二人既同为湘人，又有同事之谊。到 1943 年《逻辑指要》出版之时，杨树达、曾运乾同在湖南大学任教，章士钊在寄赠杨树达书籍的同时也寄赠曾运乾，也就更在情理之中。

《逻辑指要》寄出和曾运乾收到的时间，也可略做推考。复承刘雪平研究馆员告知，杨树达日记 1943 年 11 月 19 日日记记载："潘伯鹰书。潘伯鹰书告章行严嘱寄《逻辑指要》一册来。"② 杨树达藏本虽未见及，但由此条记载即可确证，1943 年《逻辑指要》出版后，章士钊嘱托潘伯鹰寄出，潘伯鹰于 11 月寄信告知杨树达，并于次年 1 月寄达。杨树达既然于 1944 年 1 月 6 日收到《逻辑指要》，则同在辰溪湖南大学的曾运乾收到的时间也应在同期，其至应该是同时寄出和收到，此由章士钊寄赠曾运乾本衬页有"潘伯鹰转"字迹及潘伯鹰寄杨树达信可为互证。由此还可进一步推论，杨树达所收到的《逻辑指要》题款与曾运乾所得者应相同，即均有章士钊签赠、钤印与"潘伯鹰转"等字迹。由此，《逻辑指要》从重庆至辰溪，从章士钊、潘伯鹰到杨树达、曾运乾之间的流转史也就更加清晰。作为经手人的潘伯鹰，既有杨树达日记之记载，又有《逻辑指要》上的"潘伯鹰转"字迹，以此丰富了此书的流转史细节。至于刘永济所藏本之衬页则无题字，考 1943—1944 年刘永济正任迁址四川乐山的武汉大学文学院院长，距离重庆不远；又 1943 年，刘永济与章士钊屡有诗词唱和，③《逻辑指要》或与前者同期寄出，或因此故而不需由他人转寄。

章士钊寄赠曾运乾的《逻辑指要》，除附录以外，正文几乎每页均有圈点与眉批，其中圈（〇）主要用以断句，点（、）主要用以标注重要语句（亦

---

① 刘永济于 1927 年 1 月至 1932 年 7 月亦在东北大学任教，与章士钊、曾运乾同有交集。见徐正榜等编著：《刘永济先生年谱》，刘永济：《诵帚词集 云巢诗存：附年谱、传略》，中华书局 2010 年版，第 298—316 页。刘永济、曾运乾与刘异（字彜龙）并有唱和诗《酬唱小集二十三首》（《东北大学周刊》第 105 期，1930 年 11 月，第 50—53 页），酬唱起因，即以刘异读章士钊诗而和作，并与刘永济、曾运乾互作唱和。

② 《积微翁回忆录》1943 年 11 月 19 日日记删去此记载。

③ 徐正榜等编著：《刘永济先生年谱》，刘永济：《诵帚词集 云巢诗存：附年谱、传略》，中华书局 2010 年版，第 407、410—412 页。

多用圈）。眉批中最多者为总结章节段落大意，如："逻辑音译本于严氏。"（第 5 页）"逻辑之规范不涉及伦理范围。"（第 20 页）"名词界说之重。"（第 189 页）"推论与类推不同，类推所谓喻依。"（第 371 页）又章士钊原书中有时用图表来对文字加以说明，曾运乾亦多有对此类图表的另行绘制。如对应于原书第 177 页，于第 176 页绘有"六十四数中中效者十一体"表；对应于原书第 182 页，于第 181 页粘附一纸，绘四格四十一种新体裁表，又于版权页之后以英文抄录"辅忆诗"。

由此可知，曾运乾在接到章士钊赠书后，曾认真通读全书，可见对此书的重视与阅读兴趣。由曾运乾之圈点与眉批文字，又可考知其读书之法，即以圈点形式来圈出关键语词，在此基础上对各段进行归纳，以眉批数字来总结大意，提要钩玄，条分缕析，既便于理解，又便于后续检索。至于另绘图表，则主要是用以加强理解。① 总体来说，仍是较为传统的圈点与批评方法。曾运乾为音韵学名家，由语言学入手解读逻辑，以传统的批点方法来阅读章士钊之著作，可以推想其平日读书情形。顾颉刚曾记载："杨伯峻君来，为言曾运乾事。曾氏记忆力特好，读《尔雅》尤熟，故家中储书独少。晚岁执教中山大学，开《庄子》课，而己无其书，信口发挥，或取学生所读本览之，而顺手批抹其上。"② 由此册《逻辑指要》，亦可见曾运乾读书法与其教学法之关联相通。

三、从曾运乾到王显：《逻辑指要》的第二次流转

湖南大学文学院所藏《逻辑指要》系由王显后人捐赠，可知此册后来归入王显之手。王显（1922—1994），字尊荣，别名伯晦，湖南衡山人。1941 至 1945 年就读于湖南大学中国文学系，1948 至 1950 年任湖南大学中国文学系助教，1953 年至中国科学院语言研究所（现属中国社会科学院）工作。王显先

---

① 曾运乾著述亦多用图表，如《史记概要》编有《史公年历》表，《礼经礼记通论》绘有《礼经宫室》图，《尚书正读》（稿本，藏湖南图书馆）第七页上天头绘有黄道、二十八宿相交图等。
② 顾颉刚：《曾运乾及其他》，顾洪编：《顾颉刚学术文化随笔》，中国青年出版社 1998 年版，第 326 页。

后师从曾运乾、杨树达、罗常培、陆志韦等名家，著有《诗经韵谱》，在《中国语文》等刊物发表论文 30 余篇，同时兼任中国音韵学研究会副会长、北京语言学会常务理事等。①

王显为曾运乾弟子，章士钊寄赠曾运乾的《逻辑指要》被王显获得，表面看来，似是师生之间相授受，但深加考索，其背后还隐藏着一段发生在战时背景下的深厚师生情谊。在王显于 1945 年提交湖南大学中国文学系的毕业论文《古书省曰字考例》中，夹有一页曾运乾寄给王显的信，其内称：

> 王君显同学仁仲如晤。前接来信，知仁仲当我事风鹤之际，虑鄙人著述或有遗失，承将重要各种携入印江，我自十分感激。鄙人现已回校，所讲冬课，涉及向来笔记处甚多。前承将《庄子·天下篇》《逍遥游》《齐物论》三篇拆下寄来，均已收到。其余各种，若《庄子》全书、《荀子集解》《毛诗》《三礼通论》《史记概论》《说文声类提纲》和章著《逻辑》及《声韵学讲义》各种，均感需要。若弟本年归校，请由弟带回。若弟不能回校时，请即日由邮局寄来。②

此信落款为十二月廿二日，即 1944 年 12 月 22 日。杨树达 1945 年 1 月 20 日日记记载："曾星笠病逝于辰溪卫生站。星数周来时感不适，然犹授书不辍。至十五日，万不能支，乃辍讲。连日医治无效，十八日，子泉世兄始送之至卫生站。余今日正拟往问疾，遽闻噩耗。"③ 知曾运乾病逝于 1945 年 1 月 20 日。此信书写日期距离其病逝不足一月，或其绝笔。

根据杨树达 1944 年 6 月 1 日日记："星暑假返里，行前和余韵。"④ 又 10

① 瞿新明：《前言》，王显：《王显未刊手稿选编》，湖南大学中国语言文学学院整理，湖南大学出版社 2022 年版，第 1—2 页。
② 王显毕业论文《古书省曰字考例》已影印收入《王显未刊手稿选编》，其内所夹附之信现存湖南大学文学院图书资料室。
③ 杨树达：《积微翁回忆录》，上海古籍出版社 1986 年版，第 219 页。
④ 杨树达：《积微翁回忆录》，上海古籍出版社 1986 年版，第 214 页。

月18日日记:"曾星笠从益阳返校。"① 知曾运乾于1944年6月之前返回益阳,复于当年10月回到辰溪湖南大学,12月即寄信王显。信中提及的"章著《逻辑》",即章士钊寄赠的《逻辑指要》。由此信可知,此前曾运乾返回益阳老家时,《逻辑指要》和各种讲义、笔记均未携带,后由王显带到印江。等到曾运乾从益阳返回辰溪,为便于教学参考,遂寄信王显,请其带回或寄回。在常见书与自己的讲义外,专门提及章士钊《逻辑指要》,尤其可见此书对曾运乾教学之重要性。

曾运乾信中提到王显"将重要各种携入印江",发生在王显前往贵州印江任教时。曾运乾去世后,王显为作《祭曾先生文》,其文称:"今夏五月,东房南侵。长衡千里,相继沦沉。益阳旋复,王途嵚岑。……自我丧家,资用困穷。杨先授命,教士黔东。"② 1944年5月,长衡会战爆发,至8月衡阳沦陷。王显为衡山人,因战争而导致资用困乏,故在杨树达推荐下至贵州任教。王显1944年8月29日日记也记载:"贵州印江县立初级中学,因张国薰先生之绍介,聘余为国文教师。"又同年9月13日日记:"留书与笠师曰:……私计于遇师,而蒙矜闵,为之绍介,今印江县中果以聘币来将,则不能不强行矣。"③ 可知王显前往任教的,正是贵州印江县立初级中学。

曾运乾信中所提到的"虑鄙人著述或有遗失",同样是在长衡会战背景下。王显《祭曾先生文》又称:"我适印江,胡埃嚣张。炮弹当骇,辰溪悄惶。遂

① 杨树达:《积微翁回忆录》,上海古籍出版社1986年版,第216页。
② 王显:《祭曾先生文(三稿)》,《王显未刊手稿选编》,湖南大学中国语言文学学院整理,湖南大学出版社2022年版,第840页。王显为曾运乾所撰祭文共五篇,各篇标题与内容前后修改颇多,均已收入《王显未刊手稿选编》。
③ 王显存有稿本日记十四册,时间跨度从1944年至1949年,分别自题为《群经音义札记》(一册,自1944年8月24日至9月30日。时在辰溪湖南大学,期间曾至贵州印江县立初级中学任教)、《甲申录》(一册,自1944年10月1日至11月28日。时在贵州印江。另夹附1945年12月28、29日,1946年1月1、16、23、28日,总计6日的日记)、《三五日录》(五册,自1946年3月17日至7月2日。时在湖南私立衡湘中学、文艺中学任教)、《戊子日录》(六册,自1948年2月22日至6月14日。时在重庆国民政府铨叙部任科员)、《日录》(一册,包含两部分,分别自1948年12月4日至13日、1949年9月21日至10月5日。时在湖南大学中国文学系担任助教)。王显日记现存湖南大学文学院图书资料室。日记中提到的张国薰为江西萍乡人,1936年9月考入湖南大学中国文学系,为王显学长。

检遗篇，捆载偕行。师嘉义举，云感不忘。"① 衡阳至辰溪不过二三日路程，湖南大学诸人均担心日寇攻入辰溪，如杨树达 1944 年 9 月 10 日日记："同人中多西行者，令人焦急万分。以留恐有不测，行又无资用也。"② 此时曾运乾身在益阳，无暇顾及，故王显将曾运乾著作、书籍等携往印江，以为保存，并去信曾运乾以作说明。王显在日记中详细记载了这一过程。其 1944 年 9 月 14 日日记："早餐后，整理行装。遇师以其撰述草稿属携去印江。余念笠师六十有余矣，平生著述，一毁于火，再毁于敌机之炸弹，卒未能刊布于世，致世之学者多未能知其名氏，私窃感之。今师之《声韵学讲义》存余处，余安可不自任以此之重哉？故将其讲义及《尚书正读》，并庋藏箱中，将以携往印江。"9 月 17 日日记："始知笠师存稿已由李祜先生送交贮藏室……乃与李先生至张家大屋，取师之《毛诗》《庄子》《荀子》《史记》《说文》诸稿以归，而书致笠师曰：……是用忘其冒昧，私计于遇师洎邱毅先生，取师之《毛诗》《庄子》《荀子》《史记概要》、手写《说文声读表》，携去印江，万一不幸，藉以存其梗概而已。其余所藏手稿，限于材力，不能尽运以去已。"在为杨树达保存"撰述草稿"之外，王显亦想到曾运乾著述之保留。其后，王显于 9 月 21 日出发，至 10 月 7 日抵达印江县立初级中学，路途所费，半月有余。王显日记中并未提到章士钊《逻辑指要》，或以非曾氏著作，故未单独涉及。但曾运乾信中既然提及该书，则知不在辰溪，必为王显带去无疑。

接到曾运乾来信后，王显即整装返回辰溪。《祭笠师文》称："本月八日，余离印江。"③ 可知王显于 1945 年 1 月 8 日离开印江。其《祭曾先生文》又称："我离黔东，雨雪纷纷。连山通皋，积素无垠。心喜归觐，载欣载奔。岂谓归

① 王显：《祭曾先生文（三稿）》，《王显未刊手稿选编》，湖南大学中国语言文学学院整理，湖南大学出版社 2022 年版，第 841 页。
② 杨树达：《积微翁回忆录》，上海古籍出版社 1986 年版，第 216 页。
③ 王显：《祭笠师文（初稿）》，《王显未刊手稿选编》，湖南大学中国语言文学学院整理，湖南大学出版社 2022 年版，第 831 页。

来，师寝床蓐。侍疾三日，躬亲启足。文史未传，一别莫觌。"① 可惜的是，等到王显返回辰溪，曾运乾早已病重，三日后即辞世。曾运乾病逝于 1945 年 1 月 20 日，则王显当在 1 月 18 日或之前归来，尚能"侍疾三日"，得见曾运乾最后一面。

王显自印江归来，应是遵嘱将曾运乾著作、书籍等携回，但以初抵辰溪不数日曾运乾即病逝，故未及转交。章士钊寄赠曾运乾的《逻辑指要》，自此便归王显。此书王显后来亦曾阅读，并有讨论商榷。在其 1949 年 10 月 1 日日记中，先抄录章士钊《逻辑指要》中有关"莫须有"之解释，复称："余按：章解'莫须有'一语，但略得其意而已。纯（笔者按：即王显妻子任建纯）尝以此叩余，余曰：'当是今言"怕莫有罢"之意。'纯曰：'然。惜其语不复见于他文，无以属词比事，探其本义。'此今年七月间乡居时之事也。后于《水浒传》叙'智劫生辰纲'一篇中，见语句有一二处用'须'字者，意此必宋元人流俗通言，于《水浒传》或他书不难得其本义也。因读章氏书有忆，故追记之。"从文献考订和语言学角度加以考察，亦是其专业领域所在。

除章士钊《逻辑指要》外，曾运乾信中所提到的其他讲义、笔记等，情理上均应由王显保存，但在王显后人捐赠的藏书中，均未检及。曾运乾去世后，其弟子曾根据曾运乾讲稿、《诗经》眉批和学生笔记等整理为《毛诗说》。② 曾运乾弟子郭晋稀整理《音韵学讲义》时，中华书局曾从曾运乾在东北大学时期的学生佟冬、中山大学时期的同事岑麒祥、湖南大学时期的学生王显等处借得讲义，但未归还。③ 此外，经正式出版者，仅有《尚书正读》《史记概要》和与陈鼎忠合作的《通史叙例》。其他大多数手稿、讲义与批点，尚存于湖南图书馆、湖南师范大学图书馆等地，有待于继续深入整理与研究。④

---

① 王显：《祭曾先生文（三稿）》，《王显未刊手稿选编》，湖南大学中国语言文学学院整理，湖南大学出版社 2022 年版，第 841 页。

② 周秉钧：《前言》，曾运乾：《毛诗说》，周秉钧整理，岳麓书社 1990 年版，第 2 页。

③ 宁继福：《佟冬和他的老师曾运乾先生》，吉林省社会科学院（社科联）编：《佟冬同志百年诞辰纪念文集》，吉林文史出版社 2005 年版，第 102 页。

④ 瞿新明：《曾运乾著述及其整理概述》，《文史拾遗》2023 年第 1 期。

四、地缘、学缘与书缘：《逻辑指要》流转背后的湘学情谊

曾运乾于 1945 年 1 月 20 日去世后，除国民政府下令褒扬外，① 还引起了湘籍学人的集体哀悼。好友杨树达作《曾运乾教授传》，陈鼎忠作《曾运乾传》，李肖聃作《曾星笠君墓表》，黄伯轩作《祭曾星笠先生文》，② 刘永济作《蝶恋花·挽曾枣园》；③ 弟子王显作《祭曾先生文》，又作《先师曾星笠先生之音学述》。④ 此类文章诗词，均是表彰曾运乾之学术成就，同时也体现出同乡、同事、师生之间的深厚情谊。如杨树达称："以湘学论，近数百年来一人而已。"⑤ 陈鼎忠称："湘中失第一经师，海内断千秋绝业。"⑥ 李肖聃称："世以谓两人（笔者按：指杨树达与曾运乾）者，楚学之大师也。"⑦ 这些悼文、悼词在强调曾运乾湘人身份与湘学地位的背后，又有着振兴湘学的"名山之约"⑧ 与历史渊源。

九一八事变后，曾运乾从东北大学南下中山大学任教。1937 年，杨树达从北京南下湖南大学任教，函邀曾运乾返湘。杨树达 1944 年 6 月 1 日日记记载其中因缘：

曾星笠近感学校事，有归隐意。……太炎先生尝云："三王不通小学。"谓介甫、船山、湘绮也。三人中湘士居其二。余昔在北京，曾与星笠谈及此；余

---

① 《国民政府令（1945 年 11 月 26 日）》，《教育部公报》第 17 卷第 11 期，1945 年 11 月 30 日，第 5 页。

② 黄伯轩：《祭曾星笠先生文》，《文风学报》创刊号，1947 年 3 月 1 日。

③ 刘永济：《诵帚词集　云巢诗存：附年谱、传略》，中华书局 2010 年版，第 92 页。

④ 王显：《先师曾星笠先生之音学述》，《王显未刊手稿选编》，第 439-447 页。王显另作有《古韵源流》，是针对自宋代至民国时期的音韵学者及其古韵分部进行的文献汇总和考释之作，其第二十章《益阳曾星笠先生之三十部》第一节《曾先生之音学总述》，与此文相类似，见《王显未刊手稿选编》，第 383-390 页。

⑤ 杨树达：《曾运乾教授传》，《国文月刊》第 46 期，第 28 页。

⑥ 陈天倪：《曾运乾传》，《尊闻室剩稿》，中华书局 1997 年版，第 972 页。

⑦ 李肖聃：《曾星笠君墓表》，《李肖聃集》，岳麓书社 2008 年版，第 127 页。

⑧ 张晶萍：《从名山之约到雪耻之盟》，《书屋》2007 年第 9 期。

谓此时吾二人皆游于外，他日仍当归里教授，培植乡里后进，雪太炎所言之耻。星亦谓然。故余廿六年到湖大，即邀星归里。时星任中山大学教授也。星今思归隐，余非校中当局，本无留星之责，特为湖湘文化久远计，故据往事言之。①

"太炎所言之耻"，首先在于王夫之、王闿运等湘籍学人在小学研究上被人诟病，同为湘籍学人的杨树达对此颇为敏感。更加引申，还有着"虽楚有材，晋实用之"②的历史尴尬。包括杨树达在内的卓有成就的湘籍学人，大多在湖南之外任教，振兴湘学也就更无从谈起。故杨树达从清华大学南下至湖南大学任教授，即函邀曾运乾返湘，是"为湖湘文化久远计"，尤其强调湘人在湘地振兴湘学。曾运乾去世后，杨树达又回顾湘学在清代的发展史：

> 湘士在有清一代大抵治宋儒之学，自唐陶山（仲冕）承其家学（父奂，曾有辨伪古文著述），余存吾（廷灿）游宦京师，两君颇与戴东原之学接触；陶山之子镜海（鉴）仍折归宋学。乾嘉之际，汉学之盛如日中天；湘士无闻焉。道光间，邵阳魏氏治今文学，承其流者有湘潭、长沙二王氏，善化皮氏；皮氏尤为卓绝。然今文学家，不曾由小学入；故湘中学者承东汉许、郑之绪以小学、音韵、训诂入手进而治经者，数百年来星笠一人而已。③

此论梳理自唐奂、唐仲冕、唐鉴、余廷灿至魏源、王闿运、王先谦、皮锡瑞等湘籍学人，而以曾运乾为殿军。前人或宗宋学，或为今文学家，唯独曾运乾上承许慎、郑玄，以小学治经，也由此将曾运乾纳入湘学史中，处于湘学系统中小学领域的独尊地位。杨树达对曾运乾的推崇赞赏，既有着振兴湘学的相互砥砺，也是近代湘籍学人之间情谊的表现。

---

① 杨树达：《积微翁回忆录》，上海古籍出版社1986年版，第214页。
② 杨伯峻：《春秋左传注》（修订本），中华书局2009年版，第1120页。
③ 杨树达：《积微翁回忆录》，上海古籍出版社1986年版，第219-220页。

　　杨树达邀请曾运乾返湘任教后，其时湖南大学中国文学系聚集了杨树达、曾运乾、孙文昱、刘宗向、李肖聃、陈鼎忠、骆鸿凯、王啸苏、席启駉、杨筠如、刘异、朱芳圃等一批湘籍学人，湖南大学中国文学系也因此成为湘学重镇，并通过交游、著述、赠书、赠刊、① 学术探讨等多种形式，贯连起在湘和不在湘的湘籍学人，以湖南辐射全国。② 湖南大学中国文学系还先后培养了如曾宪楷、易祖洛、郭晋稀、王显、谭佛雏、郭锡良、蔡镇楚等一大批优秀的湖南籍学生，后来任教于中国人民大学、湘潭大学、西北师范大学、中国社会科学院、扬州师范学院、北京大学、湖南师范大学等校，将湘学扩展到了全国。此即杨树达所称"培植乡里后进"，在振兴湘学之外，真正实现了湘学自身的历史流传。

　　章士钊寄赠《逻辑指要》与杨树达、刘永济、曾运乾等湘籍学人，主要展现的是战时身处各地的湘籍学人间湘学关联的延续与学术互动。相较于章士钊《逻辑指要》一书出版所映现出的"战时传布载籍之艰"，此书后来辗转多人、多地的流转与保存史，更为曲折，也更值得关注。在 1944 年长衡会战背景下，王显前往贵州印江任教，不仅为杨树达保存"撰述草稿"，更主动将身在益阳的曾运乾留存著述携往，突显出同在湖南的湘籍师生之间的珍贵情谊与学术传承。王显在《先师曾星笠先生之音学述》中称："自念午年从游，朝夕请益，风雨不间，绪言余论，所得独多。闻一知二之资，虽惭殆庶；守先待后之责，其敢忽诸？是用续述此篇，以质硕学。"③ 隐隐以曾运乾学术传人自居。而正是这种担当、情谊以及湘学传承的自觉，才使得《逻辑指要》一书得以幸存。这部《逻辑指要》，先从重庆（章士钊、潘伯鹰）寄往湖南辰溪（曾运乾），复

---

① 刘永济曾于 1939 年 2 月至 6 月兼任湖南大学中国文学系教授。1940 年 12 月，湖南大学印行《文哲丛刊》第一卷，收入曾运乾、杨树达、黄子通、王时润、骆鸿凯、吴绍熙、李肖聃、王啸苏等文章，即寄赠当时在武汉大学任教的刘永济一册，此册现存于武汉大学图书馆民国文献库（索书号：MG/C55/G631）。由此亦可见以湖南大学为中心的湘籍学人间的互动关联。

② 翟新明：《〈员辐〉与湖南大学中国文学系》，《书屋》2019 年第 3 期。

③ 王显：《先师曾星笠先生之音学述》，《王显未刊手稿选编》，湖南大学中国语言文学学院整理，湖南大学出版社 2022 年版，第 439 页。

从辰溪携往贵州印江（王显），又从印江返回辰溪（王显），再至长沙、北京（王显），在经历近八十年、四省之间的颠沛流转后，最终被捐赠至曾运乾、王显曾工作过的湖南大学文学院。可以说，这部《逻辑指要》的流转史，正是见证湘学发展史的片羽吉光。

　　总体来说，章士钊、刘永济、杨树达、曾运乾、王显等同为湘人，通过《逻辑指要》一书的寄赠、流转与阅读，构建起了抗战时期湘籍学人之间的关联与互动。章士钊《逻辑指要》经潘伯鹰之手寄赠曾运乾，又因缘际会得入王显之手，流转过程明确，其间有同乡、同事（章士钊与曾运乾）的情谊，友朋、翁婿（章士钊与潘伯鹰）的交游，师、生（曾运乾与王显）之间的传承。此书既有章士钊、曾运乾手迹，索隐探微，足可发掘学人旧事；又以王显所存日记、文章，复可考察弟子保存老师著作的情谊；从曾运乾、王显对章士钊《逻辑指要》之阅读、批点与商榷，还可考见读书之法与学术互动。《逻辑指要》一书，不仅揭示了章士钊与曾运乾之间曾经存在的交游图景，展现出战时书籍的流转与保存过程，还以此勾连起章士钊、杨树达、刘永济、曾运乾、王显等湘籍学人之间的湘学关联与情谊，丰富了湘学发展史的生动细节。

其他研究

CONTEMPORARY HUXIANG STUDIES

《乐记集校集注》序

郭建勋

摘　要　杨赛君的《乐记集校集注》，采用了传统治专书的办法，从整理自汉至清的校文、注文入手。杨赛君广泛借鉴前人意见，对经文做了分章、分节、分注例的工作，详细注明章义、节义和句意，这样，字义与词义就好理解了。确立了注经的体例，对历代注疏家的工作就能作出评价。注疏家之外，著者还做了大量补注，提出自己的观点。《乐记集校集注》重新整理《乐记》的学理逻辑，是一部铸经之作。

关键词　《乐记集校集注》；《乐记》；杨赛；整理

杨赛君的《乐记集校集注》草成，嘱我写几句话。我本拟推辞。一来，我已退休数年，精力和视力都不是太好，要看完这皇皇八十万字的大作实在很吃力，要作出得体的评价就更难。二来呢，我平生主要精力都放在辞赋学，尽管早年曾随黄寿祺师学过易学，也写过几本谈《易》和《尚书》的小作，但礼学和乐学确是专门之学，自汉至清，注疏繁多，名家辈出，实在不太懂，隔行如隔山，很容易说外行话。

杨赛君中途向学，随我攻读中国古代文学硕士，我算是他学术入门的引领

作者简介：郭建勋，湖南涟源人，文学博士，湖南大学中国语言文学学院教授，主要从事中国古代文学、中国古代思想史研究。

者，写几句鼓励的话，扶上马，送一程。尽管他考进来的时候基础比较薄弱，但他学习十分刻苦，硕士期间阅读了不少经、史、子、集原著，仿写了大量《乐府诗集》中的古题、新题乐府诗，取得了很大的进步，算是窥得治古代文学的门径。为了完成硕士学位论文《祝尧〈古赋辨体〉研究》，他去北京、上海等地的图书馆查找、校对各种《古赋辨体》的版本，综合运用各种史料考证祝尧生平行谊，从校对、标点《古赋辨体》做起，研究此书的选本体系与理论体系，发表了数篇学术论文。该硕士学位论文获得了湖南省优秀硕士论文奖。学术起步即小有收获，他治学的信心大大提升。他在随曹旭教授攻读博士学位期间，以任昉和南朝士风为研究对象。研究的范围进一步扩大，程度进一步加深，体量也大增。这部博士论文写成后一版再版，在学术界的反响也不错。博士后阶段，他因为工作需要，又转到音乐美学领域，由辞章之学、考据之学进入义理之学、文艺之学。二十多年来，杨赛君的研究领域不断转换，研究层级不断提升，研究的路径却是一贯的。他都从读经典入手，努力把基础的、垫底的书籍读懂、读通、读好，努力找出史料之间的联系，揭示文学艺术的基本原理与规律，说出其中的原委，弥纶群言而言精一理。他把治专门之书与治专门之学紧密联系起来，努力做沉潜有力的学术，不说空话、套话和废话。

《乐记》本是《礼记》中的一篇，《荀子·乐论》《史记·乐书》都有辑录。自汉代以来，就并入礼学与荀学中。但乐学起源很早，自成体系。杨赛君在本著前言中已经做了构建。《乐记》是先秦乐学集大成之作，是最重要的乐学经典，也是中国艺术学的重要原典。对这部经典进行独立的、专门的研究，当然十分有必要。杨赛君的《乐记集校集注》，采用了传统治专书的办法，从整理自汉至清的校文、注文入手。但这些注文极难整理。治经家往往就经文反复申说，其本义难以明确，其创新难以评价。杨赛君广泛借鉴前人意见，对经文做了分章、分节、分注例的工作，详细注明章义、节义和句意，这样，字义与词义就好理解了。确立了注经的体例，对历代注疏家的工作就能作出评价。除了注疏家之外，著者还做了大量补注，提出自己的观点。这没有很深的学术造诣，是办不到的。《乐记集校集注》重新整理《乐记》的学理逻辑，是一部铸经之作。湖湘历来有治礼乐之学的传统，王先谦有《荀子集解》、郭嵩焘有《礼记质疑》、马积高师有《荀学源流》。杨赛君秉承湖湘朴学精神，为经世致用之学，《乐记集校集注》为我们解开上古音乐之迹提供了材料，为我们建构先秦乐学理论体系打下了坚实的基础。

论新世纪中国非虚构文学思潮的发生

沈　闪

摘　要　在诸多因素的相互激荡与碰撞下，新世纪中国非虚构文学思潮的发生具备了一定的合法性前提。从文学外部看，既有来自欧美非虚构文学浪潮的启示，又有多元复杂而生气盎然的社会生活为非虚构文学作家提供丰厚的写作素材。从文学内部看，非虚构文学对社会现实的记录与叙写，自有其贯穿始终的写实传统，日益凸显出日常化和私人化的新特征。而且，新世纪中国非虚构文学还是对当下文学内部危机进行自我调整的充分体现。

关键词　新世纪；中国非虚构文学；思潮；发生学

一、欧美非虚构文学的启示

在剖析某一事物缘何出现时，怀特有一个著名论断，即"我们从未听说过在文化系统或者其他任何一种系统之中，有什么东西是从空无中生出来的。一种事物总是导源于另一种事物"①。新世纪非虚构文学思潮在中国本土的发生

基金项目： 湖南省社科基地项目一般项目"新世纪美国非虚构文学中的中国书写研究"（22JD010）；湖南省教育厅优秀青年项目"新世纪湖南非虚构文学创作研究"（22B0025）。

作者简介： 沈闪，河南商丘人，写作学博士，湖南大学中国语言文学学院讲师，主要从事中国现当代文学研究。

① ［美］莱斯利·A. 怀特：《文化的科学：人类文明研究》，沈原、黄克克、黄玲伊译，山东人民出版社1988年版，第199页。

也是如此。欧美非虚构文学对实际在场/在地行动的重视和强调，都给中国非虚构文学带来不少启示，二者具有外在形式的呼应与内在文本的契合。

虽然中国文学自古就有与"非虚构"相关的文学创作，但"非虚构"并不是产生于中国本土的词语，而是由英文"Non-fiction"翻译而来。在中国图书市场上，书籍一般分为小说、诗歌、散文、戏剧等数种；而欧美则由"Fiction"和"Non-fiction"两大类构成。"Fiction"主要指小说，而"Non-fiction"则容纳了除小说之外的所有写作形式。"Non-fiction"一词在欧美文坛引起轰动源于杜鲁门·卡波特于 1965 年出版的《冷血》一书。在此书前言中，卡波特宣称"新闻报道和报告文学在某种努力下可以产生一种严肃的新艺术形式"，而他所谓的新艺术形式，即"以一种依靠故事的技巧和小说家的直觉洞察力去记录当代事件"[1] 的"非虚构小说"。《冷血》出版后备受瞩目，除谋杀故事本身的骇人听闻外，便在于卡波特将侦探小说悬念迭生的结构与特写镜头、重构场景等文学技法融为一体。这使之不仅具有比传统小说更多的真实感，而且具有比新闻报道更多的可读性与趣味性。

但归根结底，《冷血》文学上大获成功的前提，在于杜鲁门·卡波特对行动和在场的重视。这主要表现在他数年如一日大规模、高频率、浸入渗透式的深度调查。为了写《冷血》，卡波特不仅采访了两位当事人施害者及四位受害者的亲戚朋友、街坊近邻，而且还采访了警察当局的相关办案警官。搜集到数量丰厚的一手素材，既包括厚度达六千页的笔记、大量的录音磁带，还包括研究资料、来往信件、报章剪报、法庭记录以及佩里的书信绘画。如此丰赡的材料，足能装满一个小房间。卡波特最后还自己拿出一部分资金，历经数月重走了两名罪犯的逃亡路线，他用让事实说话的方式竭力保证文本的现场感与客观性。正是此种田野调查与深度访谈相结合的工作形式，才使《冷血》紧紧抓住读者的心，让读者有身临其境之感。这也是以霍尔科姆村谋杀案为对象的写作很多，却唯独《冷血》留存百世的重要原因。与之相似，约翰·托兰《日本帝

---

① ［美］约翰·霍洛韦尔：《〈非虚构小说的写作〉原序》，仲大军、周友皋译，春风文艺出版社 1988 年版，第 4 页。

国的衰亡》同样是用此种方式来进行调查写作的。他寻访了日本、美国、德国、中国等参战国的战争历史档案馆、纪念馆，搜集到一些曾被匿藏或散佚多年的第一手资料。此外，他还采访了日本天皇以前的诸多战争见证者。正是在深度浸润调查的基础上，卡波特、托兰等人才挖掘出更多鲜活的细节，搜集到更多一手资料。也正是有了这些宝贵的细节和资料，《冷血》等作品才不同于一般的新闻报道，焕发出独特的文学魅力。

欧美非虚构文学创作对作者在场与行动的高度重视，也潜移默化地影响着新世纪中国的非虚构文学思潮。《人民文学》曾不止一次在编者《留言》中谈及"行动"一词。仅 2010 年就有三次，其中第 9 期是这样解释的："交谈和倾听成为写作的先决条件，而'体验'也不仅是一种由己及人的想象，而是把自己的身体和心放进现场，确切地经历一切。"① 同年 10 月份，《人民文学》编辑部更是马不停蹄地施行了"人民大地·行动者"非虚构写作计划。2011 年，《人民文学》第 5 期又再次重申行动的必要性。② 不光在《人民文学》的编者《留言》中，"非虚构"栏目的策划者在接受采访时也多次提及"行动"一词。自《人民文学》举起"非虚构"的大旗后，时任主编李敬泽备受文坛学界关注，曾就"非虚构"栏目的设定和作品编选接受多家媒体专访。其中，发表较早且影响较大的一篇访谈，题名即为《李敬泽：文学的求真与行动》。在与《文学报》记者陈竞的对谈中，李敬泽认为非虚构文学存在的意义在于"争夺真实"，而真实的抵达必须通过脚踏实地的行动与在场，他非常恳切地呼吁海内外作家要对"这个世界建立起刚健有力的行动和认识意愿"。这主要是因为新世纪网络媒介的兴盛，使大家有意无意地当起"宅男宅女"，过着"二手生活"，"看看电视、翻翻报纸、上上网，然后各种活动、四处开会"。他非常痛心地批判道："这不过是懒惰的托词，是身体上、精神上的懒惰。"③ "人民大地·行动者"非虚构写作计划便是在此种背景下大张旗鼓地展开的。虽然这篇

① 编者：《留言》，《人民文学》，2010 年第 9 期。
② 编者：《留言》，《人民文学》，2010 年第 5 期。
③ 陈竞：《李敬泽：文学的求真与行动》，《文学报》2010 年 12 月 9 日第 003 版。

访谈并未对"非虚构"给出明确定义，但在很大程度上带有"非虚构"宣言和宗旨的意味，强调了"行动"在非虚构文学创作中的不可或缺，推动了中国的非虚构文学创作热潮。在此后丰富的非虚构文学研究中，此篇访谈观点被众多学者和非虚构文学作家广泛引用。这也从侧面反映出"行动""在场""求真"在非虚构文学研究与创作实践中的重要地位。

而中国的非虚构文学创作者们更是时刻以在场、求真的"行动"作为自己写作的必要前提和根本准则。阿来为写作《瞻对：终于融化的铁疙瘩》，多次前往四川瞻对走访调查。慕容雪村为撰写《中国，少了一味药》，隐瞒亲友自留遗书数月卧底传销组织内部，终获取一手资料。李娟为写好"羊道"系列三部曲，长期扎根阿勒泰，与牧民同吃同住同睡。梁鸿为完成"梁庄"三部曲，长年居住家乡并跟随乡邻打工的步伐辗转大半个中国。丁燕为创作《工厂男孩》《工厂女孩》，以流水线女工的身份深陷工厂生活第一线。乔叶为写《拆楼记》《盖楼记》，曾多次前往大姐家中与拆迁人员斗智斗勇。与卡波特如出一辙，杨潇为写《重走：在公路、河流和驿道上寻找西南联大》，身体力行沿着"湘黔滇旅行团"的路线徒步寻访西南联大足迹。诸如此类的示例俯拾即是，它们都不约而同地表明中国非虚构文学作家试图通过自身实践浸入生活现场，并以此对《人民文学》所倡导和重视的"行动""求真"做出积极响应，也恰好与半个世纪之前的欧美非虚构文学浪潮形成了隔空互动。

从根本上来说，卡波特、沃尔夫等欧美非虚构文学作家对行动、在场的重视，是为了借此重新建立个人与社会现实之间活生生的内在联系。《夜幕下的大军》便是诺曼·梅勒企图建立与世界联系的一个典型例子。这部作品主要摹写了反对越南战争而公开前往五角大楼的人们整个夜晚的抗议示威活动。其中，梅勒不仅是观察者，还是重要参与者。在对示威活动的描述中，穿插上作者的主观感受、个人见解及自我经历。通过此种带有半自传性质的书写方式，作者满足了自身与生存世界建立联系的需要，并借此达到折射美国 20 世纪 60 年代社会文化历史的最终目的。尽管《冷血》中卡波特完全隐匿叙述者，竭力用没有情感的叙事笔调和让事实说话的方式来保证文本的现场感与客观性，但在叙事背后依然有一双作者的眼睛，只不过他将自己的情感深藏在场景与对话中。比如，在重现枪杀现场时卡波特对佩里流露出善良灵光的捕捉，透视着作者的无奈与叹息。卡波特正是通过自我感情的介入重建起与现实世界的联系，以此传达出对社会现实的反思与批判。从梁鸿、李娟、慕容雪村等人的非虚构文学创作中，可以看出他们对卡波特、梅勒等人非虚构文学写作精神的继承与延续。《中国在梁庄》《出梁庄记》与《梁庄十年》虽然主体是亲人邻里的口述实录，但在此中作为梁庄女儿"我"的声音、情绪和感情非常的强烈与饱满。而正因为澎湃自我感情的渲染与纾解，才能将读者带入其叙述话语体系之中，也才能将作者、读者、乡村世界三者联系起来。《中国，少了一味药》曾因书中作家评判的字眼太多，而受到有关论者的批评。但慕容雪村看似滔滔不尽的自我叙说，恰恰是连接其与传销世界的关键榫卯。李娟的非虚构文学作品"牧场"系列中作者自身活动的重要性自不必说，因为整个文本都是由作家的行动串联而成，以此获取进入牧民生活世界的有效途径。从中国非虚构文学创作对行动和在场的重视和强调，可以窥探出欧美非虚构文学起着不可小觑的重要影响。

二、现实生活的多元与繁杂

新世纪中国处于社会转型的关键时期，为非虚构文学思潮的发生准备了极为有利的客观条件。国力的增强一方面巩固了中国在世界丛林中的地位，另一方面加剧了中国政治环境的复杂。丝绸之路经济带、21世纪海上丝绸之路、中美贸易战、孟晚舟事件等看似属于经济领域，其背后实则是世界话语权的争夺。改革开放为中国带来了经济的腾飞，是我们发展的坚强后盾。不管是嫦娥2号的升空、三峡大坝的全线建成，还是青藏铁路通车，抑或是博鳌亚洲论坛的顺利举办、神州2号的成功发射，都离不开雄厚经济实力的支撑。同时，又为中国国际政治地位提供了强有力的保障。文化领域则呈现出多样开放与融合的态势。深陷时代洪流中的我们，无论是个人生活还是主观精神面貌都有了一定变化。近年来所发生的英国公投脱离欧盟、巴黎恐怖袭击、汶川大地震、天津大爆炸、"滴滴"出租车司机杀人案、医患纠纷砍人事件等，无不令人瞠目结舌。社会现实的丰富远远超出我们的想象。多变的当代中国社会给写作者们提供的素材非常丰厚，生气盎然的生活急切需要作家们亲临现场。然而，新世纪写作者却走向了另一个极端，深陷于书斋一隅、闭门造车，大多写着言不由己、无关痛痒的文章。这便是上文李敬泽所指摘的"宅男宅女"和"二手生活"。现实生活塑造出的典型人物与典型事件的丰富性和可能性，远远超出写作者创造的文学典型。作家主体的想象与构造让位于更富艺术魅力的现实世界魔方，"个体命运及现实生活的变幻莫测及复杂程度随着社会的发展已超出了文学虚构的阈限，客观上为非虚构文学的兴起提供了丰腴的土壤"①。

　　社会现状的复杂多变，带给人们认识生活真相的困难。而媒介信息的爆炸直接加剧了辨别事实真伪的难度。随着全球化、信息化时代的到来，人们所处的现实语境更显复杂与多变。而这一社会境况的显现，与网络媒介的关系非同小可。网络媒介日趋成为社会主体——人的延伸，在此主导下的信息如潮水般汹涌而至。"所有那些蜂拥而至的电视，电影和因特网上的影像，由机器所唤起或魔术般使之出现的众多鬼魔，打破了虚幻与现实之间的区别，正如机器打破了现在、过去和未来之间的区别一样。"② 我们正逐渐告别印刷时代迈进一个全新的文学时代：知识和写作的全民普及，微博、微信、豆瓣、简书、知乎等种类繁多的网络平台使人人都有表达的欲望。但新媒介在给予人们写作便利的同时，也带来了认知世界与进行社会实践的困难。这是因为随着网络媒介的发展，中国乃至整个世界正在走进前所未有的虚拟化、碎片化时代。我们的现代日常生活，大多由海量信息填充的虚拟世界构成，"那推动我们超越社会现实的文化秩序、记号与影像的过度泛滥，通常来自于诸如电视、摇滚、录相和音乐电视等媒体"③。社会影像生产能力的加强与影像密度的加大，将我们推到全新的社会环境中。虽然我们处于信息公开化、声音多样化的"透明时代"，但

---

① 王光利：《非虚构写作及其审美特征研究》，《江苏社会科学》2017年第4期。
② ［美］J. 希利斯·米勒：《现代性、后现代性与新技术制度》，陈永国译，《文艺研究》2000年第5期。
③ ［英］迈克·费瑟斯通：《消费文化与后现代主义》，刘精明译，译林出版社2000年版，第28页。

同时也表明抵达真相、靠近真实的难度之大。这主要源于现阶段我们获得的现实感和真实感，大多来自网络媒介所强制灌输、施加给的种种符号化表达。这一图文景观式的社会样貌，已极大挤压了我们可真正触摸到的现实生活空间。恰如齐泽克所言，我们正深陷于真实世界的大荒漠之中。

新世纪中国非虚构文学思潮的出场，便是对当下社会现实生活语境的一种映射与象征，也是对当下作家写作、生产方式的一种不满和反拨。非虚构文学鼓励作家走进生活洪流的第一现场，加深、拉长个人与现实之间的关系纽带，并以此倡导一种不怕吃苦、敢于行动、勇于发现、乐享其中的精气神儿和锐气。之前曾被我们重视不够甚或忽略的诸多生活经验，不论从个人到社会，从当前现实到过往历史，还是从微小到宏大，皆有被书写、记录、表达的可能。"非虚构"的提出正是对真实性回归的企盼，并凸显了文学对真实的忠诚和对社会的深度介入。质言之，呼吁作家走出书斋和象牙塔、走向吾土吾民在于最大限度地追求真实，接近真相。与此同时，媒介融合下复杂的社会样貌对非虚构文学也提出了自己的要求，即倡导多面向、多层次、多元化的记录生活。一个打工题材，梁鸿可以从外部视角，以旁观者的身份，去透视家乡人外出打工的生活。萧相风、郑小琼也可以从自我的内部角度，将自己所真实经历的打工生活描绘出来。而诗人丁燕同样可以化身女工潜入工作车间，记录自己亲眼所见、亲身所感的女工世界。同样是描写天津大爆炸灾难，陈杰可以用非虚构摄影的方式铭记，将读者直接带回漫天火光的灾难现场。何建明也可以用文字书写废墟上的人性光环，思考生命与死亡、珍惜与幸福、罪孽与欲望等人生命题。都是写乡村问题，乔叶为帮助张庄姐姐在拆迁时多得些赔偿款，成为"盖楼""拆楼"这一重大举措的重要参与者和背后出谋划策的诸葛军师。高校学者黄灯则以农村儿媳、女儿、外甥女的身份将丰三村、凤形村和隘口村相整合，较为详细地记录婆家、自家、外婆家的亲人与命运作斗争的乡村图景。

社会现实的多态样貌是非虚构文学的重要肌底，它不仅要求非虚构文学在内容上多样记录，还倡导探索一种兼具开放性、包容性和跨界性的写作方式，以此规避文学的同质化、模式化写作趋向。2010 年第 2 期《人民文学》对

"非虚构"栏目给出如下定位："它肯定不等于一般所说的'报告文学'或'纪实文学'。去年，我们发的《解放战争》，当时标为'叙事史'，其实就是'非虚构'；这一期，我们发了韩石山先生的回忆录，也是'非虚构'。韩石山先生是作家，我们也希望非作家、普通人，拿起笔来，写你自己的生活、自己的传记。还有诺曼·梅勒、杜鲁门·卡波特所写的那种非虚构小说，还有深入翔实、具有鲜明个人观点和情感的社会调查，大概都是'非虚构'。"① 这段话传达出一个明确观点：尝试探索一种可将非虚构小说、回忆录、田野调查、传记等多种形式包容进去的，比传统报告文学、纪实文学更为宽阔的写作方式。从公开出版、发表的非虚构文学文本来看，李娟的"羊道"系列、王族的《长眉驼》是游记散文与非虚构的结合，梁鸿的"梁庄"三部曲是口述实录与学术随笔的融合，阿乙的《模范青年》、孙惠芬的《生死十日谈》是非虚构与小说的合流，而王树增的《解放战争》《抗日战争》则是民间野史与官方历史的熔融。

现实生活的复杂和网络媒介的助推，共同构成转型期中国社会文化的外需求。而当这一需求转移到文学场域，便加速了中国非虚构文学浪潮在新世纪的涌起。

三、写实传统的赓续与衍变

毛泽东在《矛盾论》中充分论证了事物矛盾之间的关联，首次从唯物辩证法的角度明确提出内因与外因这两大范畴。他认为，一个事物的发生、运动与变化不是由事物的外部矛盾来决定，而是由其内部矛盾所决定的。新世纪中国非虚构文学浪潮的兴起也是如此，它不仅源于欧美非虚构文学的启示和转型期中国现实社会诸方面的外需求，更源自文学内部对中国写实传统的继承与衍变。

新世纪非虚构文学创作浪潮并非一天两天形成，自有其发展的历史。中国

---

① 编者：《留言》，《人民文学》2010 年第 2 期。

文学自古就有写实传统，《诗经》《史记》《左传》等文本皆可视为多少带有非虚构质素的写作。借鉴马克思"谈论具体对象具体历史"的研究策略，① 尝试将非虚构文学的历史转化为理论研究的逻辑工具，通过对其发展进程的追溯，梳理出一条动态脉络，探讨其内在写实传统的继承与衍变。

　　20 世纪 80 年代的改革开放和思想解放，为非虚构文学创作的发展提供了良好而宽松的社会环境。需要明确指出的是，此时的非虚构文学主要以报告文学的形式出现，其他类型的非虚构文学则发展较为缓慢。1979 年 10 月 30 日，全国文艺工作者第四次代表大会在北京召开。邓小平充分强调文学艺术的特性，并指出文艺作为精神劳动非常需要文艺家发挥个人的创造精神。文学艺术政策方针的大力调整，从根本上将身心饱受摧残的作家等知识分子，从政治高压下解救出来。由于知识分子长期受制于独特语境和政治环境的制约，其文学批判的品性一定程度上被隐匿。而一旦客观条件允许，他们便重新竖起批判呐喊的大旗。尤其当面临问题丛生的社会转型期时，他们的批判与反思意识更加浓烈。报告文学作为紧贴时代的写作形式，承担着即时快速反映社会诸种变化的责任与使命，呈现出声势浩大的开掘突进姿态。公开发表出版的非虚构文学作品蔚为大观，出现了一大批广受好评的文本。长中短篇报告文学各美其美，文体意识逐渐凸显。也正因如此，20 世纪 80 年代被称为报告文学的"黄金时代"。口述实录、人物传记等则相对较少，文体边界也较为模糊。尽管非虚构文学内部呈现出发展不平衡的现象，但它们对社会现实的反映和表达一以贯之。不管是针砭时弊的报告文学，还是口述实录、人物传记，都不约而同地关注社会问题、社会现象。比如，《哥德巴赫猜想》率先关注新时期科研工作者和知识分子问题，《唐山大地震》第一时间关注自然灾害问题，《中国的要害》重点关注公共道路交通问题，《中国的"小皇帝"》着重关注独生子女抚养与教育问题，《世界大串连》则比较早地讨论国外留学人才外流问题。以上非虚构文学作品所描写的多是当时影响比较大、受关注度较高的社会问题或社会事

---

① ［苏］艾·瓦·伊林柯夫：《马克思〈资本论〉中抽象和具体的辩证法》，孙开焕、鲍世明译，山东人民出版社 1993 年版，第 186 页。

件，表现出中国非虚构文学应有的责任和担当。

20 世纪 90 年代的中国非虚构文学在 20 世纪 80 年代报告文学的基础上，作品数量持续增长，发展规模不断扩大，非虚构文学创作呈现出大规模、批量化生产的蓬勃"疯长"态势。① 与之相伴而生的是，作品内在的批判反思性较以往有所减弱，能引起社会重大反响的作品文本较少。大量未经深入调查而失实的、歌功颂德的、广告宣传式样的非虚构文学创作，在名利金钱的驱动下滋生蔓延起来。尽管如此，非虚构文学创作仍旧发生了一定变化。首先，写作素材从 80 年代逼近社会前沿的现实问题，转向对历史题材和军旅题材的挖掘和开采。《昨天——中英鸦片战争纪实》（麦天枢、王先明合著）、《温故戊戌年》（张建伟著）、《走出地球村》（李鸣生著）等众多文本，皆以浓重的历史意蕴引发现代人的反思，具有不可忽视的现代意义。除历史题材的非虚构文学外，军旅题材的非虚构文学也值得我们投以注视的目光。这主要源于形成了数量可观且相对完整、专门从事军旅题材创作的非虚构文学作家群体，其中包括李存葆、徐剑、黄传会、李鸣生、金一南、邢军纪、王宏甲等。此类文本的批判与反思力量一如既往，体现出写作者对现实的关切之深与忧思之苦。其次，在对社会现实讴歌与批判的处理上，更加理性和谨慎。在此之前，非虚构文本常出现歌颂与批评的两极对立，不是一味莺歌燕舞，就是怒目圆睁大力批判。此时的非虚构文学创作在这方面有了长足进步，突破了既有单调的"一刀切"写作模式。读者在阅读文本时，很难将讴歌与批判简单地一分为二，并以此引发自身对社会的再次思考。这表明作者对生活的采访下了很大功夫，对现实的认识也达到了一定深度。在文本的艺术审美上，非虚构文学则由 80 年代的"旧三性"逐渐演变为"新五性"。②

文随时代迁，与时相推移。转眼来到了新世纪，非虚构文学在经过了 90 年代的变化发展后呈现出纷繁多态的样貌，面临着比以往任何时代都要严峻的

① 周政保：《"非虚构"叙述形态：九十年代报告文学批评》，解放军文艺出版社 1999 年版，第 45 页。
② 章罗生：《中国报告文学新论：从新时期到新世纪》，湖南大学出版社 2012 年版，第 194 页。

文化生态环境。这集中表现在非虚构文学日益被边缘化的趋势，它长期不被看好，曾多次被宣判"死亡"。2003 年 10 月 30 日，李敬泽就报告文学的发展困境发表看法，通过《南方周末》指出"枯竭"是其最终归宿。[①] 此后，学界文坛关于报告文学的"唱衰"之音不绝于耳。2009 年，黄浩与黄凡中质疑报告文学文体本身的合理性和自洽性。[②] 2018 年，杨庆祥的《"非虚构写作"能走多远》、何英的《"非虚构"如何不"虚构"》从真实客观的角度表达对非虚构未来发展趋势的担忧。但问题的反面正预示着新的生机，新世纪非虚构文学于涅槃中新生，于裂变中复兴。社会现实存在与特定时代的精神风貌，规约了非虚构文学的素材、主题甚至叙述方式。新世纪非虚构文学创作热潮的发生具有反映社会发展历程的些许况味，其内容题材和叙述方式逐渐趋向日常化、私人化。从目前所公开发表、出版的非虚构文学作品来看，不管是韩石山的《既贱且辱此一生》、董夏青青的《胆小人日记》，还是刘亮程的《飞机配件门市部》、李晏的《当戏已成往事》，抑或是土摩托的《关于音乐的记忆碎片》、阿乙的《模范青年》，大都是从自我个体经验出发来浸入活生生的第一生活现场。这不仅拓宽了非虚构文学的文本空间，而且还形成了与以往不同的叙述风格，即注重对生活面貌的客观平实言说。纵使新世纪非虚构文学的素材内容与写作方式等方面出现新变化，但它依然坚守写实的根本原则、赓续着古老的写实传统，体现并传承着关怀、记录、干预、介入现实的非虚构文学写作精神。

总体来看，中国非虚构文学对现实的记录与叙写一如既往，但不同时期又有不同的侧重和差异。20 世纪 80 年代，在众多非虚构文学体式中，报告文学"一枝独秀"，是非虚构文学的主要构成部分，重点围绕有影响力的社会事件和重大问题展开，作品具有非常强烈的时代性、批判性和反思性。到了 20 世纪的最后十年，中国非虚构文学则由关注书写社会前沿问题转向对历史题材、军旅题材的挖掘与开拓，作品的批判反思性则较往常有所减弱。而新世纪中国非

① 李敬泽：《报告文学的枯竭和文坛的"青春崇拜"》，《南方周末》2003 年 10 月 30 日。

② 黄浩、黄凡中：《报告文学：文体的时代尴尬——对报告文学"生存艰难"的本体质疑》，《北方论丛》2009 年第 1 期。

虚构文学在继承以往写实传统的基础上，又有着新的变化，转向了对社会日常生活、个体自身体验的重视与言说。

四、文学内部的危机与调整

新世纪后，文学已很难走在时代思想解放的前沿，逐渐边缘化。"技术变革以及随之而来的新媒体的发展，正使现代意义上的文学逐渐死亡。我们都知道这些新媒体是什么：广播、电影、电视、录像以及互联网，很快还要有普遍的无线录像。"① 尽管"文学终结论"看似言过其实，但也有一定可取之处，至少给我们敲响警钟，提醒我们反思传统纯文学在现阶段的困境及其未来出路。

不管是传统纯文学内部，还是非虚构文学自身，都呈现出不同程度的危机态势。中国传统纯文学的危机主要表现在脱离社会现实、与社会现实存在较大隔膜。这表现在两个方面：其一，由紧扣社会现实而转向对文学本体的实验与探索；其二，由紧贴公共领域而转向对作家主体的诉说与解剖。此处不得不重提自20世纪八九十年代以来引起较大反响的"先锋文学""个人化写作"与"类型文学"。

先锋文学以"前卫的姿态探索存在的可能性以及与之相关的艺术可能性，它以不避极端的态度对文学的共名状态形成强烈的冲击"②。马原、格非重视文本叙事形式的革命，致力于构建叙事迷宫。莫言和孙甘露将诗语、意象引入小说，形成别具一格的语言美学。残雪和余华则注重摹写死亡与生存、暴力与血腥，表现外在客观世界对个体生存空间的挤压与解构。他们的尝试与创新是对以往"文艺为政治服务"路线的纠偏，进而使文学回到文学本体。先锋文学的出现打破了传统既定的文学观与文学规范，使极端化、形式化的书写具有了可能性。诚然，不能忽视先锋文学对既有文学版图与文学路向的改变，但无形中

---

① ［美］希利斯·米勒：《文学死了吗》，秦立彦译，广西师范大学出版社2007年版，第16页。
② 陈思和：《中国当代文学史教程（2版）》，复旦大学出版社2005年版，第291页。

也使文学"成为艺术技巧的演练与个人情绪的抒发，从而失去了与当代世界的有机连接"①。片面强化自我与技巧的文学逐渐失去了广大读者群，最终成为少数圈内人孤芳自赏、自娱自乐的对象。个人化写作从个体独特的生命体验出发，以个性化叙事的方式发出属于自我生命存在的声响。韩东、朱文等人创作的小说带有明显的个人化倾向，这些作品大都以个人世界为原点，以此透视支离破碎、压抑沉闷的社会图景。韩东在《掘地三尺》《田园》《障碍》等小说中通过对个人与社会之间紧张关系的描写，集中表达了主体小我对大时代的认识与看法。

将个人化写作发展到极端的，是以"女性隐私文学"登上文学殿堂的林白、陈染、海男、棉棉、卫慧等女性作家。她们以私语化、私人化的表达来描写个人事情，以特有的女性感官视角来刻绘女性的躯体感受、性欲望等敏感内容。女性私人化写作在一定程度上说明女性文学中性别意识的觉醒，促进了女性写作的繁荣。但也因其深陷身体叙事或欲望叙事，而遭到某些学者的质疑与批判。② 新世纪以来，类型文学逐渐兴起，如玄幻科幻小说、穿越架构小说、武侠仙侠小说、游戏竞技小说、魔幻小说等。诚然，穿越、玄幻、魔幻等作为一种艺术技巧，不应受到苛责。《西游记》《西游补》《聊斋志异》等不也使用了相似的艺术手法，却没有阻碍其成为流传百世的文学经典吗？然而，近年来的类型文学却逐渐引起人们的不满与反感。2010 年 8 月至 2011 年 10 月间，《文艺报》多次发表对其的批评文章。③ 必须承认，类型文学受指摘的倒不是文本中所使用的穿越、玄幻、魔幻等艺术手法，而是因为作品内容的虚无空洞和严重脱离社会现实。以穿越小说为例，虽然在一定程度上能给人以新鲜的阅读

---

① 李云雷：《我们能否理解这个世界？——"非虚构"与文学的可能性》，《文艺争鸣》2011 年第 2 期。
② 邓晓芒：《当代女性文学的误置——〈一个人的战争〉和〈私人生活〉评析》，《开放时代》1999 年第 3 期。
③ 张魁兴：《历史"被穿越"艺术伤不起》，《文艺报》2011 年 8 月 10 日第 4 版；于隽：《穿越剧何以"穿"心》，《文艺报》2011 年 10 月 19 日第 4 版；王锋：《穿越成风，且请慢行》，《文艺报》2011 年 10 月 19 日第 4 版。

体验，可"人情事理上的失衡值得商榷；在题材选择上规避商业风险虽是常规路线，但疯狂扎堆，物极必反而失度；内容上抛开时空的局限虽能上穷碧落下黄泉，但倾向于人妖参半、半神半鬼的荒诞游戏中寻求人生之义，终归虚无缥缈，玄幻失真"[①]。

除传统纯文学内部外，以报告文学为中心的非虚构文学也呈现出退化的不良态势。第一，混淆虚构与文学性。"真实"是报告文学的本质特征，其"文学性"并不等同于虚构。在对现实生活深入采访的基础上，报告文学的"文学性"体现在主题设计、文本语言和框架结构上，而不是对虚构技巧的运用。但近年来，报告文学不仅逐渐抛弃了其"轻骑兵"的文体规范而越写越长，而且还盲目添置大量虚构性心理描写、人物对话及思想活动。第二，对日常生活的忽视。以往报告文学主要围绕重大突发事件及重点人物展开，"对平凡个体生命的微观叙事和尚未定性的混沌叙事很少触碰"[②]。新世纪非虚构文学觉察到这个问题，有意识地去关注、描述接地气与个人化的生活。第三，批判精神的逐渐缺失。报告文学最先登上文坛并引起关注，恰恰在于其社会批判的力度与高扬的独立品格。然而新世纪后，报告文学逐渐丧失这一重要属性，出现大量或歌功颂德的"遵命文学"，或宣传美化的"广告文学"，也放弃了对社会底层、边远地区与边缘弱势人群的关切和书写。

不管是传统纯文学写作还是报告文学写作，都出现了令人担忧的疑难问题。一方面，以先锋文学、个人化写作、类型文学为代表的文艺思潮往往忽视文学的社会性与当代性，这便直接导致传统纯文学在表现、揭露、剖析社会真相方面常常捉襟见肘。"虚构消解掉了真实的生活及生活的真实"[③]，并不能及时准确地履行反映现实的使命。在此意义上，文学时常被诟病乃至被否定。如果说先锋文学和个人化写作的出现是中国文学由"外"向"内"转的萌芽，

① 王锋：《穿越成风，且请慢行》，《文艺报》2011年10月19日第4版。
② 蒋进国：《非虚构写作：直面多重危机的文体变革》，《当代文坛》2012年第3期。
③ 张文东：《"非虚构"写作：新的文学可能性——从〈人民文学〉的"非虚构"说起》，《文艺争鸣》2011年第2期。

那么类型文学则预示着文学"悬置"状态的正式确立。因为它不仅能向内转，还能向古代转（历史穿越小说）、向未来转（科幻穿越小说）、向上转（仙侠神魔小说）。另一方面，报告文学并未严格遵守调查走访、在场介入的非虚构文学写作准则，逐渐丢弃本有的批判和反思特质，漂浮于现实生活之上，日益僵化、空洞，缺乏撼动人心的力量。脱离现实的文学创作可能在某个特定阶段为人们所喜爱，但难有长久的生命力。正如前文所述，新世纪社会语境极为多元复杂，现实生活往往比文学作品精彩，而中国文学创作却大多与现实无缘，失去了对现实的及时观照和深度参与，没有很好地担负起承载人道主义与人文关怀的职责。中国文学回应、书写现实社会的迟滞与缓慢，反过来又加剧了文学边缘化的进程。

这迫使中国文学自发主动地由"内"向"外"进行自我调整，由专注于文体内部探索向体察外部现实生活转移，对当今社会生态予以积极回应和客观呈现。新世纪非虚构文学创作浪潮便是在此背景下适时出现的，这恰好说明危机的背后同样蕴含着无限未知的可能性。文学自身有求新求变的内在生长机制，新世纪中国非虚构文学创作热潮正是文学本体为求得生存的主动出击，与危机之下文学内部的自我调整密不可分。这不仅是对现有文学写作形式的有力调整，还是重新接续人文关怀传统的一次革命，也是对文学反映生活现实精神旨归的一次隔空回应。因此，新世纪以后中国文坛重磅推出了大量反映社会现实的非虚构文学作品，在众多读者群中产生了巨大反响，给中国文学带来了新的讨论话题，提高了中国文学的热度和关注度。在众多反映社会现实的非虚构文学作品中，关于时代转型中国乡村的非虚构文学创作深具典型代表性。其中，梁鸿的"梁庄"三部曲举足轻重，是讨论新世纪中国非虚构文学创作所绕不开的重要作品。《中国在梁庄》《出梁庄记》《梁庄十年》尽管前后间隔数十年，但始终紧扣中国乡村现实，关注大时代之下的农村、农业、农民，由个体到群体，从梁庄到中国。

尤其值得一提的是，以心理疾病为题材的非虚构文学创作如实且迅速地反映了当下全新的社会现实，有着较大的现实意义和社会价值。普玄的《疼痛吧指头》将身患孤独症的儿子作为写作对象，写出了一个普通家庭是如何乐观应对苦难、在绝望中寻求希望的。李兰妮被癌症和抑郁症困扰多年，她的非虚构文学创作几乎都与疾病相关。《野地灵光：我住精神病院的日子》通过作者在精神病院住院的经历和观察，借助周详的调查和鲜活的事例为精神障碍群体发声，以期改变民众对他们的狭隘认知与原始评判。《旷野无人：一个抑郁症患者的精神档案》则围绕自己的重度抑郁症展开，深度解剖抑郁症的形成原因、病状病症及治疗过程，能够让读者近距离地深入了解抑郁症并为抑郁症患者自检自查提供切实有效的参考和帮助。在《我因思爱成病：狗医生周乐乐和病人李兰妮》中，李兰妮继续关注人们的身体病痛、心理健康疾患和生存困境，而这也是全球现代化进程不可避免的疑难，需要大家共同面对和解决。此外，非虚构文学疾病叙事还有《少年抑郁症：来自17个家庭的真实案例》《重症监护室》《在精神病院》等众多文本。新世纪中国的非虚构文学创作思潮用实际行动书写记录当今时代所出现的新情况和新问题，启示我们进行回归社会现实的尝试和努力，在认识世界和记录生活的过程中重新塑造文学写作者的尊严，培养文学爱好者对当代文学的信心和兴趣。

新世纪非虚构文学创作热潮是内外多种因素相互激荡、碰撞共同作用下的产物。它不仅源于多重外部因素的推动与倡导，更源自文学内部的自我调整。从外部看，有两点值得注意：一是欧美非虚构文学写作浪潮的启示。对个人行动和在场的重视是欧美非虚构文学比较重要的特质，它们又被不同程度地投射进中国非虚构文学创作实践中来。二是全媒介时代现实生活样貌的多元繁杂。进入新世纪后，随着网络媒介的繁荣，中国处于社会转型的关键时期，这为非虚构文学的发生和发展培育了肥沃的现实土壤。当代中国社会为写作爱好者提供的素材非常丰厚，火热沸腾而生气盎然的生活急切需要作家们亲临现场。从内部看，则分别是对中国古老写实传统的赓续衍变和对文学自身内部危机的调整。新世纪中国非虚构文学思潮继承了中国历史悠久的写实传统，同时又呈现出日常化和私人化等的新变化。与此同时，中国文学内部也出现了一些危机状况，亟须进行自我调整和干预。一则，传统虚构文学在表现、揭露、剖析社会真相时，常常捉襟见肘并不能及时捕捉、表达现实生活。二则，非虚构文学自身也面临着滥用大量虚构技巧、忽视日常私人写作、批判力逐渐缺失等疑难问题。正是在上述多种不同因素的综合作用下，新世纪中国非虚构文学创作热潮得以产生，并引起强烈反响和社会关注。

重复生产：中国少数民族文学当代英译传播的困境

王彦杰

摘　要　重复生产早已成为中国少数民族文学当代英译传播的困境之一，其主要表现在对已出版作品多次重刊再版，或"换包装"，以一种新的形式直接出版，同时还存在过度选译，刊物、选本对某一部作品反复选译、多次收入。这在很大程度上浪费了少数民族文学英译出版资源，也容易造成图书的同质化、低质化，更增加读者的选择困难。要打破重复生产的困境，需要多方合力：国家政府需要完善各项制度，加强统筹管理；出版社需要提高自身定位，不仅仅"既往"，更要"开来"；译者们需要提升自己的专业能力，组建一支高水平翻译队伍。只有这样，才能进一步推动中国少数民族文学在英语世界的传播。

关键词　中国少数民族文学；英译；重复生产；困境

作为我国出版事业的重要组成部分，翻译类文学图书的出版不仅带动了文化产业的发展，更推动了文学作品的跨文化、跨语际传播。近年来，随着中国少数民族文学创作的繁荣发展，在外文局等国家官方机构的指导下，越来越多

基金项目：重庆市社会科学规划博士一般项目"当代中国脱贫攻坚题材文学制度研究"（2022BS026）。
作者简介：王彦杰，重庆巴南人，文学博士，重庆工商大学文学与新闻学院讲师，主要从事中国当代少数民族文学研究。

出版社开始积极地对外翻译中国少数民族文学作品，进一步提升我国文化软实力和展示多民族文学繁荣成果。以国内英译少数民族文学作品为例，据笔者统计，新世纪以来，对外英译出版少数民族文学作品约 2200 多篇（次）。① 但不难发现，新中国成立以来，这些翻译类的少数民族文学作品在英语世界的传播和接受程度远不如我们的预期，究其缘由，除了意识形态、文化观念、语言习惯等客观存在的差异，还离不开国内重复生产这一主观造成的译介传播困境。

一、何谓"重复生产"

中国少数民族文学对外英译的"重复生产"是指国内出版社对已出版作品多次重刊再版或英译文学选集中对同一作品的同一译本反复遴选。根据皮埃尔·布迪厄的"文化生产场域"的观点，中国少数民族文学对外英译的生产本质上来说是"有限生产场域"，② 其追求、看重的并非市场价值和经济利益，更主要的是关注中国少数民族文学在海外传播的文化功能以及被接受、认可后所产生的"符号价值"，其主要争取的是"象征资本"，即作品价值被信赖和认可的过程。③ 从这个意义来看，中国少数民族文学英译的重复生产其实质结果是作品在传播过程中产生的符号化价值不大、出版意义明显不足，这种现象始于 20 世纪 80 年代初期，大致表现为以下三类情况。

第一类是"炒冷饭"，即对已出版的少数民族文学英译作品重刊再版。少数民族民间文学的对外英译一直受到国家翻译机构的重视，④ 其中 20 世纪 50 年代以来外文出版社编译出版的 6 部《中国民间故事选》，在当时共刊印 88355 册。⑤ 经历了"十年"艰难前行的少数民族文学英译事业在 20 世纪 80 年代初期迎来了"解冻"和"复苏"。由于当时翻译人才短缺和时间较紧，外文出版

① 数据由笔者据国内出版社出版图书和各英文期刊各期译载作品情况逐一统计，或有误差。
② Pierre Bourdieu, *The Market of Symbolic Goods*, Poetics, vol. 14, no. 1 (1985), p. 1-2.
③ Pierre Bourdieu, *The Field of Cultural Production*, Cambridge：Polity Press, 1993, p. 37.
④ 新中国成立以来，少数民族民间故事、史诗、叙事长诗、歌谣被大量英译。
⑤ 《青蛙骑手》刊印 19155 册、《水牛斗老虎》刊印 11130 册、《孔雀姑娘》刊印 14450 册、《妈勒带子访太阳》刊印 8610 册、《宝刀》刊印 9810 册、《七姊妹》刊印 25200 册。数据参考何明星：《中华人民共和国外文图书出版发行编年史：1949—1979》，学习出版社 2013 年版。

社开始炒起这碗"冷饭",对《中国民间故事选》系列作品进行重版。

表1 英文版《中国民间故事选》系列重版情况

序号	作品名称	出版时间	出版社	涉及民族
1	*Folk Tales From China*: *The Frog Rider* 《青蛙骑手——中国民间故事选》	1957 1980	外文出版社	壮族、维吾尔族、藏族、侗族、彝族
2	*Folk Tales From China*: *The Peacock Maiden* 《孔雀姑娘——中国民间故事选》	1958 1981	外文出版社	壮族、藏族、维吾尔族、蒙古族、维吾尔族
3	*Folk Tales From China*: *The Water-Buffalo and the Tiger* 《水牛斗老虎——中国民间故事选》	1958 1980	外文出版社	彝族、藏族、蒙古族、维吾尔族、壮族
4	*Folk Tales From China*: *Journey to Sun* 《妈勒带子访太阳——中国民间故事选》	1958 1982	外文出版社	壮族、藏族、白族、苗族
5	*Folk Tales From China*: *The Magic Knife* 《宝刀——中国民间故事选》	1960 1983	外文出版社	维吾尔族、蒙古族、回族、佤族、藏族
6	*Folk Tales From China*: *The Seven Sisters* 《七姊妹——中国民间故事选》	1965 1982	外文出版社	东乡族、哈尼族、黎族、布朗族、土家族、蒙古族、苗族、鄂伦春族、苗族、回族

无独有偶,作为当时少数民族文学对外英译的另一个重要平台,英文版《中国文学》(*Chinese Literature*)也在20世纪80年代进入发展的黄金时期。时任主编杨宪益先生开始着力打造中国文学外译的知名品牌"熊猫丛书"。同样由于时间紧、翻译人才不足等问题,"熊猫丛书"初期编选作品多为20世纪五

六十年代在英文版《中国文学》上已经译载但并未成书发行的作品，苗族作家
沈从文，满族作家老舍、金受申，回族作家张承志、霍达，藏族作家扎西达娃
等众多民族作家的作品开始以"熊猫丛书"系列单行本的形式陆续出版。这在
丰富少数民族作家个人英文选集之时，也形成了少数民族文学英译作品重复出
版的"热潮"，八九十年代，"熊猫丛书"系列的少数民族作家个人作品英文
选集被多次重版。

表2　"熊猫丛书"系列少数民族作家个人英文选集重版情况

序号	作品名称	作者	民族	出版时间	出版社
1	*The Border Town and Other Stories*《边城和其他》	沈从文	苗族	1981	《中国文学》杂志社
				1983	
				1988	中国文学出版社
2	*Recollections of West Hunan*《湘西散记》	沈从文	苗族	1983	《中国文学》杂志社
				1992	中国文学出版社
				2009	外文出版社
				2014	外文出版社
3	*Beijing Legends*《北京的传说》	金受申	满族	1982	《中国文学》杂志社
				1985	
				2005	外文出版社
				2007	
4	*Crescent Moon and Other Stories*《月牙儿和其他》	老舍	满族	1985	《中国文学》杂志社
				1990	中国文学出版社
				1997	
5	*The Black Steed*《黑骏马》	张承志	回族	1990	中国文学出版社
				2009	外文出版社
6	*The Jade King*《穆斯林的葬礼》	霍达	回族	1992	中国文学出版社
				1997	中国文学出版社
				2009	外文出版社

续表

序号	作品名称	作者	民族	出版时间	出版社
7	*A Soul in Bondage and Other Selected Stories*《西藏：系在皮绳扣上的魂》	扎西达娃	藏族	1992	中国文学出版社
				2009	外文出版社

　　21 世纪初期，由于资金和翻译人才缺失，中国文学出版社停办，"熊猫丛书"系列作品也不得不退出历史舞台，但这碗饭却并未"冷却"。2005 年外文出版社重新推出一套"熊猫丛书"，然而，前后两套丛书所用标识完全一致，满族金受申的《北京的传说》也是沿用 20 世纪的译本。虽然 2009 年外文出版社在德国法兰克福书展上再次推出"熊猫丛书"这块金字招牌，熊猫的标识被重新修改设计、图书的开本和装帧也是全新的风格，但丛书的核心内容译文仍是沿用之前的版本。"熊猫丛书"这碗"冷饭"炒了 30 余年，在笔者看来，就算这碗饭再香，国外读者也早已食之无味。

　　第二类是"换包装"，相较于第一类直接原封不动地重刊再版，尽管在译本内容上没有进行本质创新与更改，但此类更侧重于在图书整体结构形式上的变动。20 世纪 80 年代，我国出版体制改革主要"通过放权让利，逐步强化市场在资源配置中的作用，调动出版主体（出版、发行、印刷等生产主体）的积极性和创造性，解放和释放出版生产力"[①]，但随着市场经济体制改革，许多出版社需通过盈利来维持日常运行，纷纷面临转型。90 年代，在海外市场遭受"冷遇"的"熊猫丛书"、英文版《中国文学》销量大幅下滑，负责运营的中国文学出版社开始面向国内市场拓宽销售渠道。90 年代中期，中国文学出版社与外语教学与研究出版社联合推出了"大学生读书计划"，分为《中国文学宝库·现代文学系列》和《中国文学宝库·当代文学系列》，其中包括了《老舍小说选》《端木蕻良小说选》《沈从文小说选》《张承志小说选》《扎西达娃小说选》五部少数民族作家作品选。这些英文选集都采用了"熊猫丛书"系列的

---

① 周蔚华：《中国出版体制改革 40 年：历程、主要任务和启示》，《出版发行研究》2018 年第 8 期。

译本，仅是在形式上采用英汉双语对照，在实质内容上并无创新。

这类现象在新世纪以来的少数民族文学英译生产中也有例可循。英文版《人民文学》（*Pathlight*）又叫《路灯》，由外文出版社 2011 年创刊发行。据统计，创刊至今，《路灯》共译载了 29 位少数民族作家的 55 篇作品，① 其对译载少数民族文学作品以及推动其在英语世界的传播发挥了重要作用。然而，外文出版社通过英文选集的形式对《路灯》上译载的部分译作重新包装出版。2015年，外文出版社出版了 7 部英文版的中国当代文学选本，分别是《香草营》（*Sweetgrass Barracks*）、《末班地铁》（*The Last Subway*）、《阿弟，你慢慢跑》（*Keep Running*，*Little Brother*）、《伊琳娜的礼帽》（*Irina's Hat*）、《吹糖人》（*The Sugar Blower*）、《一九七〇年的记忆片断》（*Fragment of a Memory from* 1970）、《浴羊路上》（*To the Goat-Dipping*），其中前 6 部为当代文学选本，每部涉及少量少数民族文学作品，《浴羊路上》（*To the Goat-Dipping*）为多民族文学英文选本，作品皆为少数民族文学。这 7 部英文选本所选少数民族文学作品之前皆已发表在不同期《路灯》上，如《香草营》（*Sweetgrass Barracks*）收录了哈萨克族作家艾克拜尔·米吉提的《群山与莽原》（原载《路灯》2013 第 3期），满族作家劳马的《消失的三轮车》《一块五毛钱的爱情》（原载《路灯》2013 第 3 期），藏族作家阿来的《水电站》《脱粒机》（原载《路灯》2012 第 1期）以及回族作家石舒清的《底片》（原载《路灯》2013 第 3 期）；《伊琳娜的礼帽》（*Irina's Hat*）收录了朝鲜族作家金仁顺的《云雀》（原载《路灯》2012 第 1 期），藏族作家梅卓的《护法之约》（原载《路灯》2012 第 2 期）；《一九七〇年的记忆片断》（*Fragment of a Memory from* 1970）收录了英文版《人民文学》中刊载的少数民族诗歌作品，包括满族王小妮、蒙古族阿尔泰、彝族吉狄马加、回族马桓、哈萨克族艾多斯·阿曼泰、普米族鲁若迪基、佤族聂勒等 7 位诗人的 18 首诗歌作品。《路灯》曾于 2014 年春季推出"中国多民族文学"特期，译介了蒙古族阿云嘎的《浴羊路上》、朝鲜族金仁顺的《僧

① 此数据参考罗宗宇、言孟也：《少数民族文学的译介及启示——〈人民文学〉英文版〈路灯〉（2011—2018）》，《南方文坛》2020 年第 4 期。

舞》、满族关仁山的《镜子里的打碗花》和叶广芩的《后罩楼》、回族李进祥的《换水》、哈萨克族叶尔克西·胡尔曼别克的《无痛》、藏族丹增的《童年的梦》、维吾尔族阿拉提·阿斯木的《最后的男人》、买买提明·吾守尔的《胡子的风波》和帕蒂古丽《模仿者的生活》、土家族叶梅的《致鱼山》和野夫的《童年的恐惧》等 12 篇小说，以及阿尔泰、吉狄马加、马桓、艾多斯·阿曼泰、鲁若迪基、聂勒等人的诗歌，其中诗歌部分已被《一九七〇年的记忆片断》（*Fragment of a Memory from* 1970）选编，这 12 篇小说与藏族次仁罗布的《放生羊》（原载《路灯》2012 第 1 期）共同编成了《浴羊路上》（*To the Goat-Dipping*）英文选本。据笔者统计，截至 2015 年 1 月，《路灯》译载了少数民族作家 30 位，作品共计 53 篇，而这 7 部英文选本收录作品皆在其中，涉及 28 位作家的 41 篇作品，作品重复率高达 77.36%，这些作品以选本的形式"改头换面"，重新出版。

此外，《路灯》自身也存在"换包装"重复生产的现象。2016 年起，《路灯》开始额外推出英汉双语版，即在英文译作的后面附上汉语原作。其中，英汉双语版第 1 期中藏族作家阿来的《阿古顿巴》首发于《路灯》2014 年第 3 期，第 3 期中满族作家叶广芩的《后罩楼》首发于《路灯》2014 年第 1 期，朝鲜族作家金仁顺的《云雀》首发于《路灯》2012 年第 1 期，且这三部作品也都被 2015 年外文出版社出版的英文选本收录。据笔者比对，2016 年推出的英汉双语版的译文与之前并无变化，只是在形式上新加入了汉语原作，这是一种"低质化"的重复生产。

三是"名著热"，即过度选译，指的是知名作家的某一部作品被刊物或选本反复选译或者多次收入，在一定程度上"选"的必要性不大、"译"的意义不足，这亦可视为重复生产，这类现象集中体现在对知名少数民族作家经典作品的译介上。满族作家老舍被授予"人民艺术家"称号，早于 1959 年，外文出版社就出版过《骆驼祥子》和《茶馆》的英文单行本，而后《茶馆》在国内较为流行的还有英若诚和霍华的两个译本。英若诚翻译的《茶馆》于 1979 年 12 月在英文版《中国文学》上首发，中国对外翻译出版公司（后改名为中译出版社）于 1999 年对其进行出版，并于 2005 年、2008 年、2013 年接连重版。霍华翻译的《茶馆》由外文出版社于 1980 年出版，1984 年重版。而《骆驼祥子》也曾被英文版《中国文学》1978 年 12 月期选译了其中的 7—13 节；1981 年外文出版社出版了施晓菁翻译的《骆驼祥子》，并于 1988 年、1997 年、2001 年再版。此外，英若诚翻译的《茶馆》与施晓菁翻译的《骆驼祥子》于 1992 年被译林出版社出版的《中国现代文学文库：老舍》收录。此外，这两部作品还有海外汉学家翻译的英译本。如 1978 年《译丛》杂志第 10 期选载了汉学家林培瑞（Perry Link）译介的《骆驼祥子》；1980 年美国印第安纳大学出版社（Indiana University Press）出版的文学选本 Literature of the People's Republic of China 中收录了《茶馆》。文学"复译"是中国翻译文学史上普遍存在的现象，其在一定程度上有利于普及翻译文学，提高翻译质量，但应该关注"复译"的合理性和必要性。许钧指出"已有的译本不完整""已有的译本为转译本""已有的译本语言陈旧""已有的译本失误较多""已有的译本为合译本"等是引起文学名著"复译"的重要原因，① 但反观《茶馆》和《骆驼祥子》现有英译本，并未明显存在上述原因。两部作品在有多个英文版本且被多次收入和反复重版的情况下，2007 年均入选了中国图书对外推广计划，其最终成果为 2009 年外文出版社重新推出的"熊猫丛书"系列 Teahouse & Camel Xiangzi，该书所用译文为霍华翻译的《茶馆》和施晓菁翻译的《骆驼祥子》。苗族作家沈从文的《边城》由戴乃迭英译，于 1962 年发表在英文版《中国文学》上，而后与其丈夫杨宪益合译修改。1981 年，"熊猫丛书"系列《边城及其他》（The Border Town and Other Stories）将其收录，并于 1983 年和 1988 年再版，1999 年由中国文学出版社和外语教学与研究出版社出版《沈从文小说选》和 2011 年译林出版社出版的《边城（英汉双语对照）》均是对译文的重印，2007 年《边城》也入选了中国图书对外推广计划。这在很大程度上是"遴选过剩"。

回族作家霍达的《穆斯林的葬礼》曾获评第三届少数民族文学骏马奖，1992 年《中国文学》杂志社"熊猫丛书"系列推出其英文版，由关月华和钟

---

① 许钧：《重复·超越——名著复译现象剖析》，《中国翻译》1994 年第 3 期。

良弼夫妇合译，并于 1997 年和 2009 年再版。因此，2006 年中国作家协会在启动"中国当代文学百部精品对外译介工程"时，就指出对于《穆斯林的葬礼》的翻译资助排除英语语种。对于"重译"，许渊冲认为"为新译应该尽可能不同于旧译，还应该尽可能高于旧译，否则，就没有什么重译的必要"①。2016年魏清光主编的《中国当代少数民族作家作品精粹》（*Contemporary Chinese Minority Writers and Their Masterpieces*）收入了由冯玉娟节译的《穆斯林的葬礼》，尽管该译本是"重译"后的全新创造，但由于仅是节译，译本从完整性和影响力不如之前版本，因此无论从"选"还是"译"的层面来看意义并不大。

相反，土家族作家叶梅的《撒忧的龙船河》和《花树花树》英文版虽然首发于英文版《中国文学》，两部作品分别被中国文学出版社出版的《女作家作品选4》（*Chinese Women Writers* IV，1995）和《中国当代女作家作品选7》（*Contemporary Chinese Women Writers* Ⅶ，1998）收录，但时隔 20 余年，中译出版社在获得 2017 年"经典中国国际出版工程"项目翻译资助后，由外籍译者 Declan Fry 对两部作品进行全新翻译，编选出版叶梅小说选《最后的土司》（*The Last Chieftain*），译文更符合国外读者语言习惯，其"选"和"译"的价值明显增加。

二、"重复生产"弊端显著

不可否认，"重复生产"反映出图书编辑与译者对作品的关注与重视，在很大程度上突显其在文学史上的重要地位，也增加了"曝光"。法国学者安必诺（Angel Pino）和何碧玉（Isabelle Rabut）就曾指出，20 世纪 80 年代，沈从文作品在法国的接受渠道主要还是"熊猫丛书"中的短篇小说集。② 但作为我国图书出版行业长期以来的"顽疾"，低质化的重复生产更容易造成翻译和出

① 许渊冲：《谈重译——兼评许钧》，《外语与外语教学》1996 年第 6 期。
② Rabut, I., & Pino, A., "The Translation and Reception of Shen Congwen in France and Elsewhere in Europe" In Zhou, G., Chen, S., Xinying, Z., & Kinkley, J. C., eds., *Routledge Companion to Shen Congwen*, Abingdon, Oxon：Routledge, 2009, p. 65.

版资源的浪费，弊端显著。

一是易造成少数民族文学英译资源浪费。新世纪以来，随着"中华文化走出去"工作和"一带一路"倡议等的实施，为了进一步推动中国文学"走出去"，国家层面陆续实施了各类文学译介出版资助工程，如 2004 年的"中国图书对外推广计划"、2009 年的"中国文化著作翻译出版工程"和"经典中国国际出版工程"、2014 年的"丝路书香工程"等，这些项目主要采取资助翻译、出版及推广的方式，从更大规模、更多投入与更广领域支持中国文学"走出去"，但是少数民族文学受到资助的翻译项目比重较少。据魏清光和曾路统计，"2004 至 2015 年，受'中国图书对外推广计划'资助，在国外已经翻译出版的图书有 1745 项，其中文学图书 227 项。受资助的当代少数民族文学作品占受资助已在国外出版文学作品的 9.3%，占受资助已出版图书总额的 1.2%，体裁有小说、散文、剧本"。①

直到 2013 年"中国当代少数民族文学作品对外翻译工程"与 2017 年"中国少数民族作家海外推广计划"相继实施，中国少数民族文学对外译介资源才明显提升，但在多语种情况，英语译介能分到的"蛋糕"自然减少。以沈从文的《边城》为例，虽然被奉为经典，但国内早已多次复译重版，与此同时，海外市场还盛行着美国汉学家金介甫（Jeffrey C. Kinkley）翻译的《边城》，2009年，哈珀·柯林斯出版集团（Harper Collins Publishers）在其 1995 年夏威夷大学出版社和 2004 年香港中文大学出版社的版本基础上出版《边城》单行本。因此，如果再耗资去推行旧的译文，毫无创新与改变，其影响力和价值是不大的。面对如此稀有资助"资源"，我们更应该突出"选"和"译"的必要性，以此丰富少数民族文学对外英译的成果。

二是易形成翻译文学类图书的同质化、低质化。袁方指出，"图书质量包括内在质量和外在质量。内在质量主要包括选题质量、编校质量等；外在质量

---

① 魏清光、曾路：《当代少数民族文学对外译介：成效与不足》，《西南民族大学学报》（人文社科版）
 2017 年第 3 期。

包括印刷质量和装帧设计质量等"①。而重复生产所体现的是外在质量上的改变。当某部英译少数民族文学作品得到市场认可，出版社便会将其利益、价值最大化，一版再版。如译林出版社 2002 年出版了《散文佳作 108 篇 汉英·英汉对照》（2011 年重版）和《英汉·汉英美文翻译与鉴赏》（2007 年、2010 年重版）两部选本，并多次重版，这两本选本都收录了老舍的《小麻雀》，从形式和内容上看，两选本较为相似，主要由中外散文及其译文两部分构成，且所选内容有所重合，是一种同质化重复生产。再如，1999 年中国文学出版社和外语教学与研究出版社联合出版的《老舍小说选》《沈从文小说选》《扎西达娃小说选》《张承志小说选》《端木蕻良小说选》这五本英文选本，与之前《中国文学》杂志社（后改为中国文学出版社）出版涉及五位作家的"熊猫丛书"系列内容有重合，从选本的编者来看，杨宪益和戴乃迭夫妇皆参与其中。

　　文学选本的功能"更多是一种预期设定（即编选意图）和'选文'与'选编'相互作用下的综合效果"②，要突出"选"的意义。如 1992 年译林出版社出版的《中国现代文学文库·老舍》就能体现编者的编选意识。

表3　英文版《中国现代文学文库·老舍》译文来源情况

序号	作品名称	译者	出版社	首发时间
1	《骆驼祥子》	施晓菁	外文出版社	1981 年
2	《离婚》	Helena Kuo 郭镜秋	Reynal & Hitchcock	1948 年
3	《四世同堂》	Ida Pruitt 浦爱德	Harcourt，Brace & Company	1952 年
4	《正红旗下》	Don J. Cohn	中国文学出版社	1982 年
5	《月牙儿及其他短篇小说》	Don J. Cohn 等	中国文学出版社	1985 年
6	《茶馆》	英若诚	《中国文学》英文版	1979 年 12 月
7	《龙须沟》	廖鸿英	外文出版社	1956 年

---

① 袁方：《同质化市场下质量从何谈起？》，《出版广角》2014 年第 7 期。
② 徐勇：《中国当代文学选本编纂体系建设：历史回顾与现实重构》，《学术月刊》2020 年第 4 期。

顾爱彬等人在编选这部英文选集时，考究了每部作品当前存在的多个译本的情况，选择了自己认为更合适、更准确的版本进行编选，要保证作品类型相对齐全，"既有他的小说，又有话剧剧本，还有散文和文学创作谈，以利读者对每一位作家有一个全面的了解"，同时"确保译文质量，忠实地再现原作风貌"①。与此同时，这些各卷文学选集中的附录里还收录了老舍及其作品相关的评论文章、年谱等重要研究资料，如樊骏的《老舍的文学道路》《论〈骆驼祥子〉的现实主义——纪念老舍先生八十诞辰》，英若诚的《老舍和他的〈茶馆〉》，舒济的《老舍年谱简编》等，便于英语读者阅读和研究老舍，也增加了新图书的"附加值"。

三是易引发读者选择困难。多出版社、多版本的文学译本能为读者提供更多阅读选择的同时也加剧了读者的"选择困难症"。如国内翻译老舍《茶馆》的有英若诚和霍华两个版本，外文出版社、译林出版社、中国对外翻译出版公司（中译出版社）都有出版，有英文选集也有单行本，还有汉英对照双语本。在不了解哪个版本最优的情况下，读者无法进行快速、准确地选择。此外，各大出版社开始陆续推出英汉双语版本，如 2008 年中国对外翻译出版公司的《中国现代诗选：汉英对照》、2010 年译林出版社的《英汉·汉英美文翻译与鉴赏》、2012 年作家出版社的《中国文学·中英双语版》、2013 年中国对外翻译出版公司的双语名著无障碍阅读丛书、2016 年外文出版社的《路灯·英汉双语版》等。双语本的出现是出版社对于图书读者定位的"模糊"或是面对英译本销路不畅的"妥协"，出版社想同时网罗英语、汉语读者，反而会给人一种"画蛇添足"的感觉，其实际效果也不尽如人意。

不仅同一作品能加剧读者选择困难，不同的作品也会给读者带来"不良"的阅读体验。1999 年上海外语教育出版社出版了《英译中国现代散文选》，并于 2007 年再版，第 1 辑收录了老舍的《想北平》《养花》，第 2 辑收录了萧乾的《枣核》《古城》和端木蕻良的《黎明的眼睛》《耐力》，第 3 辑收录了老舍

---

① 顾爱彬：《三十年前"走出去"的尝试——〈中国现代文学文库〉（英文版）策划及出版始末》，《中华读书报》2020 年 8 月 12 日，第 1 版。

的《狗》，2012 年第 4 辑收了萧乾的《说起香港》《从老黑奴说起》《斯诺精神》《忆滇缅路》等多部作品，而 2014 年，上海外语教育出版社出版了《英译中国经典散文选》，其中收录了老舍的《母鸡》，单从选本的书名来看，似乎后者所选作品跨出时间限制且比前者更为经典，这在很大程度上容易给读者造成选择误区。已有研究显示，"海外专业型读者是中国小说英译的中坚阅读群体"①，而少数民族文学英译作品的读者更是有限，低质量地重复生产会严重影响读者阅读兴趣和体验，从而流失读者群体，难以发挥其对外传播作用。

三、避免"重复生产"

当前，随着互联网技术的飞速发展，数字媒体已然对传统出版业造成了冲击。放任其"野蛮生长"必然会造成资源配置的巨大浪费，同时也会延缓传统出版业调整升级和少数民族文学在英语世界传播的步伐。有效避免重复生产，刻不容缓。

首先，国家政府需要加强统筹管理。早在 1983 年，文化部就颁布《文化部关于纠正文学类作品重复出版问题的通知》来提高图书出版质量，但至今并未杜绝此类现象。因此，要完善出版行业相关的法律制度，加大市场监管力度。一方面坚决和坚持不懈地打击图书盗版行为，保护出版社和作者的合法权益，维护出版市场的健康秩序；另一方面，要合理运用市场规则，加快建立图书出版预警机制，对于重复出版严重的英译作品，及时公布出版信息，向相关出版社作出出版预警，配置好图书资源，提高图书使用率，这样能够在很大程度上减缓盲目跟风出版现象，有效避免重复出版和无效出版。此外，还要规范各项对外图书出版计划资助工程，就当前而言，国家层面的翻译出版资助工程是少数民族文学作品英译赖以出版的重要经济支柱和有力保障，各个工程的立项审批需要综合考虑好多方面因素，使有限的出版资源能够发挥无限的作用。

其次，出版社需要提高自身定位。实现我国少数民族文学对外英译事业的

---

① 王颖冲、王克非：《洞见、不见与偏见——考察 20 世纪海外学术期刊对中文小说英译的评论》，《中国翻译》2015 年第 3 期。

可持续发展，各出版社不仅仅需要"既往"，对经典译本进行传承发扬，更应该"开来"，在可持续发展的道路上取得少数民族文学英译成果的新突破。如果仅仅停留在前人的出版成果上继续"啃老"，那么出版社的发展也必定会受阻。各大出版社亟须加快数字化建设的步伐，随着互联网技术的发展和应用，媒体融合发展是大势所趋。当前，数字化出版正在已强劲的发展态势冲击着传统的纸质出版行业。出版社可以采取电子书和建立数据库的形式进行数字化出版，对已出版的经典少数民族文学英译作品进行扫描，并通过出版社网站进行销售。还可以与新媒体联动，实现全媒体出版，如与视听 APP 进行合作，将译本制作成音频的形式出版，这也能够在很大程度上减少纸质的重复出版。

再者，译者需要提升自己的专业能力。"翻译是处于边缘的文学空间进入中心文学空间的重要手段，也是世界文学空间中民族文学竞争的主要武器。"① 如果说文学翻译是架起不同文化之间沟通交流的桥梁，那么译者就是搭建这座桥梁的伟大工程师。因此，译者在满足译入国家读者的阅读趣味和思维习惯的基础上而保留原作品文学文本的完整性显得尤为重要。当前，少数民族文学英译作品重复生产的一个很重要原因就是没有新的译作能够超越经典或者成为新的经典。早期的编译工作者如杨宪益、戴乃迭、沙博理、路易·艾黎等，他们运用自己娴熟的双语能力，减少中外文化间的差异与冲突；新时期的海外翻译家如葛浩文（Howard Goldblatt）、徐穆实（Bruce Humes）、陶建（Eric Abrahamsen）、顾爱玲（Eleanor Goodman）等，他们有力地推动少数民族文学作品在英语世界的传播。因此，我们更需要重视翻译人才的培养和队伍的建设，立足国内，面向海外，组建一支高水平、对少数民族文学有着长时间研究的翻译专家队伍。同时，要搭建好作家与翻译家面对面交流与接触的平台，正如吉狄马加强调，"作家与翻译家之间需要顺畅的沟通，最重要的是形成良好的人才、资源对接机制"②。这样我们才有可能创造出少数民族文学英译经典新的高峰。

---

① 王国礼：《建国后中国文学的英语外译作品及其传播效果研究》，《东南传播》2014 年第 6 期。
② 牛锐：《少数民族文学"走出去"步伐亟须加快》，《中国民族报》2015 年 8 月 28 日，第 9 版。

结语

重复生产是我国少数民族文学对外英译传播面临且需打破的困境，虽然目前被英译推广到国外的作品在数量上很少、在销量上有限，但时代发展也给我们带来了难得的历史机遇，长期的对外译介让英语世界不再对中国少数民族文化陌生，与出版商更为紧密的合作让中国少数民族文学进入大众视野，少数民族文学正逐步肩负起讲好中国多民族故事的使命与责任。打破传统纸媒与数字媒体间的壁垒，实现内容、形式、推广渠道等的创新，才能加快中国少数民族文学"走出去"的步伐。

博士论坛

"傲慢与偏见"

——论文学史中的皮肤病隐喻

高家鹏

摘　要　浩如烟海的文学史中处处可见皮肤病的身影，但是学界鲜有成果讨论皮肤病与文学的互动。从文学史的整体上看，文学中的皮肤病是一种"脏病"，是患者不洁的内心所致。另则，作家还喜用皮肤病来寓意欧洲城市化后的消极影响。航海小说将皮肤病进行神秘化处理，与征服主义观念发生共谋。最后，雀斑和痣是标识性皮肤疾病，在近代以来的小说作品中被赋予了"放荡""不贞"的隐喻话语。皮肤病在各时期历史语境下有不同的隐喻特征，研究文学中的皮肤病书写、剥离皮肤病的隐喻，有助于多元主义的认知以及现代精神的完善。

关键词　神秘；航海；多元主义；隐喻

苏珊·桑塔格于文学中的疾病之研究可谓极富首创性。桑塔格在《疾病的隐喻》一书开篇就指出，"我的主题不是身体疾病本身，而是疾病被当作修辞手法或隐喻加以使用的情形"，同时，她还坚持认为应当抵制这种"疾病的隐

作者简介：高家鹏，湖南株洲人，湖南大学中国语言文学学院博士研究生，主要从事中国现代文学研究。

喻性思考"①，因为这种隐喻性思考使人们生活在对"疾病"的恐惧与误解中，妨碍了人们正确认识疾病，故而她呼吁对"疾病"行施"祛魅"。桑塔格虽立论得体，但其实她自身也陷入了"隐喻陷阱"之中。癌症和结核病是桑塔格《疾病的隐喻》讨论的主要对象，二者皆是富含隐喻性元素的疾病。桑塔格解释两种疾病的"幻象之所以盛行"，在于"它们被等同于死亡本身"②。那么，笔者不禁思考，那些不具备致死性的疾病呢？它们难道不需祛魅？患者所蒙受的阴霾就不值得学者拨开吗？桑塔格指出，脓肿、溃疡这类疾病应属"痛苦却可治愈"的范围，但却并未对这类非致死疾病展开广泛讨论。事实上，桑塔格所讨论的疾病无一不是烈性致死疾病，如结核病、艾滋、癌症以及梅毒。桑塔格陷入的正是"致死的才是有意义的"这种社会性疾病隐喻之中，而那些罹患非致死疾病的病者，则"理所当然"地遭到了忽略。所谓"解构是另一种形式的建构"③，桑塔格的论述就印证了这个观点。

皮肤病通指发生在皮肤器官的病变，是人类生活中最常见的疾病之一。同时，皮肤病的多数病种还属于典型的非致死疾病，按桑塔格的划分，应划分进"痛苦却可治愈"的疾病范围。我们在日常生活的体验中，也鲜有听闻某人因罹患皮肤病而去世的。事实上，桑塔格的遗漏又显得情有可原，因为不会有比皮肤病症状更轻微的疾病了。癣、斑、疮以及良性痣，这些皮肤病哪怕不去治疗也不会遗留什么恶性后果，多数皮肤病自愈后，只是留下疤而已。罗伯特·凯里（Robert Scott Carey）是研究皮肤病与哲学互动的集大成者，他描述了自己儿时一个有趣的事情："我仍能记得自己的第一个青春痘。那年我 11 岁，正要走出游泳池更衣室，我注意到镜子里有一个红色的小肿块……我兴奋地冲出更衣室门外，高呼'我长了第一颗青春痘'，大家都笑了起来。"④ "一笑置之"，这似乎是大多数人对皮肤病的态度。

---

① ［美］苏珊·桑塔格：《疾病的隐喻》，程巍译，上海译文出版社 2003 年版，第 5 页。
② ［美］苏珊·桑塔格：《疾病的隐喻》，程巍译，上海译文出版社 2003 年版，第 18 页。
③ 孙宁：《解构与建构：乔纳森·卡勒文学理论研究》，山东大学博士学位论文，2015 年，第 146 页。
④ Robert Scott Carey, *Embodying Acne：Skin，Subjectivity and Dermatological Science*, Kingston：Queen's University Press，2003，p. 1.

但是，皮肤病所造成的苦痛与折磨，还是不可避免地流淌在作家的生平与自述之中，它像顽固的瘢痕一样留在了文学史的记忆之中。杰克·伦敦，在环球航行时就患上了严重的热带皮肤病，"疮、痘以及皮癣"让他痛不欲生，[1] 他被迫前往悉尼医院医治了5个月才得以康复。美国作家约翰·厄普代克幼年患麻疹，因治疗不当而留下顽疾，导致他终身要与牛皮癣症斗争。他选择写作的重要原因之一就是避免与公众见面，规避不安与难堪。[2] 纳博科夫曾反复患麻疹病，被迫离开俄罗斯的庄园，前往芬兰进行疗养治疗。[3] 张爱玲晚年也深受皮肤病的折磨，她被迫迁移住址到空气更好的地方以治疗疾病。之后，她选择闭门不出，过着一人独居的冷清生活。[4]

皮肤的瘙痒以及阴郁的心情，这就是罹患皮肤病的作家之日常，正如太宰治在小说《皮肤与心》中，借女主人公之口说的那样："不管生什么病，我都不会害怕，只有对皮肤病，完全完全没办法。怎样辛苦、怎样贫穷都好，我就是不想得皮肤病。"[5] 该文指出，如果寻常病痛的"痛"会令人昏厥并"美丽的解脱"，"发痒"只会让人"永远地痛苦、挣扎"[6]。皮肤病对患者的折磨是持续性的，若治疗不当，皮肤病往往伴随着患者终身，这是一种难以估量的精神鞭笞。作家治疗皮肤病期间往往选择离群索居的生活模式。当然，用自我隔离的方式以杜绝交叉传染，这种医学考量的确影响了作家的决定，但他们出走的原因更多的是出于对他人讽刺及攻击的担忧。正如凯里博士所言："毕竟，皮肤病是高度可视的。患者的痤疮能在公共场所被看到，这就意味着该疾病的意义可能超出医学范畴。"[7] 皮肤病意味着患者被驱逐、被排斥，"皮肤病"这

---

① 虞建华：《杰克·伦敦研究》，上海外语教育出版社2009年版，第97页。
② 马晓霞：《约翰·厄普代克小说叙事研究》，中国商务出版社2020年版，第159页。
③ ［新西兰］布赖恩·博伊德：《纳博科夫传 俄罗斯时期（上）》，刘佳林译，广西师范大学出版社2009年版，第158页。
④ 金怡：《论张爱玲亲子观的嬗变与人性探究》，《中国现代文学论丛》2018年13卷第2期。
⑤ ［日］太宰治：《皮肤与心》，《女生徒》，李桂芳译，吉林出版集团有限责任公司2009年版，第12页。
⑥ ［日］太宰治：《皮肤与心》，《女生徒》，李桂芳译，吉林出版集团有限责任公司2009年版，第13页。
⑦ Robert Scott Carey, *Embodying Acne: Skin, Subjectivity and Dermatological Science*, Kingston: Queen's University Press, 2003, p. 6.

个医学概念早已遍布"隔离"隐喻。

在文学作品领域，正是因为"非致死"性，恶人在攻击皮肤病患者时，几乎不会有类似"良心不安"的情绪，因为他们深知皮肤病不会让人死亡，自己也无须承担相应的心灵后果。"痛苦却又得不到同情"，可用这句话来概述文学中皮肤病患者面临的精神监牢。鲁迅笔下的阿Q身患癞疮，却连祥林嫂那零星的同情都得不到，时刻面临着他人的羞辱与讽刺，"一犯讳，不问有心与无心，阿Q便全疤通红的发起怒来"①。阿Q就极为典型地反映了皮肤病患者的社会环境，他们终日生活在指责、控告以及羞辱之中。通常大多数疾病的患者都会得到他人的同情，期望着他们能早日摆脱病魔，但是应有的同情却令人意外地在皮肤病范畴中缺席了。

因隔离治疗带来的驱逐，因持续患病而要经历永恒苦难，因容颜遭病变侵蚀而带来的羞耻以及皮肤病不被重视所引发的同情阻绝，这些都是皮肤病带来的疾病隐喻，这些隐喻遮蔽了皮肤病的病理认知，塑造了文学史上那令人揪心、遍布羞耻的皮肤病书写。爬梳皮肤病的文学隐喻、整理文学史上的皮肤病，具有积极的学术价值，值得我们讨论研究。

一、赤贫与畸形——文学史中的皮肤病大观

最早的皮肤病文学书写可追溯至四千余年前的苏美尔文明史诗《吉尔伽美什》。史诗中，风神恩利尔因不满人类搅了他的睡眠，下令用鼠疫惩戒人类。患鼠疫的人类第二年就受到疥癣的折磨。② 值得注意的是，《吉尔伽美什》中的疥癣书写，属于恩利尔一系列降灾中的片段，配合了"土地减产""子宫断育"以及"干旱"等"神之惩罚"，但是对皮肤病的记载并不详细。《出埃及记》有三处较为详细的皮肤病书写。其一是耶和华为了彰显神的万能，令摩西将手放在怀里，"不料手长了大麻风、有雪那样白"（《出埃及记》4：6），然后耶和华又奇迹地让摩西的麻风消失了。其二是摩西在与埃及法师的斗法中，

---

① 鲁迅：《阿Q正传·呐喊》，《鲁迅全集（第1卷）》，人民文学出版社 2005 年版，第 516 页。
② 佚名：《吉尔伽美什》，赵乐甡译，译林出版社 2018 年版，第 255 页。

耶和华让一切埃及人和牲畜"身上成了起泡的疮",致使埃及法师"站立不住"(《出埃及记》9：10-11)。其三是第四章中祭祀如何诊治大麻风的片段。《出埃及记》中关于皮肤病的书写,一方面体现了神的全能——可让麻风来,也可让麻风走。另一方面,皮肤病是神对罪人的惩罚,而且针对了埃及人这一个极大的族群,夹杂了浓厚的道德审判与末世韵味。无独有偶,《古兰经》中记载,穆罕默德奉主的命令,能"医治天然盲、大麻疯"①,这也体现了神力的强大。

这些人类文明最初阶段的代表性文学作品,皆可见皮肤病的踪影。为什么会出现这种现象呢？如果宗教是疾病原因,那么也应当是解决办法,初民将神的意志贯彻患病与治愈之全过程。麻风病、疥癣等皮肤病都是极难痊愈的顽疾,从发病至痊愈都缺乏医学依据,初民只得用神罚来进行病因解读,这种思路无疑直接反映到文学作品之中。当然,宗教式思维远远落后于现代科学性思维,"隐喻"在古代时期塑成了更恶劣的社会后果。《利未记》中,干脆直接称麻风患者为"不洁净者",且痊愈后需要向耶和华赎罪(《利未记》14：18),暗示他们内心肮脏才肉皮上生大麻风,受这疾病之苦。患者还要"独居营外",他们甚至被剥夺了正常的社交权利。可见,自文明诞生之初,皮肤病就被神性所遮蔽,满载着隐喻与偏见。

《约伯记》是圣经最古老的书卷,而且在皮肤病书写上具有开拓性创建。上帝与撒旦打赌,降灾"义人"约伯以测试他对神的忠诚。约伯除蒙受家产流失、儿子惨死的神罚,肉体上还承受了皮肤病的折磨——撒旦"击打约伯,使他从脚掌到头顶长毒疮"(《约伯记》2：7)。《约伯记》最早描绘了皮肤病患者的精神苦难,约伯在受灾后痛苦不已,不得不用瓦片刮拭身体,用痛感来消除痒感。他的内心在激烈地斗争,皮肤病使他的信仰动摇,他咒诅自己的生日、咒骂太阳、诅咒众生不育。最重要的是,《约伯记》开创了皮肤病的"造物性"(Kreatürliche)书写,所谓"造物性"是德国学者奥尔巴赫的理论,他

---

① 《古兰经》,马坚译,中国社会科学出版社1981年版,第40页。

认为"造物性"就是身体的感官性描写，真实地写出了肉体的血肉之身乃至丑态。① 诚如撒旦所言，"人以皮代皮"（《约伯记》2：4），人的皮肉就是他的立命之本，而皮肤病对人容颜的毁灭性摧残是神对个体的最大惩罚。故而，约伯的三个朋友来探视他，发觉已然无法认出约伯时，"放声大哭。各人撕裂外袍，把尘土向天扬起来，落在自己的头上"（《约伯记》2：12）。《约伯记》开创了"疮"即"丑"的皮肤病隐喻传统，"皮肤病是一种可怕的丑病"，这直接影响了后世的皮肤病书写。

《新约》对皮肤病的叙述，深受《约伯记》的影响。拉撒路（Lazarus）是圣经中的重要人物，他是一名乞丐，人物出场时就"浑身生疮"，身上难闻的气味甚至引来了狗的舔舐，最后他悲惨地死去。拉撒路形象赋予了皮肤病以新的隐喻——"底层病"。这是一种典型的阶级歧视论调，该隐喻暗示下层人生活空间狭隘、空气浑浊、环境肮脏，以至于他们极易患上皮肤病这种丑态疾病。"疮"不仅是"丑"病，还是一种"穷"病。在 14 世纪的文献里，出现了"小拉撒路（Lazarillo）"乞丐形象，这种乞丐通常担任引路人。② 16 世纪出版的著名流浪汉小说《托梅斯河上的小拉撒路》（又译《小癞子》）中，"疮"的意象变成了含混意义上的"黑皮肤"，小拉撒路自述自己出身时就"又黑又丑"③。克维多所著的《骗子维多》也是受《托梅斯河上的小拉撒路》影响而作的流浪汉小说，其中主人公寄宿的卡夫拉一家"穷困得简直无以复加"，几乎每天都在挨饿。主人公打趣地说道，封斋期有一大群人想挤进卡夫拉家，他们"有的生了疥癣，有的生了冻疮"，之所以到卡夫拉家来，是因为这家穷到"疮疖就都会饿死，从此也就不会痒得难受了"④。《骗子维多》的这处描写，将皮肤病与赤贫联系在一起，同时又附上了饥饿这一贫穷的延伸要素，穷人的饥饿往往伴随着皮肤病的生发。塞万提斯在《堂吉诃德》重申了"疮"与"穷"的隐喻联系，小说中的巴西利奥是个彻头彻尾的穷鬼，一个流

① ［德］埃里希·奥尔巴赫：《摹仿论》，吴麟绶译，商务印书馆 2014 年版，第 458 页。
② 杨绛：《介绍〈小癞子〉》，《读书》1984 年第 6 期。
③ ［西］无名氏：《小癞子》，杨绛译，人民文学出版社 2013 年版，第 2 页。
④ ［西］克维多等：《西班牙流浪汉小说选》，杨绛等译，人民文学出版社 1997 年版，第 71 页。

浪汉式的人物，桑丘就用"上帝先让你长疮，然后再给你药方"来暗喻巴西利奥的处境。① 有趣的是，中国近古章回体小说喜用的"泼皮"一词，也是该隐喻的承接者。"泼皮"泛指无赖，学者刘敬林认为，"泼皮"是"破皮"的记音字，就是"癞皮"的意思，本指动物皮因患癣病而毛秃皮厚现象，后随词义扩大而指厚着面皮撒泼的人。② 此外，"泼皮腌臜"一词更为典型，既使用皮肤病来囊括底层无赖人士，又对皮肤病冠以肮脏的特性，这是两种隐喻结合的一种典范词汇。

皮肤病难道是底层人的专属疾病？事实并不是如此。疱疹这一疾病的患者就阶级各异，革命者马拉、三国时期将领曹休，甚至美国前总统尼克松皆患过疱疹类疾病。然而，文学作品是如此热衷于将皮肤病与底层混为一谈，究其原因，落后的皮肤病医学知识恐是主导。直至近古的欧洲，皮肤病的研究并未取得质的突破，疾病认知相当于公元前的文明水平。一直到19世纪早期，维也纳的医生黑布拉（Hebra）以及泽梅尔维斯（Semmelweis）研究了产褥热的病因，才发觉细菌是皮肤病发病的原因之一，在此之前，皮肤病一直被看作体液病，一种肮脏的"喷出物"③。故而，皮肤病长期被视为脏病、穷病也就不难解释了。

伟大的人文主义剧作家莎士比亚，也尚未拨开皮肤病隐喻的阴霾。他非常热衷于在剧中用皮肤病代词来充作人物攻击他者的武器。"脓肿""疮"以及"溃疡"等词汇在剧中多次出现。桑塔格对此不屑一顾，认为莎翁用词之目的"无非是抨击"，"不用费神在此细分"。④ 事实上，如若联系上述的"底层病"隐喻，会发现莎翁用皮肤病词汇都是在特定语境下进行的。《爱的徒劳》中，国王抨击鲍益"咒他如簧巧舌上长满疔疮"⑤。《无事生非》中波拉契奥讽刺侍从康拉德为"一颗癞疥"⑥。《皆大欢喜》中，长公爵唾骂他的随臣杰奎斯"你

① ［西］塞万提斯：《堂吉诃德》，杨绛译，上海译文出版社2006年版，第494-495页。
② 刘敬林：《"泼皮破落户""辣子"释义辨正》，《红楼梦学刊》2014年第5辑。
③ ［德］文兹梅尔：《世界医学五千年史》，马伯英等译，人民卫生出版社1985年版，第138页。
④ ［美］苏珊·桑塔格：《疾病的隐喻》，程巍译，上海译文出版社2003年版，第65页。
⑤ ［英］莎士比亚：《爱的徒劳》，《莎士比亚全集（第1卷）》，译林出版社2016年版，第293页。
⑥ ［英］莎士比亚：《无事生非》，《莎士比亚全集（第2卷）》，译林出版社2016年版，第50页。

要把你那身因为你的荒唐纵欲而沾染来的臃肿的脓疮、溃烂的恶病，向全人类播散"①。《亨利五世》中的福斯塔夫，常将"杨梅疮"一词挂在口中，用来讽刺他人，嘲解生活的不顺。《温莎的风流娘们》中毕斯托尔是福斯塔夫的随从，与福斯塔夫斗嘴时称"让你的脚跟上长起老大的冻疮来吧"②。《亨利五世》中的皮斯托，也是个市井无赖，他和士兵尼姆斗嘴时，就要他去"下等医院"中，在治"脏病"的桶子里揪出个患麻风的女人，③"穷""脏"与皮肤病的结合隐喻再次出现。上述谈及皮肤病的人物中，鲍益和杰奎斯以及康拉德是身份低微的侍者，福斯塔夫、毕斯托尔以及皮斯托是市井无赖，他们皆是城市中活跃的鄙夷之人。不同的是，鲍益和杰奎斯是皮肤病代称的被攻击者，而福斯塔夫和毕斯托尔以及皮斯托则更乐观豁达，主动用皮肤病来相互讽刺，这是市民阶层乐观、积极的天性所致。总之，莎士比亚的笔下，皮肤病话语总是在底层人互动中出现，是一种极为辛辣、刻薄的攻击话语。用《科利奥兰纳斯》中的人物米尼涅斯的话总结，"敏捷的腿脚一旦害了坏疽，它以前的好处也会被忘记"④，一旦用上皮肤病话语，被攻击者的其余特性皆会遭受遮蔽，只留下那可耻的、卑微的肉身。

尼采在《查拉图斯特拉如是说》指出，"大地，有一层皮；这层皮有好些病。例如，其中有一种病，叫作'人'"⑤。不管好人坏人，人类全体就是"皮肤病"，这是一种典型的消极主义观点，含混着基督精神层面的原罪观，只是尼采用"皮肤病"这一疾病话语替换了人类末世命运的基督话语。尼采将皮肤病的负罪隐喻扩散至人类群体，与 19 世纪的城市发展之背景偶合。19 世纪，

---

① ［英］莎士比亚：《皆大欢喜》，《莎士比亚全集（第 2 卷）》，译林出版社 2016 年版，第 125 页。
② ［英］莎士比亚：《温莎的风流娘们》，《莎士比亚全集（第 1 卷）》，译林出版社 2016 年版，第 492 页。
③ William Shakespeare, King Henry V（Webster's Chinese Simplified Thesaurus Edition），San Diego：icon Group International，2005，p. 27.
④ ［英］莎士比亚：《科利奥兰纳斯》，《莎士比亚全集（第 6 卷）》，译林出版社 2001 年版，第 359 页。
⑤ ［德］尼采：《查拉图斯特拉如是说》，钱春绮译，生活·读书·新知三联书店 2007 年版，第 149 页。

欧洲的工业急遽发展，当代生活中的"城市现实"迅速增长，① 挤占了作家的视野。人类既然是一种皮肤病，那世界上哪个类别的空间区域人类最多呢？自然是城市。于是，城市成了皮肤病的承载空间，城市的膨胀常被作家以"泛滥的皮肤病"来进行比拟。波德莱尔，学界公认他在诗歌领域带来的城市书写这一新鲜元素，他的诗歌中的皮肤病词汇多如牛毛。他的诗作中，皮肤病与城市空间大量的反胃元素"齐头现身"。《恶之花》不厌其烦地重申"水肿""疥癣"以及"脓液"等词汇。《敞开我的心扉》组文中，诗人化作城市里一位出淤泥而不染的漫游者，"不与女人（乔治·桑）为伍""不要荣誉团的表彰"，对宗教和政治更是不屑。然后，诗人写道："出于同样的理由，我不穿患疥疮的人的短裤。"② "疥疮"就是城市里每日发生的罪孽之代词，诗人立志与其划清界限。很多现代派作家继续了波德莱尔的书写倾向。菲利普·拉金的"癞蛤蟆"形象就有皮肤坑洼、形态丑陋的姿态，他用其比喻城市中百无聊赖的工作，如诗歌《癞蛤蟆》《重访癞蛤蟆》两则。《老傻瓜们》一诗更是直接用癞蛤蟆来形容老年痴呆这一新兴疾病，用"癞蛤蟆似的皮肤"来形容老人的皮肤。③ 诚如华兹华斯《迈克尔》一诗所言，城市是"荒淫浪荡"的，④ 含纳着无数的罪与丑态。波德莱尔等人就是将城市罪孽的各种抽象形式拟人化成"罪人"，"皮肤病"就是城市居民的原罪形式。这是皮肤病在中世纪城市"底层人"皮肤病隐喻的一种现代翻版，但程度却大大加深了，因为戏谑、嘲讽的乐观派要素在波德莱尔等人的作品中不见踪迹，而且这些作品中的"皮肤病"通常不可治愈，寓意着城市人类原罪的永恒绝罚。

战后文学中，拉美地区的创作最热衷于表现皮肤病，通常用触目惊心的皮

① Rosemary Lloyd, French poetry 1793–1863, *The Cambridge History of French Literature*, Cambridge: Cambridge University Press, 2011, p. 471.
② ［法］波德莱尔：《敞开我的心扉》，《巴黎的忧郁》，郭宏安译，上海译文出版社2013年版，第311页。
③ Emma Baldwin. "The Old Fools by Philip Larkin". *Poem Analysis*, https://poemanalysis.com/philip-larkin/the-old-fools/. Accessed 11 March 2023.
④ ［英］华兹华斯：《迈克尔》，《华兹华斯、柯尔律治诗选》，杨德豫译，人民文学出版社2001年版，第60页。

肤病书写反映拉美地区的混乱与不幸。胡安·鲁尔福的小说集《烈火平原》中《塔尔巴》一文，就写了主人公那满身烂疮的弟弟丹尼罗想去朝圣"塔尔巴"圣母，以治愈自己。然而丹尼罗最后仍被皮肤病折磨致死，基督教文本里的治病奇迹并没有在拉美地区出现。《安纳克莱托·蒙罗纳斯》中老婆子说她老公的毒疮被一位"圣婴"治好了，但事实上她老公很可能只是患上了麻疹。智利作家阿连德的《幽灵之家》，无数底层人民都在呼唤上帝，但是"疥疮""鸡舍疮"大量在文中出现，并未得到治愈。文中埃斯特夫人就因皮肤病而失去双腿。[①]《百年孤独》中尼卡诺尔神甫一生热衷于证明"上帝存在"，但他死前却见识到拉美的战争，感慨"实在荒唐，基督徒居然炮击教堂"。[②] 在神性缺位的境况下，马孔多盛行各类疾病，其中奥雷里亚诺第二的情人佩特拉·科特斯就身患疥疮。[③] 总之，拉美地区的皮肤病是区域治安混乱的一种隐喻与象征，而且常常在神性缺位的背景下涌现，是《圣经》"施病—愈病"模式的"反书写"。皮肤病于是成了拉美作家自我嘲解、自我反思的一种技术途径。

纵观文学史，很难找到像皮肤病这般横跨了整个世界文学史而且隐喻极其丰富的疾病。皮肤病之于文学史就是一场彻彻底底的"偏见史"：首先，皮肤病受神性遮蔽，寓意神罚。然后，文艺复兴前后，皮肤病喻指穷人，隐射他们肮脏的生活环境，这也折射出作家对于平民那恶意的傲慢。最后，皮肤病与城市书写结合，作家暗示皮肤病是人类的原罪。直至20世纪，皮肤病的各式隐喻不仅没有得到解释与祛魅，反而愈演愈烈，各式隐喻逐步叠加，塑成了今天社会嘲笑皮肤病、忽视皮肤病的文化现状。于是，剥离皮肤病的隐喻、还原文学人物的体验情境，不仅有一定的医疗科学考量，还具有相当程度的人文诉求量度。

二、征服神秘——探索欲在皮肤病上的变格

从整体上看，皮肤病是"穷"病、"丑"病，但是在文学史上还有不少其

① ［智］伊莎贝尔·阿连德：《幽灵之家》，刘习良译，北京十月文艺出版社1991年版，第88页。
② ［哥］加西亚·马尔克斯：《百年孤独》，范晔译，南海出版公司2011年版，第119页。
③ ［哥］加西亚·马尔克斯：《百年孤独》，范晔译，南海出版公司2011年版，第288页。

余类别的皮肤病隐喻。文学里的"皮肤"书写，应归属于身体美学，但也有其特殊性。例如肤色，就常用来区分"自我与他者"，"黄种人""黑种人""白种人"这样的人种概念就混杂着肤色的认知。总的来说，皮肤又可被看作一场视觉政治的变格，观者用肤色、皮肤状态来认知他者的族群、阶级。欧美的人类学家，由于学科的影响，他们必须大量接触白人社会之外的他者——即当代社会仍保留原始生活方式的土著，这就造成了他们的著作常涌动着视觉政治要素。人类学家如若看到通常衣不遮体的土著，最先观察到的必然是他们的皮肤。弗雷泽在著作《金枝》中兴致勃勃地描绘土著的皮肤状态，"黄金海岸的女性将皮肤涂成白色"、马绍纳人"皮肤黝黑，疯狂地舞蹈"。他还写到土著多患黄疸病，土著皮肤"灰黄"，期待巫师用巫术将黄疸病"转给鹦鹉"。① 当然，这种对外貌的关注不单局限于皮肤，还包括皮肤上的疾病。列维-施特劳斯的《忧郁的热带》，就特别关注了美洲土著世界的皮肤病现象。"南比克瓦拉印第安人""身材短小"，"很多人都有皮肤病，身上有不少蓝紫色的圆块块"。② 列维-斯特劳斯还煞费苦心地转述了 16 世纪一个西班牙士兵的言语，这个士兵在沿岸看到吐比人族群，惊讶道："和我们完全相同的要素所构成……却从来没染上麻风、瘫痪、痉挛、溃烂性的疾病或溃疡，或者任何其他可在外表皮肤上看得出来的败坏身体的疾病。"③ 此外，列维-施特劳斯还绘声绘色地写印度加尔各答中的迦梨神庙，神庙里的人"身体畸形"，"住在里面的人堆一起床，就被送去进行种种崇敬膜拜，像请求治好其溃疡、口癌、疥癣或癞烂"。④ 由此可见，在列维-施特劳斯的视野中，土著不仅身患各类致命性疾病，而且通常都显露在皮肤之上。这些热带的皮肤病不仅让人形态丑陋，而且发病机制不明，充满了神秘要素。

---

① ［英］弗雷泽：《金枝（上册）》，汪培基等译，商务印书馆 2012 年版，第 50、170、33、34 页。
② ［法］克洛德·列维-斯特劳斯：《忧郁的热带》，王志明译，中国人民大学出版社 2009 年版，第 334 页。
③ ［法］克洛德·列维-斯特劳斯：《忧郁的热带》，王志明译，中国人民大学出版社 2009 年版，第 426 页。
④ ［法］克洛德·列维-斯特劳斯：《忧郁的热带》，王志明译，中国人民大学出版社 2009 年版，第 150 页。

在人类学家眼中，土著们神秘、野蛮，甚至还让人"心生厌恶"①。他们认为，绝大多数土著都有皮肤病，或者基因里就有皮肤病的种子。这种判断，既让人类学家本能地感到恐惧，同时，皮肤病又给土著盖上了不可知的神秘面纱，勾起了人类学家的探知欲。由此可见，皮肤病和皮肤类似，都具有标识他者的偏见功效。但是皮肤病由于使用疾病话语，而且热带的皮肤病往往具有猛烈的致死性，所以显得黑暗、神秘。

航海小说，可谓是人类学家立论的一大文学蓝本。航海小说作家从不避讳疾病与航行间的巧妙联系。正如康拉德所言，"这块大地（非洲）好像不是世间的土地"，"他们（当地黑人）现在已不是世上的生灵了——什么也不是，只是疾病和饥饿的黑色阴影，七倒八歪地躺在绿色的黑暗之中"，② 广阔的非洲以及美洲天地是神秘而陌生的，风景绚丽而又隐藏着各式各样的未知疾病，皮肤病就在这些热带病之中。杰克·伦敦的小说《海狼》，就写"我"的膝盖莫名其妙地肿胀，治疗也是全凭天意，三天休息后竟然痊愈。船上的厨子马格利奇耳朵又青又肿，"再也没有恢复到原来样子"。③ 托尔·海尔达尔在《孤筏重洋》中写主人公漂泊到一个叫拉洛亚岛（东南亚某岛）的地方，这里的一个土著小孩就害上了头疮，主人公一行人不得不用青霉素予以医治。而且，在此之后，这群航海者惊讶地发现，村里的"老老少少，不是这里，就是那里，总是有疮"④，土著似乎非常容易患上疮这一较恶性的皮肤疾病。凡尔纳的《海底两万里》一书，将鲛鳒描绘成"海蟾蜍"，"有的隆突浮肿""身上布满了小茧"。凡尔纳用皮肤病词汇来形容这种未知的、神秘的鱼，该段结尾处还不忘评论这是"令人讨厌又令人生畏的鱼"⑤，皮肤病甚至成了作家探知海底生物的语言桥梁。此外，航海小说还非常热衷于阐述黄热病。黄热病是由蚊虫叮咬引发的传

① ［美］苏珊·桑塔格：《反对阐释》，程巍译，上海译文出版社2002年版，第86页。
② ［英］约瑟夫·康拉德：《黑暗的心脏·"水仙号"上的黑家伙》，胡南平译，译林出版社2001年版，第48页。
③ ［美］杰克·伦敦：《海狼》，臧树林译，人民文学出版社2006年版，第38页。
④ ［挪］托尔·海尔达尔：《孤筏重洋》，朱启平译，重庆出版社2005年版，第255页。
⑤ ［法］儒尔·凡尔纳：《海底两万里》，沈国华等译，译林出版社2002年版，第201页。

染性疾病，会导致患者皮肤发黄。18、19 世纪往返于非洲和美洲之间的水手特别害怕黄热病，在没有传染过这种病的船上，只要有一个病例就会毁了船上所有的人①。黄热病病因不明，而且危害性极大，航海小说作家各自在作品中用多种神秘要素解释黄热病。《海底两万里》中，船员就认为是"毒化的空气导致了黄热病"②，带有浓郁的非理性色彩。斯蒂文森的《金银岛》中，作家借船长之口，直言航海中某地"在那里水手们得了黄热病会一批批倒下去"，而以现代医学立命的船医受到了船长的嘲弄，"大夫全是笨蛋，不懂水手的心"。爱伦·坡《亚瑟·戈登·皮姆的故事》将黄热病的神秘意蕴书写到了极致，一艘荷兰商船上的水手全部死亡，"我"从尸体上判断出水手皆死于黄热病，引发了思考："我们觉得船上的那些人是染上了黄热病或其他类似的可怕疾病而死亡的，死神一定是很突然很残酷地降临在他们头上的，其方式一定与人类所知最致命的瘟疫的流传特征大相径庭。"③ 总之，小说中的黄热病不似医学意义上的疾病，更似一场"黄色灾难"（黄色在基督教传统中有厄运之意），热带的一切都蒙上了不祥的黄色，甚至鲸鱼都患上了"黄疸症"，④ 船员只要沾染上就会立刻毙命，鲜有治愈的机会。航海小说作家之所以大范围地给皮肤病赋魅，其心理恰恰出于巫术机制的诱导。航海的目的，无疑皆是严谨的地理祛魅，但巫术的魅影一直陪伴着航海的过程。例如，船员忌讳在船上说"沉没""淹死"等不吉利的词汇；不能给船重新命名等。⑤ 航行过程既是在与巫术决斗，又不得不依托巫术，以慰藉船员安全缺失的心灵漏洞。危险又未知的皮肤病，对于船员而言，是一种不可把握的"神力"，所以航海话语才会如此热衷于神秘化皮肤疾病。

　　航海小说中，土著、船员抑或受皮肤病话语缠绕的生物，总是处在主人公"我"的对立面上，"我"总是幸免于皮肤病的威胁，颇有"托身白刃里"的

① ［英］弗雷德里克·F. 卡特赖特·迈克尔·比迪斯：《疾病改变历史》（第 3 版），陈仲丹译，华夏出版社 2018 年版，第 181 页。
② ［法］儒尔·凡尔纳：《海底两万里》，沈国华等译，译林出版社 2002 年版，第 366 页。
③ ［美］爱伦·坡：《亚瑟·戈登·皮姆的故事》，夏红星译，新华出版社 2015 年版，第 87 页。
④ ［美］麦尔维尔：《白鲸》，成时译，人民文学出版社 2001 年版，第 368 页。
⑤ 田晓娜主编：《礼仪全书》，青海人民出版社 2003 年版，第 222 页。

惬意和傲气。说到底，这是一种征服主义的意识作祟，甚至盖过了预防疾病的自我保护的心理机制。尼采认为，"胆大的人乃是知道恐惧却能克服恐惧的人，看到深渊却能昂然傲视的人"，愈是危险的事物，愈要接近它、尝试它，因为"恐惧"是"人类留下的根本感情"，可以激发学问、道德。① 小说中的主人公，皆是征服主义的探险家形象，都选择危险的航海作为自己的谋生手段，航行成了体验恐惧、激发潜能的锻炼历程，皮肤病成了人物打磨心智、磨炼意志的必要手段。皮肤病此刻又有了恐惧的隐喻意味。

皮肤病之恐惧，对于意志坚定的航海家自是一种磨炼，但从另一角度上看，将一种疾病视作可怖的恶魔，必形成对患者全面污名化。麻风病，可谓皮肤病史中最可怖的存在。麻风病是由麻风分枝杆菌感染引起的一种慢性传染病，主要侵犯皮肤和周围神经。② 麻风和鼠疫，一齐席卷了欧洲中世纪。到 12 世纪末，甚至每 2000 个欧洲人中就有一个感染了麻风病。③ 欧洲中古、近古社会，以各类病因推测抹黑麻风病人。例如，"麻风病人食物会传染麻风"，"部分麻风病人不具有财产继承权"，甚至，"不恰当"的性行为也会招致麻风，④ 麻风病人还得忍受性道德旗帜的占领与剥削。但麻风病最具偏见、危害最甚的隐喻，应当是视麻风患者为动物的心理异动。麻风病会形成肿瘤、疥疮，形成的痂脱落后致使患者脸部增生瘢痕，故麻风病患者的脸部又有"狮脸"之歧称。桑塔格认为，"并非脸部的每一次改变都是可耻的"，但"最可怕的改变是那些带有动物特征的变化"，麻风的"狮脸"是动物化外观的典型例证，这就塑成了美与丑、洁与不洁以及怪异的审美状况，⑤ 这些社会上的心理症候无疑给麻风患者造成了巨大的精神苦难。

福柯《规训与惩罚》指出，麻风病人被卷入一种"排斥的实践"，麻风病

---

① ［德］尼采：《查拉图斯特拉如是说》，钱春绮译，生活·读书·新知三联书店 2007 年版，第 366 页。
② 张学军编：《皮肤性病学》，人民卫生出版社 2008 年版，第 75 页。
③ ［美］洛伊斯·N. 玛格纳：《医学史》，刘学礼译，上海人民出版社 2009 年版，第 147 页。
④ ［美］洛伊斯·N. 玛格纳：《医学史》，刘学礼译，上海人民出版社 2009 年版，第 145、149 页，
⑤ ［美］苏珊·桑塔格：《疾病的隐喻》，程巍译，上海译文出版社 2003 年版，第 115 页。

院是"大禁闭"的原型，① 是"权力对个人规训"的又一铁证。但是，福柯并未注意到，事实上麻风患者并不能唤作"个人"，在历史语境中他们更像是"动物"，被圈养在阴暗的麻风病院之中。杰克·伦敦的小说《马丁·伊登》，写主人公伊登向女主角露丝炫耀自己深入"麻风岛"的历险。"麻风岛"上的规矩颇似群居动物，岛民服从麻风病状最严重的"麻风王"为领袖，他们干的勾当在伊登眼里"都是违法的"②。在逃走之后，伊登还故作怜悯地说，放走他的麻风女孩"病状轻微"，尚未完全蜕成一匹野兽，但是"注定要躺在那儿，过原始野人的生活"③。伦敦丝毫没有掩饰对动物般的麻风患者的厌恶与排斥。伊登和上述航海文学中的主角一样，也是晃荡在皮肤病患者跟前，且又顺利脱身而去，意味着人类又一次战胜了野兽，征服了自然里某个未知的领域。露丝在听"勇闯麻风岛"叙述时，"像听奥赛罗的作战故事"一般"害怕又入迷"④，尽管，从本质上看，伊登的历险就相当于去麻风病院参观一番，他并未获得什么宝藏，也没有征服什么领地。吉卜林的小说《野兽的烙印》，对麻风病人的野兽化处理更为露骨，而且也有人类征服麻风的场景隐喻。英国白人"我"和小伙子弗利特以及一名警官斯垂克兰前往印度的一座神庙，弗利特亵渎了神像，神像后蹿出了一个"《圣经》上那般的麻风病人"，那人浑身雪白，"嘴里发出哼哼的声音，完全像一头水獭在呼叫"⑤，活脱一副动物模样，他诅咒了弗利特。事后，弗利特似乎也感染上了麻风，像动物一样进食，在花园泥巴中打滚，甚至发出狼嚎。⑥"我"和斯垂克兰只得绑来麻风患者，胁迫他放弃咒语，弗利特于是康复。莫利亚克的《给麻风病人的吻》中，主人公让·佩罗埃尔虽并未得麻风，但由于容貌丑陋，他人视之为麻风患者，他的处境艰难，以至心灵扭曲。其妻子诺埃米搂着佩罗埃尔时，莫里亚克用"基督教圣女猛地

① ［法］米歇尔·福柯：《规训与惩罚》，刘北成译，生活·读书·新知三联书店2012年版，第222页。
② ［美］杰克·伦敦：《马丁·伊登》，殷惟本译，人民文学出版社2004年版，第201页。
③ ［美］杰克·伦敦：《马丁·伊登》，殷惟本译，人民文学出版社2004年版，第202页。
④ ［美］杰克·伦敦：《马丁·伊登》，殷惟本译，人民文学出版社2004年版，第201页。
⑤ ［英］鲁·吉卜林：《野兽的烙印》，文美惠译，上海译文出版社2008年版，第103页。
⑥ ［英］鲁·吉卜林：《野兽的烙印》，文美惠译，上海译文出版社2008年版，第105页。

向那头野兽身上冲过去一样"来描绘两人拥抱的场景。① 有趣的是，热衷于解谜探秘的侦探小说家柯南·道尔，其麻风书写也有相同的异化倾向。短篇探案小说《白化士兵》中的士兵戈德弗雷误以为自己在麻风院感染麻风。面对福尔摩斯以及好友的质问，他回忆起自己在战场上失去意识，误入麻风院，居住在此的麻风病人"连一个健全的人也没有，全都是奇形怪状，有的歪七扭八，有的肿胀变形，还有的面目毁损。听着这些畸形怪物的笑声，实在是让人毛骨悚然"。戈德弗雷已然用动物的话语区分了自我与麻风患者，结局时戈德弗雷才得知自己只是得了鱼鳞病，戈德弗雷的母亲"幸福"地"晕了过去"，道尔对麻风病人的得意感与优越感跃然纸上。

尼采的《查拉图斯特拉如是说》提到，人类最原始的恐惧是对野兽的恐惧，因为史前人时刻面临着野兽的凝视与威胁，这是刻在人类基因里的本能。② 近现代社会，动物对于人类生存角度上的威胁已然消失，但却勾起了人类探索领域中的征服欲望。作家对麻风病人的野兽化处理，最根本的原因在于极端化的征服心理，是对动物的探秘解谜的冲动以及全盘控制的欲望转嫁到麻风患者身上的呈现，同时也体现了探索主体试图完全挣脱道德限制的深层动机。小说人物每一次迫近病院，同时又脱身而出，意味着人类对动物的彻底征服与控制，而麻风患者的绝望心灵在上述作品中鲜有关注。

总言之，皮肤病有神秘化的巫术隐喻。意指征服世界的航海小说中，高涨的人格精神向自然的无端压迫，致使作家无视皮肤病的病理，肆意用巫术的比拟心理，大规模地对皮肤病进行赋魅。另则，不少作家又深谙征服主义，通过野兽化麻风患者的方式，宣示战胜自然、战胜病魔的主动权，显示出对疾病与患者的傲慢与得意。作家以迫害患者的方式，疏解人类无从释放的征服天性与控制欲。故而，皮肤病在此呈现出"神秘—解秘—征服"的三重隐喻逻辑，在文学史上显露出完整的发展脉络。但是，现代社会早已摆脱野兽威胁的日常境

---

① ［法］弗朗索瓦·莫里亚克：《给麻风病人的吻》，石横山译，上海文艺出版社 2013 年版，第 47 页。
② ［德］尼采：《查拉图斯特拉如是说》，钱春绮译，生活·读书·新知三联书店 2007 年版，第 366 页。

地，皮肤病患者却仍要遭"动物化"的污名与胁迫，这都是不应出现的人文危机现象，并不契合当下多元文化的主题张扬。

三、妖媚的斑点——皮肤病与性偏见

关于"痤"这种常见的皮肤疾病，《素问·生气通天论篇》有言："痤，谓色赤嗔愤。内蕴血脓，形小而大如酸枣，或如按豆，此皆阳气内郁所为。"① 此外，清朝中医典籍《不居集》认为，"内郁者，七情之郁也"②，是人对情绪、欲望的压抑导致了病根。可见，在我国中医的理论体系中，身体之所以暴发痤疮，是因为患者抑制自己的欲望，致使体内的阳火散不出去、扣在体内而发于肤的结果。正所谓"医得眼前疮，剜却心中肉"③，疮的发病与治疗被古人认为与心性以及情感有关。无独有偶，欧洲社会也盛行这种医学传说。如英国在经济腾飞的维多利亚时期，经济的发达使得普通家庭的父母也相当关注子女的皮肤状况。尤其是女孩，常被教导"脸是心灵的窗户"，面部若有瑕疵则意味着"生活的失衡"。"婚姻"成了治疗青少年痤疮（即青春痘）的一种手段，因为其他的性行为方式断然不会得到承认。④ 事实上，从现代医学角度上看，痤疮的发病主要源于体内激素水平失衡，⑤ 与是否有性生活、是否结婚没有任何科学上的联系。

"丑恶的欲望和冲动"是痤疮频发的主要原因，这种隐喻自然在文学作品中多有流露。但丁在《神曲·地狱篇》中，描绘了两个身体奇痒的恶鬼，他们浑身都有疮痂。两人受痒刑惩罚的原因正是他们在阳间用炼金术造假金属谋财⑥，是不可遏止的财欲使得二鬼皮肤受难。意大利作家乔万尼奥历史小说《斯巴达克斯》中，罗马的执政官苏拉就身患皮肤疾病。小说开头写道，苏拉

① 《生气通天论篇》，《黄帝内经素问》，人民卫生出版社 2012 年版，第 12 页。
② 吴澄：《不居集》，何传毅等点校，人民卫生出版社 1998 年版，第 477 页。
③ 聂夷中：《全唐诗（下册）》，上海古籍出版社 1986 年版，第 1604 页。
④ Joan Jacobs Brumberg, The Body Project, New York: Vintage Books, 1997, p. 76-77.
⑤ 张学军编：《皮肤性病学》，人民卫生出版社 2008 年版，第 175 页。
⑥ ［意］但丁：《神曲·地狱篇》，田德望译，人民文学出版社 1990 年版，第 235 页。

为了"忘却这折磨了他两年多的不治的皮肤病","出钱使罗马市民狂欢三天"①,他似乎想通过泄欲、释放的方式来缓解自己的皮肤炎症。乔万尼奥还写道,苏拉的脸"确实可怕","布满了污秽的脓包","在他那残忍的眼光中,蕴含着一种喜欢统治别人和渴血的欲望"②。苏拉并不是年少就患此恶疾,乔万尼奥认为"无止境的酒宴"是苏拉"全身已布满了脓疱和痈疽"的深层原因,无法填满的欲望沟壑让这个匹夫皮烂肉裂。③ 又如《洛丽塔》中,一个"满脸脓疱"的小伙子用"色眯眯"的眼光打量洛丽塔。④ 茅盾在其著名小说《子夜》里,很刻意地描写了吴荪甫脸上的疱。茅盾写吴老太爷初到上海吴家时,只见厅中男女放荡地跳舞,而夹在"乳峰"间是吴荪甫"多疱"的方脸。⑤ 吴荪甫在想象自己"双桥王国"资本欲望之时,脸上的"疱""冒着热气"。⑥ 还有,当吴荪甫与赵伯韬姘头刘桂英交接时,茅盾也特意提到他"脸上的紫疱有几个轻轻地颤动"。⑦ 此外,工贼姚金凤,脸上就有"细白麻粒",姚金凤"身材瘦长、很风骚",茅盾通过描写朱桂英母亲对姚金凤"小老婆,臭货,垃圾马车"的控告,⑧ 暗示姚金凤与屠维岳有通奸关系。《子夜》将痤疮的医学传说放置于上海都市生活下,通过皮肤病的显现来暗示都市败坏的男女关系。如若扩大视野,甚至可以发现我国岭南地区盛行的"过癞"传说,就指认女性麻风患者在性上极为放荡,多篇古代笔记小说都有"癞女"试图通过性的释放来治疗自身顽疾的情节,⑨ 这也是欲望在皮肤病书写中的文本投射。

　　论语有云:"过犹不及。"⑩ 这可以理解为合理的欲望是保持动力的精神储

---

① [意]拉·乔万尼奥里:《斯巴达克思》,李俍民译,上海译文出版社 2007 年版,第 4 页。
② [意]拉·乔万尼奥里:《斯巴达克思》,李俍民译,上海译文出版社 2007 年版,第 13 页。
③ [意]拉·乔万尼奥里:《斯巴达克思》,李俍民译,上海译文出版社 2007 年版,第 14 页。
④ [美]弗拉基米尔·纳博科夫:《洛丽塔》,主万译,上海译文出版社 2005 年版,第 181 页。
⑤ 茅盾:《子夜》,《茅盾全集(第三卷)》,人民文学出版社 1984 年版,第 17 页。
⑥ 茅盾:《子夜》,《茅盾全集(第三卷)》,人民文学出版社 1984 年版,第 127 页。
⑦ 茅盾:《子夜》,《茅盾全集(第三卷)》,人民文学出版社 1984 年版,第 330 页。
⑧ 茅盾:《子夜》,《茅盾全集(第三卷)》,人民文学出版社 1984 年版,第 469 页。
⑨ 蒲日材:《岭南之俗与隐性之喻:过癞传说的文学书写考察》,《长江大学学报(社会科学版)》2017 年第 40 卷第 2 期。
⑩ 《论语·先进》,中华书局 2006 年版,第 96 页。

量，也可以理解为，如若欲望溢出，则会造成身心的扭曲与恶化。中西方各类作品的皮肤病书写，含杂了作者对禁欲修身的向往与渴望。中医认为，皮肤病是阴阳失衡、心性急躁的病态呈现。西方文化一样认为，皮肤病的发病是欲望溢出的恶果，因为天主教超尘出世的最高理想显示出了很明显的禁欲特色。① 两种文化看似都是对中道、中和的宁谐状态的构想与期待，但是，正是这些超科学、超自然的哲学话语灌进了文学与日常的生活态势之中，患者的疾苦、真实的病因并未得到关照与阐释。

以雀斑和痣为代表的皮肤疾病，也被赋予了各类负面的隐喻与暗语，虽然这类疾病对人体无痛无害，通常只导致些许标识性意义上的皮肤变化，可用"斑点"这一词汇来概括。如小说《洛丽塔》，学界公认纳博科夫在该书中描绘了成年人对少女那种病态的畸恋。细究文本，男主人公亨伯特不仅炙热地恋上了洛丽塔那褐色的胴体，而且还将性的畸恋投射到洛丽塔脸上的雀斑上。洛丽塔满脸雀斑，过多的雀斑甚至遮掩了她那红润、纯朴的面容。亨伯特既和常人一样，认为洛丽塔的雀斑"显得孩子气"②，又怪异地将雀斑与放荡联系在一起，"我那面有雀斑的、放荡的姑娘就在那众目睽睽的天堂中央跳绳"③。纵观全文，亨伯特似乎总是想在矛盾事物中搜寻美感：稚嫩的雀斑却显得放荡，晒黑的皮肤必须毫无血色，甚至洛丽塔本身也是"天真和欺诈、妩媚和粗俗、愠怒与欢笑"的结合。④

雀斑是常发于青少年的"少年病"，在日常话语中有"年轻""无邪"的隐喻效果，亨伯特的思维无疑反其道而为之。就像训练少年体魄的童子军营地只教会了洛丽塔做个"妩媚的姑娘"⑤，雀斑以及放荡的隐喻也带有这种"颠倒书写"的色彩。雀斑成了纳博科夫展示具有地下色彩的畸恋、颠倒主流审美的一种书写方式。但是，雀斑又不仅仅是一种反主流哼唱，根据霭理士"恋

---

① ［德］马克思·韦伯：《新教伦理与资本主义精神》，康乐译，广西师范大学出版社 2007 年版，第 15 页。
② ［美］弗拉基米尔·纳博科夫：《洛丽塔》，主万译，上海译文出版社 2005 年版，第 219 页。
③ ［美］弗拉基米尔·纳博科夫：《洛丽塔》，主万译，上海译文出版社 2005 年版，第 256—257 页。
④ ［美］弗拉基米尔·纳博科夫：《洛丽塔》，主万译，上海译文出版社 2005 年版，第 233 页。
⑤ ［美］弗拉基米尔·纳博科夫：《洛丽塔》，主万译，上海译文出版社 2005 年版，第 179 页。

物"的性理论，"青年在性兴奋之际，身外的某一事物会成为其欲念的对象"①，可见，"雀斑之爱"确有心理学上的痕迹。纳博科夫正是察觉到了"雀斑之爱"是人的一种恋物本性，是潜藏在社会主流语潮下的怪状话语，于是选择将其暴露出来。

另则，雀斑在猎奇审美角度上也有创建。通篇小说塞满了亨伯特混乱的观念以及无逻辑的臆想，但他很清晰地区分了粉刺与雀斑。他认为，粉刺是食用多糖食物的结果，②往往伴随着体态上的肥胖，雀斑却是天赐的标识，既能增加美感，又无碍于身体的光滑，值得"做首情诗"③歌颂。同时，雀斑虽具有放荡的性隐喻，和《子夜》中痤疮的性放荡隐喻却有根本区别。纳博科夫将雀斑进行了审美修饰，即雀斑本身就是"诱人犯罪的"一种"美"的标志，是自我变态心理的皮肤投射，而《子夜》的痤疮从审美角度上看则完全是一种丑陋的、恶俗的疾病，不具备欣赏价值。总言之，纳博科夫不仅将雀斑塑成"稚嫩-放荡"的双重隐喻，而且还赋予了其相当新奇怪异的审美寄托。英国小说家马丁·艾米斯的小说《异性恋小说》中，酒吧里脸上"均匀布满了雀斑"的年轻女孩与男友肆无忌惮地接吻。④美国小说家约翰·厄普代克的小说《兔子歇了》中，人物普露与公公哈利偷情，她的手臂和大腿上就有雀斑。⑤这两位作家都自述其创作深受纳博科夫影响，不难看出，他们文本中雀斑隐喻与纳博科夫的承接关系。

从话语权力角度上看，痣的性偏见更加公开化，几乎成了人们的某种不谋而合的共识，不似雀斑隐喻那般具有地下风格属性。中国古代命相学体系认为，男性左眼角处以及女性左眼的正下方若有显痣，则意味着该人"喜奸淫之事"⑥。这种面相术由毫不掩饰的迷信术语构建而成，其狰狞威严的话语体系令

---

① ［英］霭理士：《性心理学》，潘光旦译注，商务印书馆1997年版，第217页。
② ［美］弗拉基米尔·纳博科夫：《洛丽塔》，主万译，上海译文出版社2005年版，第64页。
③ ［美］弗拉基米尔·纳博科夫：《洛丽塔》，主万译，上海译文出版社2005年版，第69页。
④ ［英］马丁·艾米斯：《异性恋小说》，聂珍钊选编：《2006年外国文学作品精选》，长江文艺出版社2007年版，第67页。
⑤ ［美］约翰·厄普代克：《兔子歇了》，蒲隆译，上海译文出版社2008年版，第45、247页。
⑥ 刘幼生编：《中国命相研究（上）》，山西人民出版社1992年版，第593-596页。

所有社会成员为之震慑，是一种极为公开的外貌歧视与性偏见。我国少数民族话语，也含杂了对痣的性偏见。维吾尔族的痣崇拜有女性崇拜的意蕴。传说中乌古思汗大妃眉心有颗黑痣，学者阿迪拉·依迪力斯认为大妃的黑痣形象和月亮崇拜有关，隐射了生殖上的渴望与期待。① 在西方文化中，痣是美人的专属标识，甚至在 17、18 世纪的欧洲，点痣术受到了妇女的追捧。② 文学上，早在19 世纪初，格林在处理白雪公主形象时，就赋予了其身上有痣的形象，而且白雪公主的形象流传极广。西方的痣的面相学文化并不像我国命相体系那般完备，但是更倾向于独在女性上投射痣隐喻，对女性的误解和偏见相较于我国面相文化更为粗暴。

左拉的自然主义小说作品，就呈现出对痣的性偏见隐喻的集束化运用。小说《娜娜》中的娜娜，就被描述成一个极富异性吸引力的女人，美人痣是增添她个人魅力的一种外在标志。文痞福什里作为一个新闻记者，只关注贵族圈的花边小道消息，他将妇女视作男性的玩物。福什里在初见伯爵夫人时，就有意识地将伯爵夫人脸上的痣与娜娜的痣进行比较，惊讶地发现"位置完全一样，连痣毛的颜色都完全相同"，只是伯爵夫人"不跟任何男人睡觉"③。由此可见，福什里通过痣来认识女性，以痣的面相学来推测女性的贞洁程度。福什里对痣的认知，从单纯的标识功能很自然地流滚进性的想象与评价。

隐喻的诞生，不仅是施暴者的偏见所致，受害者的恣睢的危害也不容小觑。雀斑更多的是观者的臆想与揣测，而痣却暗含受害者共谋的倾向。娜娜的痣承受着男性的性凝视，同时她自己似乎也很认可这样的误解与偏见。"娜娜沉浸在自我欣赏之中。她扭转脖子，全神贯注地从镜子里看着自己右腰上面一颗褐色的小痣。她用指尖轻轻地抚摩它一下，身子尽量地往后仰，使它显得更突出，大概觉得这颗痣生在那个地方既奇特又漂亮。"④ 这是缪法伯爵在窥视娜娜时的景象。在娜娜的观念中，痣无疑使自己看起来更加性感，她也乐意在痣

① 见阿迪拉·依迪力斯：《简析维吾尔民族的痣崇拜》，《喀什师范学院学报》2011 年第 32 卷第 5 期。
② 林晓鸣编：《时尚礼仪教程》，中国传媒大学出版社 2017 年版，第 76 页。
③ [法] 左拉：《娜娜》，罗国林译，中国书籍出版社 2005 年版，第 50 页。
④ [法] 左拉：《娜娜》，罗国林译，中国书籍出版社 2005 年版，第 156 页。

的隐喻中自投罗网。此外，左拉还写到舞台化妆室里，两个女孩互相看着自己的美人痣，引得伯爵春心荡漾，"一阵阵女性的滋味向他的脸上袭来"①。这些书写表明，痣的所有者其实并未正确意识到痣所引发的性想象是反科学的迷信与偏见。

从作家的角度上看，描写某个放荡的痣，比公开书写性带来的风险要小得多。19 世纪的法国，左拉的作品就常被批评家指责"肮脏的、夸张的、病态的"②，同时期的作家福楼拜《包法利夫人》中的情色内容，就引起了政府以破坏宗教与道德为由头的公诉。③ 为了规避露骨的性书写，作家在处理情色内容时，只得选择用其他的标示性特征来弥补性术语的空缺，雀斑和痣都成了填补空缺的补充性描写区域，成了性的转写工具。于是，我们还可以得到一种结论，即作家之所以热衷于表现"斑点式"皮肤疾病，实则是在以一种迂腐、蜿蜒的皮肤病隐喻来逃避性本身的审美价值，这和求真求实的当代精神相去甚远，性得不到文学的正视与尊敬。

四、结语与展望

不久前故去的诺奖小说家大江健三郎，其名作《个人的体验》就写了人物"鸟"的妻子生了个患核辐射病的儿子。"鸟"因此陷入了疾病的"战争隐喻"，只觉自己丑陋的、头绑绷带的儿子仿佛在第一次世界大战中身受重伤的阿波里奈尔，"鸟"只想把他"像战死者一样埋葬"④。在妻子和外交官特鲁切夫的影响下，"鸟"终于振作起来，"东躲西藏的事我不干了，我要把孩子带回大学医院做手术"⑤。《个人的体验》一作呈现出"逃避疾病—咒骂疾病—正视疾病"的完整心灵历程。大江健三郎的亲生儿子也因核辐射而残疾，他挣扎了

① ［法］左拉：《娜娜》，罗国林译，中国书籍出版社 2005 年版，第 114 页。
② ［法］贝特朗·德·儒弗内尔：《左拉传》，袁荣庆译，天津人民出版社 1988 年版，第 119 页。
③ 李健吾：《〈书信八封〉译者前言》，李维永编：《李健吾文集·文论卷4》，北岳文艺出版社 2016 年版，第 389 页。
④ ［日］大江健三郎：《个人的体验（上）》，叶渭渠译，漓江出版社 2001 年版，第 33 页。
⑤ ［日］大江健三郎：《个人的体验（上）》，叶渭渠译，漓江出版社 2001 年版，第 197 页。

许久才接受儿子患病的现实。之后，他多次赴广岛调查遭受原子弹爆炸的惨状，[1] 正视了日本的核爆历史，从而建立起正确、人道的反战观念。可见，这些合乎文学精神、合乎人文意识的选择都是一脉相承的。文学中的皮肤病书写，所需要的恰恰是大江那"正视疾病"的精神气概，只有这样才能逐渐消除皮肤病那迷蒙的隐喻，进而建立起对皮肤病患者形象的全面人文关怀。

事实上，皮肤病是一种能引起人外观变化的疾病，皮肤病患者呼吁平等对待的诉求，和左派政治中"性别去标签化、移民去种族化"等多元主义诉求没有什么区别。只是，目前鲜有学者将皮肤病患者的忧郁与悲痛，纳入大范围的人道主义政治话语对象之中，致使皮肤病的去隐喻化进程远不如癌症、艾滋病等关注度高的疾病。

令人欣慰的是，近年来国内外许多作家已经意识到祛除皮肤病污名化的重要意义。希斯洛普的《岛》，就写了一个家族历经数代以抗争麻风病。该家族逐渐从黑暗走向光明，将麻风的咒语彻底解魅，堪称伟大。马原的《虚构》，就写了一个外来青年从敌视麻风到关怀麻风患者的心境流转。麻风患者林志明的《苦难不在人间》更是以悲天悯人的情感迸发出麻风患者的痛苦与挣扎。总言之，至少对于麻风病患者，我们今天的社会再也不会像宗教时期那样将其视为不洁的罪人。笔者相信，社会总有一天会将其他种类的皮肤疾病与肮脏、赤贫、神秘以及放荡等隐喻彻底切割开来，皮肤病患者必能迎来一个平等、尊重、科学的话语环境。

---

① 叶渭渠：《〈战后日本存在主义与大江健三郎〉译本前言》，［日］大江健三郎：《个人的体验（上）》，漓江出版社 2001 年版，第 8 页。

汤素兰童话的生态美学建构

张明明

摘　要　面对新世纪以来频繁出现的生态危机，越来越多的童话作家在创作中表达出鲜明的生态主题。在众多童话的生态书写中，汤素兰的作品自觉而又突出地展示出作家对人与自然关系的深切思考。她的童话不仅在天真的童心和奇幻的想象方面有着卓越的艺术表现，还十分注重作品的思想意蕴和美学价值，从而在整体上丰富完善了新世纪童话努力寻求的诗意与和谐共存的生态美学品格。

关键词　汤素兰；童话；生态美学

新世纪以来，随着全球生态问题的持续爆发，越来越多的童话作家关注到生态危机的严峻性，创作出一批与自然和生态相关的童话。在众多童话的生态书写中，倘若从对生态主题发掘的深度、对生态现象反思的力度、对生态理想探索的广度来看，深耕儿童文学创作多年的湖南籍作家汤素兰的作品无疑具有非常鲜明的代表性。汤素兰是一位学者型作家，自 1986 年发表《两条小溪流》起，她创作并出版了六十多部儿童文学作品，先后四次获得国内儿童文学领域的最高奖项——"全国优秀儿童文学奖"。她的童话不仅在天真的童心和奇幻的想象方面有着卓越的艺术表现，还十分注重作品的思想意蕴和美学价值，正

基金项目：教育部重大课题攻关项目"中国儿童文学跨学科拓展研究"（19JZD036）。
作者简介：张明明，山东济南人，文学博士，南京传媒学院副教授，主要从事中国现当代文学研究。

如曹文轩曾评价的那样："她的童话是属于中国童话最高水平的那一部分。"① 汤素兰的童话主题开阔，题材丰富。其中，敬畏自然的生态观念作为其创作中的重要精神向度，赋予其童话独特的生态底色，这在其发表于 20 世纪 90 年代的短篇童话《狩猎奇遇》即已初见端倪。进入新世纪以来，她又陆续创作出童话集《时光收藏人》，长篇童话《阁楼精灵》《奇迹花园》《南村传奇》《犇向绿心》等，这些作品自觉而又突出地表达了作家对人与自然关系的深切思考，呈现出成熟的生态思想内涵和稳定的生态美学品格。

一、复魅自然之灵：重构人与自然的关系

自欧洲启蒙运动以来，科学思想和工具理性逐渐渗透到社会、自然和文化的各个层面，研究和粉碎一切神秘主义和超验事物成为其重要目标，即马克斯·韦伯提出的"世界的祛魅"，从此，自然的神性和灵性轰然坍塌。在这一思想的统摄下，人类认为自然界不再存在不可认识的奥秘，在面对自然时的崇拜之情和敬畏心理不复存在。紧接着，人类改造自然、榨取自然的功利性被充分激发出来，由此开始了对自然疯狂的掠夺与开发。随着环境破坏和生态问题的持续爆发，生态文学研究者们意识到想要避免人类对自然的摧毁，必须重建人类对自然的敬畏之心，不少学者呼吁自然的返魅或复魅，以重新发现自然的神圣。面对这一课题，国内许多作家选择了宗教文化或神秘叙事作为复魅自然的路径，他们意欲借助浓郁的宗教氛围和神秘色彩，复现"一个从未隔绝过自然的具有独特魅力的世界"②，比如阿来的《空山》、郭雪波的《银狐》、张炜的《刺猬歌》、迟子建的《额尔古纳河右岸》等都是近年来生态书写中带有宗教色彩和神秘叙事的代表作。不同于成人文学作家通过宗教重塑自然的神性，汤素兰借助童话泛灵思维的特征，辅以自由无拘的想象力，在作品中以感恩敬畏的自然之情还原了本真原始的自然之灵。

汤素兰年少时生活在湘中东北部的乡村。群山环绕的优美环境，养成了她

① 曹文轩：《汤素兰〈阿莲〉：在讲故事中创造美学价值》，《文艺报》2017 年 7 月 19 日。
② 龙其林：《生态中国：文学呈现与跨文化研究》，北京大学出版社 2019 年版，第 145 页。

对自然独特细腻的感受。她曾说："我有一个和大自然贴得很近的童年，大自然一年四季的轮回一直滋养着我。我在写作时，这些东西自然而然会跳出来。"① 层峦叠嶂的山岭、郁郁葱葱的枞树、来去匆匆的太阳雨、闪闪发光的萤火虫……这些作家记忆深处纯美独特的家乡风物在作品中随处可见。凭借童年的记忆，汤素兰笔下的自然风景鲜活生动，给人以身临其境的感觉。当然，新世纪童话中的很多作品都与自然有着直接或间接的关系，其中对自然着墨较多且在写作方式上较有代表性的有两种类型：一类是以传统动物童话、自然童话展现自然之魅，如张炜的"兔子作家"系列童话、王一梅《木偶的森林》等；一类是通过儿童与动物、植物及其他自然物之间的互动，反思人与动物、人与自然的相处方式，如周静的"山精灵"系列童话、徐则臣《青云谷童话》等。与上述两类作品相比，汤素兰童话的特别之处在于，其作品的叙述者或主人公有相当一部分是童心未泯的成年人，这一设置赋予其童话独特的回忆性童年视角。

与单向度地演绎当下或回忆过往相比，汤素兰童话将当下情境与童年记忆进行对比的书写方式，显然能更加直观地呈现出同一地域自然生态的巨大改变。比如她曾在童话集《时光收藏人》的序言中写道："去年春天，我认识了一个民间野生动物保护协会的工作人员，她当时正在发起一项寻找野生穿山甲的活动，可是，她和她的工作团队在野外地毯式搜寻了六次，也没有找到哪怕一只野生的穿山甲。她的话让我想起了我小时候，那会儿我家后山上就有穿山甲，我们当地叫它们'土鲤鱼'。才几十年的时间，这个曾经常见的物种就濒临灭绝了，我很难过，于是，写了《一本书书店》这个故事。"② 在这个故事中，主人公"我"上山捡蘑菇时，无意中发现了一间叫作"一本书书店"的树皮小屋。里面的每一本书都是孤本，每本书的书名都叫《最后的×××》，它们详细地记录着这片山林每一种消失的动物、植物、风俗和人。华南虎、松花

---

① 汤素兰、陈晖、李红叶：《儿童文学三人谈：关于汤素兰的创作及其他》，《创作与评论》2014 年第 5 期。
② 汤素兰：《〈时光收藏人〉序言》，天天出版社 2018 年版，第 1 页。

蛇、云豹、穿山甲、豺狗、岩鹰……这些曾经在大自然中自由自在生活着的动物们，俨然在人类势力范围的不断扩张中渐次消失。这种在今昔对比中产生的强烈的视觉冲击和自觉的生态感悟，有效地拓宽了汤素兰童话的生态表达空间，增强了生态批判的力度。尤为可贵的是，回忆性童年视角的包容性和延展性促使作家在对人与动物、人与自然、人与社会关系的省思之上，从哲学的层面追问人类文化何去何从。这也扩大了汤素兰童话的表现范围，从而形成一种思想的张力，使得她的童话在狭义的自然生态学之外，表现出厚重的文化生态学的意义。

除了巧妙地运用回忆性童年视角外，汤素兰童话对自然的复魅还得益于"精灵"形象的塑造。童话作品最为显著的特征即万物有灵，"精灵"则超越了现实生活中的所有事物，完全是作家通过想象塑造出来的超验意象。汤素兰曾在长篇童话《阁楼精灵》《南村传奇》和短篇童话《黄与红》等诸多作品中对精灵的样貌、性情等进行过细致的描述。通过比较，笔者发现汤素兰童话中的精灵既不同于北欧神话中拥有多种魔法且大多数长生不老的精灵，也不同于中国古代民间传说中无所不能的神、魔、妖、仙。这些童话中的精灵们大都没有高强的魔法，它们纯真、善良，但同时胆怯、脆弱，甚至是单薄易逝的，比如：《黄与红》里的油菜花精灵一不小心就被摄影师摄走了魂魄；《白雪仙童》里的蝴蝶兰精灵最大的魔法是把文字变成一幅真切的画面，让爱书的主人徜徉其中；《阁楼精灵》里的花仙子只会教人类小孩跳舞，小竹仙只会教孩子们吹笛子。即便魔法比较高的精灵，类似《小精灵》里那只在下雨天四处寻找雨伞的小精灵，也只懂得用神奇的记忆葡萄和人类换取一把小伞。

尽管这类精灵的"法力"无法与成人文学中手握生杀大权的"自然神"相比拟，但是它们同属于自然的化身，隐含着人与自然之间错综复杂的关系。如果说成人文学中的"自然神"，如阿来《空山》中的"天火"象征了自然的强大能量，着意于通过自然的报复来警醒贪婪的人性，那么，汤素兰童话中的精灵则着重思考了自然脆弱的一面。汤素兰童话中某些精灵的诞生或生存都需要以人类为媒介，比如阁楼精灵家族的生命可长达几个世纪之久，但是离开人类就会迅速衰老。然而，这并不代表人类比精灵更为高级，因为反过来看，如果离开了阁楼精灵的陪伴，人类就会变得心灵空洞、头脑愚钝，进而面临灵魂萎缩乃至消亡的巨大灾难。同样的设定在《白雪仙童》中也出现过。表面看来，故事里的蝴蝶兰精灵是受到人类快乐情绪的影响才得以凝聚成形，实际上其深层含义在于，如果人类的心灵空虚困顿，没有真正发自内心的快乐，他们就没有机会看到神奇的蝴蝶兰精灵，更无法体会蝴蝶兰精灵给个体带来的精神触动和灵魂升华。此外，汤素兰还写到某些被相机摄走魂魄的精灵们，如果它们的魂魄在外面游荡太久，就会忘记自己是谁，这不仅是虚构中的精灵们的命运，也是现实中人类破坏自然、远离自然之后可能面临的命运。从这一维度来看，汤素兰笔下的精灵既隐喻了自然，也隐喻了人，更隐喻了人与自然共生共存的关系：人类的肉身需要从自然中获取赖以生存的空气、食物和水，人类的灵魂需要自然的洗礼和滋养；相应地，丰富广博的自然也有其脆弱的一面，需要作为"自然之子"的人类的关注与守护。

总体看来，汤素兰童话对生态问题进行了多领域、多维度的思考与批判。一方面，她与大多数童话作家那样，用诗意的文字将大自然的优美、富饶和神奇还原给儿童读者，让他们透过文字感受自然的魅力，生发出热爱自然的美好情愫；另一方面，她又用对比的手法和理智的哲思剖析了当下的自然和生态境况，让儿童读者切实地体会人与自然不可分割的内在联系，从而在潜移默化中对读者进行最初的生态启蒙。

二、透视城乡之变：对城市化进程的现代性反思

从人类历史发展的角度来看，肇始于 18 世纪末 19 世纪初的工业革命无疑体现出历史进步的一面，作为其直接成果之一的现代城市也为人们的日常生活提供了更为丰富的物质基础。然而，工业发展侵略性的本质很快便暴露出来。英国生态批评学者布赖恩·巴克斯特曾指出："环境危机是工业文明的结构特征。工业文明的基本结构和运行机制决定了，生态危机是工业文明的必然产

物。在工业文明的基本框架内，环境危机不可能从根本上得到解决。"① 随着中国城市化进程的急速推进，国内的学者和作家们显然也注意到了这一现象背后隐藏的诸多问题。一方面，毫无节制的资源开发严重损害了此前宁静和谐的自然生态；另一方面，物欲膨胀下的城市扩张对人类的精神生态造成了极大摧残。因此，工业化、城市化成为新世纪生态文学不遗余力批判的对象。具体到童话领域，这类批判在跨界童话创作中表现得尤为明显，比如张炜在《城里的麻雀》中曾对工业生产造成的城市环境污染和城市居民灵魂的失落有过细致的探讨，徐则臣的《青云谷童话》直接抨击了城市过度开发和无限扩张对自然的毁灭，马原则在《湾格花原》中对现代文明和现代科技表达出反讽和质疑。对此，汤素兰也在童话中表达出对工业化、城市化的整体认识和尖锐批判，在一定程度上甚至比跨界童话思考得更为长远。具体看来，汤素兰童话对城乡之变的反思主要表现在以下两个方面。

首先，汤素兰对城市化进程的剖析是在城市与乡村的对比中展开的。她的童话中存在一系列由动物、植物、山水原野组成的原生态乡村意象群。在乡村意象群中，有爱跳舞的小龙歌声中的广阔原野，有远方山谷里流淌的清澈溪流，有名字叫作"一棵树"的神奇森林，也有阁楼精灵们世代生活的悠远山村，生长着神奇传说的"南村"，弥漫着清新空气的"云岭"等。这些充满灵性的景象大都是从作家的记忆深处提取而来，呈现出原始、浪漫、诗意、舒缓的情调，也承载着作家对乡土自然的依恋和对精神原乡的追寻。与瑰丽多姿的乡村意象相比，城市意象群主要由电梯、摩天大楼、汽车、灯光、雾霾等构成。《阁楼精灵》中，那只由巫婆变成的乌鸦"格里格"评价城市是比她还奇怪的东西，诧异生活在城市里的人类简直和她见过的蝗虫一样多。《犇向绿心》中的小男孩田犇则老气横秋地感慨自己好久没看过夜晚的星星了："现在，蓝天、白云、彩虹是我的电脑桌面，它们不是真的，只是照片。如果不是我小时候看到过它们，如果不是每年去外婆家的时候我也还能看到它们，我有理由相

---

① ［英］布赖恩·巴克斯特：《生态主义导论》，曾建平译，重庆出版社2007年版，第2页。

信世界上根本就没有过这些东西。"① 在汤素兰的作品中，城市化进程对乡村的冲击和侵略是全方位的。一方面，"城市化"以开发之名对乡土自然进行大肆破坏；另一方面，城市化、现代化改变了人们的生活习惯和思维方式，很多时候，人们面对城市的诱惑主动放弃了自然的家园，传统民俗与传统文化也在这一过程中不断自我瓦解，走向没落。前者如《月光天鹅湖》中，原本作为世外仙境的浣花湖被上游截断水源而干涸，人类用渣土填平了湖底，想要在这里建一座城市；后者如《南村传奇》中，山村的人们发现山外的钱更好赚，都争相跑到山外，原本农民赖以生存的稻谷田和红薯地都被荒废，与节气、时令相关的风俗文化也逐渐被人遗忘；等等。通过这些童话，作家敏锐地指出了城市化进程对乡土自然与人性的双重冲击，阐明了人类的贪婪、自私和短视造成的生态摧毁。

其次，汤素兰对城市化进程的批判还聚焦于城市高速运转导致的人性压抑、人性异化和人性迷失。现代城市过分追求效率、注重工具理性的特点使得城市社会呈现出机器的属性，人的个体性被淡化、剔除，仅仅被视为机器的零件，在城市这一庞大机器的裹挟中无休止地运转。因此，当原本生活在乡村的人们奔向城市之后，便身不由己地卷入快速、冷漠的城市化洪流中。《彩云幼儿园》里，住在星沙城"财富公寓"的人们因为长时间加班和出差，他们没时间去花费辛苦挣来的钱，没时间去住辛苦买来的大房子，连孩子也变成"有父母的孤儿"。《住在摩天大楼顶层的马》里，长期生活在城市的人们因为疲于奔命，对生活中发生的任何事情——哪怕是长年累月和一匹马一起乘电梯，也表现出无动于衷、漠不关心的态度，而那匹马由于长时间远离自然，不可避免地被城市同化，原始的本性完全被都市生活所淹没。故事的结尾，住在摩天大楼顶层的马被城市无情地驱逐，回到乡村的它不敢吃路边免费的野草，不敢走乡间崎岖的小道，不理解马群为何毫无目的地在原野上奔跑，以至于怀疑自己并不是一匹马，或者已经不再是一匹马。这类作品采用了诙谐、戏谑、夸张甚至

① 汤素兰：《犇向绿心》，天天出版社 2019 年版，第 8 页。

荒诞等艺术手法，营造出一种看似轻松幽默的格调，实则集中暴露了城市化"便捷""舒适"表象下强权侵略的本质，作家也由此对城市与乡村、传统与现代等冲突问题进行了整体性的思考。

值得注意的是，比之成人文学作家在工业文明与城市发展的压抑之下发出的回归荒野或走向绝望的呐喊与彷徨，汤素兰童话在某种程度上表现出对城乡关系之复杂性的思考。这其中，最受儿童文学研究者关注的当属《阁楼精灵》中阁楼精灵重新回到人类中间这一情节设定。朱自强曾在《挽救"附魅的自然"——汤素兰〈阁楼精灵〉的后现代思想》一文认为这一设定表明了"作家并不是像卢梭那样，企图回到历史的零度来解决现代社会的问题，也不是想回到前现代去解决问题，而是采取了一种向前走的姿态"①。至于如何看待"向前走"，文章将其归结为一种后现代精神。事实上，倘若从生态批评的角度来看，我们不妨将这种"向前走"视为作家对城乡关系多元可能性的探索，这一探索在另一部童话《犇向绿心》中得到了进一步发展。尤其在这部作品的结尾部分，原本用来建筑摩天大楼的小山包最终被保留下来作为"城市绿心"，体现出作家更为成熟、辩证的生态思想。诚如王诺所述："生态文学对工业科技的批判并不是要完全否定工业和科技本身，而是要突显人类现存的工业文明和科技文明的致命缺陷，促使人类思考和探寻发展工业和科技的正确道路，以及如何开创一种全新的绿色工业和绿色科技。"② 汤素兰童话恰好体现出同样的思考，她在作品中一方面深刻挖掘现实社会的矛盾冲突，一方面坚持寻找生态问题的解决路径，由此搭建起童话世界与现实生活有效沟通的桥梁，达成了一定的现实启示意义。

三、重建和谐之路：对理想生态范式的探索

英国历史学家阿诺德·汤因比曾在《人类与大地母亲》中阐述道："人类

---

① 朱自强：《挽救"附魅的自然"：汤素兰〈阁楼精灵〉的后现代思想》，《南方文坛》2013年第4期。

② 王诺：《欧美生态文学》，北京大学出版社2003年版，第230页。

将会杀害大地母亲，抑或将使它得到拯救？如果滥用日益增长的技术力量，人类将置大地母亲于死地，如果克服了那导致自我毁灭的放肆的贪欲，人类则能够使她重返青春。"① 有意思的是，新世纪以来国内的成人生态文学作品大都热衷于展现令人触目惊心的生态事件，将重心落在人类如何"置大地母亲于死地"上；而童话则更倾向于探讨在生态危机重压之下，人类应如何使大地母亲"重返青春"。比较而言，成人生态文学在思想主题的开掘上更为深刻，现实忧患意识的表达也更为强烈，但是大多数作品专注于对生态现象的控诉和批判，在很大程度上破坏了其审美特质，即有学者认为它们"忽略对生态观念的艺术转化力，表现出同质化、模式化、概念化的艺术瑕疵"，从而导致了"审美性弱化"②。童话中的生态书写虽然在思想深度上有所欠缺，但是"它的泛灵思维特征使作家的叙述得以自然地走入他者生命的意识和立场上，从而较为自如地完成相应的艺术表现"③，加之想象、幻想等艺术手法的介入，又赋予其丰沛的艺术魅力和美学品质。

不过总体看来，对于"如何使大地母亲重返青春"这一命题，新世纪大部分童话尽管时刻流露出人与自然和谐相处的希望，然而在解决具体问题时却相对简单直接。以另一位知名童话作家王一梅的作品为例，她的《木偶的森林》可谓文学性与思想性都较为成熟，其生态思想曾被朱自强评价为"以人类与动物紧密联系、彻底修好这一处理，提出了富有前瞻性、建设性的社会理想"④。不过，作家在这部童话中对于"木偶人罗里放下仇恨，与人类化敌为友"这一情节的过渡略显随意，即人类与自然"彻底修好"这一过程过于理想化。左昡的代表作《住在房梁上的必必》也存在类似的问题，作家敏锐地捕捉到了城市化进程导致的社会变迁和生态变化，但是未能对城市扩张之后人类何去何从进行足够的思考，最终只能寄希望于织梦精灵必必适应了城市呛人的烟火，在浓

---

① ［英］阿诺德·汤因比：《人类与大地母亲》，徐波等译，上海人民出版社 2001 年版，第 529 页。
② 王光东、丁琪：《新世纪以来中国生态小说的价值》，《中国社会科学》2020 年第 1 期。
③ 方卫平、赵霞：《儿童文学的中国想象——新世纪儿童文学艺术发展论》，安徽少年儿童出版社 2018 年版，第 197 页。
④ 王一梅：《木偶的森林》，新蕾出版社 2015 年版，第 165 页。

烟中继续自己织梦的理想。相较于前述作品在解决生态问题时的无所适从，跨界童话作家由于长期专注于深挖人性弊病和社会弊端的成人文学，他们在童话中用犀利的笔触精确地解构了一种旧有的生态模式，但却表现出毫无重建新模式的信心。因此，他们的童话流露出一种彻悟之后无路可走的悲观与尴尬。例如张炜在童话中建构的生态理想更接近梭罗式的"回归荒野"；马原在《湾格花原》中着重阐释了理想世界与现实生态之间的巨大落差；徐则臣在《青云谷童话》中展示了世外桃源的倾覆，至于后续如何重建家园，或许作家仍在思考之中；周晓枫的《星鱼》虽然明确了理想的方向，然而把原本属于大海的鲸鲨装进人类建造的海洋馆，这显然不是一个最为理想的处理方式，甚至细思之下，不免有些许"人类中心主义"之嫌。

通过对上述作品的简单梳理，不难看出，大部分儿童文学作家群体的童话创作偏向于建构理想化的生态之"梦"，而跨界作家群体的童话作品则趋向于表达梦醒之后的生态之殇。汤素兰童话的独特贡献在于：一方面，突破了第一类作品处理问题过于草率轻浅或者通常陷入的乌托邦困境；另一方面，延续了童话的理想主义精神，敢于在解构一种模式之后重建理想，尝试寻找一条新的可行之路。当然，她的作品并不是留了一条光明的尾巴，也并非呈现出一种调和的态度，而是建立在对现实境况实际考察之上做出的判断。她在童话的想象空间里坚持着现实世界的逻辑，进而尝试用文字建构一种合乎理想的生态范式。这一理想范式十分接近生态美学批评家曾繁仁提出的"新的人与自然共存的人文主义"，即："人是生态环链中唯一有自觉意识的物种，人应该具有维护生态环链平衡与稳定的自觉意识，而且也只有人类具有破坏与保持生态环链平衡的能力。"[1] 汤素兰在创作实践中不断深化这一生态理想，并试图通过塑造一系列蕴含着生命张力的童话形象，来具体展示其生态理想。诸如《爱跳舞的小龙》里那只由于讨厌暴力和喧嚣，转而向大自然中的蝴蝶、仙鹤、树林、泉水等学习唱歌跳舞的小龙；《犇向绿心》里为了拯救云岭上即将荒废的梯田而复活的骨雕黄牛；《森林童话》中为了给热带鱼寻找清澈溪流而长途跋涉，最终

---

[1] 曾繁仁：《生态美学》，山东文艺出版社 2020 年版，第 70 页。

种下一棵树的孩子；等等。这些形象都从侧面反映出作家对其生态理想进行的积极探索与有益尝试。

汤素兰在童话中不断探索人与自然健康发展的方向，通过对生态问题长期以来的关注和思考，逐渐形成了较为成熟的生态整体思想，即生态学家普遍认为的人类应"重返生态整体之中、重新确认人类在自然整体中正确的位置、恢复和重建与自然整体以及整体中的各个其他组成部分的和谐、稳定、生死与共的密切关系"①。在这一生态整体思想的烛照下，汤素兰的童话不乏对生态现象的犀利透视和对人生百态的深度剖析，弥补了大多数童话在生态表达时缺乏足够思想深度的弱点。其对复杂多样的自然生态问题及人类精神生态问题的思考，即便与艺术手法更为多元、生态内涵更为丰富的跨界童话相比较，也表现出毫不逊色的艺术水准和思想深度。

四、结语

探讨人与自然关系的问题是古今中外文学创作的一个重要母题，汤素兰童话所蕴含的生态观念则远远超越了传统意义上的自然书写。汤素兰童话不论在文学气质、审美品质方面，还是在主题内涵、哲理意蕴层面都达到了一定的高度，为新世纪童话的生态书写提供了成熟的样本。她对自然风貌的描绘既带给读者诗意的审美感受，又让读者意识到生态问题的紧迫性。她作品中对现代人精神困境的揭示，对于读者既是深刻的启迪与引导，也是美好的希冀与期望。汤素兰充分发挥了童话体裁的天然优势，在想象与现实的交织中反复思考人类应该如何与自然、与社会、与他人、与自我更加合理地相处。汤素兰童话丰富完善了新世纪童话在生态整体观念统摄下的博爱与友善并存、诗意与和谐共生的生态美学品格，以期达成人类永续发展的文学启示意义，诚如她在作品中曾经表达出的美好愿望："夜空里，繁星下，美丽的萤火虫飞呀飞，一年又一年。庭院里，篱笆旁，好听的童谣唱呀唱，一代又一代。"②

---

① 王诺：《欧美生态文学》，北京大学出版社 2003 年版，第 258 页。
② 汤素兰：《点点虫虫飞》，大连出版社 2017 年版，第 113 页。

编后记

经过一年多的酝酿、筹备，《现代湘学》第 1 辑终于和读者见面了。于编者而言，一则以喜，一则为忧，心情可谓喜忧参半。

喜者是湖南大学中国语言文学学院有了自己的学术窗口。学术集刊的蔚然兴起是近 20 年来的事情，这一方面是国家教育文化与学术文化大发展的必然要求，另一方面也是为了补足学术期刊的某些自然局限。譬如说，一个学术期刊的栏目往往包容文史哲政经法等多个学科门类，但期刊的编制有限，不太可能每种门类都设专业编辑，而现代学术分工日趋精细，每种门类之中学科界限也森严如壁垒，隔行如隔山，很多有创见的稿子很可能就被遗珠了。而且，期刊篇幅有限，要满足各个栏目板块的发稿要求，不能不限制论文的字数，极端时，作者不得不把许多有价值的引言、注释等一概删除，使得论文只剩下干巴巴的观点集萃。学术集刊既有自己的专业疆域，在形式上也灵活多样，是那些有价值的长篇论文最好的去处，记得当年王富仁先生主编《新国学研究》集刊时，其中有的论文多达 10 万字。对于读者而言，他们研究某个领域的课题，自然地就会直奔与课题相关的学术集刊，所以这些年来，许多专业性的学术集刊其影响甚至超越了综合性的学报。人们过去艳羡那些拥有学术期刊的学院，现在则开始谈论哪个学院办的学术集刊有特色，有影响。一本好的学术集刊是一个学院重要的学术品牌，这已经成为学术界与教育界的一种共识。《现代湘学》集刊的创办就是基于学院领导和同仁们的此种共识，相对于国内众多的学术集刊而言，它的问世不能不说有点晚了，但无论怎样，一个新生命的诞生总是值得庆贺的喜事，也总是值得期待的喜事，因为在一个新生命的成长过程中，永远潜藏着无数的可能。

按照办刊宗旨的设计，本刊主要发表两部分内容的研究成果，一部分是有关近现代以来湘学的研究成果，一部分是目前在湘工作的学者或在外地工作的湘籍学人的研究成果，前者重在研究百余年来湘学历史的成就与贡献，后者意在赓续和弘扬湘学传统，为湘学建构的当下与未来提供一个平台。这一辑中的内容在体现办刊宗旨上做出了实有成效的努力，在湖南文学研究方面，本辑设置了丁玲研究和彭燕郊研究两个专栏，同时还刊发了有关向培良、洛夫、钟增亚等现当代湘籍名人的专论，其中有年表，也有论文，作者大都是相关领域富有成就的专家。这种专栏和专论是本刊以后拟致力的重要方向，尤其期盼在湘籍作家与学者的年谱、访谈、实录等方面的基础性文献研究有不断的发现与创获。在湖湘人物研究的成果发布方面，《独醒之累：郭嵩焘与晚清大变局》的作者孟泽提供了他的新作《三起三落——晚清时局与郭嵩焘的困局》；周仁政的《〈楚辞〉与先秦神性文化》是他继巫觋人文的研究之后向古代神性文化发起的一次新的学术突击；在国内以研究后殖民、解殖民文化与现当代文学关系而著称的青年才俊李永东，这次也为家乡的集刊贡献了他的新论《殖民间性与海外乌托邦构想》。湖湘书籍史和湖湘方言是本院学术研究的特色项目，从本辑发表的相关成果可以看到作者在这方面的长期积累。严谨的规范，厚实的内容，专业的话题，相信这个新生儿的第一声叫喊能够得到学术界同仁的肯定与呼应。

当然，作为创刊号，这一辑的论文绝大多数是约稿，是作者对家乡学术发展的友情支持。一个学术刊物要永葆其活力，要拥有持续发展的可能性，约稿固然是一个重要举措，而更主要的还是要依靠源源不断的自然来稿。在当今数据化引领的学术时代里，学术人难免将注意力集中在那些进入各种数据库的刊物上，对于那些新创办的学术集刊而言，好的自然来稿从何而来，这恰恰是办刊者不能不担忧的事情。俗话说，万事开头难，但就《现代湘学》办刊而言，有学校、院领导和学界同仁的支持，开头并不难，有想法，有经费，想办就办起来了。难的是以后，不仅要一辑一辑地持续，而且要一辑比一辑更好，更有特色。所以，作为主编者，看到第一辑正式出版，欢喜之心，难以言表，但想到第二辑、第三辑还有更多辑将接踵而来，欢喜过后不免忧心忡忡。好在天下事往往不只喜忧参半，而且忧喜转化，喜中含忧，忧中生喜。唐人韦应物有诗云："忧人半夜起，明月在林端。"本人一贯相信，只要忧心忡忡去做事，别人闻鸡起，你能半夜行，事情终归会得圆满的。

2023 年 7 月 16 日于长沙